Studien zum Wirtschaftsstrafrecht

herausgegeben von
Klaus Tiedemann / Bernd Schünemann

Band 26

Stefan Arnold

Untreue im GmbH- und Aktienkonzern

Centaurus Verlag & Media UG

Stefan Arnold, geb. 1975, studierte Rechtswissenschaften an der Universität Bayreuth und promovierte dort 2006 zum Dr. jur. Er war von 2001 bis 2005 Wissenschaftlicher Mitarbeiter an der Universität Bayreuth und ist heute als Rechtsanwalt tätig.

Die Deutsche Bibliothek – CIP-Einheitsaufnahme

Arnold, Stefan:
Untreue im GmbH- und Aktienkonzern / Stefan Arnold. -
Herbolzheim: Centaurus-Verl., 2006
(Studien zum Wirtschaftsstrafrecht ; Bd. 26)
Zugl.: Bayreuth, Univ., Diss., 2006

ISBN 978-3-8255-0637-7 ISBN 978-3-86226-925-9 (eBook)
DOI 10.1007/978-3-86226-925-9

ISSN 0938-9512

Satz: Vorlage des Autors
Umschlaggestaltung: Antje Walter, Hinterzarten
Druck: primotec-printware, Herbolzheim

Meiner Familie

Vorwort

Diese Arbeit lag im Wintersemester 2005/2006 der Rechts- und Wirtschaftswissenschaftlichen Fakultät der Universität Bayreuth als Dissertation vor. Ganz besonders bedanke ich mich an dieser Stelle bei meinem akademischen Lehrer und Doktorvater Herrn Prof. Dr. Dr. h.c. Harro Otto. Er gab mir während meiner Zeit als Mitarbeiter an seinem Lehrstuhl Gelegenheit zur Promotion und war stets zum fachlichen Dialog bereit. Die außerordentlich gute Atmosphäre am Lehrstuhl, geprägt von Herzlichkeit und gegenseitiger Loyalität wird mir ebenso wie die gemeinsamen Lehr- und Forschungsreisen in guter Erinnerung bleiben.

Mein Dank gebührt auch Herrn Prof. Dr. Nikolaus Bosch für die zügige Erstellung des Zweitgutachtens sowie den Herren Prof. Dr. Dr. h.c. mult. Klaus Tiedemann und Prof. Dr. Dr. h.c. Bernd Schünemann für die Aufnahme des Werkes in diese Schriftenreihe.

Inhaltsübersicht

Inhaltsverzeichnis

Literaturverzeichnis

Abeltshauser, Thomas E.: Leitungshaftung im Kapitalgesellschaftsrecht, 1998 (zit. *Abeltshauser* Leitungshaftung)

Achenbach, Klaus: Schwerpunkte der BGH-Rechtsprechung zum Wirtschaftsstrafrecht, in: 50 Jahre Bundesgerichtshof – Festgabe aus der Wissenschaft, Band IV, Strafrecht und Strafprozessrecht, 2000, hrsg. v. Canaris, Schmidt, Heldrich, Roxin, S. 593 ff. (zit. *Achenbach* in: BGH-FS Bd. IV)

Alexander, Thorsten: Die strafrechtliche Verantwortlichkeit für die Wahrung der Verkehrssicherungspflichten in Unternehmen, 2005 (zit. *Alexander* Wahrung der Verkehrssicherungspflichten)

Altmeppen, Holger: Die Haftung des Managers im Konzern, 1998 (zit. *Altmeppen* Haftung des Managers im Konzern)

Altmeppen, Holger: Grenzenlose Vermutungen im Recht der GmbH, DB 1991, S. 2225 (zit. *Altmeppen* DB 1991)

Altmeppen, Holger: Abschied vom „qualifiziert faktischen" Konzern, 1991 (zit. *Altmeppen* Abschied)

Altmeppen, Holger: Gesellschafterhaftung und „Konzernhaftung" bei der GmbH, NJW 2002, S. 321 ff. (zit. *Altmeppen* NJW 2002)

Amelung, Ulrich / Kaeser Christian: Cash-Management-Systeme in Konzernen, DStR 2003, S. 655 ff. (zit. *Amelung/Kaeser* DStR 2003)

Arnold, Stefan: Untreue durch Schädigung des Unternehmens durch den Vorstand bzw. die Geschäftsführung, JURA 2005, S. 844 ff. (zit. *Arnold* JURA 2005)

Arzt, Gunther: Zur Untreue durch befugtes Handeln, in: Festschrift für Hans-Jürgen Bruns zum 70. Geburtstag, 1978, hrsg. v. Frisch, Schmid, S. 365 ff. (zit. *Arzt* in: Bruns-FS)

Arzt, Gunther / Weber, Ulrich: Strafrecht Besonderer Teil, Band IV, Wirtschaftsstraftaten, Vermögensdelikte, Fälschungsdelikte, 2.Auflage 1989 (zit. *Arzt/Weber* IV)

Assmann, Heinz-Dieter: Der faktische Konzern, in: Festschrift 100 Jahre GmbH-Gesetz, 1992, hrsg. v. Lutter, S. 695 ff. (zit. *Assmann* FS 100 Jahre GmbH-Gesetz)

Bälz, Ulrich: Verbundene Unternehmen, AG 1992, S. 277 ff. (zit. *Bälz* AG 1992)

Baumbach, Adolf / Hueck, Alfred: Gesetz betreffend die Gesellschaften mit beschränkter Haftung, 17. Aufl. 2000 (zit. *Bearbeiter* in: *Baumbach/Hueck* GmbHG)

Bayer, Walter: Zentrale Konzernfinanzierung, Cash-Management und Kapitalerhaltung, in: Festschrift für Marcus Lutter zum 70.Geburtstag, 2000, hrsg. v. Schmider, Hommelhoff, Schmidt, Timm, Grunewald, Drygala, S. 1011 ff (zit. *Bayer* in: Lutter-FS)

Beleza, Teresa Pizarro: Die Täterschaftsstruktur bei Pflichtdelikten – Pflichttäterschaft versus Tatherrschaft, in: Schünemann/Dias (Hrsg.): Bausteine des europäischen Strafrechts - Coimbra-Symposium für Claus Roxin, 1995, S. 267 ff. (zit. *Beleza* Coimbra-Symposium)

Bergmann, Matthias / Freund, Georg: Zur Reichweite des Betrugtatbestandes bei rechts- und sittenwidrigen Gesetzen, JR 1988, S. 189 ff. (zit. *Bergmann/Freund* JR 1988)

Beuthien, Volker: Art und Grenzen der aktienrechtlichen Haftung herrschender Unternehmen für Leitungsmissbrauch, DB 1969, S. 1781 ff. (zit. *Beuthien* DB 1969)

Binding, Karl: Lehrbuch des Gemeinen Deutschen Strafrechts, Besonderer Teil/1, 2.Aufl. 1902 (zit. *Binding* B.T. 1. Bd.)

Birkholz, Matthias: Untreuestrafbarkeit als strafrechtlicher „Preis" der beschränkten Haftung, 1998 (zit. *Birkholz* Untreuestrafbarkeit)

Blei, Hermann: Strafrecht Besonderer Teil, Band II, Straftaten gegen die Person, gegen die Sittenordnung und gegen das Vermögen, Teilband I, 10.Aufl. 1996 (zit. *Blei* Strafrecht B.T.II)

Bockelmann, Paul: Strafrecht Besonderer Teil, Band I, Vermögensdelikte, 2.Aufl. 1982 (zit. *Bockelmann* Strafrecht B.T.I)

Bosch, Nikolaus: Organisationsverschulden in Unternehmen, 2002 (zit. *Bosch* Organisationsverschulden)

Bous, Ulrich: Die Konzernleitungsmacht im Insolvenzverfahren konzernverbundener Kapitalgesellschaften, 2001 (zit. *Bous* Konzernleitungsmacht)

Brammsen, Joerg: Strafbare Untreue des Geschäftsführers bei einverständlicher Schmälerung des GmbH-Vermögens?, DB 1989, S. 1609 ff. (zit. *Brammsen* DB 1989)

Bringewat, Peter: Scheckkartenmißbrauch und nullum crimen sine lege, GA 1973, S. 353 ff. (zit. *Bringewart* GA 1973)

Bringewat, Peter: Finanzmanipulation im Ligafußball – ein Risikogeschäft?, JZ 1977, S. 667ff. (zit. *Bringewart* JZ 1977)

Bruns, Hans-Jürgen: Die Befreiung des Strafrechts vom zivilistischen Denken, 1938 (zit.: *Bruns* Die Befreiung des Strafrechts vom zivilistischen Denken)

Büning, Marc: Die strafrechtliche Verantwortung faktischer Geschäftsführer einer GmbH, 2004 (zit. *Büning* Verantwortung faktischer Geschäftsführer)

Busch, Dirk: Konzernuntreue, 2004 (zit. *Busch* Konzernuntreue)

Busse von Kolbe, Walter / Ordelheide, Dieter: Konzernabschlüsse, 6. Aufl. 1993 (zit. *Busse von Cole/Ordelheide* Konzernabschlüsse)

Daehler, Otto Heinrich: Die Zulässigkeit des faktischen Konzerns, 1972, (zit. *Daehler* Die Zulässigkeit des faktischen Konzerns)

Dierdorf, Josef: Herrschaft und Abhängigkeit einer Aktiengesellschaft auf schuldvertraglicher und tatsächlicher Grundlage, 1978 (zit. *Dierdorf* Herrschaft)

Dierlamm, Alfred: Untreue – ein Auffangtatbestand, NStZ 1997, S. 534 ff. (zit. *Dierlamm* NStZ 1997)

Doster, Werner: Strafrechtliche Ermittlungsverfahren gegen Bankmitarbeiter wegen des Verdachts der Untreue, WM 2001, S. 331 ff. (zit. *Doster* WM 2001)

Drygalla, Tim: Konzernhaftung und Einmann-Richtlinie, ZIP 1992, S. 1528 ff.(zit. *Drygala* ZIP 1992)

Dunkel, Wolfgang: Erfordernis und Ausgestaltung des Merkmals „Vermögensbetreuungspflicht“ im Rahmen des Missbrauchstatbestandes der Untreue (§ 266 I 1.Alternative StGB), 1976 (zit. *Dunkel* Vermögensbetreuungspflicht)

Dunkel, Wolfgang: Nochmals: Der Scheckkartenmißbrauch in strafrechtlicher Hinsicht, GA 1977, S. 327 ff. (zit. *Dunkel* GA 1977)

Ebeling, Ralf Michael: Die Einheitsfiktion als Grundlage der Konzernrechnungslegung, 1995 (zit. *Ebeling* Die Einheitsfiktion)

Ellerich, Marian: Zur Bedeutung und den Auswirkungen der aktienrechtlichen Unternehmenseigenschaft der öffentlichen Hand unter Berücksichtigung ökonomischer Gesichtspunkte, 1980 (zit. *Ellerich* Bedeutung)

Eichele, Hans: Die Reichweite des Kapitalerhaltungsgrundsatzes aus § 30 Abs. 1 GmbHG, die Finanzierungsverantwortung des Gesellschafters und das Eigenkapitalersatzrecht in der GmbH, 1999 (zit. *Eichele* Reichweite des Kapitalerhaltungsgrundsatzes)

Eisenhardt, Ulrich: Zum Weisungsrecht der Gesellschafter in der mitbestimmten GmbH, in: Strafrecht, Unternehmensrecht, Anwaltsrecht - Festschrift für Gerd Pfeiffer zum Abschied aus dem Amt als Präsident des Bundesgerichtshofes, 1988, hrsg. v. v. Gamm, Raisch, Tiedemann, S. 839 ff. (zit. *Eisenhardt* in: Pfeiffer-FS)

Emmerich, Volker: Das GmbH-Konzernrecht, AG 1975, S. 253ff., 285ff. (zit. *Emmerich* AG 1975)

Emmerich, Volker: Anmerkung zu der Vulkan-Doktrin, AG 2004, S. 423 ff. (zit. *Emmerich* AG 2004)

Emmerich, Volker / Habersack, Mathias: Aktien- und GmbH-Konzernrecht,
2. Aufl. 2001 (zit. *Bearbeiter* in: *Emmerich/Habersack* Konzernrecht[2])
3. Aufl. 2003 (zit. *Bearbeiter* in: *Emmerich/Habersack* Konzernrecht)

Emmerich, Volker / Sonnenschein, Jürgen / Habersack, Mathias: Konzernrecht, 7. Aufl. 2001 (zit. *Emmerich/Sonnenschein/Habersack* Konzernrecht)

Emmerich, Volker: Zu den Schranken der Mehrheitsherrschaft bei der GmbH – zu BGH II ZR 23/74 vom 05.06.1975, JuS 1976, S. 54 f. (zit. *Emmerich* JuS 1976)

Eschenbruch, Klaus: Konzernhaftung, Haftung der Unternehmen und der Manager, 1996 (zit. *Eschenbruch*, Konzernhaftung)

Ewald, Rolf: Untreue zwischen „verbundenen Unternehmen", 1980 (zit. *Ewald* Untreue)

Fahl, Christian: Vermögensschaden beim Betrug, JA 1995, S. 198 ff. (zit. *Fahl* JA 1995)

Fleischer, Holger: Finanzielle Unterstützung des Aktienerwerbs und Leveraged Buyout, AG 1996, S. 494 ff. (zit. *Fleischer* AG 1996)

Fleischer, Holger: Konzernuntreue zwischen Straf- und Gesellschaftsrecht: Das Bremer Vulkan-Urteil, NJW 2004, S. 2867 ff. (zit. *Fleischer* NJW 2004)

Flum, Joachim: Der strafrechtliche Schutz der GmbH gegen Schädigungen mit Zustimmung der Gesellschafter, 1990 (zit. *Flum* Schutz der GmbH)

Flume, Werner: Das Video-Urteil als eine Entscheidung des II. Senats des BGH aus dem Selbstverständnis der Innehabung gesetzgeberischer Gewalt, ZIP 1992, S. 817 ff. (zit. *Flume* ZIP 1992)

Flume, Werner: Die Rechtsprechung des II. Zivilsenats des BGH zur Treuepflicht des GmbH-Gesellschafters und des Aktionärs, ZIP 1995, S. 161 ff. (zit. *Flume* ZIP 1995)

Friedländer, Heinrich: Konzernrecht, 1927 (zit. *Friedländer* Konzernrecht)

Fuhrmann, Lambertus: Kreditgewährung an Gesellschafter: Ende des konzernweiten Cash-Managements?, NZG 2004, S. 552 ff. (zit. *Fuhrmann* NZG 2004)

Gäbelein, Wolfgang: Ende der Haftungsgrenze im Konzern?, GmbHR 1992, S. 273 ff. (zit. *Gäbelein* GmbHR 1992)

Geerds, Detlev: Die Rückzahlung kapitalersetzender Darlehen durch den Allein-für Friedrich Geerds zum 70.Geburtstag, 1995, hrsg. v. Schlüchter, Ellen, S. 706 ff., (zit. *D. Geerds* in: Geerds-FS)

Geerds, Friedrich: Einwilligung und Einverständnis des Verletzten, 1953 (zit. *F. Geerds* Einwilligung und Einverständnis)

Geerds, Friedrich: Einwilligung und Einverständnis des Verletzten im Strafrecht, GA 1954, S. 262 ff. (zit. *Geerds* GA 1954)

Geerds, Friedrich: Einwilligung und Einverständnis des Verletzen im Strafgesetzentwurf, ZStW 72 (1960), S. 42 ff. (zit. *Geerds* ZStW 72 (1960))

Gehrlein, Markus: Einverständliche verdeckte Gewinnentnahmen der Gesellschafter als Untreue (§ 266 StGB) zu Lasten der GmbH, NJW 2000, S. 1089 ff. (zit. *Gehrlein* NJW 2000)

Gessler, Ernst: Bestandsschutz der beherrschten Gesellschaft im Vertragskonzern, ZHR 140 (1976), S. 433 ff. (zit. *Gessler* ZHR 140)

Gessler, Ernst: Leitungsmacht und Verantwortlichkeit im faktischen Konzern, in: Festschrift für Harry Westermann zum 65. Geburtstag, 1974, hrsg. v. Hefermehl, Gmür, Brox, S. 145 ff. (zit. *Gessler* in: Westermann-FS)

Glaser, Erhard: Grenzen des Weisungsrechts im Vertragskonzern, 1982 (zit. *Glaser* Grenzen des Weisungsrechts)

Goette, Wulf: Die GmbH, 2. Aufl. 2002 (zit. *Goette* GmbH)

Goette, Wulf: Leitung, Aufsicht, Haftung – zur Rolle der Rechtsprechung bei der Sicherung einer modernen Unternehmensführung, in: BGH-FS, in: Festschrift aus Anlaß des fünfzigjährigen Bestehens von Bundesgerichtshof,

Bundesanwaltschaft und Rechtsanwaltschaft beim Bundesgerichtshof, 2000, hrsg. v. Geiß, Nehm, Brandner, Hagen, S. 123 ff. (zit. *Goette* in: BGH-FS)

Götz, Heinrich: Leitungssorgfalt und Leitungskontrolle der Aktiengesellschaft hinsichtlich abhängiger Unternehmen, ZGR 1998, S. 524 ff. (zit. *Götz* ZGR 1998)

Gribbohm, Günter: Treuebruch und Vermögensnachteil bei der Untreue, JuS 1965, S. 389 ff. (zit. *Gribbohm* JuS 1965)

Gribbohm, Günter: Untreue zum Nachteil der GmbH, ZGR 1990, S. 1 ff. (zit. *Gribbohm* ZGR 1990)

Großkommentar, Aktiengesetz, 4. Aufl. 1992 ff. (zit. GroßkommAktG/*Bearbeiter*)

Grünhut, Max: Der strafrechtliche Schutz wirtschaftlicher Interessen, in: Die Reichsgerichtspraxis im deutschen Rechtsleben - Festgabe der juristischen Fakultäten zum 50jährigen Bestehen des Reichsgerichts (1. Okt. 1929), Band V, Strafrecht und Strafprozeßrecht, 1929, hrsg. v. Schreiber (zit. *Grünhut* in: RG-Festgabe)

Gutmann, Alexander: Der Vermögensschaden beim Betrug im Lichte der neueren höchstrichterlichen Rechtsprechung (1), MDR 1963, S. 3 ff. (zit. *Gutmann* MDR 1963)

Haas, Günter: Die Untreue (§ 266 StGB), 1997 (zit. *Haas* Die Untreue)

Habersack, Mathias / Schürnbrand, Jan: Cash Management und Sicherheitenbestellung bei AG und GmbH im Lichte des richterrechtlichen Verbots der Kreditvergabe an Gesellschafter, NZG 2004, S. 689 ff. (zit. *Habersack/Schürnbrand* NZG 2004)

Hachenburg, Max / Ulmer, Peter: Gesetz betreffend die Gesellschaften mit beschränkter Haftung (GmbHG) Großkommentar,
Band 1: Allgemeine Einleitung, §§ 1 – 34; 8. Aufl. 1992
Band 2: §§ 35 – 52; 8. Aufl. 1997
Band 3: §§ 53 – 85, Register; 8. Aufl. 1997
(zit. *Bearbeiter* in: *Hachenburg/Ulmer* GmbHG [Band])

Haft, Fritjof: Strafrecht Besonderer Teil
Band I, Vermögensdelikte, 8.Aufl. 2004 (zit. *Haft* B.T.I)
Band II, Delikte gegen die Person und die Allgemeinheit, 8.Aufl. 2005 (zit. *Haft* B.T.II)

Handbuch Wirtschaftsstrafrecht, Achenbach/Ransiek (Hrsg.), 2004 (zit. *Bearbeiter* in: Handbuch Wirtschaftsstrafrecht)

Haussmann, Fritz: Die Tochtergesellschaft, 1926 (zit. *Haussmann* Die Tochtergesellschaft)

Haussmann, Fritz: Grundlegung des Rechts der Unternehmenszusammenfassungen, 1926 (zit. *Haussmann* Unternehmenszusammenfassungen)

Hefendehl, Roland: Vermögendgefährdung und Exspektanzen, 1994 (zit.: *Hefendehl* Vermögensgefährdung und Exspektanzen)

Heimann-Trosien, Georg: Zur strafrechtlichen Beurteilung des Scheckkartenmißbrauchs, JZ 1976, S. 549 ff. (zit. *Heimann-Trosien* JZ 1976)

Henn, Günter: Handbuch des Aktienrechts, 7.Aufl. 2002 (zit. *Henn* Aktienrecht)

Herzberg, Rolf D. / Brandts, Ricarda: Strafrecht: Das unverkäufliche Teeservice, JuS 1983, S. 203 f. (zit. *Herzberg/Brandts* JuS 1983)

Heyder, Stefan: Der qualifiziert faktische Aktienkonzern, 1997 (zit. *Heyder* Der qualifiziert faktische Aktienkonzern)

Hölters, Wolfgang (Hrsg.): Handbuch des Unternehmens- und Beteiligungskaufs, 5.Aufl., 2002 (zit. *Bearbeiter* in Hölters: Handbuch des Unternehmens- und Beteiligungskaufs)

Hoffmann-Becking, Michael: Der Aufsichtsrat im Konzern, ZHR 159 (1995) (zit. *Hoffmann-Becking* ZHR 159)

Hommelhoff, Peter: Die Konzernleitungspflicht – zentrale Aspekte eines Konzernverfassungsrechts, 1982 (zit. *Hommelhoff* Konzernleitungspflicht)

Hommelhoff, Peter: Der Verlustausgleich im Mehrmütter-Vertragskonzern, in: Bilanz- und Konzernrecht – Festschrift zum 65.Geburtstag von Dr. Dr. h.c. Reinhard Goerdeler, 1987, hrsg. v. Havermann, S. 221 ff. (zit. *Hommelhoff* in: Goerdeler-FS)

Hommelhoff, Peter: Konzernpraxis nach „Video“ – zugleich Erwiderung auf eine Urteilsschelte, DB 1992, S. 309 ff. (zit. *Hommelhoff* DB 1992)

Hommelhoff, Peter: Vernetzte Aufsichtsratüberwachung im Konzern, ZGR 1996, S. 144 ff. (zit. *Hommelhoff* ZGR 1996)

Hübner, Engelbert: Scheckkartenmißbrauch und Untreue, JZ 1973, S. 407 ff. (zit. *Hübner* JZ 1973)

Hueck, Götz: Gesellschaftsrecht, 20.Aufl. 2003 (zit. *Hueck* Gesellschaftsrecht)

Hüffer, Uwe: Aktiengesetz, 5.Aufl. 2002 (zit. *Hüffer* Aktiengesetz)

Immenga, Ulrich: Bestandsschutz der beherrschten Gesellschaft im Vertragskonzern?, ZHR 140 (1976), S. 301 ff. (zit. *Immenga* ZHR 140)

Isay, Rudolf: Das Recht am Unternehmen, 1910 (zit. *Isay* Das Recht am Unternehmen)

Jäger, Axel: Die Entwicklung der Rechtsprechung zur Aktiengesellschaft in den Jahren 1994-1996, WiB 1996, S. 457 ff. (zit. *Jäger* WiB 1996)

Jaschinski, Susanne: Die Haftung von Schwestergesellschaften im GmbH-Unterordnungskonzern, 1996 (zit. *Jaschinski* Haftung von Schwestergesellschaften)

Joecks, Wolfgang: Strafgesetzbuch, 5.Auflage, 2004 (zit. *Joecks* StGB)

Kantzas, Ioannis: Das Weisungsrecht im Vertragskonzern, 1988 (zit. *Kantzas* Weisungsrecht)

Kargl, Walter: Die Mißbrauchskonzeption der Untreue (§ 266 StGB), in: ZStW 113 (2001), S.565 ff. (zit. *Kargl* ZStW 113 (2001))

Kaufmann, Jochen: Organuntreue zum Nachteil von Kapitalgesellschaften, 1999 (zit. *Kaufmann* Organuntreue)

Kerber, Markus: Die aktienrechtlichen Grenzen der finanziellen Unterstützung des Aktienerwerbs im Buy-out-Verfahren, DB 2004, S. 1027 ff. (zit. *Kerber* DB 2004)

Kindhäuser, Urs: Gefährdung als Straftat – Rechtstheoretische Untersuchungen zur Dogmatik der abstrakten und konkreten Gefährdungsdelikte, 1989 (zit. *Kindhäuser* Gefährdung als Straftat)

Kindhäuser, Urs: Strafgesetzbuch - Lehr- und Praxiskommentar, 2. Aufl. 2005 (zit. *Kindhäuser* StGB)

Kindhäuser, Urs: Strafrecht, Besonderer Teil Band II, Straftaten gegen Vermögensrechte, 4. Aufl. 2005 (zit. *Kindhäuser* B.T. II)

Kinzl, Ulrich-Peter: Wie angemessen muss „angemessene Information" als Grundlage für Vorstandsentscheidungen sein?, DB 2005, S. 1653 ff. (zit. *Kinzl* DB 2005)

Kling, Michael: Die Innenhaftung des Aufsichtsratsmitglieds in der Aktiengesellschaft, DZWiR 2005, S. 45 ff. (zit. *Kling* DZWIR 2005)

Knobbe-Keuk, Brigitte: Zum Erdbeben „Video", DB 1992, S. 1461 ff. (zit. *Knobbe-Keuk* DB 1992)

Kölner Kommentar zum Aktiengesetz
1. Aufl. 1970 ff
2. Aufl. 1986 ff
(zit. *Bearbeiter* in: KölnKomm AktG)

Kohlmann, Günter: Wider die Furcht vor § 266 StGB, JA 1980, S.228 ff. (zit. *Kohlmann* JA 1980)

Kohlmann, Günter: Untreue zum Nachteil des Vermögens einer GmbH trotz Zustimmung sämtlicher Gesellschafter?, in: Festschrift für Winfried Werner zum 65. Geburtstag am 17. Oktober 1984, 1984, hrsg. v. Hadding S. 387 ff. (zit. *Kohlmann* in: Werner-FS)

Kohlmann, Günter: Die strafrechtliche Verantwortlichkeit des GmbH-Geschäftsführers, 1990 (zit. *Kohlmann* Strafrechtliche Verantwortlichkeit)

Kort, Michael: Das Informationsrecht des Gesellschafters der Konzernobergesellschaft, ZGR 1987, S. 46 ff. (zit. *Kort* ZGR 1987)

Kort, Michael: Rechtsfortbildung im GmbH-Konzernrecht, ZIP 1989, S. 1309 ff. (zit. *Kort* ZIP 1989)

Krekeler, Wilhelm: Handwörterbuch zum Wirtschafts- und Steuerstrafrecht, Band I, Stand Mai 1990, hrsg. v. Krekeler, Tiedemann, Ulsenheimer, Weinmann (zit. *Krekeler/Bearb*eiter)

Krey, Volker: Strafrecht Besonderer Teil, Band II, Vermögensdelikte, 13.Aufl. 2002 (zit. *Krey* Strafrecht B.T.II)

Kropff, Bruno: Aktiengesetz, Textausgabe des Aktiengesetzes vom 06.09.1965 mit Begründung des Regierungsentwurfs und Bericht des Rechtsausschusses des Deutschen Bundestags 1965 (zit. *Kropff* Aktiengesetz)

Kropff, Bruno: Zur Konzernleitungspflicht, ZGR 1984, S. 112 ff. (zit. *Kropf* ZGR 1984)

Kropff, Bruno: Der „faktische" Konzern als Rechtverhältnis (Teil 1), DB 1967, S. 2147 ff. (zit. *Kropff* DB 1967)

Kübler, Friedrich: Gesellschaftsrecht; die privatrechtlichen Ordnungsstrukturen und Regelungsprobleme von Verbänden und Unternehmen, 5. Aufl. 1999 (zit. *Kübler* Gesellschaftsrecht)

Kühbacher, Uli: Darlehen an Konzernunternehmen, 1993 (zit. *Kühbacher* Darlehen an Konzernunternehmen)

Küper, Wilfried: Der ungetreue Verwalter, Jura 1996, S. 205 f. (zit. *Küper* Jura 1996)

Küper, Wilfried: Strafrecht, Besonderer Teil, Definitionen mit Erläuterungen, 5.Aufl. 2002 (zit. *Küper* Strafrecht B.T.)

Küting, Karlheinz / Weber Claus-Peter: Der Konzernabschluss, 9. Aufl. 2005 (zit. *Küling/Weber* Konzernabschluss)

Labsch, Karl Heinz: Untreue (§ 266 StGB), Grenzen und Möglichkeiten einer neuen Deutung, 1983 (zit. *Labsch* Untreue)

Labsch, Karl Heinz: Einverständliche Schädigung des Gesellschaftsvermögens und Strafbarkeit des GmbH-Geschäftsführers – BGH, NStZ 1984, S. 118, JuS 1985, S. 602 ff. (zit. *Labsch* JuS 1985)

Labsch, Karl Heinz: Die Strafbarkeit des GmbH-Geschäftsführers im Konkurs der GmbH, wistra 1985, S. 1 ff., 59ff (zit.: *Labsch* wistra 1985)

Labsch, Karl Heinz: Grundprobleme des Mißbrauchstatbestands der Untreue
Teil I, Jura 1987, S. 343 ff.
Schluß, Jura 1987, S. 411 ff.
(zit. *Labsch* Jura 1987)

Lackner, Karl / Kühl, Kristian: Strafgesetzbuch, 25.Aufl. 2004 (zit. *Lackner/Kühl* StGB)

Lampe, Ernst-Joachim: Unternehmensaushöhlung als Straftat, GA 1987, S. 241 ff. (zit. *Lampe* GA 1987)

Leipziger Kommentar, Großkommentar zum Strafgesetzbuch,
Jähnke, Burkhard (Hrsg.), 11.Aufl. 1992 ff. (zit. LK-*Bearbeiter*)
Jescheck, Hans-Heinrich (Hrsg.), 10.Aufl. 1985 ff. (zit. LK^{10}-*Bearbeiter*)
Ebermayer, Ludwig (Begr.), 9.Aufl. 1977 ff. (zit. LK^{9}-*Bearbeiter*)

Luthmann, Walter: Zur Frage der Untreue im Rahmen rechts- und sittenwidriger Abmachungen, NJW 1960, S. 419 ff. (zit. *Luthmann* NJW 1960)

Lutter, Marcus: Das System des deutschen GmbH-Konzernrechts, in: Entwicklungen im GmbH-Konzernrecht/2. Dt.-Österr. Symposium zum Gesellschaftsrecht vom 21. und 22. Februar 1986 in Landshut, hrsg. v. Hommelhoff/Semmler/Doralt/Roth, ZGR-Sonderheft 6, 1986, S. 192 ff. (zit. *Lutter* Das System des deutschen GmbH-Konzernrechts)

Lutter, Marcus: Holding Handbuch, 4.Aufl. 2004 (zit. *Bearbeiter* in: Lutter, Holding Handbuch)

Lutter, Marcus: in: Festschrift für Walter Stimpel zum 68.Geburtstag am 29.November 1985, 1985, hrsg. v. Lutter (zit. Lutter in: Stimpel-FS)

Lutter, Marcus / Scheffler, Eberhard / Schneider, Uwe H. (Hrsg.): Handbuch der Konzernfinanzierung, 1998 (zit. *Bearbeiter* in: Lutter/Scheffler/Schneider, Hdb. der Konzernfinanzierung)

Lutter, Marcus / Hommelhoff, Peter: GmbH-Gesetz, 15.Aufl. 2000 (zit. *Lutter/Hommelhoff* GmbHG)

Lutter, Marcus / Krieger, Gerd: Rechte und Pflichten des Aufsichtsrats, 2.Aufl. 1989 (zit. *Lutter/Krieger* Rechte und Pflichten des Aufsichtsrats)

Lutter, Marcus / Wahlers, Henning W.: Der Buyout: Amerikanische Fälle und die Regeln des deutschen Rechts, AG 1989, S. 1 ff. (zit. *Lutter/Wahlers* AG 1989)

Martens, Klaus-Peter: Das Konzernrecht nach dem Referentenentwurf eines GmbH-Gesetzes, DB 1970, S. 865 ff. (zit. *Martens* DB 1970)

Martens, Klaus-Peter: Die Organisation des Konzernvorstandes, in: Festschrift für Theodor Heinsius zum 65. Geburtstag, 1991, S. 523 ff. (zit. *Martens* in: Heinsius-FS)

Martens, Klaus-Peter: Der Aufsichtsrat im Konzern, ZHR 159 (1995), S. 565 ff. (zit. *Martens* ZHR 159 (1995))

Maurauch, Reinhart / Schroeder, Friedrich-Christian / Maiwald, Manfred: Strafrecht Besonderer Teil, Band I, Straftaten gegen Persönlichkeits- und Vermögenswerte, 9.Aufl. 2003 (zit. *Maurach/Schroeder/Maiwald* Strafrecht B.T.I)

Mayer, Hellmuth: Die Untreue, in: Materialien zur Strafrechtsreform, 1. Band, Gutachten der Strafrechtslehrer, 1954, S. 333 ff. (zit. *Mayer* Mat. I)

Mertens, Hans-Joachim: Die Haftung wegen Mißbrauch der Leitungsmacht nach § 309 AktG aus schadensersatzrechtlicher Sicht, AcP 168 (1968), S. 225 ff. (zit. *Mertens* AcP 168 (1968))

Mertens, Hans-Joachim: Anmerkung zu BGH II ZR 135/90 vom 23.09.1991, AG 1991,
S. 434 (zit. *Mertens* AG 1991)

Messer, Herbert: Kreditbesicherung im Konzern, ZHR 159 (1995), S. 375 ff. (zit. *Messer* ZHR 159 (1995))

Meyer, Dieter: Nochmals: Ist die Begebung ungedeckter Schecks mittels Scheckkarte durch ihren berechtigten Inhaber strafbar?, MDR 1971, S. 893 ff. (zit. *Meyer* MDR 1971)

Meyer, Dieter: Die missbräuchliche Benutzung der Scheckkarte – Betrug oder Untreue?, JuS 1973, S. 214 ff. (zit. *Meyer* JuS 1973)

Michalski, Lutz (Hrsg.): GmbHG, 2002 (zit. Michalski-*Bearbeiter* GmbHG)

Mitsch, Wolfgang: Strafrecht Besonderer Teil, Band II, Vermögensdelikte, Teilband 1, 2.Aufl. 2003 (zit. *Mitsch* Strafrecht B.T. II/1)

Moorbotter, Kurt: Die Anwartschaft im System des Betrugstatbestandes, GA 1971, S. 632 ff. (zit. *Moorbotter* GA 1971)

Mülbert, Peter O.: Aktiengesellschaft, Unternehmensgruppe und Kapitalmarkt – die Aktionärsrechte bei der Bildung und Umbildung einer Unternehmensgruppe zwischen Verbands- und Anlegerschutzrecht, 2. Aufl. 1996 (zit. *Mülbert* Aktiengesellschaft)

Mülbert, Peter O.: Die Stellung der Aufsichtsratsmitglieder, in: Corporate Governance, 1996, hrsg. v. Feddersen, Hommelhoff, Schneider, u.a., S. 99 ff. (zit. *Mülbert* Die Stellung des Aufsichtsrats)

Müller, Klaus: Die Haftung der Muttergesellschaft für die Verbindlichkeiten der Tochtergesellschaft im Aktienrecht, ZGR 1977, S. 1 ff. (zit. *Müller* ZGR 1977)

Müller-Gugenberger, Christian / Bieneck, Klaus (Hrsg.), Wirtschaftsstrafrecht, 3.Aufl. 2000 (zit. *Bearbeiter* in: Müller-Gugenberger/Bieneck)

Müller, Welf / Hense, Bernhard (Hrsg.), Beck'sches Handbuch der GmbH; Gesellschaftsrecht – Steuerrecht, 2002 (zit. Müller/Hense, Beck GmbH-HB/*Bearbeiter)*

Münchener Handbuch des Gesellschaftsrechts,
Band 3, Priester, Hans-Joachim / Mayer, Dieter (Hrsg.) Gesellschaft mit beschränkter Haftung, 2.Aufl. 2003
Band 4, Hoffmann-Becking, Michael (Hrsg.) Aktiengesellschaft, 1999
(zit. *Bearbeiter* in: MünchHdb. GesR [Band])

Münchener Kommentar zum Aktiengesetz,
(Fortgeführte 2. Aufl. von *Gessler, Hefermehl, Eckhardt, Kropff,* Aktiengesetz, 1973)
Band 1, §§ 1-53, 2000

Band 8, §§ 278-328, 2. Aufl. 2000
(zit. *Bearbeiter* in: MünchKomm AktG [Band])

Münchener Kommentar zum Handelsgesetzbuch,
Band 3, §§ 161-237, Konzernrecht der Personengesellschaften, 2000
(zit. *Bearbeiter* in: MünchKommHGB [Band])

Münchener Kommentar zum Strafgesetzbuch,
Band 1, §§ 1-51
(zit. *Bearbeiter* in: MünchKommStGB [Band])

Nelles, Ursula: Untreue zum Nachteil von Gesellschaften. Zugleich ein Beitrag zur Struktur des Vermögensbegriffs als Beziehungsbegriff, 1991 (zit. *Nelles* Untreue)

Neumann, Ulfrid / Albrecht Hans-Jörg (Hrsg.): Nomos Kommentar zum Strafgesetzbuch, Band V, 1995 ff. (zit. NK-*Bearbeiter*)

Otto, Harro: Die Struktur des strafrechtlichen Vermögensschutzes, 1970 (zit. *Otto* Struktur des Vermögensschutzes)

Otto, Harro: Bankentätigkeit und Strafrecht, 1983 (zit. *Otto* Bankentätigkeit)

Otto, Harro: Die neuere Rechtsprechung zu den Vermögensdelikten – Teil 2, JZ 1985, S. 69 ff. (zit.: *Otto* JZ 1985)

Otto, Harro: Die neuere Rechtsprechung zu den Vermögensdelikten – Teil 2, JZ 1993, S. 652 ff. (zit.: *Otto* JZ 1993)

Otto, Harro: Aktienstrafrecht, 1997 (zit. *Otto* Aktienstrafrecht)

Otto, Harro: Die strafrechtliche Haftung für die Auslieferung gefährlicher Produkte, in: Festschrift für Hans Joachim Hirsch zum 70. Geburtstag am 11. April 1999, 1999, hrsg. v. Weigend, S. 291 ff. (zit. *Otto* in: Hirsch-FS)

Otto, Harro: Grundkurs Strafrecht, Allgemeine Strafrechtslehre, 7.Aufl. 2004 (zit. *Otto* Grundkurs Strafrecht, AT)

Otto, Harro: Grundkurs Strafrecht, Die einzelnen Delikte, 7. Aufl. 2005 (zit. *Otto* Grundkurs Strafrecht, BT)

Otto, Harro: Die strafrechtliche Beurteilung der Kollision rechtlich gleichrangiger Interessen, JURA 2005, S. 470 ff. (zit. *Otto* JURA 2005)

Passow, Richard: Betrieb, Unternehmung, Konzern, 1925 (zit. *Passow* Betrieb)

Pawlik, Michael: Das unerlaubte Verhalten beim Betrug, 1999 (zit. *Pawlik* Verhalten)

Pentz, Andreas: Die Rechtstellung der Enkel-AG in einer mehrstufigen Unternehmensverbindung, 1994 (zit. *Pentz* Die Rechtstellung der Enkel-AG)

Perridon, Louis / Steiner, Manfred: Finanzwirtschaft der Unternehmung, 12.Aufl. 2003 (zit. *Perridon/Steiner* Finanzwirtschaft)

Poseck, Roman: Die strafrechtliche Haftung der Mitglieder des Aufsichtsrats einer Aktiengesellschaft, 1997 (zit. *Poseck* Haftung)

Radtke, Henning: Einwilligung und Einverständnis der Gesellschafter bei der sog. GmbH-rechtlichen Untreue
Teil 1, GmbHR 1998, S.311 ff.
Teil 2, GmbHR 1998, S. 361 ff.
(zit. *Radtke* GmbHR 1998)

Raiser, Thomas: Recht der Kapitalgesellschaften, 3. Aufl. 2001 (zit. *Raiser* Recht der Kapitalgesellschaften)

Ransiek, Andreas: Unternehmensstrafrecht, 1996 (zit. *Ransiek* Unternehmensstrafrecht)

Ransiek, Andreas: Untreue im GmbH-Konzern, in: Festschrift für Günter Kohlmann zum 70. Geburtstag, 2003, hrsg. v. Hirsch, Wolter, Brauns, S. 207 ff. (zit. *Ransiek* in: Kohlmann-FS)

Ransiek, Andreas: Untreue zum Nachteil einer abhängigen GmbH – „Bremer Vulkan“, Besprechung des Urteils des BGH wistra 2004, 341 – Urt. v. 13. 5. 2004 – 5 StR 73/03, wistra 2005, S. 121 ff. (zit. *Ransiek* wistra 2005)

Rehbinder, Eckard: Treuepflicht im GmbH-Konzern, ZGR 1976, S. 386 ff. (zit. *Rehbinder* ZGR 1976)

Rehbinder, Eckard: Konzernaußenrecht und allgemeines Privatrecht,1969 (zit. *Rehbinder* Konzernaußenrecht)

Rehbinder, Eckhard: Peter Hommelhoff, Die Konzernleitungspflicht. Zentrale Aspekte eines Konzernverfassungsrechts (Rezension), ZHR 147 (1983), S. 464 ff. (zit. *Rehbinder* ZHR 147 (1983))

Rengier, Rudolf: Strafrecht Besonderer Teil, Band I, Vermögensdelikte, 7.Auflage, 2005 (zit. *Rengier* Strafrecht B.T.I)

Röhricht, Volker: Die GmbH im Spannungsfeld zwischen wirtschaftlicher Dispositionsfreiheit ihrer Gesellschafter und Gläubigerschutz, in: Festschrift aus Anlaß des fünfzigjährigen Bestehens von Bundesgerichtshof, Bundesanwaltschaft und Rechtsanwaltschaft beim Bundesgerichtshof, 2000, hrsg. v. Geiß, Nehm, Brandner, Hagen, S. 83 ff. (zit. *Röhricht* in: BGH-FS)

Röhricht, Volker: Treupflichten der Aktionäre, insbesondere des Mehrheitsgesellschafters, in: Handbuch Corporate Governance, 2003, hrsg. v. Hommelhoff, Hopt, Werder, S. 513 ff. (zit. *Röhricht* Treuepflicht der Aktionäre)

Röhricht, Volker: Das Wettbewerbsverbot der Gesellschafter und des Geschäftsführers, Wpg 1992, S. 766 ff. (zit. *Röhricht* Wpg 1992)

Rönnau, Thomas: „kick-backs“: Provisionsvereinbarungen als strafbare Untreue – Eine kritische Bestandaufnahme, in: Festschrift für Günter Kohlmann zum 70.Geburtstag, 2003, hrsg. v. Hirsch, Wolter, Brauns, S. 239 ff. (zit. *Rönnau* in: Kohlmann-FS)

Roth, Günter H. / Altmeppen, Holger: Gesetz betreffend die Gesellschaften mit beschränkter Haftung, 4.Aufl. 2003 (zit. *Bearbeiter* in: *Roth/Altmeppen* GmbHG)

Roth, Markus: Unternehmerisches Ermessen und Haftung des Vorstands, 2001 (zit. *Roth* Unternehmerisches Ermessen)

Rowedder, Heinz: Bestandsschutz im faktischen GmbH-Konzern, in: Entwicklungen im GmbH-Konzernrecht/2. Dt.-Österr. Symposium zum Gesellschaftsrecht vom 21. und 22. Februar 1986 in Landshut, hrsg. v. Hommelhoff, Semmler, Doralt, Roth, ZGR-Sonderheft 6, 1986, S. 20 ff. (zit. *Rowedder* Bestandsschutz im faktischen GmbH-Konzern)

Rowedder, Heinz / Schmidt-Leithoff, Christian: Gesetz betreffend die Gesellschaften mit beschränkter Haftung (GmbHG), 4. Aufl. 2002 (zit. *Bearbeiter* in: *Rowedder/Schmidt-Leithoff* GmbHG)

Roxin, Claus: Strafrecht Allgemeiner Teil, Band I, Grundlagen – Der Aufbau der Verbrechenslehre, 3.Auflage 1997 (zit. *Roxin* Strafrecht A.T.I)

Roxin, Claus: Strafecht Allgemeiner Teil, Band II, Besondere Erscheinungsformen der Straftat, 2003 (zit. *Roxin* Strafrecht A.T.II)

Sánchez-Vera, Javier: Pflichtdelikt und Beteiligung – Zugleich ein Beitrag zur Einheitlichkeit der Zurechnung bei Tun und Unterlassen, 1999 (zit. *Sánchez-Vera* Pflichtdelikt und Beteiligung)

Sax, Walter: Überlegungen zum Treuebruchtatbestand des § 266 StGB, JZ 1977, S. 702 ff. (zit. *Sax* JZ 1977)

Schäfer, Carsten: Zur strafrechtlichen Verantwortlichkeit des GmbH-Geschäftsführers
Teil I, GmbHR 1993, S. 717 ff.
Teil II, GmbHR 1993, S. 780 ff.
(zit. *Schäfer* GmbHR 1993)

Schaffstein, Friedrich: Die unechten Unterlassungsdelikte im System des neuen Strafrechts, in: Gegenwartsfragen der Strafrechtswissenschaft – Festschrift zum 60.Geburtstag von Graf W. Gleispach, 1936, hrsg. v. Dahm, S. 70 ff. (zit. *Schaffstein* in: Gleispach-FS)

Schauß, Wolfgang: Das Weisungsrecht des herrschenden Unternehmens bei Bestehen eines Beherrschungsvertrags (§ 308 AktG), 1973 (zit. *Schauß* Das Weisungsrecht)

Scheffler, Hans-Eberhard: Zur Problematik der Konzernleitung, in: Bilanz- und Konzernrecht – Festschrift zum 65.Geburtstag von Dr. Dr. h.c. Reinhard Goerdeler, 1987, hrsg. v. Havermann, S. 469 ff. (zit. *Scheffler* in: Goerdeler-FS)

Schilling, Wolfgang: Grundlagen eines GmbH-Konzernrechts, in: Strukturen und Entwicklungen im Handels-, Gesellschafts- und Wirtschaftsrecht – Festschrift für Wolfgang Hefermehl zum 70.Geburtstag am 18.September 1976, 1976, hrsg. v. Fischer, Gessler, Schilling, Serick, Ulmer, S. 383 ff. (zit. *Schilling* in: Hefermehl-FS)

Schilmar, Boris: Kapitalerhaltung versus Konzernfinanzierung? – Cash Pooling und Upstream-Besicherung im Lichte der neuesten BGH-Rechtsprechung, DB 2004, S. 1411 ff. (zit. *Schilmar* DB 2004)

Schmidt, Karsten: Gesellschaftsrecht, 4.Auflage 2002 (zit. *Schmidt* Gesellschaftsrecht)

Schmidt, Karsten: Gleichordnung im Konzern: terra incognita?, ZHR (155) 1991, S. 417 ff. (zit. *Schmidt* ZHR 155 (1991))

Schmidt, Karsten: Zum Stand des Konzernhaftungsrechts, ZIP 1991, S. 1325 ff. (zit. *Schmidt* ZIP 1991)

Schmidt, Karsten: Gesellschafterhaftung und „Konzernhaftung" bei der GmbH - Bemerkungen zum „Bremer Vulkan"-Urteil des BGH vom 17. 9. 2001, NJW 2001, S. 3577 ff. (zit. *Schmidt* NJW 2001)

Schmidt, Karsten: Konzernunternehmen, Unternehmensgruppe und Konzern-Rechtsverhältnisse, in: Festschrift für Marcus Lutter zum 70.Geburtstag, 2000, hrsg. v. Schmider, Hommelhoff, Schmidt, Timm, Grunewald, Drygala, S. 1167 ff. (zit. *Schmidt* in: Lutter-FS)

Schmitz, Roland: Unrecht und Zeit - Unrechtsquantifizierung durch zeitlich gestreckte Rechtsgutsverletzung, 2001 (zit. *Schmitz* Unrecht und Zeit)

Schnauder, Franz / Müller-Christmann, Bernd: Durchblick: Der zivilrechtliche Schutz des GmbH-Vermögens vor dem Zugriff der Gesellschafter, JuS 1998, S. 980 ff. (zit. *Schnauder/Müller-Christmann* JuS 1998)

Schnauder, Franz / Müller-Christmann, Bernd: Durchblick: Der strafrechtliche Schutz des Gesellschaftsvermögens, JuS 1998, S. 1080 ff. (zit. *Schnauder/Müller-Christmann* JuS 1998)

Schneider, Eberhard: Die Untreue nach dem neuen Aktienrecht, 1972 (zit. *Schneider* Die Untreue)

Schneider, Uwe H. (Hrsg.)*:* Beherrschungs- und Gewinnabführungsverträge in der Praxis der GmbH, 1989 (zit. *Bearbeiter* in: *Schneider* Beherrschungs- und Gewinnabführungsverträge)

Schneider, Uwe H.: Das Informationsrecht des Aufsichtsratsmitglieds in einer Holding AG, in: Festschrift für Bruno Kropff, 1997, hrsg. v. Horster, Grunewald, Lutter, Semmler, S. 271 ff. (zit. *Schneider* in: Kropff-FS)

Schneider, Uwe H.: Der Aufsichtsrat des herrschenden Unternehmens im Konzern, in: Festschrift für Walther Hadding zum 70. Geburtstag am 8. Mai 2004, 2004 (zit. *Schneider* in: Hadding-FS)

Schneider, Uwe H.: Konzernleitung als Rechtsproblem, BB 1981, S. 249 ff. (zit. *Schneider* BB 1981)

Schön, Wolfgang: Kreditbesicherung durch abhängige Kapitalgesellschaften, ZHR 159 (1995), S. 351 ff. (zit. *Schön* ZHR 159)

Schönke, Adolf / Schröder, Horst: Strafgesetzbuch, Kommentar, 26.Aufl. 2001 (zit. Sch/Sch-*Bearbeiter*)

Scholz, Franz: Kommentar zum GmbHG, 9. Aufl. 2000 (zit. *Bearbeiter* in: *Scholz* GmbHG)

Schreiber, Hans-Ludwig / Beulke, Werner: Untreue durch Verwendung von Vereinsgeldern zu Bestechungszwecken – BGH, NJW 1975, S. 1234, JuS 1977, S. 656 ff. (zit. *Schreiber/Beulke* JuS 1977)

Schröder, Horst: Anmerkung zu BGH StR 337/59 vom 10.11.1959, JR 1960 S. 105 f. (zit. Schröder JR 1960)

Schünemann, Bernd: Grund und Grenzen der unechten Unterlassungsdelikte, 1971 (zit.: *Schünemann* Grund und Grenzen)

Schünemann, Bernd:, Vom qualifiziert faktischen GmbH-Konzern zum Schutz der abhängigen GmbH durch das Vermögensstrafrecht, Lindenmaier-Möhring, Nachschlagewerk des Bundesgerichtshofs - Entscheidungen in Zivilsachen, LM H. 5/2002 § 309 AktG 1965 Nr. 1, Bl. 901 - 904, S. 473 ff. (zit.: *Schünemann* LM H. 5/2002 § 309 AktG 1965 Nr. 1)

Schünemann, Bernd: Die „gravierende Pflichtverletzung" bei der Untreue: dogmatischer Zauberhut oder taube Nuss?, NStZ 2005, S. 473 ff. (zit.: *Schünemann* NStZ 2005)

Seibt, Christoph: Zentrales Cash Management im GmbH-Konzern, NJW Spezial 5/2004, S. 219 f. (zit. *Seibt* NJW-Spezial, 5/2004)

Seidel, Wolfgang: Cash-Pooling nur noch im Vertragskonzern?, DStR 2004, S. 1130 ff. (zit. *Seidel* DStR 2004)

Seier, Jürgen / Martin, Susanne: Die Untreue (§266 StGB), JuS 2001, S. 874 ff. (zit. *Seier/Martin* JuS 2001)

Semler, Johannes: Zur Leitungsbefugnis des Vorstands und ihren Grenzen, Kompetenzen in der eigenständigen Aktiengesellschaft und in der Konzernobergesellschaft, in: Kontinuität und Wandel – Beiträge zum Unternehmensrecht. Festschrift für Walther Kastner zum 90. Geburtstag, 1992, hrsg. v. Doralt (zit. *Semler* in: Kastner-FS)

Semler, Johannes: Leitung und Überwachung der Aktiengesellschaft - die Leitungsaufgabe des Vorstands und die Überwachungsaufgabe des Aufsichtsrats, 2.Aufl. 1996 (zit. *Semler* Leitung und Überwachung der AG)

Semler, Johannes / Schenk, Kersten von (Hrsg.): Arbeitshandbuch für Aufsichtsratsmitglieder, 2.Aufl. 2004 (zit. *Bearbeiter* in ArbHdb für Aufsichtsratsmitglieder)

Siebert, Wolfgang: Zur Lehre von Missbrauch und Vertretungsmacht, ZStaatsW 95 (1935), S. 629 ff. (zit. *Siebert* ZStaatsW 95 (1935))

Simitis, Spiros: Zur Unabhängigkeit der Abschlussprüfer, in: Festschrift für Rudolf Reinhardt zum 70. Geburtstag, 1972, hrsg. v. Pleyer, S. 333 ff. (zit. *Simitis* in: Reinhardt-FS)

Sonnen, Bernd-Rüdiger: Die soziale Zweckverfehlung als Vermögensschaden beim Betrug, JA 1982, S. 593 ff. (zit. *Sonnen* JA 1982)

Sonnenhol, Jürgen / Groß, Wolfgang: Besicherung von Krediten Dritter an Konzernunternehmen, ZHR 159 (1995), S. 388 ff. (zit. *Sonnenhol/Groß* ZHR 159)

Sina, Peter: Grenzen des Konzernweisungsrechts nach § 308 AktG, AG 1991, S. 1 ff. (zit. *Sina* AG 1991)

Staub, Hermann / Canaris, Claus-Wilhelm u.a. (Hrsg.): Handelsgesetzbuch Großkommentar, 4.Aufl. 1983 ff (zit. Staub/*Bearbeiter* HGB)

Stein, Ursula: Das faktische Organ, 1984 (zit. *Stein* Das faktische Organ)

Systematischer Kommentar zum Strafgesetzbuch, Band II, Rudolphi, Hans-Joachim (Hrsg.), Stand Februar 2005 (zit. SK-*Bearbeiter*)

Taschke, Jürgen: Straftaten im Interesse von Unternehmen – auch strafbar wegen Untreue?, in: Festschrift für Klaus Lüderssen zum 70. Geburtstag am 2. Mai 2002, 2002, hrsg. v. Prittwitz, S. 666 ff. (zit. *Taschke* in: Lüderssen-FS)

Tiedemann, Klaus: GmbH-Strafrecht, Kommentar, §§ 82 – 85 GmbHG und ergänzende Vorschriften, Sonderausgabe aus Scholz, Kommentar zum GmbH-Gesetz, 4. Aufl. 2002 (zit. *Tiedemann* GmbH-Strafrecht)

Tiedemann, Klaus: Untreue bei Interessenkonflikten – Am Beispiel der Tätigkeit von Aufsichtsratsmitgliedern, in: Festschrift für Herbert Tröndle zum 70. Geburtstag am 24. August 1989, 1989, hrsg. v. Jescheck, Vogler, S. 319 ff. (zit. Tiedemann in: Tröndle-FS)

Tiedemann, Klaus: Die strafrechtliche Vertreter- und Unternehmenshaftung, NJW 1986, S. 1842 ff. (zit. *Tiedemann* NJW 1986)

Tiedemann, Klaus: Zu den Vermögensbetreuungspflichten des Vorstands einer AG, JZ 2005, S. 40 ff. (zit. *Tiedemann* JZ 2005)

Tiedemann, Klaus: Anmerkung zu OLG München 6.8.2004 - 2 Ws 660, 694/04, ZIP 2004, S. 2438 ff. (zit. *Tiedemann* ZIP 2004)

Tiedemann, Klaus / Otto, Harro: Wirtschaftsstrafrecht (Teil IV), ZStW (111) 1999, S. 673 ff. (zit. Tiedemann/*Otto* ZStW 111 (1999))

Timm, Wolfram: Grundfälle zum Konzernrecht, JuS 1999, S. 553 ff. (zit. *Timm* JuS 1999)

Timm, Wolfram: Hauptversammlungskompetenzen und Aktionärsrechte in der Konzernspitze, AG 1980, S.172 ff. (zit. *Timm* AG 1980)

Tröndle, Herbert / Fischer, Thomas: Strafgesetzbuch und Nebengesetze, 53.Auflage 2006 (zit. *Tröndle/Fischer* StGB)

Ulmer, Peter: Der Gläubigerschutz im faktischen GmbH-Konzern beim Fehlen von Minderheitsgesellschaftern, ZHR 148 (1984), S. 391 ff. (zit. *Ulmer* ZHR 148)

Ulmer Peter: Schutz der GmbH gegen Schädigung zugunsten ihrer Gesellschafter – Zur Relevanz der Rechtsprechung zu § 266 StGB für das Gesellschaftsrecht, in: Strafrecht, Unternehmensrecht, Anwaltsrecht - Festschrift für Gerd Pfeiffer zum Abschied aus dem Amt als Präsident des Bundesgerichtshofes, 1988, hrsg. v. von Gamm, S. 860 ff. (zit. *Ulmer* in: Pfeiffer-FS)

Ulmer, Peter: Von „TBB" zu „Bremer Vulkan" – Revolution oder Evolution?, ZIP 2001, S. 2021 ff. (zit. *Ulmer* ZIP 2001)

Ulmer, Peter: Gläubigerschutz im „qualifizierten" faktischen GmbH-Konzern, NJW 1986, S. 1579 ff. (zit. *Ulmer* NJW 1986)

Ulmer, Peter: Anmerkung zu BGH II ZR 23/74 vom 05.06.1975, NJW 1976, S. 192 f. (zit. *Ulmer* NJW 1976)

Ulmer, Peter: Haftungsfreistellung bis zur Grenze grober Fahrlässigkeit bei unternehmerischen Fehlentscheidungen von Vorstand und Aufsichtsrat - Kritische Bemerkungen zur geplanten Kodifizierung der business judgment rule im UMAG-Entwurf (§ 93 Abs. 1 Satz 2 AktG), DB 2004, S. 859 ff. (zit. *Ulmer* DB 2004)

Volhard, Rüdiger: Eigenverantwortlichkeit und Folgepflicht - Muss der Vorstand anfechtbare oder angefochtene Hauptversammlungsbeschlüsse ausführen und verteidigen?, ZGR 25 (1996), S. 55 f. (zit. *Volhard* ZGR 25 (1996))

Von Gierke, Julius Karl Otto: Handels- und Wirtschaftsrecht, 1975 (zit. *v. Gierke* Handelsrecht)

Voormann, Volker: Der Beirat im Gesellschaftsrecht, 2.Aufl. 1989 (zit. *Voormann* Der Beirat im Gesellschaftsrecht)

Wackerbarth, Ulrich: Die Abschaffung des Konzernrechts, Der Konzern 2005, S. 562 ff. (zit. *Wackerbarth* Der Konzern 2005)

Waßmer, Martin Paul: Untreue bei Risikogeschäften, 1997 (zit. *Waßmer* Untreue)

Wattenberg, Andreas: Zentrales Cash-Management als Untreuetatbestand im Konzernverbund, StV 2005, S. 523 ff. (zit. *Wattenberg* StV 2005)

Wegenast, Martin O.: Missbrauch und Treubruch, 1994 (zit. *Wegenast* Missbrauch)

Weißer, Bettina: Kausalitäts- und Täterschaftsprobleme bei der strafrechtlichen Würdigung pflichtwidriger Kollegialentscheidungen, 1996 (zit. *Weißer* Kausalitäts- und Täterschaftsprobleme)

Wellkamp, Ludger: Organuntreue zum Nachteil von GmbH-Konzernen und Aktiengesellschaften, NStZ 2001, S. 113 ff. (zit. *Wellkamp* NStZ 2001)

Welzel, Hans: Das Deutsche Strafrecht, 11.Aufl. 1969 (zit. *Welzel* Strafrecht)

Wessels, Johannes / Hillenkamp, Thomas: Strafrecht Besonderer Teil, Band 2 – Straftaten gegen Vermögenswerte, 27.Auflage 2004 (zit. *Wessels/Hillenkamp* Strafrecht B.T.2)

Westermann, Peter: Weichenstellung im Recht des „qualifiziert faktischen GmbH-Konzerns", DZWiR 1992, S. 197 ff. (zit. *Westermann* DZWiR 1992)

Westermann, Peter: GmbH-Konzernrecht kraft richterlicher Rechtsfortbildung?, GmbHR 1976, S. 77 ff. (zit. *Westermann* GmbHR 1976)

Weyand, Andreas: Zentrales Cash-Management als Untreuetatbestand im Konzernverbund, StV 2005, S. 523 ff. (zit. *Weyand* StV 2005)

Wiedemann, Herbert: Die Bedeutung der ITT-Entscheidung, JZ 1976, S. 392 ff. (zit. *Wiedemann* JZ 1976)

Wilhelm, Jan: Kapitalgesellschaftsrecht, 1998 (zit. *Wilhelm* Kapitalgesellschaftsrecht)

Wilhelm, Jan: Zurück zur Durchgriffshaftung - das „KBV"-Urteil des II. Zivilsenats des BGH vom 24.6.2002, NJW 2003, S. 175 ff. (zit. *Wilhelm* NJW 2003)

Wimmer-Leonhardt, Susanne: Konzernhaftungsrecht, Die Haftung der Konzernmuttergesellschaft für die Tochtergesellschaften im deutschen und englischen Recht, 2004 (zit. *Wimmer-Leonhardt* Konzernhaftungsrecht)

Winter, Martin: Mitgliedschaftliche Treubindungen im GmbH-Recht, 1988 (zit. *Winter* Mitgliedschaftliche Treubindungen)

Witte, Jürgen / Hrubesch, Boris: Die persönliche Haftung von Mitgliedern des Aufsichtsrats einer AG – unter besonderer Berücksichtigung der Haftung bei Kreditvergaben, BB 2004, S. 725 ff. (zit. *Witte/Hrubesch* BB 2004)

Wodicka, Josef Maria: Die Untreue zum Nachteil der GmbH bei vorheriger Zustimmung aller Gesellschafter, 1993 (zit. *Wodicka* Untreue)

Wolf, Gerhard: Die Strafbarkeit der rechtswidrigen Verwendung öffentlicher Mittel, 1997 (zit. *Wolf* Die Strafbarkeit)

Würdinger, Hans: Der Begriff Unternehmen im Aktiengesetz, in: Recht und Rechtsleben in der sozialen Demokratie - Festgabe für Otto Kunze zum 65. Geburtstag, 1969, hrsg. v. Ballerstedt, Friesenhahn, v. Nell-Breuning, S. 178 ff. (zit. *Würdinger* in: Kunze-FS)

Ziemons, Hildegard: Die Haftung der Gesellschafter für Einflußnahmen auf die Geschäftsführung der GmbH, 1996 (zit. *Ziemons* Haftung)

Zieschang, Frank: Strafbarkeit des Geschäftsführers einer GmbH wegen Untreue trotz Zustimmung sämtlicher Gesellschafter, in: Festschrift für Günter Kohlmann zum 70.Geburtstag, 2003, hrsg. v. Hirsch, Wolter, Brauns, S. 351 ff. (zit. *Zieschang* in: Kohlmann-FS)

Zöllner, Wolfgang: Inhalt und Wirkungen von Beherrschungsverträgen bei der GmbH, ZGR 1992, S. 173 ff. (zit. *Zöllner* ZGR 1992)

Zöllner, Wolfgang: Die Schranken mitgliedschaftlicher Stimmrechtsmacht bei privatrechtlichen Personenverbänden, 1963 (zit. *Zöllner* Schranken)

Einleitung

„Unklar sind im Einzelnen auch die Voraussetzungen einer **Untreue im Konzern**"[1]. *Tiedemann* fasst mit dieser Feststellung zusammen, was die Blicke in die strafrechtliche Literatur und Rechtsprechungspraxis bestätigen. Bereits das Konzernrecht an sich ist ein Kapitel des Zivilrechts, das aufgrund seiner teilweise fehlenden Kodifikation eine Reihe offener Fragen bereit hält und einem steten Fluss unterworfen ist. Allen voran hat die „Bremer Vulkan"-Rechtsprechung des BGH[2] erneut gezeigt, dass die Entwicklung im Konzernrecht auch heute nicht abgeschlossen ist. Mischt sich unter die konzernrechtlichen Unsicherheiten nun das „dunkelste und verworrenste Kapitel des Besonderen Teils"[3] des Strafrechts, nämlich die Untreue, so potenzieren sich die Probleme zu einem hochkomplexen Geflecht aufeinander Bezug nehmender und voneinander abhängiger Fragen.

Die gesellschaftsrechtlichen Untersuchungen im Bereich des Konzernrechts sind mannigfaltig. Und auch in strafrechtlicher Hinsicht rückt die Untreue im Konzern verstärkt in den Fokus der öffentlichen Diskussion.[4] Das zeigt den hier bestehenden Klärungsbedarf der noch immer offenen Frage, inwieweit das zivilrechtliche Konzernrecht Einfluss auf die Untreuestrafbarkeit hat. Zu dieser Diskussion soll die vorliegende Untersuchung einen Beitrag mit Denkanstößen und Lösungsvorschlägen liefern.

A. GmbH- und Aktienkonzerne als Konstellationen mit maßgeblicher Relevanz

Während die Entwicklung des Konzernrechts im Bereich der Kapitalgesellschaften längst nicht abgeschlossen ist, widmet sich die Literatur bereits verstärkt den Personengesellschaften als Konzernunternehmen. Überragende praktische Relevanz

1 *Tiedemann* GmbH-Strafrecht, Vor §§ 82 ff. Rn. 22.
2 BGHZ 149, 10 ff.
3 LK-*Schünemann*, § 266 Rn. 1.
4 Vgl. z.B. *Ransiek* in: Kohlmann-FS, S. 207 ff.; *Weyand* StV 2005, S. 523 ff; monographisch *Busch* Konzernuntreue.

hat allerdings die Verwicklung der Gesellschaftsformen der GmbH und der Aktiengesellschaft in konzernrechtliche Strukturen. Die GmbH ist seit langem die praktisch bedeutendste Gesellschaftsform und die Aktiengesellschaft erlebte in der zweiten Hälfte der 1990er und den bisherigen 2000er Jahren mit einer Steigerung von ca. 3.800 in 1995 auf über 16.000 zu Beginn des Jahres 2005 einen vorher nie da gewesenen Aufschwung. [5]

Schätzungen gehen dahin, dass etwa die Hälfte der GmbH und angeblich bis zu 90 % der Aktiengesellschaften konzerngebunden sind.[6] Dieser Situation wird durch die Beschränkung der Untersuchung auf diese beiden Typen Rechnung getragen. Dabei werden im Folgenden sowohl die Position als abhängiges als auch als herrschendes Unternehmen untersucht.

B. Verbindung strafrechtlicher und gesellschaftsrechtlicher Grundlagen zur Lösung von Untreueproblemen im Konzern

Ausgangspunkt der Überlegungen zur Untreue in Konzernen soll die allgemeine Struktur der Untreue beim Einzeltäter sein, die im Anschluss mit den Besonderheiten des gesellschafts- und Konzernrechts verknüpft wird. Ausführungen zu Untreuefällen in Konzernen zwingen dazu, auf die gesellschaftsrechtlichen, insbesondere konzernrechtlichen Rahmenbedingungen einzugehen. Diese teilweise recht komplexe Materie wird zugunsten der Möglichkeit einer gestrafften Darstellung und besseren Lesbarkeit der Zusammenhänge im Rahmen der strafrechtlichen Ausführungen vor die Klammer gezogen und in der gebotenen Ausführlichkeit in einem eigenen Kapitel behandelt. Damit wird zugleich eine erste Einführung in die Thematik des Konzernrechts gegeben. Auf diese Ausführungen nehmen die strafrechtlichen Überlegungen an gegebener Stelle Bezug.

Die allgemeinen Ausführungen der beiden Gebiete werden sodann verknüpft und eine Lösung für untreuerelevante Sachverhalte im Konzernbereich entwickelt. Die Vorgaben des Gesellschaftsrechts beeinflussen hierbei die strafrechtlichen Beurteilungen maßgeblich und sind fortlaufend in die Überlegungen einbezogen.

---

5 Vgl. Deutsches Aktieninstitut e.V., DAI Factbook, Stand April 2005, S. 01-1 f.

6 Vgl. *Emmerich/Sonnenschein/Habersack* Konzernrecht, § 1 II 1; Michalski-*Zeidler* GmbHG, Syst. Darst. 4 Rn. 1 jeweils m.w.N.

Der weitere Fortgang der Darstellung orientiert sich vor allem an den praktischen Problemen, die die Thematik mit sich bringt. Ausgangspunkt der besonderen Untersuchung der Untreuestrafbarkeit im Konzern ist deshalb nicht die – wissenschaftlich logischerweise voranzustellende – Feststellung des Kreises der tauglichen Täter, sondern die Beleuchtung der in der Praxis jegliche Überlegungen erst in Gang bringenden Schädigungen beteiligter Konzernunternehmen. Ob eine konzerntypische Schädigung als Untreue strafbar ist, wird in der sich daran anschließende Untersuchung bestimmt.

Kapitel 1
Die Struktur der Untreue beim Einzeltäter

Ausgehend von der Struktur der Untreue beim Einzeltäter als dem Grundfall der Untreue, können die eigentlichen Probleme besonderer Untreuekonstellationen im Rahmen der verschiedenen Konzerngeflechte und Tathandlungen der Beteiligten hergeleitet werden. Probleme der Verantwortlichkeit einzelner Personen bei der Mitwirkung von Organbeschlüssen, drittschützende Aspekte des Tatbestands und die Besonderheiten des Gesellschafts- respektive des Konzernrechts werden zunächst ganz ausgeblendet.

A. Die Systematik des Gesetzes - Die Tatbestandsalternativen des § 266 StGB

§ 266 Abs. 1 StGB enthält zwei Tatbestandsalternativen: Den Missbrauchstatbestand (§ 266 Abs. 1, 1. Alt. StGB) und den Treubruchstatbestand (§ 266 Abs. 1, 2. Alt. StGB). Diese Vereinigung zweier Tatbestände in einer Strafvorschrift im Jahre 1933[1] brachte erhebliche Diskussionen zum jeweiligen Inhalt und insbesondere zum Verhältnis der beiden Alternativen zueinander mit sich.

I. Das Verhältnis der Tatbestandsalternativen zueinander

1. Der geschichtliche Hintergrund der Auseinandersetzung

Die Diskussion der Tatbestandsalternativen der heutigen Untreue blickt auf eine lange Tradition zurück. Ihren Ursprung fanden die heute diskutierten Standpunkte in den Überlegungen zum Untreuetatbestand, wie er noch vor 1933 bestand. Im Wesentlichen wurden zu § 266 StGB a.F. zwei Meinungen vertreten. Die Missbrauchstheorie begriff die Untreue als Vermögensschädigung durch den Missbrauch rechtlicher Vertretungsmacht, wohingegen die Treubruchtheorie den

1 Gesetz zur Änderung strafrechtlicher Vorschriften vom 26. Mai 1933, RGBl. I, S. 295.

Unrechtskern der Untreue in der Vermögen schädigenden Verletzung der (rechtlichen oder tatsächlichen) Pflicht zur Fürsorge für fremdes Vermögen sah.[2] Schließlich vereinte der Gesetzgeber beide Ansichten, ergänzt um die Kategorie eines tatsächlichen Treueverhältnisses, in einem Tatbestand, der sich in seinen Merkmalen bis heute nicht geändert hat. Aufgrund dieser Aufnahme zweier Ansichten in zwei Tatbestandsalternativen setzte sich im Folgenden eine dualistische Theorie zur Auslegung des Untreuetatbestandes durch. Neu entflammt ist der Streit, als der BGH dieser bis dato herrschenden Ansicht widersprach und sich in einem Aufsehen erregenden Urteil[3] im Jahre 1972 einer monistischen Betrachtungsweise anschloss.[4] Danach sei die bis dahin nur für den Treubruchstatbestand thematisierte Vermögensbetreuungspflicht entsprechend dem für beide Tatbestandsalternativen geltenden Relativsatz „dessen Vermögensinteressen er zu betreuen hat" auch für beide Alternativen gleichermaßen auszulegen. Demzufolge müsse den Täter auch im Rahmen des Missbrauchstatbestands dieselbe Vermögensfürsorgepflicht treffen, wie sie vormals nur für die Verwirklichung des Treubruchstatbestands gefordert wurde.

2. Der heutige Meinungsstand

Die gewandelte Auffassung der Rechtsprechung fiel in der Literatur auf fruchtbaren Boden. Die monistische Ansicht wurde weitestgehend übernommen und entwickelte sich zur inzwischen herrschenden Meinung.[5] Allerdings ist die Übernahme des Erfordernisses einer besonderen Vermögensfürsorgepflicht, wie sie für den Treubruchstatbestand von je her gefordert wurde, für den Missbrauchstatbestand nicht unumstritten. Begründet wird das zusätzliche Erfordernis nämlich zumeist damit, dass durch die identische Interpretation der Vermögensfürsorgepflicht für beide Tatbestandsalternativen der Missbrauchstatbestand und damit der gesamte

2 Vgl. im Einzelnen dazu und zum Folgenden die Darstellungen bei LK-*Schünemann,* § 266 Rn. 5 f. und ausführlicher bei *Labsch* Untreue, S. 57 ff.

3 BGHSt 24, 386, 387 f.

4 Als Begründer der monistischen Lehre gilt *Hübner*, vgl. LK-*Schünemann* § 266 Rn. 8 mit Hinweis auf LK9-*Hübner* § 266; *Hübner* JZ 1973, S. 407.

5 *Otto* Grundkurs Strafrecht, BT § 54 Rn. 7 m.w.N.

Untreuetatbestand in gebotener Art und Weise restriktiv begrenzt werde.[6] Damit sollte der Problematik der wenig ausgeprägten Gesetzesbestimmtheit des Untreuetatbestandes, die in der weiten Formulierung und den unklaren Konturen gesehen wurde[7], begegnet werden. Dies hat letztlich zur Folge, dass der Missbrauchstatbestand zum bloßen Unterfall des als Oberfall verstandenen Treubruchstatbestands und damit überflüssig wird, zumal seine Erfüllung keine anderen Konsequenzen zeitigt als die Erfüllung des Treubruchstatbestands.

Zu Recht wird dagegen eingewandt, dass mit der als eingrenzendes Kriterium gedachter, zusätzlicher Tatbestandsvoraussetzung schlichtweg die Unbestimmtheit des Treubruchstatbestands auf den vormals recht klar abgegrenzten Missbrauchstatbestands übertragen wird.[8] Deshalb soll es erforderlich, aber auch ausreichend für den Missbrauchstatbestand sein, dass der Täter seine bestehende Vertretungsmacht in Bezug auf fremdes Vermögen missbraucht und dadurch den Vermögensträger schädigt.[9] Die Vermögensbetreuungspflicht soll danach in der ersten Alternative des Tatbestands mit der Pflicht, die eingeräumte Befugnis nicht zu missbrauchen, identisch sein.[10] Unzweifelhaft werden dem Untreuetatbestand in der ersten Alternative durch dieses Verständnis klare Konturen gegeben. Es mag dahin stehen, ob eine restriktivere Auslegung des Tatbestands geboten erscheint. Denn durch die Übertragung einer Tatbestandsvoraussetzung, die bezüglich Art und Umfang im Hinblick auf Art. 103 Abs. 2 GG äußerst bedenklich erscheint[11], kann eine Eingrenzung des Tatbestands keinesfalls gelingen.

In der Literatur wird zudem eine vermittelnde Lösung angeboten: Das Erfordernis einer Vermögensbetreuungspflicht gelte zwar für beide Alternativen, jedoch

6 So etwa *Dunkel* GA 1977, S. 338 f.; SK-*Samson/Günther* § 266 Rn. 5; *Hübner* JZ 1973, S. 410; *Lackner/Kühl* StGB, § 266 Rn. 4; *Maurauch/Schroeder/Maiwald* Strafrecht B.T.I, § 45 Rn. 18; *Wessels/Hillenkamp* Strafrecht B.T.2, Rn. 750.

7 Diese Problematik wurde insbesondere vor der Entscheidung eingehend diskutiert, vgl. etwa *Gribbohm* JuS 1965, S. 391; *Mayer* Mat. I, S. 337, 345; *Otto* Struktur des Vermögensschutzes, S. 311; *Welzel* Strafrecht § 5 II 3 a. E., § 56.

8 *Arzt* in: Bruns-FS, S. 371; *Heimann-Trosien* JZ 1976, S. 407; *Kargl* ZStW 113 (2001), S. 588 ff.; *Labsch* Untreue, S. 200 f.; *Otto* Grundkurs Strafrecht, BT § 54 Rn. 8 ff. Dieses Problem erkennen auch *Wessels/Hillenkamp* Strafrecht B.T.2, Rn. 750, wollen jedoch die Übertragung der Unsicherheiten damit rechtfertigen, dass der Tatbestand durch das zusätzliche Erfordernis schließlich eingeschränkt werde.

9 *Labsch* Jura 1987, S. 346; *Otto* Grundkurs Strafrecht, BT § 54 Rn. 12.

10 *Labsch* Jura 1987, S. 346.

11 Vgl. dazu etwa die ausführliche Darstellung bei *Labsch* Untreue, S. 177 ff.

beim Missbrauchstatbestand nur in abgeschwächter Form. Unabhängig von einer rechtlich wirksamen Betreuungspflicht sei es ausreichend, dass dem Täter im Außenverhältnis wirksame, fremdnützige Dispositionsbefugnisse eingeräumt sind.[12]

II. Der Missbrauchstatbestand, § 266 Abs. 1, 1. Alt. StGB

Ungeachtet der Unstimmigkeiten hinsichtlich des Erfordernisses der besonderen Pflichtenposition, herrscht über die Grundkonzeption des Missbrauchstatbestands weitgehend Einigkeit: Der Zweck des Missbrauchstatbestands wird in dem „Schutze von Rechtsbeziehungen, durch die einem Beteiligten rechtliches Können gewährt wird, das über das rechtliche Dürfen hinausgeht“[13], gesehen.[14] Die Tathandlung soll demnach darin liegen, dass jemand seine rechtsgeschäftliche Machtposition über das Vermögen eines anderen derart ausnutzt, dass er von seinem rechtlichen Können im Außenverhältnis über sein durch das Innenverhältnis beschränktes rechtliches Dürfen hinaus Gebrauch macht.[15] Der Täter missbraucht dabei den Umstand, dass er weitergehende rechtliche Möglichkeiten über fremdes Vermögen zu verfügen hat, als er es im Innenverhältnis gegenüber dem Vermögensträger darf.

1. Die Verfügungs- und Verpflichtungsbefugnis

Entsprechend seinem Schutzzweck, vor nach außen wirksamem Fehlgebrauch einer eingeräumten Rechtsmacht zu schützen, muss der Täter eine Rechtsstellung innehaben, die ihn nach außen in die Lage versetzt, Vermögensrechte eines anderen wirksam zu ändern, zu übertragen, aufzuheben oder ihn mit Verbindlichkeiten zu belasten.[16] Neben der Verpflichtungsbefugnis, regelmäßig einer eingeräumten Vertretungsmacht, sieht der Gesetzestext dementsprechend auch die Befugnis des Tä-

12 *Bringewat* GA 73, S. 362 f.; Sch/Sch-*Perron* § 266 Rn. 2, 11; *Sax* JZ 1977, S. 702; LK-*Schünemann* § 266 Rn. 37 ff.; *Wegenast* Missbrauch, S. 136 ff.
13 BGHSt 5, 61, 63; BGH MDR 1984, 953; wistra 1988, 191.
14 *Grünhut* in: RG-Festgabe, S. 125; LK-*Schünemann* § 266 Rn. 32; *Siebert* ZStaatsW 95 (1935), S. 633.
15 LK10-*Hübner* § 266 Rn. 59 f.; *Küper* Strafrecht B.T., S. 336; *Otto* Grundkurs Strafrecht, BT § 54 Rn. 12; Sch/Sch-*Perron* § 266 Rn. 17.
16 Sch/Sch-*Perron* § 266 Rn. 4.

ters vor, direkt über das Vermögen eines anderen wirksam zu verfügen. Diese Befugnisse können durch Gesetz, behördlichen Auftrag oder auch rechtsgeschäftlich eingeräumt worden sein. Rein tatsächliche Machtstellungen, auf das Vermögen eines anderen Einfluss zu nehmen, werden hingegen nicht erfasst.[17]

2. Der Missbrauch der Verfügungs- und Verpflichtungsbefugnis

Ebenso wie die tatsächliche Existenz der Befugnis, setzt deren Missbrauch voraus, dass von einer wirksam eingeräumten Befugnis tatsächlich Gebrauch gemacht worden ist. Das bloße Innehaben der Befugnis reicht nicht aus. Vielmehr muss der Täter diese auch tatsächlich ausüben: „Mißbrauch ist unrechter Gebrauch. *Nichtgebrauch* ist darum kein Mißbrauch. Wer außerhalb seiner Befugnis handelt, gebraucht und mißbraucht die Befugnis nicht."[18] Dementsprechend muss ein Zusammenhang zwischen dem abredewidrigen Gebrauchmachen der Befugnis und der Einwirkung auf das fremde Vermögen dergestalt bestehen, dass die Vermögensminderung gerade auf jenem Gebrauch und nicht etwa auf einem sonstigen nachteiligen Handeln beruht.[19] Kann dieser Zusammenhang nicht hergestellt werden, weil der Schaden auf Handlungen beruht, die von der externen Rechtsmacht nicht umfasst sind, so kommt kein Missbrauch einer Befugnis in Betracht. Die Er-

17 Im Falle des Fehlens der tatsächlichen Existenz einer Rechtsmacht bei gleichzeitigem Bestand eines entsprechenden Rechtsscheins wird in der Literatur danach unterschieden, auf welchem Tatbestand der Rechtsschein beruht. Ergibt sich ein solcher lediglich indirekt aus Vorschriften zum Schutz des Rechtsverkehrs, so soll diese Rechtsmacht nach heute einhelliger Auffassung nicht ausreichen. Vgl. dazu BGHSt 5, 61, 62 f., 65; *Arzt/Weber* IV S.68; *Lackner/Kühl* StGB, § 266 Rn. 5 a; *Herzberg/Brandts* JuS 1983, 203, 205; *Küper* Strafrecht B.T., S. 339; *Maurach/Schroeder/Maiwald* Strafrecht B.T.I, § 45 Rn. 17; Sch/Sch-*Perron* § 266 Rn. 4; SK-*Samson/Günther* § 266 Rn. 13; LK-*Schünemann* § 266 Rn. 42. – Hat der Rechtsschein seinen Ursprung hingegen in einer einstmals vom Vermögensinhaber eingeräumten Vertretungsmacht, insbesondere dann, wenn sich die Befugnis des Täters aus einem gesetzlich geregelten Fall des Fortbestehens einer Vollmacht (etwa in den Fällen der §§ 170 ff. , 674 oder 729 BGB) herleitet, soll der Missbrauchstatbestand Anwendung finden. Vgl. dazu OLG Stuttgart NStZ 1985, 365 (366); *Nelles* Untreue, S. 519; *Otto* Grundkurs Strafrecht, BT § 54 Rn. 12; LK-*Schünemann* § 266 Rn. 41 und eingehend *Labsch* Jura 1987, S. 412; A.A. *Arzt/Weber* IV § 22 Rn. 22; Krey Strafrecht B.T.II, Rn. 547; Maurach/Schroeder/Maiwald Strafrecht B.T.I, § 45 Rn. 17; SK-*Samson/Günther* § 266 Rn. 13.

18 LK10-*Hübner* § 266 Rn. 60.

19 BGH wistra 1990, 305; *Küper* Strafrecht B.T., S. 338; *ders.* Jura 1996, S. 205 f.; *Seier/Martin* JuS 2001, S. 876.

füllung der ersten Alternative des Untreuetatbestandes scheidet damit aus und es kann allenfalls der Treubruchstatbestand eingreifen.[20]

Wann schließlich das Ausüben einer eingeräumten Befugnis einen Missbrauch derselben darstellt, richtet sich nach dem Innenverhältnis, also nach dem Umfang des vereinbarten Dürfens. Erst wenn sich der Täter durch Ausübung seiner weitergehenden rechtlichen Möglichkeiten über die ihm im Innenverhältnis gezogenen Schranken hinwegsetzt, kann von einem Missbrauch gesprochen werden.

III. Der Treubruchstatbestand, § 266 Abs. 1, 2. Alt. StGB

Der Täter des Treubruchstatbestandes fügt einem Vermögensinhaber einen Vermögensnachteil zu, indem er eine ihm kraft Gesetzes, behördlichen Auftrags, Rechtsgeschäfts oder eines sonstigen Treueverhältnisses obliegende Pflicht, fremde Vermögensinteressen wahrzunehmen, verletzt. Zentraler Aspekt ist hier die besondere Pflichtenposition des Täters, die im Endeffekt den Umfang des Treubruchstatbestands bestimmt. Aufgrund der offenen Formulierung sieht sich diese Untreuevariante, wie oben bereits angedeutet, heftiger Kritik, bis hin zum Vorwurf der Verfassungswidrigkeit wegen eines Verstoßes gegen das Bestimmtheitsgebot[21], ausgesetzt, weshalb in Literatur und Rechtsprechung seit jeher der Versuch unternommen wird, dieser Vermögensbetreuungspflicht schärfere Konturen zu geben.[22]

Die Verletzungshandlung besteht in der Schädigung fremden Vermögens durch Nichtwahrnehmung einer bestehenden Vermögensbetreuungspflicht. Dies kann einmal durch rechtsgeschäftliches Verhalten – sofern nicht bereits von der Missbrauchsalternative erfasst – geschehen, sie kann aber auch in rein tatsächlichem Verhalten liegen. Auf die Art und Weise der Pflichtverletzung kommt es dabei

20 Eine andere Frage ist freilich diejenige, ob der Missbrauchstatbestand auch durch ein Unterlassen verwirklicht werden kann. Voraussetzung hierfür ist allerdings, dass das Unterlassen echten Erklärungscharakter und damit Verpflichtungs- oder Verfügungswirkungen entfaltet, was nur in einzelnen Fällen der Fall sein kann, da einem bloßen Unterlassen grundsätzlich kein rechtsverbindlicher Erklärungswert beigemessen werden kann. Anders stellt sich die Sachlage, wenn dem Schweigen ein besonderer Erklärungsgehalt zuerkannt wird, etwa im Falle des kaufmännischen Bestätigungsschreibens, § 362 HGB. – Weitere Beispiele sowie Gegenbeispiele insbesondere bei Sch/Sch-*Perron* § 266 Rn. 16.

21 So etwa *Labsch* Untreue, S. 210 f.

22 Zum Inhalt der Vermögensbetreuungspflicht im Einzelnen vgl. sogleich die Ausführungen in Kapitel 1 C und Kapitel 3 C.

nicht an. Aufgrund der neutralen Formulierung kann die Pflicht sowohl durch ein aktives Tun als auch durch ein Unterlassen verletzt werden. Maßgeblich sind allein Inhalt und Umfang der obliegenden Pflicht. Folgt aus dieser das Gebot, ein bestimmtes Verhalten zu unterlassen, wird bei einem konträren Handeln dagegen verstoßen. Ergibt sich aus ihr das Gebot, in bestimmter Form tätig zu werden, so stellt gerade das Unterlassen des gebotenen Handelns die Pflichtverletzung dar. Deshalb bedarf es auch keines Rückgriffs auf § 13 StGB, um ein Unterlassen strafrechtlich zu erfassen.[23]

B. Nachteil für das Vermögen des Opfers

Als Vermögensdelikt[24] setzt die Vollendung des Untreuetatbestands voraus, dass dem zu betreuenden Vermögen ein Nachteil zugefügt wird. Ganz verbreitet wird der Nachteil im Sinne des § 266 StGB mit dem Vermögensschadensbegriff des § 263 StGB auf der Grundlage eines einheitlichen Vermögensbegriffs gleichgesetzt.[25] Ob durch eine vermögensrelevante Handlung tatsächlich ein Nachteil im Sinne des § 266 StGB entstanden ist, ist nach allgemeiner Ansicht im Wege der sog. Gesamtsaldierung durch einen Vergleich des Vermögensbestandes vor und nach der betreffenden Handlung zu ermitteln.[26] Diese auf den ersten Blick recht einleuchtende und klare Bestimmung des Vermögensschadens als Nachteil i.S.d. Untreue bringt tatsächlich aber einige Probleme mit sich. Die Kopplung an den Begriff des Vermögens hilft insofern nicht weiter, als gerade der Begriff des Vermögens nach wie vor umstritten und ungeklärt ist.[27] Es besteht die Gefahr, durch eine Gleichsetzung des Nachteilsbegriffs der Untreue und des Schadensbegriffs des Betrugs die dort diskutierten Probleme unreflektiert auf die Untreue zu übertragen. Zudem ergeben sich über die Problematik des Vermögensbegriffs und der Über-

23 *Güntge* wistra 1996, S. 84; Sch/Sch-*Perron* § 266 Rn. 35; vgl. aber zu einer möglichen Garantenstellung des Täters aus Ingerenz Kapitel 3 C III 3 c.

24 Vgl. zum Rechtsgut detailliert Kapitel 3 A I.

25 Vgl. *Lackner/Kühl* StGB, § 266 Rn. 17; *Otto* Grundkurs Strafrecht, BT § 54 Rn. 32; Sch/Sch-*Perron* § 266 Rn. 39; LK-*Schünemann* § 266 Rn. 132; *Tröndle/Fischer* StGB § 266 Rn. 56.

26 BGHSt 3, 102; 16, 220, 221; 34, 201 mit Anm. Bottke JR 1987, 428, *Otto* JK 9/87,StGB § 263/22; Sch/Sch-*Perron* § 266 Rn. 40; LK-*Schünemann* § 266 Rn. 136; *Tröndle/Fischer* StGB § 263 Rn. 71.

27 Genauer zum Vermögensbegriff noch in Kapitel 3 B I.

nahme der für den Betrug erlangten Kenntnisse hinaus dann Probleme, wenn man den Standardfall verlässt und sich mit konzernrechtlichen Verflechtungen beschäftigt. Dort nämlich sind die mannigfaltigen Rechtsbeziehungen der Beteiligten bei der Betrachtung zu berücksichtigen. Hier wird es gelten, das Spannungsfeld zwischen Vorteilen für das eine und Nachteilen für das andere Unternehmen im Konzern unter Einbeziehung der Gesamtinteressen zu beleuchten.[28]

C. Der Pflichtwidrigkeitszusammenhang zwischen Schädigung und Pflichtverletzung

Zwischen der schädigenden Handlung, die dem Täter vorgeworfen wird und dem eintretenden Schaden muss ein Zusammenhang derart bestehen, dass es gerade eine Pflichtwidrigkeit des Täters war, die zu dem entstandenen Nachteil geführt hat.[29] Mit anderen Worten muss gerade die Verletzung der Vermögensbetreuungspflicht entweder durch den Missbrauch eingeräumter Befugnis oder durch sonstiges Handeln – oder Unterlassen – eine Beeinträchtigung der Vermögenssituation des Opfers hervorgerufen haben.

Das Erfordernis des besonderen Zusammenhangs zwischen Nachteil und Pflichtverletzung ist im Übrigen als eigenständiges Tatbestandsmerkmal zu begreifen. Denn es gibt durchaus Schadensfälle, die unabhängig von einer Pflichtverletzung eintreten und ebenso Fälle, in denen die Verletzung einer bestehenden Vermögensbetreuungspflicht zu keinem Schaden führt. Die isolierte Feststellung des Vorliegens von Pflichtverletzung und Schaden sagt nichts darüber aus, dass diese beiden Tatbestandsmerkmale in dem erforderlichen Zusammenhang zueinander stehen. Dennoch oder gerade deshalb hat der Feststellung des Zusammenhangs zwischen Schaden und Pflichtverletzung diejenige vorauszugehen, dass ein Schaden eingetreten ist und der Täter gegen seine Vermögensbetreuungspflicht verstoßen hat. Die Feststellung eines Schadens bzw. eines Nachteils hat hierbei

28 Vgl. dazu noch die konzernbezogenen Ausführungen in Kapitel 3 II, III.

29 BGHSt 43, 293, 296 f.; BGH in WM 2000, S. 1265, 1257; *Doster* WM 2001, S. 337; NK-*Kindhäuser* § 266 Rn. 148.

unabhängig von der Untersuchung, auf welchen Ursachen dieser Schaden beruht, zu erfolgen.[30]

D. Die Typisierung der Untreue

Entsprechend ihrer möglichen Begehungsweisen und der durch die Vermögensbetreuungspflicht als Sonderpflicht begrenzten Täterkreise wird die Untreue heute als „Sonderdelikt" angesehen.[31] Gemeinhin sprechen Teile der Literatur von der Untreue als einem „Pflichtdelikt". Der von *Roxin* entwickelten und von Teilen der Literatur aufgegriffenen Pflichtdeliktslehre zufolge, knüpfen die Pflichtdelikte an die Verletzung einer tatbestandskonstituierenden Pflicht an, wohingegen auf der anderen Seite die „Handlungsdelikte" eine im Tatbestand genau beschriebene Verhaltensweise unter Strafe stellen.[32] Zentraler Aspekt der Pflichtdelikte sei die Enttäuschung der Gesellschaft dahingehend, dass der Täter der ihm von eben dieser Gesellschaft zugedachten Rolle nicht in ausreichendem Maße nachkommt. Diese Darlegungen mögen zunächst plausibel erscheinen und für den Fall der Untreue auch zu einem praktikablen Ergebnis führen, treffen die Problematik jedoch nicht im Kern. Letzten Endes kann nämlich jedes Delikt als Pflichtdelikt angesehen werden, denn hinter jedem strafrechtlichen Verbot steht das Gebot, sich auf bestimmte Art und Weise zu verhalten. Damit beruht das Strafrecht allgemein auf dem Gedanken, dass jedermann zu einer bestimmten Verhaltensweise verpflichtet ist, sei es durch die Pflicht, bestimmte Handlungen zu unterlassen, wie es bei den echten Handlungsdelikten der Fall ist, sei es durch die Pflicht, einer ganz speziellen Anforderung in Form einer Sonderpflicht gerecht zu werden.

Allerdings beinhaltet die Pflicht der Vermeidung eines zu einem bestimmten Erfolg führenden Verhaltens nicht bereits automatisch die Pflicht, eine anderweitig geschaffene Gefahr durch ein eigenes aktives Handeln von dem Gefährdeten abzuwenden. Diese Pflicht muss erst gesetzlich geschaffen werden, damit denjenigen,

30 Sofern das Erfordernis des Zusammenhangs zwischen Pflichtverletzung und Nachteil dazu herangezogen wird, die Geeignetheit der verbreiteten Formel des Vergleichs des Vermögenszustands vor und nach der zu betreffenden Handlung zu beurteilen, so scheint dieses Vorgehen deshalb methodisch unangebracht. So aber etwa NK-*Kindhäuser* § 266 Rn. 145, 148.

31 BGHSt 13, 330, 331; 26, 53; vgl. auch LK-*Schünemann* § 266 Rn. 55 f., 160.

32 Vgl. dazu statt vieler *Roxin* Strafrecht A.T.II, § 25 Rn. 267 f.

der die Gefahr abwenden könnte, es aber unterlässt, der Vorwurf einer Pflichtverletzung treffen kann. Genau diese Auferlegung einer Pflicht hat der Gesetzgeber in § 13 StGB umgesetzt. Nur dann, wenn er rechtlich dafür einzustehen hat, dass der Erfolg nicht eintritt, soll der Täter zu bestrafen sein. Diese Einstandspflicht wird gemeinhin mit den Garantenpflichten umschrieben. Damit aber steht fest, dass es sich bei diesen Pflichten nicht um allgemeine Pflichten, sondern um ganz besondere Pflichten, also um „*Sonder*pflichten", handelt.

Nun greifen einzelne Delikte nicht auf diese allgemein geltenden Sonderpflichten in Form der allgemeinen Garantenpflichten zurück. Sie fordern für die im Tatbestand umschriebene Situation spezielle Sonderpflichten eines Täters, wobei diese Pflicht selbst im betreffenden Straftatbestand keineswegs abschließend geregelt sein muss. Diese Pflichten werden sogar regelmäßig außerhalb des Straftatbestandes zu finden sein[33] und werden gegebenenfalls im Straftatbestand konkretisiert. Genau so liegt der Fall bei der Untreue. Die für beide Tatbestandalternativen geforderte Vermögensbetreuungspflicht des Täters begründet dessen Sonderpflicht, die vermögensrechtlichen Interessen des Vermögensinhabers wahrzunehmen. Die Begründung dieser Pflicht richtet sich regelmäßig nach der durch zivilrechtliche Zusammenhänge geschaffenen Beziehung des Täters zum Opfer. Diese Beziehung ist dann unter strafrechtlichen Gesichtspunkten daraufhin zu untersuchen, ob daraus tatsächlich eine Vermögensbetreuungspflicht folgt.

Die Untersuchung zur Verwirklichung eines derart geschaffenen Pflichtdelikts im Hinblick auf die möglichen Begehungsarten hat vom Verständnis des Pflichtdelikts auszugehen. Sieht man danach die mangelnde Erfüllung einer Pflicht als tatbestandskonstituierend an, so hängt die jeweilige Begehungsart von gerade dieser Pflicht ab. Obliegt dem Täter die Pflicht, eine bestimmte Handlung zu unternehmen, so liegt der Verstoß im Unterlassen dieser Handlung, obliegt ihm die Pflicht, eine solche zu unterlassen, so trifft ihn im Falle der Ausführung der Vorwurf, diese gerade trotzdem getan zu haben. Ein qualitativer Unterschied zwischen einem Tun und einem Unterlassen ist darin nicht zu erblicken. Denn schließlich kann in beiden Verhaltensweisen eine Pflichtverletzung begründet sein. Deshalb bereitet die Erfassung der Tatbegehung mittels eines Unterlassens bei der Untreue – jedenfalls in der Treubruchsvariante – keine Probleme.

33 *Roxin* selbst fordert in seiner Definition von Pflichtdelikten eine „dem Tatbestand vorgelagerte außerstrafrechtliche Sonderpflicht"; vgl. LK-*Roxin* § 25 Rn. 37.

Die Erfüllung des Missbrauchstatbestands erfordert allerdings das Vorliegen eines weiteren Merkmals: Es bedarf des Missbrauchs einer dem Täter eingeräumten Verpflichtungs- oder Verfügungsbefugnis. Ein Unterlassen kann diesen Tatbestand ebenfalls erfüllen und zwar dann, wenn dem Unterlassen rechtsgeschäftlicher Charakter zuerkannt wird. Es ist also über die ohne weiteres durch Unterlassen begehbare (Vermögensbetreuungs-) Pflichtverletzung stets zu prüfen, ob dem Unterlassen aus zivilrechtlicher Sicht ein im Rechtsverkehr relevanter Erklärungswert zugekommen ist. Am Charakter des Delikts ändert sich indes nichts. Durch die Forderung einer bestehenden Vermögensbetreuungspflicht auch für die Missbrauchsalternative wird diese zu einem ohne weiteres durch Unterlassen begehbaren Pflichtdelikt mit der genannten Einschränkung.

Verneint man entgegen der ganz h.M. das Erfordernis einer Vermögensbetreuungspflicht für den Missbrauchstatbestand, so beschränkt sich die Forderung des Tatbestandes darauf, dass der Täter es zu unterlassen hat, die ihm eingeräumte Verfügungs- oder Verpflichtungsbefugnis zum Schaden des Opfers zu missbrauchen. Eine Verwirklichung des Tatbestandes ist bereits dann gegeben, wenn der Täter gegen die Unterlassungspflicht verstößt. Voraussetzung bleibt dabei das Vorliegen des rechtsgeschäftlichen Charakters des Unterlassens.

Die Konsequenzen für die Verwirklichung der Untreue liegen auf der Hand: Es kommt im Rahmen der Untreue – unabhängig von der Tatbestandsvariante – nicht darauf an, ob eine (allgemeine) Garantenstellung des Täters gegenüber dem Opfer besteht. Vielmehr kann diese mit der Vermögensbetreuungspflicht als Sonderpflicht des (positivierten) Sonderpflichtdelikts Untreue gleichgesetzt werden. Der Täter wird dann zum tauglichen Täter der Untreue, wenn feststeht, dass er die Pflicht hat, die Vermögensinteressen des Opfers zu wahren. Er hat sich dann an dieser Pflicht zu orientieren und sich entsprechend zu verhalten, gleichgültig ob ihn, im Falle der Begehung durch aktives Tun, die Pflicht, eine bestimmte Handlung zu unterlassen oder, im Falle der Begehung durch Unterlassen, die Pflicht eine bestimmte Handlung vorzunehmen trifft.[34] Für den Missbrauchstatbestand bleibt gegebenenfalls zusätzlich zu prüfen, ob das Unterlassen als rechtsgeschäftliche Verpflichtungs- bzw. Verfügungshandlung zu qualifizieren ist. Ein Rückgriff auf § 13 Abs. 1 StGB ist nach dem Gesagten aufgrund der Besonderheiten der Untreue

34 Zu dem Erfordernis der bestehenden Sonderpflicht und den Konsequenzen für die Strafbarkeit im Falle mehrerer Beteiligter vgl. Kapitel 3 E.

als (spezielles) Sonderpflichtdelikt gar nicht erforderlich, da es für die Verletzung der dem Täter obliegenden Pflicht nicht darauf ankommt, ob dieser die Pflicht durch ein Tun oder ein Unterlassen verletzt und man keine weitere (Garanten)Pflicht gem. § 13 Abs. 1 StGB für den Täter herleiten muss.[35] [36]

35 Vgl. auch LK-*Schünemann* § 266 Rn. 161. Zur analogen Anwendung der fakultativen Strafmilderung nach § 13 Abs. 2 StGB vgl. LK-*Schünemann* § 266 Rn. 161 m.w.N.

36 Völlig unverständlich sind deshalb die Ausführungen bei BGH Urteil vom 13.05.2004, Az. 5 StR 73/03, S. 30, abgedruckt in AG 2004, S. 450, 452, wo – im Übrigen völlig zusammenhanglos – eine Abgrenzung zwischen aktivem Tun und Unterlassen vorgenommen bzw. versucht wird.

Kapitel 2
Gesellschaftsrechtliche Verflechtungen und Verpflichtungen im Konzern

Die Besonderheiten der Untreue im Konzern beruhen auf der gesellschaftsrechtlichen Konstruktion des Konzerns und dessen Eigenheiten. Der zivilrechtliche Rahmen für Konzerne wirkt sich unmittelbar auf die strafrechtliche Beurteilung aus, da die zwingenden und umfassenden Regelungen des Zivilrechts auch für das Strafrecht relevant sind.[1] Prägend für Konzerne sind die Verflechtungen der Personen und Unternehmen im Verbund, die für die Beteiligten spezielle Pflichten und Rechte mit sich bringen. Inwieweit Unternehmen auf verbundene Unternehmen Einfluss ausüben können ist grundlegend für die strafrechtliche Beurteilung der Verletzung besonderer Pflichten. Die Möglichkeiten der Einflussnahme hängen in weiten Teilen von der Art des Konzerns und der beteiligten Organe der Konzerngesellschaften und deren Handlungsmöglichkeiten ab.

A. Der Begriff des Konzerns

Unisono wird der Konzern seit *Passow*[2] in der Literatur als der Zusammenschluss rechtlich selbstständiger, eine wirtschaftliche Einheit bildende Unternehmen unter einheitlicher Leitung definiert.[3] Der Gesetzgeber hat sich hinsichtlich des Konzernrechts weitestgehend auf das Aktiengesetz beschränkt. In der Gesetzgebung wurden zunächst nur Randbereiche des Konzernrechts geregelt, bevor im Rahmen der 1965 vollendeten Aktienrechtsreform – das Konzernrecht bildete eines ihrer Kernstücke – das Recht der verbundenen Unternehmen ausführlich in das AktG

1 Vgl. dazu noch näher in Kapitel 3 C I 2.
2 *Passow* Betrieb, S. 100.
3 Vgl. *Hüffer* Aktiengesetz, § 18 Rn. 1; *Rehbinder* Konzernaußenrecht, S. 34; Michalski-*Sigloch* GmbHG, Anh. §§ 41 - 42 a Rn. 863.

aufgenommen wurde.[4] Dabei sind die §§ 15 ff AktG heute als allgemeine Regelungen mit einer Präzisierung des Konzernbegriffs in § 18 AktG ausgestaltet.

Im GmbHG als dem Gesetz für die neben der Aktiengesellschaft wichtigste Gesellschaftsform im Rahmen der Konzernierung, finden sich indes bis heute keine Vorschriften über verbundene Unternehmen, obwohl Studien davon ausgehen, dass etwa die Hälfte aller GmbH in einen Unternehmensverbund eingegliedert sind.[5] Aufgrund der Rechtsformneutralität der §§ 15 bis 19 AktG enthalten diese Normen allerdings nach ganz h.M. Begriffsbestimmungen, die auf das ganze Konzernrecht, unabhängig von der Rechtsform der beteiligten Unternehmen und somit auch die GmbH, angewandt werden können[6], während eine analoge Anwendung anderer Normen, insbesondere der §§ 311 bis § 318 AktG abgelehnt wird.[7] Insgesamt aber bleibt das Konzernrecht des GmbH-Konzerns größtenteils von Richterrecht geprägt.[8]

Aufgrund der erwähnten grundsätzlichen Wirkung der §§ 15 ff AktG als „Allgemeiner Teil“[9] des Konzernrechts bleiben die den Konzern konstituierenden Elemente unabhängig von seiner Erscheinungsform grundsätzlich gleich. Allerdings sind sie je nach Art des Konzerns unterschiedlich ausgestaltet. In der Praxis finden sich die unterschiedlichsten Erscheinungsformen des Konzerns, welche stets eine genaue Betrachtung der konkreten Eigenheiten erfordert. Die Einteilung der verschiedenen Konzernarten erfolgt in vielfältiger Weise.[10] Von besonderer Relevanz, insbesondere hinsichtlich Leitungsmacht und gesellschaftsrechtlicher Verflechtungen, ist neben der Einteilung in Unterordnungs- und Gleichordnungskonzerne, wie sie bereits in § 18 AktG angelegt ist, diejenige in Vertrags-, Eingliederungs- und

4 Näher zur Entwicklung des Konzernrechts *Habersack* in: *Emmerich/Habersack* Konzernrecht, Einl. Rn. 16 ff.; *Rehbinder* Konzernaußenrecht, S. 34; Michalski-*Zeidler* GmbHG, Syst. Darst. 4 Rn. 3 f.

5 Vgl. *Emmerich/Sonnenschein/Habersack* Konzernrecht, § 1 II 1; Michalski-*Zeidler* GmbHG, Syst. Darst. 4 Rn. 1 jeweils m.w.N.

6 Vgl. statt vieler BGHZ 80, 69, 72 f.; *Emmerich/Sonnenschein/Habersack* Konzernrecht, § 2 II 1; *Ulmer* in: *Hachenburg/Ulmer* GmbHG III, Anh. § 77 Rn. 5, 17; *Lutter/Hommelhoff* GmbHG, Anh. § 13 Rn. 5; *Altmeppen* in: *Roth/Altmeppen* GmbHG, Anh. § 13 Rn. 1; *Emmerich* in: *Scholz* GmbHG, Anh. Konzernrecht Rn. 8, 12; kritisch hingegen *Mülbert* in: MünchKommHGB III, KonzernR Rn. 36 ff.

7 *Habersack* in: *Emmerich/Habersack* Konzernrecht, Einl. Rn. 14.

8 Michalski-*Zeidler* GmbHG, Syst. Darst. 4 Rn. 1, 6 ff.

9 Mit dieser Terminologie z.B. *Emmerich/Sonnenschein/Habersack* Konzernrecht, § 2 I.

10 Anschaulich die Darstellung bei Michalski-*Sigloch* GmbHG, Anh. §§ 41 – 42 a Rn. 867.

faktische Konzerne, wie sie sich im Aktiengesetz an verschiedenen Stellen, insbesondere in den §§ 308 ff AktG findet.[11]

I. Gleichordnungs- und Unterordnungskonzerne

Gemäß § 18 Abs. 1 Halbs. 1 AktG bilden ein herrschendes und ein oder mehrere abhängige Unternehmen, die unter der einheitlichen Leitung des herrschenden Unternehmens zusammengefasst sind, einen Konzern. Aufgrund des Abhängigkeitsverhältnisses wird im Falle seines Vorliegens von einem sog. *Unterordnungs*konzern gesprochen. Dabei muss die Beherrschung des untergeordneten Unternehmens keineswegs unmittelbar durch direkte Beteiligung am beherrschten Unternehmen gegeben sein. Bereits aus § 17 Abs. 1 AktG ergibt sich, dass sie vielmehr ebenso durch eine lediglich mittelbare Beherrschung möglich ist. Insbesondere kann diese mittelbare Einflussnahme über andere, ihrerseits vom herrschenden Unternehmen abhängige, Tochterunternehmen erfolgen, wodurch mehrstufige Unterordnungskonzerne mit mehrstufigen Abhängigkeitsverhältnissen entstehen.[12]

Fehlt die im Unterordnungskonzern erforderliche Abhängigkeit des einen Unternehmens vom anderen, so können die Unternehmen dennoch einen Konzern bilden. § 18 Abs. 2 AktG statuiert, dass im Falle einer Zusammenfassung unter einheitlicher Leitung auch ohne Abhängigkeitsverhältnis ein Konzern vorliegt. Diese Konstellation hat neben § 18 AktG auch § 291 Abs. 2 AktG vor Augen, der klar stellt, dass in der vertraglichen Regelung der einheitlichen Leitung gerade kein Beherrschungsvertrag und damit auch kein Abhängigkeits- und Unterordnungsverhältnis zu sehen ist.[13] Aufgrund des gleichwertigen Nebeneinanders wird diese Art der Konzernierung als Bildung eines *Gleichordnungs*konzerns begriffen. Nichtsdestotrotz ist das Erfordernis der einheitlichen Leitung auch im Gleichordnungskonzern ebenso auszulegen wie beim Unterordnungskonzern des § 18 Abs. 1 AktG und es gilt § 15 AktG, womit die beteiligten Gesellschaften auch im Gleichord-

11 Näher zu dieser Einteilung und Darstellung *Bayer* in: MünchKomm AktG I, § 18 Rn. 1 ff.; *Emmerich* in: *Emmerich/Habersack* Konzernrecht, § 18 Rn. 3 ff.

12 Vgl. BGH NJW 1992, 1702, 1703 f.; BAGE 22, 390; *Hüffer* Aktiengesetz, § 17 Rn. 6; *Pentz Die* Rechtsstellung der Enkel-AG, S. 21.

13 Zur vertraglichen Konzernierung vgl. sogleich unter II.

nungskonzern verbundene Unternehmen im Sinne des AktG darstellen.[14] Entstehen kann die einheitliche Leitung etwa durch Personalunion der Verwaltungsorgane, einen gemeinsamen Verwaltungsrat oder durch den Abschluss eines Vertrages.[15] Damit sind sowohl sog. Vertrags- als auch faktische Gleichordnungskonzerne konstruktiv denkbar.[16] Insgesamt stellt das Konstrukt des Gleichordnungskonzerns die Literatur, in welcher es etwa Anfang der 90er Jahre noch als „terra incognita" bezeichnet wurde,[17] noch immer vor eine Reihe ungeklärter Fragen hinsichtlich dessen Voraussetzungen und Rechtsfolgen.[18] Da der Gleichordnungskonzern praktisch aber nur wenig Relevanz hat, wird er für die weitere Untersuchung ausgeblendet.

II. Vertrags-, Eingliederungs- und faktische Konzerne

Neben der Einteilung in Gleichordnungs- und Unterordnungskonzerne hat diejenige in Vertragskonzerne einerseits und faktische Konzerne andererseits besondere Bedeutung. Diese Unterscheidung geht ebenfalls – wenn auch nicht explizit – aus § 18 AktG hervor.

§ 18 Abs. 1 S. 2 AktG stellt klar, dass Unternehmen, zwischen denen ein Beherrschungsvertrag nach § 291 AktG besteht oder von denen das eine in das andere eingegliedert (§ 319 AktG) ist, die Voraussetzungen des Konzerns erfüllen. Die durch den Abschluss derartiger Beherrschungsverträge begründeten Konzerne stellen *Vertragskonzerne* dar.

Eine Sonderstellung nimmt die Konstellation der Eingliederung von Unternehmen in andere ein. Teilweise als Vertragskonzerne qualifiziert,[19] stellen sie einen Fall der faktischen Beherrschung eines anderen Unternehmens – dazu sogleich – dar. Das Aktiengesetz eröffnet in zwei Fällen der Eingliederung eines Unternehmens in das andere die sog. Hauptgesellschaft: Denjenigen der Eingliederung einer hundertprozentigen Tochter (§ 319 AktG) und die sog. Mehrheitseingliederung (§

14 *Decher* in: MünchHdb. GesR III, § 67 Rn. 34; *Emmerich* in: *Emmerich/Habersack* Konzernrecht, § 18 Rn. 25 ff.

15 *Jahraus*, Ordnung und Haftung, S. 24.

16 Dazu sogleich.

17 *Schmidt* ZHR 155 (1991), S. 417.

18 Vgl. etwa *Decher* in: MünchHdb. GesR III, § 67 Rn. 32 ff.; Michalski-*Zeidler* GmbHG, Syst. Darst. 4 Rn. 295 ff.

19 So zu vertreten bei *Emmerich/Sonnenschein/Habersack* Konzernrecht, § 2 I.

320 AktG), bei welcher alle Aktien der einzugliedernden Gesellschaft durch Mehrheitsbeschluss der Hauptversammlung unter Abfindung der außenstehenden Aktionäre auf die Hauptgesellschaft übergehen. Das Verhältnis der beteiligten Gesellschaften kommt dabei der Verschmelzung zwar nahe, die Unternehmen behalten jedoch ihren Status als selbstständige juristische Person.[20] Dieser Sonderstellung der Eingliederung sollte, nicht zuletzt aufgrund ihrer besonderen Wirkung, auch in der Terminologie Rechnung getragen werden, weshalb die entstehende Verbindung teilweise als *Eingliederungskonzern* bezeichnet wird.[21] Das für die Eingliederung erforderliche bestehende Machtverhältnis zwischen den beteiligten Unternehmen führt hier dazu, dass ein Gleichordnungskonzern nicht denkbar ist, und Eingliederungskonzerne stets Unterordnungskonzerne darstellen.[22] Die Möglichkeit der Eingliederung wurde erst im Jahre 1965 nachträglich in das Aktiengesetz aufgenommen, blieb bis heute aber im Gegensatz zur vertraglichen Verbindung mittels Beherrschungsvertrag eher unbedeutend[23], weshalb auf ihre Behandlung im Folgenden auch kein gesteigertes Augenmerk gerichtet wird.

Besteht demgegenüber zwischen den beteiligten Unternehmen kein Beherrschungsvertrag oder kein Eingliederungsverhältnis, entsteht durch die Zusammenfassung unter einheitlicher Leitung ein *faktischer Konzern*. Die Verbindung kann dabei zwar nicht durch Beherrschungs-, wohl aber durch andere Unternehmensverträge der §§ 319 f AktG bestehen oder sich auch nur auf rein tatsächliche Verhältnisse, zumeist Beteiligungen an dem anderen Unternehmen, gründen.[24] So können durch Mehrheitsbeteiligungen insbesondere Unterordnungskonzerne entstehen. Durch faktische Schaffung einer einheitlichen Leitung, etwa durch die erwähnten personellen Verflechtungen in den Leitungsorganen, sind auch faktische Gleichordnungskonzerne denkbar, wenngleich deren Konstruktionen freilich nur schwer durchschaubar sind und im Prozess lediglich durch aufwändigen Indizienbeweis nachgewiesen werden können.[25] In der Regel ist ein faktischer Gleichordnungs-

20 *Emmerich/Sonnenschein/Habersack* Konzernrecht, § 10 I.
21 So bezeichnet bei *Bayer* in: MünchKomm AktG I, § 18 Rn. 7.
22 *Bayer* in: MünchKomm AktG I, § 18 Rn. 7.
23 *Altmeppen* in: MünchKomm AktG VIII, Einl. §§ 291 ff. Rn. 8.
24 *Emmerich* in: *Emmerich/Habersack* Konzernrecht, § 18 Rn. 3.
25 *Emmerich* in: *Emmerich/Habersack* Konzernrecht, § 18 Rn. 30 f.; Als Ausnahmeerscheinung anerkannt bei *Henn* Aktienrecht, § 10 Abschn. 2 Rn. 313; *Krieger* in: MünchHdb. GesR IV, § 68 Rn. 82.

konzern aber nicht möglich, da gerade die Ausübung der einheitlichen Leitung ein konstitutives Merkmal des Konzerns ist und diese gerade nicht durch faktische Machtverhältnisse unter gleichzeitiger Wahrung der Gleichberechtigung möglich ist.[26]

Über die grundsätzliche Zulässigkeit der Bildung faktischer Konzerne besteht heute weitestgehend Einigkeit.[27] Zwar kann das noch nicht aus der bloßen Verankerung dieses Gebildes in § 18 AktG gefolgert werden, jedoch setzt das AktG in §§ 311 – 318 AktG die Konzernleitung im faktischen Konzern voraus und akzeptiert sie zumindest.[28]

Innerhalb der faktischen Konzerne hatte sich im Laufe der Zeit je nach Ausmaß der einheitlichen Leitung die Unterscheidung in einfache und qualifiziert faktische Konzerne herausgebildet.[29] Als Abgrenzungskriterium wurde in der Rechtsprechung insbesondere die dauernde und umfassende Führung der Geschäfte der abhängigen Gesellschaft durch die herrschende herangezogen.[30]

Die Bedeutung der Unterscheidung zwischen Vertrags- und faktischen Konzernen zeigt sich insbesondere in den verschiedenen Möglichkeiten des einen Unternehmens auf das jeweils andere Einfluss nehmen zu können und den sich daraus ergebenden Konsequenzen.[31]

III. Die einheitliche Leitung

Konstituierend für das Vorliegen eines Konzerns ist das Unterstellen der verbundenen Unternehmen unter eine einheitliche Leitung. Der Gesetzgeber hat sich be-

26 *Henn* Aktienrecht, § 9 Abschn. 4 Rn. 273; *Kropff* in: MünchKomm AktG VIII, Vorbem. § 311 Rn. 3 f.

27 OLG Hamm NJW 1987, 1030 „Banning“; *Koppensteiner* in: KölnKomm AktG, Vorb. § 311 Rn. 6 ff., § 311 Rn. 103; *Hüffer* Aktiengesetz, § 311 Rn. 6; *Krieger* in: MünchHdb. GesR IV, § 69 Rn. 19; *Kropff* in: MünchKomm AktG VIII, § 311 Rn. 25; *Daehler* Die Zulässigkeit des faktischen Konzerns, S. 164.

28 Uneinigkeit besteht diesbezüglich in der Literatur nur noch hinsichtlich der Frage, ob das Gesetz eine derartige Konzernleitung legitimiert und anerkennt, so z.B. *Hüffer* Aktiengesetz, § 311 Rn. 7, oder ihn lediglich voraussetzt und in Kauf nimmt, so etwa *Koppensteiner* in: KölnKomm AktG, Vorb. § 311 Rn. 6 ff.

29 Zur geschichtlichen Entwicklung vgl. Michalski-*Zeidler* GmbHG, Syst. Darst. 4 Rn. 260.

30 BGHZ 115, 187, 193 = NJW 1991, 3142, 3144; BGHZ 95, 3310, 344 = NJW 1986, 188; BGHZ 107, 7, 17 = NJW 1989, 1800 = LM § 30 GmbHG Nr. 27. – Vgl. zum Ganzen noch unter D II 2.

31 Vgl. dazu die Ausführungen unter C.

wusst gegen eine gesetzliche Definition des Begriffs entschieden[32], weshalb er in der wissenschaftlichen Diskussion umstritten ist.[33] Die Vertreter eines engen Konzernbegriffs fordern für die Anerkennung einer einheitlichen Leitung die Behandlung des Unternehmenszusammenschlusses als eine wirtschaftliche Einheit, was nur dann anzuerkennen sei, wenn sich die Leitung zumindest auch auf die Finanzplanung erstreckt.[34] Die Vertreter eines weiteren Konzernbegriffs gehen zwar im Falle der einheitlichen Finanzplanung ebenfalls ohne weiteres von einem Konzern aus, lassen es demgegenüber aber genügen, wenn sich die Leitung auf irgendein strategisches Aufgabenfeld wie Personalwesen, Einkauf, Organisation oder Absatz erstreckt.[35] Die Rechtsprechung hat sich hierzu bislang nicht abschließend geäußert, tendiert aber wohl zu einem weiteren Verständnis des Konzernbegriffs.[36]

Insgesamt ist nach beiden Ansichten aber jedenfalls dann von einem Konzern auszugehen, wenn sich die einheitliche Leitung auf die Finanzplanung erstreckt. Sind die Vermögensmassen der beteiligten Unternehmen betroffen, spricht der erste Anschein dafür, dass hinsichtlich finanzieller Belange ein von der herrschenden Gesellschaft vorgegebenes Verhalten, mithin eine Leitung im finanziellen Bereich und damit vom Vorliegen eines Konzerns auszugehen ist.

IV. Der Unternehmensbegriff

Ebenso wie die einheitliche Leitung wurde auch der Unternehmensbegriff vom Gesetzgeber bewusst nicht definiert.[37] Über den Unternehmensbegriff für abhängi-

---

32 Begr. RegE § 18 AktG bei *Kropff* Aktiengesetz, S. 33.

33 Vgl. die Darstellung des Meinungsstands bei *Emmerich/Sonnenschein/Habersack* Konzernrecht, § 4 III 1; *Emmerich* in: *Emmerich/Habersack* Konzernrecht, § 18 Rn. 9 ff.

34 Vgl. etwa *Hüffer* Aktiengesetz, § 18 Rn. 10 ff.; *Koppensteiner* in: KölnKomm AktG, Vorb. § 18 Rn. 14 ff.; *Scheffler* in: Goerdeler-FS, S. 469, 475; *Ulmer* in: *Hachenburg/Ulmer* GmbHG III, Anh. § 77 Rn. 37.

35 Vgl. etwa *Bayer* in: MünchKomm AktG I, § 18 Rn. 33; *Dierdorf* Herrschaft, S. 70 ff.; *Ellerich* Bedeutung, S. 133 ff.; *Emmerich/Sonnenschein/Habersack* Konzernrecht, § 4 III 1; *Hommelhoff* Konzernleitungspflicht, S. 220 ff.; *Krieger* in: MünchHdb. GesR IV, § 68 Rn. 67 ff.; *Raiser* Recht der Kapitalgesellschaften, § 51 Rn. 40.

36 So zumindest im Bereich der Konzernmitbestimmung gem. § 5 MitbestG vgl. etwa BayObLGZ 1998, 85, 90 f. = AG 1998, 523, 524; OLG Düsseldorf AG 1979, 318, 319; LG Stuttgart AG 1989, 445, 447.

37 Begr. RegE § 18 AktG bei *Kropff* Aktiengesetz, S. 27.

ge Unternehmen konnte schnell Einigkeit erzielt werden.[38] Darunter soll jede rechtlich besonders organisierte Vermögenseinheit ohne Rücksicht auf deren Rechtsform und Geschäftsbetrieb fallen.[39] Weit problematischer ist die Bestimmung des Unternehmensbegriffs für die Konzernmutter. Aus der Entstehungsgeschichte des Konzernrechts ergibt sich, dass aus dem Unternehmensbegriff rein privat engagierte Kapitalanleger aus dem Anwendungsbereich des Konzernrechts fallen sollten, so dass sich die Qualifizierung als Unternehmer nach der Abgrenzung zwischen unternehmerisch motivierter Betätigung gegenüber der privaten richtet.[40] Der konzerntypische Interessenkonflikt zwischen zweierlei unternehmerisch tätigen und deshalb zunächst auf den eigenen Vorteil bedachten Kreisen, die sich unter der gemeinsamen Leitung des herrschenden zusammengeschlossen wieder finden, ist damit das konstituierende Element der Unternehmenseigenschaft.[41] Unter welcher Rechtsform sich die Konzernmutter unternehmerisch betätigt spielt dabei keine Rolle, da die Interessenkonfliktlage von dieser unabhängig ist.[42] Die Frage der Unternehmenseigenschaft spielt in der Regel eine untergeordnete Rolle, tritt aber immer dann zu Tage, wenn an der Spitze des Konzerns einzelne Personen etwa in Form des selbstständig Tätigen oder des Einzelkaufmanns stehen und fraglich ist, inwiefern sich diese anderweitig unternehmerisch betätigen.

B. Die Rolle der Organe und Entscheidungsträger in den beteiligten Gesellschaften

Welche Rechte und Pflichten die beteiligten Organe in einem Konzern haben, folgt im Wesentlichen aus der Position der Organe in unabhängigen Unternehmen. Trotz

38 So die ganz h.M. vgl. *Hüffer* Aktiengesetz, § 15 Rn. 7 f.; *Koppensteiner* in: KölnKomm AktG, § 15 Rn. 10, 53; *Würdinger* in: Kunze-FS, S. 178 ff.; Michalski-*Zeidler* GmbHG, Syst. Darst. 4 Rn. 17.

39 *Emmerich* in: *Emmerich/Habersack* Konzernrecht, § 15 Rn. 24 f.; *Hüffer* Aktiengesetz, § 15 Rn. 14; *Ulmer* in: *Hachenburg/Ulmer* GmbHG III, Anh. § 77 Rn. 23; *Würdinger* in: Kunze-FS, S. 178 ff.; Michalski-*Zeidler* GmbHG, Syst. Darst. 4 Rn. 37.

40 Michalski-*Zeidler* GmbHG, Syst. Darst. 4 Rn. 18 m.N.

41 Vgl. *Emmerich* in: *Emmerich/Habersack* Konzernrecht, § 15 Rn. 9 f.; Michalski-*Zeidler* GmbHG, Syst. Darst. 4 Rn. 18 jeweils m.w.N.

42 *Emmerich* in: *Emmerich/Habersack* Konzernrecht, § 15 Rn. 11 f.; Michalski-*Zeidler* GmbHG, Syst. Darst. 4 Rn. 19.

der Einbeziehung in den Konzern bleiben die Unternehmen als solche erhalten und bewahren ihre eigenen Strukturen. Von diesem Grundmuster ausgehend werden die Positionen im Konzern nur in einzelnen Teilen modifiziert. Die Beurteilung des unternehmerischen Handelns der beteiligten Personen richtet sich maßgeblich danach, welche Rolle das Organ, dem sie angehören, in der unabhängigen Gesellschaft spielt.

I. Aktiengesellschaft

Obligatorische Organe der Aktiengesellschaft sind Hauptversammlung, Vorstand, Aufsichtsrat und, was allerdings nicht unumstritten ist, der Wirtschaftsprüfer. Ob letzterer tatsächlich als echtes Organ der Gesellschaft anzusehen ist[43], da er nach § 318 Abs. 1 S. 1 HGB von der Hauptversammlung gewählt wird und seine Prüfungstätigkeit im öffentlichen Interesse liegt, kann hier dahinstehen. Er ist jedenfalls kein korporatives, mit der Leitung der Gesellschaft beauftragtes Organ[44], sondern wird schlicht im öffentlichen Interesse tätig, weshalb ihm bei der Frage nach Verfehlungen im Rahmen der Unternehmensführung, sei es durch aktive Entscheidungen, sei es durch unterlassene Handlungspflichten, keine entscheidende Rolle zukommt. Zusätzlich können satzungsmäßig weitere, fakultative Organe installiert werden. Die Grenzen dafür ergeben sich aus der gesetzlich festgelegten Organstruktur und Kompetenzverteilung in der Aktiengesellschaft, weshalb für diese zusätzlichen Organe im Wesentlichen nur Beratungsfunktionen für die gesetzlich vorgesehenen Organe bleiben.[45] Die maßgeblichen Entscheidungen obliegen den obligatorischen Organen. Dabei hat jedes Organ seine eigene gesetzliche Aufgabe, die grundsätzlich nicht durch ein anderes Organ wahrgenommen werden kann[46], es sei denn das Gesetz erkennt dafür – auch über etwaige Satzungsbestimmungen – ausdrücklich eine Ausnahme an[47]. Genau diese Aufgaben sind es, die

43 Bejahend etwa *Henn* Aktienrecht, 5. Kapitel Rn. 524; *Wiesner* in: MünchHdb. GesR IV, § 19 Rn. 9; verneinend z.B.: *Claussen/Korth* in: KölnKomm AktG, § 318 HGB Rn. 31; *Simitis* in: Reinhardt-FS, S. 333.

44 *Henn* Aktienrecht, § 31 Rn. 1088.

45 *Hüffer* Aktiengesetz, § 95 Rn. 4; *Voormann* Der Beirat im Gesellschaftsrecht, S. 24 f., 61 ff.

46 *Hueck* Gesellschaftsrecht, S. 201 ff.; *Kübler* Gesellschaftsrecht, S. 182 ff.

47 *Henn* Aktienrecht, 5. Kapitel Rn. 526.

den Umfang einer möglichen Verantwortlichkeit im Gesellschafts- und Konzerngefüge bestimmen.

1. Vorstand

Dem Vorstand der Aktiengesellschaft fallen die wichtigsten Zuständigkeiten anheim.[48] Namentlich sind dies die Leitung der Gesellschaft (§ 76 Abs. 1 AktG), die Geschäftsführung (§ 77 AktG) und die Vertretung der Gesellschaft nach außen (§ 78 AktG).

Nach der Generalklausel des § 76 AktG hat der Vorstand die Gesellschaft unter eigener Verantwortung zu leiten. Dabei ist das Aufgabenspektrum der Leitung weit gefasst. Sie umfasst die Definition der Unternehmenspolitik ebenso wie die Durchführung der Maßnahmen, die zur Umsetzung dieser Unternehmenspolitik erforderlich sind.[49] Bei seiner Unternehmensleitung ist der Vorstand weder der Hauptversammlung noch dem Aufsichtsrat oder gar einem Großaktionär zur verbindlichen Loyalität verpflichtet, kann aber deren Wünsche im Rahmen der Ermessensbildung nach eigenem Gutdünken berücksichtigen.[50] Aus dieser alleinigen Leitungszuständigkeit folgt eine Eigenverantwortlichkeit des Vorstands. Ihm steht bei der Auswahl der bestehenden Möglichkeiten unternehmerischen Handelns ein autonomer unternehmerischer Ermessensspielraum zu.[51] Bei der Ausübung der Leitung kann er sich im Rahmen dieses Leitungsermessens[52] frei bewegen, ohne dass er sich – in zivilrechtlicher Hinsicht – dem Vorwurf einer Sorgfaltspflichtverletzung und der damit einhergehenden Möglichkeit der Abberufung aus wichtigem Grund ausgesetzt sieht, auch wenn der Aufsichtsrat die Unternehmensentscheidung nicht für richtig hält.[53] Dass der Vorstand derart eigenverantwortlich handeln kann, bedeutet aber nicht nur den Bestand eines großen Handlungsspielraums, sondern auch einen erheblichen Pflichtenbereich. Er trägt durch seine umfassende Leitungsfunktion die Verantwortung für das Gesamtunternehmen, welche aufgrund der ge-

48 So etwa *Hüffer* Aktiengesetz, § 76 Rn. 4.
49 *Wiesner* in: MünchHdb. GesR IV, § 19 Rn. 13.
50 *Wiesner* in: MünchHdb. GesR IV, § 19 Rn. 18.
51 BGHZ 125, 239, 246 = NJW 1994, S. 1410; 135, 244, 253 f. (ARAG); *Wiesner* in: MünchHdb. GesR IV, § 19 Rn. 18.
52 *Mertens* in: KölnKomm AktG, § 76 Rn. 10 ff.
53 *Wiesner* in: MünchHdb. GesR IV, § 19 Rn. 20.

setzlich zwingend geregelten Aufgabenverteilung prinzipiell auch nicht delegierbar ist. Weder kann sie nach oben dem Aufsichtsrat oder der Hauptversammlung, noch nach unten an Angestellte der Gesellschaft oder etwa an Dritte abgewälzt werden.[54] Zwar sind die Mitwirkung von Aufsichtsrat und Hauptversammlung an unternehmerischen Entscheidungen und damit eine Einschränkung der Eigenverantwortlichkeit nicht gänzlich ausgeschlossen, sondern in eingeschränktem Maße durchaus möglich, denn sowohl Hauptversammlung als auch Aufsichtsrat können – wenn auch in unterschiedlicher Weise – eingebunden werden, wenn es um Maßnahmen der Geschäftsführung geht.[55] Allerdings ändert das nichts an der grundsätzlich bestehenden Zuständigkeit des Vorstands für die eigenverantwortlich zu betreibende Leitung der Gesellschaft und entlässt ihn nur ausnahmsweise aus seiner Verantwortung.[56]

2. Aufsichtsrat

Wie bereits der Name sagt, ist der Aufsichtsrat im Wesentlichen ein reines Überwachungsorgan mit der Aufgabe, die Geschäftsführung des Vorstands zu kontrollieren (§ 111 Abs. 1 AktG). Er hat somit dafür zu sorgen, dass der Vorstand seine Befugnisse ordnungsgemäß ausübt und seinen sich aus §§ 76 Abs. 1, 77 Abs. 1, 93 Abs. 1 AktG ergebenden Pflichten nachkommt.[57] Bei seiner Überwachungsausübung ist er ebenso wie der Vorstand unabhängig und eigenverantwortlich.[58] Er ist nicht nur auf Rechtmäßigkeitsfragen beschränkt, sondern auch berufen, die Zweckmäßigkeit der Maßnahmen zu beurteilen.[59] Den Auftrag, im Interesse der

54 *Henn* Aktienrecht, § 18 Abschn. 3 Rn. 570.

55 Das Verhältnis von „Leitung" und „Geschäftsführung" wird in der Literatur nicht einheitlich beurteilt. So wird teilweise die „Leitung" als Oberbegriff für Vertretung und Geschäftsführung verstanden, vgl. *Henn* Aktienrecht, § 18 Abschn. 3 Rn. 572, andernorts als Führungsfunktion als herausgehobener Teilbereich der Geschäftsführung, vgl. *Hüffer* Aktiengesetz, § 95 Rn. 4; *Wiesner* in: MünchHdb. GesR IV, § 19 Rn. 12, und wieder an anderer Stelle wird sogar für eine Synonymität der Begriffe plädiert, vgl. *Semler* Leitung und Überwachung der AG, S. 8 Rn. 6.

56 Vgl. zu den einzelnen Möglichkeiten der Einflussnahme auf die Geschäftsführung durch Aufsichtsrat und Hauptversammlung unter 2. und 3.

57 *Hüffer* Aktiengesetz, § 111 Rn. 2; *Mertens* in: KölnKomm AktG, § 111 Rn. 11.

58 BGHZ 36, 296, 306; *Mülbert* Die Stellung des Aufsichtsrats, S. 99, 104 ff.; *Lutter/Krieger* Rechte und Pflichten des Aufsichtsrats, S. 193.

59 BGHZ 114, 127, 129 f.; *Hüffer* Aktiengesetz, § 111 Rn. 2; *Mertens* in: KölnKomm AktG, § 111 Rn. 11.

Gesellschaft die Tätigkeit des Vorstands zu kontrollieren, erhält der Aufsichtsrat von der Hauptversammlung durch die Wahl der Aufsichtsratsmitglieder.

Zur Durchführung seiner Überwachungsaufgaben stehen dem Aufsichtsrat einige gesetzlich verankerte Instrumente zur Verfügung. Allen voran räumt ihm § 111 Abs. 2 AktG das Recht ein, Bücher und Schriften der Gesellschaft sowie die Vermögensgegenstände einzusehen und zu prüfen. Damit sich der Aufsichtsrat von der Tätigkeit des Vorstands ein genaues Bild machen kann, hat der Vorstand dem Aufsichtsrat gem. § 90 AktG umfassend zu berichten, wobei jedem Aufsichtsratsmitglied selbst das Recht zusteht, in die Berichte des Vorstands Einsicht zu nehmen, § 90 Abs. 5 AktG. Der Aufsichtsrat bzw. dessen Mitglieder haben nicht nur die Möglichkeit, von ihren Rechten Gebrauch zu machen, sie stehen sogar in der Pflicht, davon ausgiebig Gebrauch zu machen. Er ist verpflichtet, die Geeignetheit der Vorstandsmitglieder sowie deren Tätigkeit ständig zu überwachen, die Berichte nicht nur zur Kenntnis zu nehmen und einzusehen, sondern sie kritisch zu prüfen und bei Unregelmäßigkeiten oder Zweifeln an der Richtigkeit der eingeschlagenen Linie aktiv auf den Vorstand einzuwirken.[60] Allerdings hat der Aufsichtsrat bei seiner Tätigkeit das dem Vorstand zustehende Leitungsermessen zu berücksichtigen.[61] Er hat also nur einzuschreiten, wenn der Vorstand diesen Spielraum erkennbar verlässt.

Maßnahmen der Geschäftsführung können dem Aufsichtsrat nicht übertragen werden (§ 111 Abs. 4 S. 1 AktG). Damit wird die scharfe Kompetenzabgrenzung zwischen Vorstand und Aufsichtsrat deutlich.[62] Allerdings können gem. § 111 Abs. 4 S. 2 AktG bestimmte Arten von Geschäften von der Zustimmung des Aufsichtsrats abhängig gemacht werden. Das Gesetz nennt neben der Anordnung durch den Aufsichtsrat auch die Satzung als Verankerungsmöglichkeit eines solchen Zustimmungsbedürfnisses, was in der Praxis regelmäßig durch Bestimmungen in der vom Aufsichtsrat erlassenen Geschäftsordnung für den Vorstand geschieht.[63] Stets ist aber zu beachten, dass durch derartige Zustimmungsregelungen nicht ungebührlich – etwa durch konkrete Eingriffe in die Geschäftsführung – in das Leitungsermessen des Vorstands eingegriffen und nicht im Widerspruch zu § 111 Abs. 4 S. 1 AktG

60 Vgl. die zusammenfassende Darstellung bei *Witte/Hrubesch* BB 2004, S. 725 ff.
61 BGHZ 135, 244, 253 f.
62 *Henn* Aktienrecht, § 19Abschn. 1 Rn. 619.
63 *Henn* Aktienrecht, § 18 Abschn. 3 Rn. 571.

letztlich indirekt Geschäftsführung betrieben werden darf.[64] Darüber hinaus obliegen dem Aufsichtsrat weitere Befugnisse, die sich unmittelbar auf die Gesellschaft und deren Vermögen auswirken können. Er ist zuständig für die Bestellung und Abberufung der Vorstandsmitglieder sowie für deren Vergütung (§§ 84, 87 AktG). Darüber hinaus vertritt der Aufsichtsrat die Gesellschaft gegenüber den Vorstandsmitgliedern.

3. Hauptversammlung

Eine besondere Position kommt der Hauptversammlung der Aktiengesellschaft zu. Obwohl sie im Gegensatz zu Vorstand und Aufsichtsrat kein ständiges Organ der Gesellschaft ist, sondern nur in den gesetzlich geregelten Fällen (ordentliche und außerordentliche Hauptversammlung) zusammen tritt, kann sie dennoch aufgrund Ihrer Befugnisse und Aufgaben als oberstes Organ bezeichnet werden.[65] § 119 AktG enthält einen abschließenden Katalog mit den Rechten der Hauptversammlung. Nur in diesem Umfang kann sie auf das Schicksal der Gesellschaft Einfluss nehmen. Relevant für eine eventuelle Untreuestrafbarkeit einer der Beteiligten sind dabei diejenigen Handlungsmöglichkeiten, die Auswirkungen auf die Vermögensverhältnisse der Gesellschaft haben können. An erster Stelle ist dabei die Verwendung des Bilanzgewinns, § 119 Abs. 1 Nr. 2 AktG zu nennen. Zudem können Maßnahmen der Kapitalbeschaffung und der Kapitalherabsetzung, § 119 Abs. 1 Nr. 6 AktG nachteilige Auswirkungen auf das Gesellschaftsvermögen haben. Die der Hauptversammlung obliegende Entlastung von Vorstand und Aufsichtsrat gem. § 119 Abs. 1 Nr. 3 AktG hingegen hat weniger Bedeutung als es auf den ersten Blick den Anschein hat. Zwar bedeutet eine Entlastung der beiden Organe die Billigung der Verwaltung der Gesellschaft, § 129 Abs. 2 S. 1 AktG, Einfluss auf die Vermögenslage der Gesellschaft hat dies aber wegen der fehlenden Verzichtswirkung auf Ersatzansprüche, § 120 Abs. 2 S. 2 AktG, nicht.

64 *Henn* Aktienrecht, § 18 Abschn. 3 Rn. 571; zur Geschäftsführung sogleich.

65 Dies v.a. deshalb, weil der Hauptversammlung die Bestellung des Aufsichtsrats vorenthalten ist, welche wiederum den Vorstand der Gesellschaft einsetzt. Als oberstes Organ sehen die Hauptversammlung deshalb auch: *Eckardt* in: *Geßler/Hefermehl* AktG Vor § 188 Rn. 5; *Semler* in: MünchHdb. GesR IV, § 34 Rn. 4; *Zöllner* in: KölnKomm AktG, § 119 Rn. 2.

Von größerer Bedeutung ist die in engen Grenzen bestehende Möglichkeit der Hauptversammlung, auf die Geschäftsführung Einfluss zu nehmen.[66] Diese wird in zwei Fällen relevant. Einmal dann, wenn der Aufsichtsrat für eine zustimmungspflichtige Geschäftsführungsmaßnahme seine Zustimmung verweigert. Dann nämlich kann der Vorstand gem. § 111 Abs. 4 S. 3 AktG verlangen, dass die Hauptversammlung über die Zustimmung der Maßnahme beschließt. Zum zweiten kann die Hauptversammlung mit Geschäftsführungsfragen betraut werden, wenn der Vorstand in seiner Gesamtheit[67] dies gem. § 119 Abs. 2 AktG verlangt.

Darüber hinaus hat der BGH in seiner „Holzmüller-Entscheidung" zum Ausdruck gebracht, dass ausnahmsweise sogar die Pflicht zur Befragung der Hauptversammlung besteht. Dies soll stets dann der Fall sein, wenn grundlegende Entscheidungen von solcher Bedeutung für die Rechte und Interessen der Aktionäre zu treffen sind, dass der Vorstand „vernünftigerweise nicht annehmen kann, er dürfe sie in ausschließlich eigener Verantwortung treffen".[68]

Werden von der Hauptversammlung im Rahmen ihrer Zuständigkeit Maßnahmen beschlossen, haben diese gem. § 83 Abs.2 AktG für den Vorstand auch verbindliche Wirkung und sind von diesem auszuführen. Im Gegenzug wird er gem. § 93 Abs. 4 S. 1 AktG von seiner Verantwortung für diese Geschäftsführungsmaßnahme entbunden. Allerdings soll das nur für ordnungsgemäße Beschlüsse gelten und jedenfalls dann, wenn Beschlüsse evident rechtswidrig oder anfechtbar sind, soll diese Ausführungspflicht nicht bestehen.[69] Jedoch wird der Vorstand an anfechtbare Beschlüsse dann gebunden, wenn die Anfechtungsfrist verstrichen ist und der Beschluss damit gesetzmäßig wird.[70]

II. GmbH

Im Gegensatz zur Aktiengesellschaft mit ihrem dualistischen Verwaltungssystem aus Vorstand und Aufsichtsrat besteht die Leitung der GmbH mit dem Organ des

66 Ausführlicher dazu bereits oben.

67 Vgl. dazu *Semler* in: MünchHdb. GesR IV, § 34 Rn. 14 ff.

68 BGHZ 83, 122, 131.

69 *Hüffer* Aktiengesetz, § 243 Rn. 48; GroßkommAktG/*Schmidt* § 243 Rn. 71; *Volhard* ZGR 25 (1996), S. 55 f.; *Wiesner* in: MünchHdb. GesR IV, § 19 Rn. 7.

70 Bei der Anfechtungsfrist des § 246 Abs. 1 AktG handelt es sich um eine materiell-rechtliche Frist, vgl. *Hüffer* Aktiengesetz, § 246 Rn. 20 m.w.N.

bzw. der Geschäftsführer grundsätzlich nur aus einem obligatorischen Organ. Weiteres zentrales Organ ist daneben die Gesellschafterversammlung. Ein Aufsichtsrat ist in der GmbH nur in Ausnahmefällen gesetzlich vorgesehen und kann darüber hinaus als fakultatives Organ eingerichtet werden.

1. Gesellschafter und Gesellschafterversammlung

Die Gesellschafterversammlung ist nach der Vorstellung des Gesetzes das für die Willensbildung in der GmbH maßgebliche oberste Organ.[71] Diese Stellung rührt aus ihrer umfassenden Kompetenz im Innenverhältnis der Gesellschaft. Insbesondere der Katalog des § 46 GmbHG räumt den Gesellschaftern weit reichende Kompetenzen ein. Diese Befugnisse können durch den Gesellschaftsvertrag durchaus noch erweitert werden.[72] Insoweit ist dieser Katalog – im Gegensatz zur Aktiengesellschaft – nicht abschließend und trägt dem Umstand Rechnung, dass die GmbH durch den Gesellschaftsvertrag zum großen Teil frei gestaltet werden kann.[73] Entscheidender Unterschied zur Hauptversammlung der Aktiengesellschaft ist jedoch das Bestehen des grundsätzlich unbeschränkten Weisungsrechts der Gesellschafterversammlung gegenüber dem Geschäftsführer. Zwar fällt die Geschäftsführung grundsätzlich nicht in die Zuständigkeit der Gesellschafter, sondern in die der Geschäftsführer, dennoch wird aus § 37 Abs. 1 GmbHG geschlossen, dass die Gesellschafterversammlung einem Geschäftführer mittels Beschluss verbindliche Vorgaben in sämtlichen Geschäftsführungsmaßnahmen machen kann.[74] Eine eigene Vertretungsbefugnis für die Gesellschafter entsteht dadurch aber nicht. Diese kann den Geschäftsführern ebenso wenig entzogen werden wie zwingende gesetzliche Pflichten der Geschäftsführer etwa aus § 40 Abs.1 GmbHG oder auch §§ 41, 64 Abs. 1, § 78 GmbHG. Darüber hinaus kann den Geschäftsführern die Geschäfts-

71 So auch Michalski-*Michalski* GmbHG, Syst. Darst. 1 Rn. 30; *Wolff* in: MünchHdb. GesR III § 36 Rn. 3.

72 Michalski-*Michalski* GmbHG, Syst. Darst. 1 Rn. 30.

73 Zu der weitreichenden Satzungsfreiheit in der GmbH vgl. *Grziwotz* in: MünchHdb. GesR III, § 18 Rn. 1 - 10.

74 OLG Frankfurt GmbHR 1997, S. 346, 348; *Zöllner* in: *Baumbach/Hueck* GmbHG, § 37 Rn. 9; *Wolff* in: MünchHdb. GesR III, § 37 Rn. 30.

führung aber theoretisch vollständig entzogen werden.[75] Allerdings ist auch diese gesetzlich vorgesehene Allzuständigkeit[76] der Gesellschafter explizit dispositiv ausgestaltet und kann durch den Gesellschaftsvertrag abbedungen werden.

2. Geschäftsführer

Der bzw. die grundsätzlich gem. § 46 Nr. 5 GmbHG von der Gesellschafterversammlung zu bestellenden[77] Geschäftsführer bilden das zweite in jeder GmbH zwingend erforderliche Organ. Die Geschäftsführung vertritt die Gesellschaft nach außen und ist zudem grundsätzlich für alle Leitungsaufgaben zuständig.

Im Gegensatz zur unbeschränkbaren Vertretungsmacht des Geschäftsführers für die GmbH[78] kann die Geschäftsführungsbefugnis durchaus beschränkt werden. Letztere wird sogar im Gesetz nicht explizit angesprochen, sondern es wird aus § 37 Abs. 1 GmbHG (Beschränkung der Tätigkeit der Geschäftsführer im Innenverhältnis) gefolgert, dass dem Geschäftsführer alle Führungsfunktionen obliegen,[79] wenngleich er den bindenden Vorgaben der Satzung und der Gesellschafterversammlung verpflichtet ist. Für die Umsetzung der Gesellschafterbeschlüsse nach außen ist aufgrund seiner unbeschränkten und alleinigen Vertretungsmacht jedoch wiederum der Geschäftsführer ausschließlich zuständig.[80] An die Weisungen der Gesellschafterversammlung ist die Geschäftsführung aber nur gebunden, wenn die Weisungen nicht gegen zwingendes Recht verstoßen, wobei hierbei streitig ist, ob in bestimmten Fällen dennoch eine Folgepflicht des Geschäftsführers besteht.[81]

Von der sich aus dem Zusammenspiel zwischen Gesellschafterversammlung und Geschäftsführer ergebenden Organstruktur wie sie der Gesetzgeber vor Augen

---

75 OLG Düsseldorf ZIP 1984, S. 1476, 1478; *Eisenhardt* in: Pfeiffer-FS, S. 845 f., *Schneider* in: *Scholz* GmbHG, § 37 Rn. 38; *Wolff* in: MünchHdb. GesR III, § 37 Rn. 30; a.A.: *Zöllner* in: *Baumbach/Hueck* GmbHG, § 37 Rn. 9; *Lutter/Hommelhoff* GmbHG, § 45 Rn. 4.

76 *Zöllner* in: *Baumbach/Hueck* GmbHG, § 37 Rn. 9.

77 Zur Bestellung durch den obligatorischen Aufsichtsrat in der mitbestimmten GmbH vgl. *Altmeppen* in: *Roth/Altmeppen* GmbHG, § 52 Rn. 40.

78 Das ergibt sich aus § 35 Abs. 1 GmbHG, welcher die Vertretungsmacht unbeschränkt und auch unbeschränkbar dem Geschäftsführer zuweist. Aus diesem Grunde kann er in dieser Funktion auch nicht von der Gesellschafterversammlung beschränkt oder gar verdrängt werden. – Vgl. Michalski-*Michalski* GmbHG, Syst. Darst. 1 Rn. 31.

79 Vgl. etwa *Marsch-Barner/Diekmann* in: MünchHdb. GesR III, § 44 Rn. 52.

80 Michalski-*Michalski* GmbHG, Syst. Darst. 1 Rn. 31.

81 Dazu ausführlicher noch unter B II 2.

hatte, entfernt sich die Praxis jedoch recht häufig.[82] Dann nämlich, wenn die GmbH als Einmann-GmbH ausgestaltet ist, sie also aus lediglich einem Gesellschafter besteht, der zumeist gleichzeitig als Geschäftsführer (geschäftsführender Gesellschafter) fungiert. In derartigen, regelmäßig der Begrenzung der persönlichen Haftung dienenden Konstrukten trägt der geschäftsführende Alleingesellschafter die alleinige Verantwortung für sein unabhängiges Handeln.

3. Aufsichtsrat

Im Gegensatz zur Aktiengesellschaft ist ein Aufsichtsrat nicht für jede GmbH zwingend vorgeschrieben. Er muss nur eingerichtet werden, wenn ihn besondere gesetzliche Regelungen fordern. Die Bildung eines derartigen obligatorischen Aufsichtsrates erfolgt i.d.R. über eines der insgesamt vier Mitbestimmungsgesetze (BetrVG 1952, MitbestG, MontanMitbestG, MitbestErgG).[83] Ob tatsächlich ein Aufsichtsrat zum Zwecke der Mitbestimmung installiert werden muss, hängt dabei nicht nur vom Unternehmensbereich (Montanindustrie) sondern vor allem von der Größe der Gesellschaft ab[84], weshalb im Ergebnis nur die größten GmbHs erfasst werden, die allerdings insgesamt nur einen kleinen Teil der existierenden GmbHs ausmachen.[85] Im Konzernverband ist hinsichtlich der Größenbestimmung der Gesellschaft hervorzuheben, dass die Arbeitnehmer der abhängigen Gesellschaften im Unterordnungskonzern bei der Bestimmung der Arbeitnehmerzahl unter Umständen mitzuzählen sind.[86]

Auch wenn keine speziellen Gesetze die Schaffung eines Aufsichtsrats fordern, kann ein solcher auf fakultativer Ebene in der GmbH installiert werden. Die Verankerung eines fakultativen Aufsichtsrats, der auch unter anderer Bezeichnung wie etwa Verwaltungsrat oder Beirat möglich ist, als Organ der Gesellschaft erfolgt

---

82 Vgl. *Marsch-Barner/Diekmann* in: MünchHdb. GesR III, § 41 Rn. 6.

83 Michalski-*Heyder* GmbHG, § 52 Rn. 2; außerhalb des Bereichs der Mitbestimmung ist für GmbHs ein Aufsichtsrat nur vorgeschrieben, wenn es sich um Kapitalanlagegesellschaften (§§ 1 Abs. 1, 4 KAGG) oder gemeinnützige Wohnungsunternehmen (§ 2 VO zur Durchführung des WohnungsgemeinnützigkeitsG i.d.F. v. 24.11.1969) handelt; vgl. *Marsch-Barner/Diekmann* in: MünchHdb. GesR III, § 48 Rn. 3.

84 Zu den Einzelheiten vgl. Michalski-*Heyder* GmbHG, § 52 Rn. 25 ff.

85 *Altmeppen* in: *Roth/Altmeppen* GmbHG, § 52 Rn. 36.

86 Im Einzelnen dazu *Altmeppen* in: *Roth/Altmeppen* GmbHG, § 52 Rn. 36.

durch eine entsprechende Bestimmung im Gesellschaftsvertrag.[87] Durch die Schaffung eines Gremiums auf bloß schuldrechtlicher Ebene außerhalb des Gesellschaftsvertrages erlangt dieses allerdings keinen Organstatus in der Gesellschaft.[88]

Die Aufgaben und Rechte des Aufsichtsrats in der GmbH sind im Wesentlichen durch Verweisungen auf das AktG geprägt. So verweisen § 52 Abs. 1 GmbHG für den fakultativen Aufsichtsrat und § 77 Abs. 1 BetrVG 1952 bzw. § 25 Abs. 1 MitbestG für den obligatorischen Aufsichtsrat in ganz ähnlichem Umfang auf das AktG. Die durchweg bestehenden Strukturunterschiede zwischen GmbH und Aktiengesellschaft führen im Ergebnis letztlich dazu, dass auch die anderen obligatorischen Aufsichtsräte im Wesentlichen die gleichen Rechte und Pflichten innehalten.[89]

Hauptaufgabe eines Aufsichtsrats in der GmbH ist die Überwachung der Geschäftsführung. Diese Aufgabe kann auch einem fakultativen Aufsichtsrat nicht genommen werden, sondern muss ihm vielmehr als Mindestkompetenz erhalten bleiben.[90] Diese Überwachungstätigkeit hat der Aufsichtsrat hinsichtlich Rechtmäßigkeit, Ordnungsmäßigkeit bzw. Zweckmäßigkeit und auch Wirtschaftlichkeit der Geschäftsführung wahrzunehmen.[91] Fungiert die Gesellschaft als Muttergesellschaft in einem Konzern, erweitern sich die vom Aufsichtsrat bei seiner Überwachung zu berücksichtigenden Felder, da die Einbeziehung in einen Konzern weit reichende Auswirkungen auf die Gesellschaft hat.[92]

---

87 *Zöllner* in: *Baumbach/Hueck* GmbHG, § 52 Rn. 13; *Marsch-Barner/Diekmann* in: MünchHdb. GesR III, § 48 Rn. 5; *Altmeppen* in: *Roth/Altmeppen* GmbHG, § 52 Rn. 2.

88 *Marsch-Barner/Diekmann* in: MünchHdb. GesR III, § 48 Rn. 3; *Lutter/Hommelhoff* GmbHG, § 52 Rn. 4; *Voormann* Der Beirat im Gesellschaftsrecht, S. 57.

89 Vgl. Michalski-*Heyder* GmbHG, § 52 Rn. 210; in Abweichung zum allgemeinen GmbH-Recht hat der Aufsichtsrat nach dem MitbestG (§ 31 Abs. 1 MitbestG), dem MontanMitbestG (§ 12 MontanMitbestG) und dem MitbestErgG (§ 13 MitbestErgG)darüber hinaus auch die zwingende Personalkompetenz, so dass er für alle Fragen der Anstellung, insbesondere der Bestellung und Abberufung der Geschäftführer zuständig ist, während es das BetrVG bei den Grundregeln des §§ 6, 45, 46 GmbHG und somit der Zuständigkeit der Gesellschafterversammlung belässt, vgl. *Altmeppen* in: *Roth/Altmeppen* GmbHG, § 52 Rn. 40.

90 Michalski-*Heyder* GmbHG, § 52 Rn. 215.

91 BGHZ 114, 127, 130; 75, 120, 133; *Lutter/Hommelhoff* GmbHG, § 52 Rn. 11; *Marsch-Barner/Diekmann* in: MünchHdb. GesR III, § 48 Rn. 49.

92 Vgl. dazu *Lutter/Hommelhoff* GmbHG, § 52 Rn. 12; Michalski-*Heyder* GmbHG, § 52 Rn. 218. – I.Ü. vgl. die Ausführungen zum Pflichtenumfang für Aufsichtsräte im Konzern in Kapitel 3 C III 1 a (2), 2.

Demgegenüber findet allerdings keine Überwachung der Gesellschafterversammlung statt und zwar auch dann nicht, wenn die Gesellschafter von ihrer Möglichkeit Gebrauch machen, etwa durch Weisungen direkt Einfluss auf die Geschäftsführung zu nehmen.[93] Das ergibt sich aus der Struktur der Gesellschaft und der darin verankerten Position der Gesellschafterversammlung, was jedoch nichts daran ändert, dass der Aufsichtsrat evtl. Warnungen und Hinweise aussprechen kann und in besonders heiklen Fällen sogar von seiner Befugnis, eine Gesellschafterversammlung einzuberufen, Gebrauch machen muss um etwa einen Schaden für die Gesellschaft abzuwenden. Dies kommt in solchen Fällen in Betracht, in denen er den Schaden durch eigenes Handeln nicht abwenden kann. Hier hat er über die Gesellschafterversammlung oder durch Hinweise in der Versammlung selbst oder in deren Vorfeld wenigstens auf die Abwendung hinzuwirken.[94]

C. Rechtsgrundlagen und Möglichkeiten der Einflussnahme im Konzern

Die Besonderheiten von Sachverhalten mit konzernweiter Dimension ergeben sich daraus, dass bestimmte Maßnahmen zugleich Auswirkungen auf andere Unternehmen im Konzern haben. Unternehmerische Maßnahmen innerhalb nur einer Gesellschaft sind bezüglich ihrer Umsetzung mit denen in unabhängigen Gesellschaften weitgehend identisch und zeigen nur evtl. auf der Folgenseite Auswirkungen auf andere Gesellschaften. Sobald aber eine unternehmerische Maßnahme derart geplant ist, dass weitere Unternehmen des Konzernverbunds in die Umsetzung einbezogen sind, bedarf es der Mitwirkung deren Organe. Die Konzernierung einer Gesellschaft führt nämlich nicht dazu, dass die Organe in einem abhängigen Unternehmen ihre Kompetenzen verlieren. Formell sind insbesondere die Leitungsorgane weiterhin zur Leitung berufen und rechtlich als einzige dazu in der Lage. In dieser Situation tritt das Problem zu Tage, inwieweit auf ein abhängiges Unternehmen Einfluss genommen werden kann. Die Einflussnahmemöglichkeiten sind teils speziell für den Konzern geregelt, teils ergeben sie sich aus der Anwendung der allgemeinen gesellschaftsrechtlichen Regeln auf die Konzernsituation. Insoweit

93 *Lutter/Hommelhoff* GmbHG, § 52 Rn. 12.

94 Vgl. Michalski-*Heyder* GmbHG, § 52 Rn. 222, 283.

kommt es maßgeblich auf die Art und Weise der Konzernierung – vertraglich oder faktisch – sowie die Gattung der beteiligten Gesellschaften an.

I. Rechtsquellen gesetzlich geregelter Einflussnahme

Entsprechend dem weiten Unternehmensbegriff im Konzernrecht, eröffnet sich ein weiter Anwendungsbereich für die konzernrechtlichen Regeln für herrschende Unternehmen im AktG. Als Unternehmen werden nämlich alle Unternehmensträger (einschließlich der Freiberufler) verstanden.[95] Damit sind sowohl die Regelungen in §§ 219 bis 310 AktG über den Vertragskonzern als auch diejenigen über faktische Unternehmensverbindungen in den §§ 311 ff. AktG auch auf die GmbH als herrschendes Unternehmen ohne weiteres anwendbar.[96] Lediglich für den Fall der abhängigen GmbH muss genauer differenziert werden, weshalb teils nur eine analoge Anwendung unter Berücksichtigung der Besonderheiten der GmbH angenommen wird, teils eine Anwendung ganz verneint wird.[97]

II. Die Einflussnahme im Vertragskonzern

Das Verhältnis der Konzernunternehmen zueinander richtet sich maßgeblich nach den zwischen den Gesellschaften geschlossenen Unternehmensverträgen. Für Vertragskonzerne sind im AktG entsprechende Vorschriften zu finden. Für GmbH-Konzerne ist eine entsprechende Kodifizierung im GmbHG jedoch nicht zu finden, weshalb sich die Frage nach dem anwendbaren Recht stellt.

1. Das gesetzliche Weisungsrecht im Aktienkonzern

Nachdem die Leitung der Aktiengesellschaft gem. § 76 Abs. 1 AktG dem Vorstand obliegt und dieser die Geschäfte der Gesellschaft eigenverantwortlich führt, kann dem Vorstand einer Aktiengesellschaft von Dritten grundsätzlich kein bestimmtes Verhalten vorgeschrieben werden. Anders gestaltet sich allerdings die Situation für den Fall der Einbindung der Aktiengesellschaft als beherrschtes Unternehmen in

95 *Altmeppen* in: Roth/Altmeppen GmbHG, Anh. § 13 Rn. 4.
96 *Emmerich/Sonnenschein/Habersack* Konzernrecht, § 29 III 1.
97 Näher dazu noch unter II 3, III 2.

einen Vertragskonzern. Für den Fall des Bestehens eines Beherrschungsvertrages gemäß § 291 Abs. 1 S. 1 AktG wird die Leitungsmacht in dem beherrschten Unternehmen zugunsten des herrschenden eingeschränkt. Dem herrschenden Unternehmen wird gemäß § 308 Abs. 1 S. 1 AktG zum Zecke der Konzernleitung das Mittel der Weisung an die Hand gegeben und das abhängige Unternehmen bzw. dessen Vorstand wird verpflichtet, diese Weisungen zu befolgen. Entsprechendes gilt im Wesentlichen gem. § 323 AktG für den Fall der Eingliederung einer Gesellschaft.

Das Gesetz statuiert, dass es sich dabei um „Weisungen hinsichtlich der Leitung der Gesellschaft" handeln muss, ohne allerdings den Begriff der Weisung näher zu konkretisieren, eine bestimmte Form vorzuschreiben oder festzulegen, welche Stelle im Konzern für die Weisungen zuständig ist.[98] Dem Gesetz ist lediglich zu entnehmen, dass die Weisung von den gesetzlichen Vertretern des herrschenden Unternehmens ausgehen muss (§§ 308 Abs. 2 S. 1, 309 Abs.1, 323 Abs. 1 S. 2 AktG) und an den Vorstand der abhängigen Gesellschaft, welcher die Weisung grundsätzlich zu befolgen hat, zu richten ist (§§ 308 Abs. 2 S. 1, 323 Abs. 1 S. 2 AktG).[99]

Der Begriff der „Weisung" ist nach allgemeiner Ansicht weit auszulegen.[100] Es wird darunter jede Maßnahme des herrschenden Unternehmens verstanden, durch die es über den Vorstand der abhängigen Gesellschaft Einfluss auf deren Leitung nehmen will.[101] Dabei kommt es zwar auf das äußere Erscheinungsbild der Weisung nicht an, so dass nicht nur Befehle oder Direktiven, sondern vielmehr auch Ratschläge und Empfehlungen Weisungen darstellen können. Allerdings ist stets Voraussetzung, dass diese verbindlich gedacht sind und zumindest eine faktische Verbindlichkeit für den angewiesenen Vorstand entfalten, sei es auch nur auf der Grundlage der Gefährdung einer erneuten Bestellung zum Vorstand.[102]

Damit tritt im Falle einer erfolgten Weisung an die Stelle der Leitung der abhängigen Gesellschaft durch ihren eigenen Vorstand die durch das herrschende

---

98 Vgl. zu dieser h.M. *Henn* Aktienrecht, § 9 Abschn. 3 Rn. 259; *Hüffer* Aktiengesetz, § 308 Rn. 12; *Altmeppen* in: MünchKomm AktG VIII, § 308 Rn. 38 - 41; gegen eine Delegation des Weisungsrechts u.a. *Kantzas* Weisungsrecht, S. 82; *Sina* AG 1991, S. 4.

99 *Emmerich* in: *Emmerich/Habersack* Konzernrecht, § 308 Rn. 21.

100 *Henn* Aktienrecht, § 9 Abschn. 3 Rn. 260; *Sina* AG 1991, S. 1.

101 *Altmeppen* in: MünchKomm AktG VIII, § 308 Rn. 9; *Emmerich* in: *Emmerich/Habersack* Konzernrecht, § 308 Rn. 23.

102 *Altmeppen* in: MünchKomm AktG VIII, § 308 Rn. 9; *Emmerich* in: *Emmerich/Habersack* Konzernrecht, § 308 Rn. 23 f.; *Sina* AG 1991, S. 1.

Unternehmen.[103] Ein direktes Auftreten für die abhängige Gesellschaft nach außen wird dadurch indes nicht ermöglicht. Aus dem Weisungsrecht folgt keine Vertretungsmacht des herrschenden Unternehmens, da auch bei Bestehen eines Beherrschungsvertrages der Vorstand der abhängigen Gesellschaft weiterhin die Geschäfte unter eigener Verantwortlichkeit zu führen hat.[104] Daraus folgt wiederum, dass auch intern eine direkte und verbindliche Einflussnahme auf die einzelnen Stellen im abhängigen Unternehmen nicht möglich ist. Auch hier muss zunächst der Vorstand als verantwortliches Organ die Weisungen umsetzten.[105]

Die Weisungsbefugnis steht nach dem Wortlaut des Gesetzes dem herrschenden Unternehmen zu. Für dieses handeln dabei die jeweils zur Vertretung berechtigten Organe bzw. Gesellschafter.[106] Auch hier greift eine Besonderheit der GmbH gegenüber der Aktiengesellschaft ein. Leitet der Vorstand der Aktiengesellschaft die Gesellschaft unter eigener Verantwortung, ist der Geschäftsführer der GmbH den Weisungen der Gesellschafterversammlung unterworfen. Folglich entscheiden in der GmbH letztlich die Gesellschafter und nicht der oder die Geschäftsführer über die Grundsätze der Konzernpolitik, insbesondere wenn nachhaltig in die Rechte der Tochtergesellschaft eingegriffen werden soll, da in diesem Falle ohnehin die Zustimmung der Gesellschafterversammlung des herrschenden Unternehmens erforderlich ist.[107] Zuständig für die Weisungserteilung nach außen bleibt aber die Geschäftsführung.

Fraglich erscheint, ob eine Delegation des Weisungsrechts und der damit evtl. verbundenen Verantwortlichkeit möglich ist. Unstreitig ist dabei eine Delegation innerhalb eines bestehenden Organs auf einzelne Mitglieder desselben möglich.[108] Die im Zivilrecht geführte Diskussion, ob die Delegation technisch durch Bevollmächtigung oder durch eine Ausübungsermächtigung umzusetzen ist, hat für die strafrechtliche Beurteilung keine Bedeutung, da das Organmitglied letztlich in jedem Fall berechtigt ist, verbindliche Weisungen auszusprechen.

103 *Emmerich* in: *Emmerich/Habersack* Konzernrecht, § 308 Rn. 22.
104 *Altmeppen* in: MünchKomm AktG VIII, § 308 Rn. 72; *Emmerich/Sonnenschein/Habersack* Konzernrecht, § 23 IV 3.
105 *Altmeppen* in: MünchKomm AktG VIII, § 308 Rn. 72.
106 *Hüffer* Aktiengesetz, § 308 Rn. 3.
107 *Emmerich* in: *Scholz* GmbHG, Anhang Konzernrecht Rn. 64.
108 Es gelten die allgemeinen Grundsätze, für die AG vgl. § 78 Abs. 4 AktG; *Hüffer* Aktiengesetz, § 308 Rn. 3; *Koppensteiner* in: KölnKomm AktG, § 308 Rn. 7.

a. Der Umfang des Weisungsrechts

§ 291 Abs. 1 AktG legt den Inhalt eines Beherrschungsvertrages auf die Leitung der (abhängigen) Gesellschaft fest. Die „Leitung der Gesellschaft" ist dabei i.S.d. § 76 Abs. 1 AktG zu interpretieren.[109] Damit ist bereits der wesentliche Umfang des Weisungsrechts festgelegt, der zunächst weit abgesteckt ist und die gesamte Geschäfts-, Finanz-, Investitions-, und Absatzpolitik des Unternehmens umfasst.[110] Es kann aber nur insoweit bestehen, wie der Vorstand der abhängigen Gesellschaft selbst die Geschäfte der Gesellschaft leiten kann, also nur soweit, wie seine Kompetenzen reichen und erstreckt sich demnach auf den gesamten Bereich der Geschäftsführung sowie der Vertretung der Gesellschaft nach außen.[111] Das Weisungsrecht endet folglich, sobald eine Maßnahme in die Zuständigkeit des Aufsichtsrats oder der Hauptversammlung fällt.[112]

Abgesehen vom gesetzlich geregelten Normalfall des umfassenden Weisungsrechts ist eine exakte Definition der Weisungen im Beherrschungsvertrag möglich.[113] Allerdings wird diese vertragliche Bestimmungsmöglichkeit ihrerseits durch die gesetzlichen Regelungen begrenzt. Auch hier darf sich die eingeräumte Weisungsbefugnis nämlich nur auf die Leitung der Gesellschaft beziehen.[114] Darüber hinaus kann auch der Umfang der Weisungsbefugnis im Beherrschungsvertrag weiter eingeschränkt werden. In der Praxis wird von einer möglichen Reduzierung des Weisungsumfangs indes nur selten Gebrauch gemacht und stattdessen meist die Formulierung des Gesetzgebers hinsichtlich der „Leitung der Gesellschaft" gewählt.[115] Darüber hinaus ist die Konkretisierung der Leitungsmacht im Beherrschungsvertrag stets eine Frage des konkreten Falles und es sind allgemein gültige Aussagen nicht möglich.

---

109 *Altmeppen* in: MünchKomm AktG VIII, § 291 Rn. 76; *Emmerich* in: *Emmerich/Habersack* Konzernrecht, § 308 Rn. 36; *Hüffer* Aktiengesetz, § 291 Rn. 10; *Koppensteiner* in: KölnKomm AktG, § 291 Rn. 12, § 308 Rn. 17.

110 *Koppensteiner* in: KölnKomm AktG, § 308 Rn. 18; *Sina* AG 1991, S. 1.

111 *Emmerich* in: *Emmerich/Habersack* Konzernrecht, § 308 Rn. 36 ff.

112 Die Erläuterung der gesellschaftsrechtlich umstrittenen Konstellationen führt im Hinblick auf eine etwaige strafrechtliche Verantwortlichkeit nicht weiter. Soweit sie von Belang sind, werden sie im Rahmen der Strafbarkeitsüberlegungen behandelt.

113 *Henn* Aktienrecht, § 9 Rn. 260.

114 *Altmeppen* in: MünchKomm AktG VIII, § 308 Rn. 84.

115 *Altmeppen* in: MünchKomm AktG VIII, § 291 Rn 55 f. m.w.N.

b. Grenzen des Weisungsrechts

Die sich grundsätzlich auf den gesamten Bereich der Unternehmensleitung erstreckende und durch das Instrument der Weisung entstehende Leitungsmacht der Konzernspitze ist keineswegs unbeschränkt.[116] Vielmehr sind dem herrschenden Unternehmen auch in diesem Bereich sehr wohl Grenzen gesteckt. Allgemein ergeben sich diese einerseits intern aus der Konzernstruktur heraus in Form von vertraglichen und satzungsmäßigen Grenzen, andererseits extern aus den für den Konzern maßgeblichen Rahmenbedingungen als gesetzliche und weisungsimmanente Grenzen. Unter den im Gesellschaftsrecht diskutierten vielfältigen Beschränkungen sind im Hinblick auf den Schutzbereich des Untreuetatbestands[117] diejenigen von Relevanz, die sich mit möglichen Nachteilen für das Vermögen des abhängigen Unternehmens beschäftigen.

(1) Interne Grenzen – Beherrschungsvertrag und Satzung

Die Leitungsmacht des herrschenden Unternehmens geht nicht weiter als diejenige des Vorstands der abhängigen Gesellschaft.[118] Somit bildet einmal die bereits erwähnte fehlende Zuständigkeit des Vorstands eine Grenze des Weisungsrechts. Zum Zweiten ist die herrschende Gesellschaft ebenso wie ihre Tochter selbst (vgl. § 82 Abs. 2 AktG) an deren Satzungsbestimmungen gebunden.[119] Damit wird dem Weisungsrecht namentlich vor allem durch den in der Satzung verankerten Unternehmensgegenstand (vgl. § 23 Abs. 3 Nr. 2 AktG) der Rahmen gesteckt, innerhalb dessen sich auch die herrschende Gesellschaft bewegen muss. Die Änderung der Satzung wiederum fällt gem. § 179 Abs. 1 AktG in die Zuständigkeit der Hauptversammlung und damit aus dem Kompetenzbereich des Vorstands heraus.

Neben der Satzung der abhängigen Gesellschaft wird das Vertragskonzerngebilde entscheidend vom abgeschlossenen Beherrschungsvertrag geprägt. Das Gesetz selbst räumt dessen Bestimmungen immerhin Vorrang hinsichtlich des Weisungs-

116 *Geßler* ZHR 140, S. 436; *Sina* AG 1991, S. 2.

117 Vgl. dazu Kapitel 3 A I.

118 Vgl. auch *Sina* AG 1991, S. 2; *Altmeppen* in: MünchKomm AktG VIII, § 308 Rn. 130.

119 OLG Düsseldorf ZIP 1990, 1333, 1337 f. = AG 1990, 490 („DAB Hansa"); *Emmerich* in: *Emmerich/Habersack* Konzernrecht, § 308 Rn. 56; *Glaser* Grenzen des Weisungsrechts, S. 58 ff.; *Koppensteiner* in: KölnKomm AktG, § 308 Rn. 36.

rechts ein. Allerdings kann der Vertrag nicht den durch § 308 AktG eingeräumten Handlungsspielraum ausdehnen, ihn aber sehr wohl einengen.[120] Zwar ist der Hauptfall der vertraglichen Beschränkung der Ausschluss nachteiliger Weisungen.[121] Allerdings wird insgesamt von derlei Einschränkungen in der Praxis kaum Gebrauch gemacht[122], weshalb vertragliche Schranken hinter den – gleich zu erörternden – gesetzlichen in der Bedeutung weit zurück bleiben.

(2) Externe Grenzen – Gesetz und immanente Schranken

Betrachtet man die Weisungsbeschränkungen im Hinblick auf drohende Nachteile für die abhängige Gesellschaft, sticht dabei zunächst die in § 308 Abs. 1 S. 2 AktG gesetzlich eröffnete Möglichkeit, einem abhängigen Unternehmen auch für dieses nachteilige Weisungen zu erteilen, ins Auge. Wie bereits erläutert, kann diese Möglichkeit zwar durch den abgeschlossenen Beherrschungsvertrag ihrerseits eingeschränkt sein, da § 308 Abs. 1 S. 2 AktG den vertraglichen Regelungen vor den gesetzlichen Bestimmungen diesbezüglich Vorrang einräumt. Aufgrund der in der Praxis allerdings nur selten vorkommenden näheren Bestimmung des Weisungsrechts durch Vertrag, kommt der in § 308 Abs. 1 AktG genannten Schranke besondere Relevanz zu. Gem. § 308 Abs. 1 S. 2 AktG dürfen nämlich nachteilige Weisungen nur erteilt werden, wenn sie gleichzeitig „den Belangen des herrschenden Unternehmens oder der mit ihm und der Gesellschaft konzernverbundenen Unternehmen dienen". Entgegen dieser recht exakten sprachlichen Gestaltung wird diesbezüglich weitläufig nur von einem zu fordernden „Konzerninteresse" gesprochen.[123] Diese sprachliche Ungenauigkeit setzt sich in der gesellschaftsrechtlichen Literatur über den materiellen Gehalt dieses Interesses fort. Erstaunlicherweise wird verbreitet versucht, das Konzerninteresse zu benennen ohne überhaupt den Träger desselben ausfindig zu machen.[124] Den wenigen Stellungnahmen zur Trä-

---

120 *Hüffer* Aktiengesetz, § 308 Rn. 13; *Krieger* in: MünchHdb. GesR IV, § 70 Rn. 135; *Sina* AG 1991, S. 8.

121 *Altmeppen* in: MünchKomm AktG VIII, § 308 Rn. 132.

122 *Altmeppen* in: MünchKomm AktG VIII, § 291 Rn 55 f. m.w.N.

123 Vgl. etwa *Altmeppen* in: MünchKomm AktG VIII, § 308 Rn. 101 ff.; *Emmerich/Sonnenschein/Habersack* Konzernrecht, § 23 V 2; *Geßler* ZHR 140, S. 436 ff.; *Sina* AG 1991, S. 4 f.

124 Zu Recht deshalb die Kritik bei *Zöllner* in: KölnKomm AktG, Einl. Rn. 137: „Es ist im Grunde erschütternd, mit welcher Kritiklosigkeit in rechtswissenschaftlichen Erörterungen das Konzern-

gerschaft dieses Konzerninteresses ist zu entnehmen, dass dieser Aspekt äußerst umstritten ist.[125] So wird einerseits ein eigenständiges Interesse des Rechtsgebildes *Konzern*,[126] andererseits nur das Interesse der einzelnen Gesellschaften[127] oder dasjenige der „Allgemeinheit an der Bildung und Funktionsfähigkeit von Konzernen" anerkannt.[128] Unabhängig von der Trägerschaft wird allerdings der Inhalt des Konzerninteresses meist unreflektiert aus nahezu ausschließlich wirtschaftlicher Sicht gesehen und mehr oder weniger auf Vermögensvorteile des herrschenden Unternehmens reduziert.[129] Es wird als Interesse des herrschenden Unternehmens an einer rentablen Ausnutzung der im Konzern zusammengefassten Wirtschaftskraft verstanden[130] und als vorliegend angenommen, wenn die Vermögens- und Ertragslage des herrschenden unmittelbar oder mittelbar über ein mit ihm verbundenes (Konzern-) Unternehmen gesteigert wird.[131] Die Weisung des herrschenden Unternehmen muss sich demnach daran messen lassen, ob die Weisung tatsächlich irgendeinen wirtschaftlichen Vorteil mit sich bringt, der den von der abhängigen Gesellschaft hinzunehmenden Nachteil nicht nur aufwiegt sondern übersteigt und somit für das Gesamtgefüge des Konzerns einen Vorteil bringt.[132] Nur in diesem Rahmen ist also eine Weisung zum Nachteil der abhängigen Gesellschaft erlaubt.

Als weitere Schranke des Weisungsrechts wird die Lebensfähigkeit der abhängigen Gesellschaft diskutiert.[133] Nach h.M. sind Weisungen in jedem Fall, also auch wenn sie im Konzerninteresse liegen, unzulässig, wenn sie die *Existenz* des abhängigen Unternehmens gefährden oder vernichten, also im Falle ihrer Durch-

---

interesse als ,Interesse des ganzen Konzerns' gegenüber den Interessen einzelner Konzernglieder ausgespielt worden ist, ohne daß die Problematik der Trägerschaft überhaupt nur angedeutet worden wäre.".

125 So auch *Hüffer* Aktiengesetz, § 308 Rn. 16.

126 *Biedenkopf/Koppensteiner* in: KölnKomm AktG (1. Aufl.), § 308 Rn. 11; *Gessler* ZHR 140, S. 437 f.

127 *Koppensteiner* in: KölnKomm AktG, § 308 Rn. 24 f.

128 *Zöllner* in KölnKomm AktG, Einl. Rn. 137 f. Vgl. dazu auch die Ausführungen bei *Zöllner* Schranken, S. 70 ff., in welchen Zöllner das Unternehmen nicht als Träger, sondern als Objekt des Unternehmensinteresse ausmachen will.

129 So z.B. bei *Altmeppen* in: MünchKomm AktG VIII, § 308 Rn. 101 ff.

130 *Koppensteiner* in: KölnKomm AktG, § 308 Rn. 24; *Sina* AG 1991, S. 2.

131 *Emmerich* in: *Emmerich/Habersack* Konzernrecht, § 308 Rn. 58 f.; *Hüffer* Aktiengesetz, § 308 Rn. 17 f.

132 Vgl. *Emmerich* in: *Emmerich/Habersack* Konzernrecht, § 308 Rn. 49 ff.

133 Vgl. dazu auch die Ausführungen bzgl. der Verhaltenspflichten im Konzern in Kapitel 3 D.

führung zur Auflösung, zur Insolvenz oder zum formlosen Ausscheiden der abhängigen Gesellschaft aus dem Rechtsverkehr führen.[134] Daran sollen auch die der Muttergesellschaft obliegenden Pflichten gem. §§ 300 ff AktG, insbesondere der Verlustausgleichspflicht gem. § 302 AktG nichts ändern.[135] Begründet wird das insbesondere damit, dass die §§ 300 bis 305 AktG gerade vom Fortbestand der abhängigen Gesellschaft ausgingen. Deren Schutzsystem würde unterlaufen, wenn die Existenz der abhängigen Gesellschaft etwa durch übermäßigen Abzug von Liquidität, die Einstellung lebenswichtiger Produktionen oder etwa dem Unterlassen dringend erforderlicher Erneuerungsinvestitionen in zulässiger Weise vernichtet werden könnte.[136] Allerdings ist diese Auffassung nicht unumstritten.[137] Die Gegenansicht trägt vor, es ließen sich keine überzeugenden Argumente für die Unzulässigkeit existenzgefährdender Weisungen finden.[138] Der Gesetzgeber selbst sei von einer Existenzbedrohung durch den Beherrschungsvertrag ausgegangen, zudem seien die Interessen der Gläubiger durch die §§ 302, 303 AktG ausreichend geschützt.[139] Damit stellt die Gegenansicht allzu einseitig auf den Schutz der Gläubiger der betroffenen Gesellschaft ab, ohne den Gedanken eines eigenständigen Interesses der abhängigen Gesellschaft als Rechtspersönlichkeit zu berücksichtigen. Durch die Einbeziehung in einen Vertragskonzern könnte der Schutz der Rechtspersönlichkeit der auch im Konzern weiterhin eigenständigen Gesellschaft als juristischer Person über das Weisungsrecht unterlaufen werden. Das Gesetz gibt aber keinerlei Anhaltpunkte, dass im Falle des Bestehens eines Beherrschungsvertrages die Vorschriften über die ordnungsgemäße Beendigung, also die Liquidation der Gesellschaft außer Kraft gesetzt würden. Eine Liquidation ist auch nach Ab-

134 So OLG Düsseldorf in AG 1990, S. 490, 492; *Emmerich/Sonnenschein/Habersack* Konzernrecht, § 23 V 4 c; *Hommelhoff* Konzernleitungspflicht, S. 150; *Hüffer* Aktiengesetz, § 308 Rn. 19; *Immenga* ZHR 140, S. 304 ff.; *Sina* AG 1991, S. 7 f.; *Ulmer* ZHR 148, S. 408 ff.

135 *Sina* AG 1991, S. 7; kritisch wiederum: *Altmeppen* in: MünchKomm AktG VIII, § 308 Rn. 118 f.

136 Zusammenfassend *Sina* AG 1991, S. 7.

137 Allgemein zum Meinungsstand und Kritik an der h.M.: *Altmeppen* in: MünchKomm AktG VIII, § 302 Rn. 31 ff.; § 308 Rn. 115 ff. m.w.N.

138 *Glaser* Grenzen des Weisungsrechts, S. 11 ff.; *Koppensteiner* in: KölnKomm AktG, § 308 Rn. 32 ff.; *Kropff* ZGR 1984, S. 122.

139 *Koppensteiner* in: KölnKomm AktG, § 308 Rn. 32 ff. mit Hinweis auf Begr. RegE zu § 303 und § 305 AktG bei *Kropff* Aktiengesetz, S. 393, 397; Differenzierende Ansätze finden sich bei *Altmeppen* in: MünchKomm AktG VIII, § 308 Rn. 118 ff.; *Emmerich/Sonnenschein/Habersack* Konzernrecht, § 23 V 4 c.

schluss eines Beherrschungsvertrages nur mittels der gesetzlichen Vorgaben der §§ 262 ff. AktG möglich. Darin ist lediglich die Möglichkeit der Auflösung für die Hauptversammlung, nicht aber für den Vertragspartner eines Beherrschungsvertrages vorgesehen. Weisungen der Konzernmutter dürfen deshalb keinen existenzgefährdenden Charakter annehmen.

Zu erwähnen sind darüber hinaus noch sonstige zwingende gesetzliche Regelungen, die ebenfalls eine Nachteilszufügung für die abhängige Gesellschaft und deren Gesellschafter und Gläubiger verhindern wollen, aber von vornherein keine nachteiligen Weisungen in deren Wortlaut vorsehen. Auch durch diese Normen wird das grundsätzliche Weisungsrecht des herrschenden Unternehmens eingeschränkt, indem es dieses für bestimmte Fälle per se ausschließt. Zwingende gesetzliche Regeln sind auch für das herrschende Unternehmen bindend, weshalb keine gesetzeswidrigen Weisungen erteilt werden dürfen. Die Weisungen müssen sich dabei insbesondere im Rahmen des AktG (bzw. bei einer GmbH als abhängiger Gesellschaft des GmbHG) des UWG, des GWB oder auch des § 134 BGB halten.[140]

(3) Zwischenergebnis

Abgesehen von den vertraglichen und satzungsmäßigen Restriktionen als interne Begrenzungen bleiben drei relevante Fallgruppen der Begrenzung rechtmäßiger Einflussnahme zum Nachteil einer vertraglich abhängigen (Aktien)Gesellschaft festzuhalten: *Erstens*, die nachteilige Weisung trotz fehlenden Konzerninteresses, *zweitens*, die durch die Weisung entstehende Existenzgefährdung für das abhängige Unternehmen und schließlich *drittens*, der Verstoß gegen anderweitiges zwingendes Gesetz.

2. Das Weisungsrecht bei der Abhängigkeit von Gesellschaften anderer Rechtsform, insbesondere von GmbH

Im Gegensatz zur Aktiengesellschaft finden sich für andere Gesellschaftsformen in den jeweiligen Gesetzen keine Regelungen über ein gesetzliches Weisungsrecht. § 308 AktG ist aber auf Beherrschungsverträge mit Gesellschaften anderer Rechts-

---

140 *Altmeppen* in: MünchKomm AktG VIII, § 308 Rn. 101 f.; *Sina* AG 1991, S. 4.

form als der Aktiengesellschaft grundsätzlich entsprechend anwendbar, so dass der Beherrschungsvertrag ein Weisungsrecht des herrschenden Unternehmens im selben Umfang wie bei der abhängigen Aktiengesellschaft gegenüber den Geschäftsführern einer abhängigen GmbH begründet.[141] Allerdings sind dabei die Besonderheiten der Rechtsform zu beachten. Namentlich kommt bei der GmbH hier – im Gegensatz zur Aktiengesellschaft – insbesondere dem grundsätzlich der Gesellschafterversammlung zustehenden Weisungsrecht gegenüber dem Geschäftsführer (§ 7 Abs. 1 GmbHG) besondere Relevanz zu. Dieses Weisungsrecht kann im Vertragskonzern mit eben jenem des herrschenden Unternehmens kollidieren. Macht allerdings das herrschende Unternehmen von seinem Weisungsrecht in zulässigem Umfang Gebrauch, so soll dieses gegenüber etwaiger Weisungen der Gesellschafterversammlung Vorrang haben, da sich die Gesellschafter durch Abschluss des Beherrschungsvertrages mit der erforderlichen Mehrheit ihrer Geschäftsführungskompetenz zugunsten des herrschenden Unternehmens insoweit begeben haben, als dessen Weisungskompetenz reicht.[142] Weiterhin bei der Gesellschafterversammlung verbleibt demgegenüber die Entscheidungskompetenz hinsichtlich Angelegenheiten, die kraft zwingenden Rechts der Gesellschafterversammlung übertragen sind.[143]

3. Tatsächliche Einflussnahme außerhalb des gesetzlichen Weisungsrechts

Zwar ist das Weisungsrecht des herrschenden Unternehmens der vom Gesetz gewiesene Weg, die Leitungsmacht gegenüber einem abhängigen Unternehmen auszuüben. Nichtsdestotrotz bestehen weitere Instrumente, mit deren Hilfe auf die Geschäftsleitung abhängiger Gesellschaften Einfluss genommen werden kann.[144] Die ständige Erteilung von Weisungen ist sowohl unpraktikabel als auch psycholo-

141 OLG Stuttgart Ag 1998, 585 = NZG 1998, 601 „Dornier/DB“; OLG Nürnberg AG 2000, 228 „WBG“; *Altmeppen* in: MünchKomm AktG VIII, § 308 Rn. 5; *ders.* in: *Roth/Altmeppen* GmbHG, Anh. § 13 Rn. 17; *Emmerich* in: *Emmerich/Habersack* Konzernrecht, § 308 Rn. 9; Michalski-*Zeidler* GmbHG, Syst. Darst. 4 Rn. 86.

142 OLG Stuttgart Ag 1998, 585 = NZG 1998, 601 „Dornier/DB“; *Altmeppen* in: MünchKomm AktG VIII, § 308 Rn. 5; *Emmerich/Sonnenschein/Habersack* Konzernrecht, § 32 III 1; *Schneider* in: *ders.* Beherrschungs- und Gewinnabführungsverträge, S. 7, 29; *Zöllner* ZGR 1992, S. 173, 177 ff.

143 Vgl. *Emmerich/Sonnenschein/Habersack* Konzernrecht, § 32 III 1.

144 Michalski-*Zeidler* GmbHG, Syst. Darst. 4 Rn. 87.

gisch ungünstig, weshalb in der Praxis deshalb häufig auf die Möglichkeit zurückgegriffen wird, über Richtlinien oder informelle Ratschläge bzw. Gespräche auf die Führung des abhängigen Unternehmens Einfluss zu nehmen.

Darüber hinaus hält das herrschende Unternehmen auch im Vertragskonzern im Regelfall eine Mehrheitsbeteiligung am abhängigen Unternehmen. Erst solche Mehrheitsbeteiligungen ermöglichen nämlich zumeist den Abschluss des Beherrschungsvertrages, da dieser gem. § 293 Abs. 1 AktG einer ¾ Mehrheit in der Hauptversammlung bedarf.[145] Damit wird die Möglichkeit geschaffen, den Vorstand der abhängigen Gesellschaft mit der Konzernmutter gegenüber loyal eingestellten Personen zu besetzen oder gar Vorstandsdoppelmandate zu schaffen. Diese Instrumente sind aber insbesondere im faktischen Aktienkonzern verbreitet, da dort das gesetzliche Weisungsrecht fehlt, und weniger eine Besonderheit des Vertragskonzerns.

III. Der Einfluss des herrschenden Unternehmens im faktischen Konzern

Im faktischen Konzern kann das herrschende Unternehmen seine Mehrheitsverhältnisse auf verschiedenste Art und Weise einsetzen, um auf das abhängige Unternehmen Einfluss zu nehmen. Die Möglichkeiten einer Einflussnahme sind auch hier begrenzt. Für die anhängige Aktiengesellschaft enthält das AktG entsprechende Normen, die aufgrund der strukturellen Unterschiede zwischen Aktiengesellschaft und GmbH nicht pauschal auf letztere übertragen werden können. Es ist deshalb eine genauere und differenzierte Betrachtung erforderlich.

1. Die Einflussnahme auf die faktisch konzernierte Aktiengesellschaft

Im Gegensatz zum Vertragskonzern bietet das AktG für den Fall lediglich faktischer Verbundenheit und damit auch für den faktischen Konzern keine positiv ausgestaltete Regelung über die Möglichkeiten der Einflussnahme. Der Gesetzgeber hat sich in § 311 Abs. 1 AktG darauf beschränkt, in negativer Weise festzulegen,

145 Für die GmbH geht die h.M. sogar noch weiter und vertritt die Ansicht, der Gesellschaftszweck werde durch die neue Stellung als beherrschtes Unternehmen berührt, weshalb es Zustimmung aller Gesellschafter bedürfe. Vgl. *Altmeppen* in: *Roth/Altmeppen* GmbHG, Anh. § 13 Rn. 36 ff.; *Emmerich* in: *Emmerich/Habersack* Konzernrecht, § 293 Rn. 43; *Ulmer* in: *Hachenburg/Ulmer* GmbHG III, § 53 Rn. 145.

welche Züge eine Einflussnahme nicht annehmen darf. Damit geht das Gesetz für den Fall der faktischen Konzernierung nicht so weit, dem herrschenden Unternehmen ein Weisungsrecht gegenüber dem von ihm abhängigen einzuräumen.[146] Vielmehr ist das herrschende Unternehmen darauf angewiesen, andere Möglichkeiten zu nutzen, um auf die abhängige Aktiengesellschaft Einfluss zu nehmen, bzw. solche Möglichkeiten erst zu schaffen. Hinzu kommt erschwerend, dass auch eine bestehende Mehrheitsbeteiligung keinen unmittelbaren Einfluss auf eine abhängige Aktiengesellschaft mit sich bringt. Es bedarf deshalb des Rückgriffs auf anderweitige Instrumente. Aus der Reihe der verbreiteten Instrumente sind vor allem die personelle Verflechtung, insbesondere über Vorstandsdoppelmandate, die Bevollmächtigung der herrschenden Gesellschaft durch die abhängige sowie die Durchsetzung eigener Vorhaben über Hauptversammlungsbeschlüsse zu nennen.[147] All diese Möglichkeiten werden erst durch die Mehrheitsbeteiligung der Konzernmutter eröffnet. Mit Hilfe dieser Mehrheit kann auf der Hauptversammlung die Besetzung des Aufsichtsrats und darüber letztlich diejenige des Vorstands maßgeblich beeinflusst werden. Auf diese Weise können Vorstandsdoppelmandate durchgesetzt werden, d.h. dass der Vorstand der abhängigen Gesellschaft mit solchen Personen besetzt wird, die bereits im Vorstand der Muttergesellschaft vertreten sind. Damit hat die Muttergesellschaft bzw. deren Vorstand ein Instrument unmittelbarer Beeinflussung der Tochtergesellschaft an der Hand. Noch direkter kann eine Beeinflussung geschehen, indem das Mutterunternehmen zur rechtsgeschäftlichen Vertretung bevollmächtigt wird. In diesem Fall kann die Muttergesellschaft gleich selbst die erwünschten Geschäfte vornehmen und ist nicht auf die Umsetzung ihrer Wünsche durch den Vorstand der Tochtergesellschaft angewiesen. Diese teils recht aufwändigen Lösungen können dann noch relativ unproblematisch umgesetzt werden, wenn eine Gesellschaft von vorneherein als Tochterunternehmen konzipiert und ins Leben gerufen wird. Wird sie jedoch erst im Nachhinein in den Konzern aufgenommen, erweisen sich diese Lösungen als schwerfällig, sind aber erforder-

---

146 So die ganz h.M. vgl. OLG Hamm ZIP 1995, 1263, 1269; *Emmerich* in: *Emmerich/Habersack* Konzernrecht, § 311 Rn. 10; *Koppensteiner* in: KölnKomm AktG, § 311 Rn. 90; *Hüffer* Aktiengesetz, § 311 Rn. 48; *Krieger* in: MünchHdb. GesR IV, § 69 Rn. 20; *Kropff* in: MünchKomm AktG VIII, § 311 Rn. 281; *Habersack* in: Emmerich/Habersack Konzernrecht², vor § 311 Rn. 7, § 311 Rn. 50.

147 Vgl. dazu *Habersack* in: *Emmerich/Habersack* Konzernrecht, § 311 Rn. 28 ff.; weitergehend *Kropff* in: MünchKomm AktG VIII, § 311 Rn. 89 ff.

lich, da die Weisungsunabhängigkeit des AG-Vorstands auch im Konzern fortbesteht.

Der geschaffene Einfluss des herrschenden Unternehmens stößt jedoch an konzernrechtliche Grenzen. Nach § 311 Abs. 1 AktG darf der Einfluss nämlich grundsätzlich nicht dazu benutzt werden, eine abhängige Aktiengesellschaft oder KGaA dazu zu veranlassen, ein für sie nachteiliges Rechtsgeschäft vorzunehmen oder Maßnahmen zu deren Nachteil zu treffen. Allerdings ist eine derartige Einflussnahme gesetzlich dann erlaubt, wenn die dadurch entstehenden Nachteile von dem herrschenden Unternehmen ausgeglichen werden, womit auch zunächst nachteilige Leitungsmaßnahmen ermöglicht werden.[148]

Aufgrund der gesetzlichen Ausgleichspflicht sind für das abhängige Unternehmen nachteilige Maßnahmen dann nicht zulässig, wenn das beherrschende Unternehmen entweder nicht willens ist, diesen Ausgleich zu gewähren oder aber dazu schlichtweg nicht in der Lage ist.[149] Nicht in der Lage, den Nachteil aus einer konkreten Maßnahme auszugleichen ist das herrschende Unternehmen im Übrigen auch dann, wenn der entstehende Nachteil nicht quantifizierbar ist.[150] Weiterhin kann eine Einflussnahme im faktischen Konzern nicht weiter gehen als das Weisungsrecht im Vertragskonzern. Eine schlichte Abhängigkeit kann nämlich dem herrschenden Unternehmen nicht mehr Rechte einräumen, als es vom Gesetzgeber für den Fall, der von ihm als Idealfall der Beherrschung, nämlich mittels eines Beherrschungsvertrages, angesehen war, vorgesehen ist.[151] Danach gelten auch hier insbesondere die Grenze des erforderlichen Konzerninteresses und die bereits oben als „interne Grenzen" des Weisungsrechts dargestellten Grundsätze soweit sie durch die Satzung der abhängigen Gesellschaft determiniert werden. Wie das Weisungsrecht auch, ist nämlich auch die faktische Einflussnahme dahingehend beschränkt, dass kein Verhalten veranlasst werden kann, das der Vorstand der abhängigen Aktiengesellschaft aufgrund der ihm obliegenden Beschränkungen nicht in der Lage ist, umzusetzen. Weiterhin darf das herrschende Unternehmen

148 Zur Nachteilsausgleichspflicht vgl. unten C II.

149 *Koppensteiner* in: KölnKomm AktG, § 311 Rn. 99, 93; *Hüffer* Aktiengesetz, § 311 Rn. 42; *Krieger* in: MünchHdb. GesR IV, § 69 Rn. 20.

150 Deswegen sind nicht (mehr) quantifizierbare Nachteilszufügungen per se unzulässig, vgl. *Krieger* in: MünchHdb. GesR IV, § 69 Rn. 70, 76. Zu dieser Problematik vgl. auch die Ausführungen zu den Haftungsgrundsätzen im qualifiziert faktischen Konzern.

151 So auch *Krieger* in: MünchHdb. GesR IV, § 69 Rn. 20.

seinen Einfluss nur im Rahmen der gesetzlich vorgesehenen Möglichkeiten ausüben. Nachdem § 311 AktG als ein System des Ausgleichs von Einzelmaßnahmen ausgestaltet ist[152], muss sich die Einflussnahme auch im Rahmen der Funktionsfähigkeit dieses Einzelausgleichssystems bewegen.[153] Erreicht die Konzernleitung im faktischen Konzern derartige Intensität, dass ein Einzelausgleich nicht mehr möglich ist, das gesetzlich vorgegebene System also außer Kraft gesetzt wird, liegt ein sog. qualifiziert faktischer Konzern vor.[154] Aufgrund des Verstoßes gegen die gesetzlich vorgesehenen Möglichkeiten wird der qualifiziert faktische Konzern bzw. die einzelnen nachteiligen und nicht einzelausgleichsfähigen Maßnahmen[155] von der h.M. als unzulässiges Konstrukt angesehen.[156]

2. Die Einflussnahme auf die faktisch konzernierte GmbH

Die mehrheitliche Beteiligung eines Unternehmens an einer GmbH birgt insbesondere im Falle vorliegender einheitlicher Leitungsmacht die Gefahr, dass die Interessen des faktisch herrschenden Unternehmens denjenigen der abhängigen GmbH vorangestellt werden. Diesen Gefahren ist die GmbH aufgrund der strukturellen Unterschiede in weitaus höherem Maße ausgesetzt als eine abhängige Aktiengesellschaft. Ersichtlich wird das, wenn man sich die hohe Gestaltbarkeit und die im Regelfall personalistischere Organisation der GmbH vor Augen führt. Die Satzung der GmbH ist weithin frei gestaltbar, während demgegenüber das AktG die Gestaltbarkeit in § 23 Abs. 5 AktG wesentlich weiter einschränkt, indem es seinen Regelungen öfter zwingenden Charakter verleiht. Damit kann ein Mehrheitsgesellschafter die Satzung – sofern er die gem. § 53 Abs. 2 S. 1 GmbHG erforderliche ¾ Mehrheit hält – derart gestalten, wie es in seinem Belieben ist. Weiterhin trägt die Möglichkeit der Gesellschafterversammlung, unmittelbar auf Geschäftsführungsmaßnahmen Einfluss zu nehmen, in besonderem Maße dazu bei, die abhängige

152 *Krieger* in: MünchHdb. GesR IV, § 69 Rn. 62 ff., 113.
153 *Habersack* in: *Emmerich/Habersack* Konzernrecht, § 311 Rn. 9.
154 Statt vieler: *Krieger* in: MünchHdb. GesR IV, § 69 Rn. 113.
155 So etwa *Kropff* in: MünchKomm AktG VIII, § 317 Anh. Rn. 103.
156 Vgl. *Emmerich/Sonnenschein/Habersack* Konzernrecht, § 20 a IV; *Kort* ZGR 1987, S. 46, 59; *Heyder* Der qualifiziert faktische Aktienkonzern, S. 101 f.; *Hommelhoff* Konzernleitungspflicht, S. 129 ff.; *Krieger* in: MünchHdb. GesR IV, § 69 Rn. 128. Zur Frage der Haftung im qualifiziert faktischen Konzern wurde in der Rechtsprechung – zunächst für die abhängige GmbH – ein spezielles und mehrmals modifiziertes System entwickelt. Vgl. dazu noch unter C II 2.

Gesellschaft derart beeinflussen zu können, dass ihr Handeln vor allem den Interessen der herrschenden Gesellschaft folgt und diejenigen der abhängigen Gesellschaft hintan stellt oder zumindest nicht in dem Ausmaß berücksichtigt, wie es bei einer Unabhängigkeit der GmbH der Fall wäre. Problematisch ist, wie diesem Konflikt Rechnung getragen werden kann, wie also die Einflussnahme des herrschenden Unternehmens zugunsten der abgängigen Gesellschaft begrenzt werden sollte bzw. wird. Dazu finden sich in Literatur und Rechtsprechung verschiedene Lösungsmöglichkeiten:

Im Gegensatz zum AktG, das den Fall der faktischen Beherrschung einer Aktiengesellschaft in § 311 AktG berücksichtigt, fehlt es im GmbHG an einer Regelung. Der nahe liegende Gedanke einer entsprechenden Anwendung der §§ 311 ff. AktG auf die abhängige GmbH wird allerdings nur vereinzelt befürwortet[157] und von der h.M. abgelehnt[158]. Begründet wird dies teils mit angeblicher Ineffektivität der aktienrechtlichen Regelungen[159], teils mit den strukturellen Unterschieden zwischen Aktiengesellschaft und GmbH, welche im Hinblick auf den Umfang des Einflusses bei faktischer Abhängigkeit einer entsprechenden Anwendung entgegenstünden[160]. An die Stelle einer ausnahmsweise möglichen nachteiligen Einflussmöglichkeit im Aktienkonzern soll im Falle einer abhängigen GmbH ein umfassendes Schädigungsverbot treten.[161] Dieses wird auf zweierlei rechtliche Grundlagen gestellt. Im Vordergrund steht die mitgliedschaftliche Treuepflicht der Gesellschafter, insbesondere des Mehrheitsgesellschafters gegenüber der abgängi-

157 So etwa *Bälz* AG 1992, 293 ff.; *Rowedder* Bestandsschutz im faktischen GmbH-Konzern, S. 29 ff.; *Wilhelm* Kapitalgesellschaftsrecht, Rn. 492.

158 Ganz h.M., vgl. BGHZ 95, 330, 340; *Zöllner* in: *Baumbach/Hueck* Anh. KonzernR Rn. 5; *Lutter/Hommelhoff* GmbHG, Anh. § 13 Rn. 11 und 16; *Decher* in: MünchHdb. GesR III, § 69 Rn. 17; Müller/Hense, Beck GmbH-HB/*Rosenbach* § 17 Rn. 163; *Koppensteiner* in: *Rowedder/Schmidt-Leithoff* GmbHG, Anh. Nach § Rn. 5 und 51; *Ulmer* ZHR 148, S. 391, 412.

159 *Assmann* FS 100 Jahre GmbH-Gesetz, S. 695 ff.; *Decher* in: MünchHdb. GesR III, § 69 Rn. 17; *Lutter* Das System des deutschen GmbH-Konzernrechts, S. 205.

160 BGHZ 95, 330, 340 „Autokran"; *Hommelhoff* Konzernleitungspflicht, S. 252; *Emmerich/Sonnenschein/Habersack* Konzernrecht, § 24 II; Michalski-*Zeidler* GmbHG, Syst. Darst. 4 Rn. 236; *Raiser* Recht der Kapitalgesellschaften, § 53 Rn. 6, 32; *Ulmer* in: *Hachenburg/Ulmer* GmbHG III, Anh. § 77 Rn. 55 f.

161 *Habersack* in: *Emmerich/Habersack* Konzernrecht, Anh. § 318 Rn. 23; *Emmerich* in: *Scholz* GmbHG, Anh. Konzernrecht Rn. 71.

gen Gesellschaft bzw. deren Gesellschaftern.[162] Danach darf die Mehrheit keinen schrankenlosen Eigennutz ohne Rücksicht auf die berechtigten Belange der Minderheit verfolgen.[163] Gegen derlei Eingriffe des Mehrheitsgesellschafters stehen den Minderheitsgesellschaftern Unterlassungs- und ggf. Schadensersatzansprüche zur Verfügung, unabhängig davon, ob der Eingriff dem „Konzerninteresse" gedient hat, da eine Schädigung entgegen dem Willen anderer Gesellschafter nicht erlaubt sein soll.[164] Nach anderer Ansicht sollen sich diese Rechte nicht erst aus einer Treuepflicht herleiten lassen, sondern sich vielmehr bereits aus den Mitgliedschaftsrechten der anderen Gesellschafter ergeben.[165]

Problematisch ist vor diesem Hintergrund insbesondere die Situation in sog. Ein-Mann-GmbHs bzw. im Falle des Einverständnisses aller Gesellschafter mit bestimmten, nachteiligen Maßnahmen. Nach verbreiteter Auffassung in der Literatur besteht die Treuepflicht nämlich primär gegenüber den Mitgesellschaftern und wird der Gesellschaft selbst nur dadurch vermittelt.[166] Eine eigenständige Treuepflicht der Gesellschafter und damit des faktisch herrschenden Unternehmens gegenüber der Gesellschaft selbst, aus welchem sich ein Schädigungsverbot zum Schutz der abhängigen GmbH ergeben könnte, wird deshalb in Schrifttum und Rechtsprechung grundsätzlich nicht anerkannt.[167] Letztlich wird in diesen Fällen ein Gläubigerschutz gesetzlich nur durch die Stammkapitalerhaltungsvorschriften der §§ 30, 31 GmbHG erreicht. In der vom Gläubigerschutz geprägten Rechtsprechung und Literatur besteht im Ergebnis Einigkeit, dass dieser vom GmbHG vermittelte Schutz nicht ausreicht und über die Kapitalerhaltungsvorschriften hinaus erweitert werden muss.[168] Zwar sei kein Verbot jeglicher Benachteiligung der GmbH durch ihre Gesellschafter erforderlich, doch bedürfe es des Schutzes der

162 Grundlegend zur Treuepflicht gegenüber den (Minderheits-) Gesellschaftern: BGHZ 65, 15 „ITT". – Umfassend auch *Wimmer-Leonhardt* Konzernhaftungsrecht, § 4 f.

163 So *Altmeppen* in: *Roth/Altmeppen* GmbHG, § 13 Rn. 70 mit Hinweis auf: *Emmerich* JuS 1976, S. 54; *Rehbinder* ZGR 1976, S. 386; *Ulmer* NJW 1976, S. 192; *Westermann* GmbHR 1976, S. 77; *Wiedemann* JZ 1976, S. 392.

164 *Altmeppen* in: *Roth/Altmeppen* GmbHG, Anh. § 13 Rn. 130.

165 *Flume* ZIP 1995, S. 161 ff. m.w.N.

166 *Decher* in: MünchHdb. GesR III, § 68 Rn. 27.

167 BGHZ 95, 330, 340 „Autokran"; 119, 257, 262; 122, 123, 129 „TBB"; BGH ZIP 1999, 1352; *Henze* Konzernrecht, Rn. 166; *Röhricht* Wpg 1992, S. 766, 785; *Wackenbarth* S. 235.

168 *Decher* in: MünchHdb. GesR III, § 68 Rn. 28; *Wimmer-Leonhardt* Konzernhaftungsrecht, § 4 II.

Gläubiger in besonderen, qualifizierten Umständen.[169] Deshalb soll dem Alleingesellschaftern bzw. den Gesellschaftern, bei vorliegender Zustimmung aller, ein Eingriff allgemein dann nicht erlaubt sein, wenn dieser selbst oder zusammen mit anderen den Bestand der Gesellschaft gefährdet.[170]

D. Zivilrechtliche Haftungs- und Ausgleichssysteme im Konzern

Jenseits der Regeln für unabhängige Unternehmen bestehen spezielle Vorschriften für Konzerngesellschaften im Hinblick auf Verantwortlichkeit und gegenseitige Ansprüche.

I. Besonderheiten der Haftung im Vertragskonzern

Dem gesetzlich geregelten Weisungsrecht bei bestehendem Beherrschungsvertrag folgen entsprechende Pflichten und Haftungstatbestände für die jeweils betroffenen Organe der beteiligten Gesellschaften. Allerdings nimmt das Gesetz hierbei nicht nur die Weisungsberechtigten in die Pflicht, sondern auch die Organe des beherrschten Unternehmens. Gesetzliche Regelungen betreffend die besondere Verantwortlichkeit der Beteiligten im Konzern finden sich wie so oft im Konzernrecht nur im AktG, werden aber größtenteils analog auf andere Typen abhängiger Gesellschaften angewandt.

1. Die Verantwortlichkeit der beteiligten Personen in der herrschenden Gesellschaft

Das AktG lässt der gesetzlichen Normierung des Weisungsrechts bei bestehendem Beherrschungsvertrag (§ 308 AktG) in den §§ 309, 310 AktG diejenige der Verantwortlichkeit der gesetzlichen Vertreter der herrschenden (Aktien-)Gesellschaft sowie der Verwaltungsmitglieder der abhängigen Gesellschaft auf dem Fuß folgen. Zwar gelten die Verantwortlichkeitsregeln für alle Formen herrschender Unternehmen, weshalb der Begriff „gesetzliche Vertreter“ in § 309 Abs. 1 AktG rechts-

169 *Decher* in: MünchHdb. GesR III, § 68 Rn. 28.

170 *Decher* in: MünchHdb. GesR III, § 68 Rn. 18, 28 und § 69 Rn. 6, 11 ff. – Näher zur Begrenzung des Umfangs einer möglichen Zustimmung vgl. Kapitel 3 D V.

formneutral ausgestaltet ist. Allerdings hat das Gesetz als abhängige Gesellschaft zunächst nur die Aktiengesellschaft im Auge, weshalb sich auch hier die Frage nach einer analogen Anwendung der aktienrechtlichen Grundsätze auf die GmbH stellt.

a. Die Haftung des gesetzlichen Vertreters der herrschenden Gesellschaft

§ 309 Abs. 1 AktG bestimmt, dass die gesetzlichen Vertreter des herrschenden Unternehmens verpflichtet sind, „bei der Erteilung von Weisungen an diese [scil. die abhängige Gesellschaft] die Sorgfalt eines ordentlichen und gewissenhaften Geschäftsleiters anzuwenden". Verstoßen sie gegen diese Pflicht, sind sie gem. § 309 Abs. 2 AktG der abhängigen Gesellschaft als Gesamtschuldner zum Schadensersatz verpflichtet.

Wie bereits dargelegt, ist der Begriff der Weisung weit auszulegen,[171] weshalb auch hier keine förmliche Weisung erforderlich ist, um grundsätzlich eine Haftung zu begründen.[172] Jedenfalls aber bedarf es einer – in welcher Form auch immer – erteilten Weisung an das abhängige Unternehmen. Die genaue Reichweite der in § 309 Abs. 2 AktG geregelten Haftung ist im Einzelnen in der Literatur umstritten. Nach wohl überwiegender Ansicht dient § 309 Abs. 1 AktG sowohl als Haftungstatbestand als auch als Haftungsmaßstab für die Haftung der gesetzlichen Vertreter der herrschenden Gesellschaft.[173] Deshalb wird auch von einer „Doppelfunktion" des § 309 Abs. 1 AktG gesprochen.[174] Danach dient § 309 Abs. 1 AktG als zusätzliche Schranke des Weisungsrechts des herrschenden Unternehmens. Bereits die Verletzung der erforderlichen Sorgfalt begründe deshalb gleichzeitig die Rechtswidrigkeit der Weisung und das Verschulden der gesetzlichen Vertreter.[175]

In der Literatur finden sich andererseits Stellungnahmen dahingehend, dass die Schadensersatzpflicht gem. § 309 Abs. 2 AktG nur dann ausgelöst wird, wenn die Weisung zusätzlich zur Verletzung der in § 309 Abs. 1 AktG beschriebenen Sorgfaltspflicht *auch rechtswidrig* war. Verständlich werden diese Äußerungen erst,

171 Vgl. bereits oben B I 2.

172 *Krieger* in: MünchHdb. GesR IV, § 70 Rn. 144.

173 *Emmerich* in: *Emmerich/Habersack* Konzernrecht, § 309 Rn. 28 a ff.; *Hüffer* Aktiengesetz, § 309 Rn. 13 f.; *Kantzas,* Weisungsrecht, S. 166 f.; *Mertens* AcP 168 (1968), S. 229 f.

174 *Emmerich* in: *Emmerich/Habersack* Konzernrecht, § 309 Rn. 28 a.

175 *Emmerich* in: *Emmerich/Habersack* Konzernrecht, § 309 Rn. 29.

wenn man sich vor Augen führt, dass die Vertreter dieser Ansicht nicht von der beschriebenen Doppelfunktion des § 309 Abs.1 AktG ausgehen, sondern die Rechtswidrigkeit der Weisung als einen Verstoß gegen einen zusätzlichen Haftungstatbestand, insbesondere § 308 Abs. 1 AktG, gleichstellen, indem sie die Haftung nach § 309 AktG (lediglich) mit dem gesetzlich geregelten Umfang nach § 308 Abs. 1 AktG verknüpfen.[176] § 309 Abs. 1 AktG wird hier als reiner Verschuldensmaßstab für einen zusätzlich zu erfüllenden Haftungstatbestand begriffen.[177]

Dieser Streit wird allerdings verbreitet als hinfällig betrachtet.[178] Begründet wird das – sofern überhaupt – damit, dass sich auch die Sorgfaltspflichtwidrigkeit im Rahmen des § 309 Abs. 1 AktG nach den Pflichten des Geschäftsleiters gegenüber dem von ihm geleiteten Gesamtkonzern richtet. Damit setze eine Haftung zwingend auch einen Schaden für diesen Gesamtkonzern voraus, da im Falle der aus Konzernsicht kompensierten Nachteile für das abhängige Unternehmen, seinem Dienstherren gar kein Nachteil entstanden ist, den es auszugleichen gilt.[179]

Problematisch ist weiterhin die Frage, ob den Vorstand der Muttergesellschaft auch eine Verantwortlichkeit für ein Unterlassen von Weisungen trifft. Schlüsselfrage ist diesbezüglich diejenige, ob mit der Konzernleitungs*befugnis* auch eine Konzernleitungs*pflicht* einhergeht.[180] So wird vertreten, durch den Beherrschungsvertrag sei dem herrschenden Unternehmen die umfassende Leitungsmacht über das abhängige Unternehmen übertragen worden, womit ihm ebenso wie der Verpflichtung zur Leitung seiner Gesellschaft eine umfassende Konzernleitungspflicht obliege.[181] Im Rahmen einer solchen Konzernleitungspflicht ergäbe sich schließlich auch eine Weisungspflicht im Falle eines drohenden Schadens für die abhängige

176 So etwa *Koppensteiner* in: KölnKomm AktG, § 309 Rn. 8 f.

177 Dieser Meinung etwa: *Altmeppen* in: MünchKomm AktG VIII, § 309 Rn. 68 f.; *Koppensteiner* in: KölnKomm AktG, § 309 Rn. 8 f.; *Müller* ZGR 1977, S. 3.

178 *Altmeppen* in: MünchKomm AktG VIII, § 309 Rn. 69 f.; *Krieger* in: MünchHdb. GesR IV, § 70 Rn. 143.

179 Dazu *Altmeppen* in: MünchKomm AktG VIII, § 309 Rn. 68 ff. sowie die ausführliche Darstellung bei *Götz* ZGR 1998, S. 524 ff. Zur Beurteilung einer Schadenskompensation im Strafrecht vgl. Kapitel 3 B III.

180 Ausführlich dazu *Altmeppen* in: MünchKomm AktG VIII, § 309 Rn. 48 ff.

181 In diese Richtung *Hommelhoff* Konzernleitungspflicht, S. 43 ff., 165 ff., 184 ff.; diesem zustimmend: *Abeltshauser* Leitungshaftung, S. 243 f.; *Kropff* ZGR 1984, S. 114 ff.; Vgl. weiter *Martens* in: Heinsius-FS, S. 531; S. 402 f.; *Wiesner* in: MünchHdb. GesR IV, § 19 Rn. 12; grundsätzlich ebenso, allerdings mit Einschränkungen *Schneider* BB 1981, S. 256;*Semler* in: Kastner-FS; differenzierend *Götz* ZGR 1998, S. 526 ff., 545.

Gesellschaft, welche schließlich zu einer Haftung aus § 309 AktG führen würde.[182] Von der noch überwiegenden Ansicht wird eine Konzernleitungspflicht des weisungsbefugten Konzerngeschäftsführers allerdings abgelehnt.[183] Der Ansatz, dem Vorstand eines herrschenden Unternehmens die Pflicht zur Leitung gem. § 76 Abs. 1 AktG auch hinsichtlich abhängiger Gesellschaften aufzuerlegen, widerspreche den geltenden Rechtsgrundsätzen. Im Vertragskonzern ergebe sich das daraus, dass es gerade kein zu berücksichtigendes Interesse der abhängigen Gesellschaft gebe. Die Weisungen seien gem. § 308 AktG nämlich ausschließlich am Konzerninteresse auszurichten.[184] Auch §§ 311 ff. AktG als Teil der Gesamtregelung widerspreche einer solchen umfassenden Pflicht, da dort der Einfluss auf faktisch konzernierte Gesellschaften gerade eingeschränkt und damit gezeigt werde, dass auch dem abhängigen Unternehmen stets ein gewisser Bereich an Eigenverantwortung zugestanden werden müsse.[185] Deshalb sei eine umfassende Leitungspflicht gegenüber abhängigen Gesellschaften per se abzulehnen. Eine direkte Haftung aus § 309 AktG seitens des Vorstands des herrschenden gegenüber dem abhängigen Unternehmen aufgrund des Unterlassens von Weisungen soll deshalb ausscheiden.[186]

Insgesamt ist dieser Aspekt erst in der jüngeren Vergangenheit hinterfragt worden und deshalb noch nicht abschließend geklärt.[187] Er spielt aber im Rahmen der

182 Nach einer weitergehenden Meinung soll § 309 Abs. 2 AktG eine allgemeine Haftungsregelung für eine ordnungsgemäße Konzerngeschäftsführung beinhalten, weshalb eine Haftung für auch unterlassene Weisungen begründet werde, ohne dass allerdings damit eine abschließende Beurteilung einer umfassenden Konzernleitungspflicht verbunden sei; vgl. *Emmerich* in: *Emmerich/Habersack* Konzernrecht, § 309 Rn. 30 a, 35.

183 *Altmeppen* in: MünchKomm AktG VIII, § 309 Rn. 50 ff.; *Hüffer* Aktiengesetz, § 76 Rn. 17; *Koppensteiner* in: KölnKomm AktG, § 309 Rn. 3, § 308 Rn. 41; *Krieger* in: MünchHdb. GesR IV, § 70 Rn. 144; *Mertens* in: KölnKomm AktG, § 76 Rn. 55; *Mülbert* Aktiengesellschaft, S. 29 ff.; *Rehbinder* ZHR 147 (1983), S. 467 ff.

184 *Koppensteiner* in KölnKomm AktG, § 308 Rn. 41.

185 *Hüffer* Aktiengesetz, § 76 Rn. 17.

186 *Altmeppen* in: MünchKomm AktG VIII, § 309 Rn. 52; *Krieger* in: MünchHdb. GesR IV, § 70 Rn. 144.

187 Noch in der zweiten Auflage spricht *Emmerich* in: *Emmerich/Habersack* Konzernrecht2, § 309 Rn. 30 davon, dass die Diskussion hierüber noch ganz am Anfang stehe und nicht über erste Ansätze hinausgelangt sei.

Bestimmung des Umfangs von Treuepflichten gegenüber den im Konzern beteiligten Gesellschaften eine zentrale Rolle und wird dort noch näher beleuchtet.[188]

b. Die Haftung des Aufsichtsrats der herrschenden Gesellschaft

Für die Mitglieder des Aufsichtsrats des herrschenden Unternehmens wird im Konzern die Verantwortlichkeit gem. § 116 AktG nicht erweitert. Für sie besteht zwar eine Sorgfaltspflicht und Verantwortlichkeit gegenüber ihrem Unternehmen, nicht aber gegenüber der abhängigen Gesellschaft aus § 309 AktG, da die dortige Erweiterung der Verantwortlichkeit explizit auf die gesetzlichen Vertreter des herrschenden Unternehmens beschränkt ist.[189]

Selbst dann, wenn es sich bei der fraglichen Weisung um eine wiederholte handelt, die gem. § 308 Abs. 3 AktG der Zustimmung des Aufsichtsrats des herrschenden Unternehmens bedarf, wird bei erfolgter Zustimmung die Verantwortlichkeit durch analoge Anwendung des § 309 AktG auf den Aufsichtsrat nach h.M. nicht erweitert.[190]

c. Die Haftung der Verwaltung der abhängigen Gesellschaft

Neben den Mitgliedern des gesetzlichen Vertretungsorgans der herrschenden Gesellschaft haften gem. § 310 Abs. 1 S. 1 AktG die Mitglieder des Vorstands und auch des Aufsichtsrats der abhängigen Gesellschaft als Gesamtschuldner, wenn sie ihre Pflichten verletzt haben. Die Verknüpfung mit § 309 AktG ergibt, dass es sich beim Vorstand um Pflichtverletzungen im Rahmen der Entgegennahme und Ausführung von Weisungen handeln muss.[191] Dabei kommt insbesondere der pflichtwidrige Verzicht auf die Prüfung der betreffenden Weisung auf deren Rechtmäßigkeit[192] in Betracht.[193] Den Aufsichtsrat kann der Vorwurf der Pflicht-

---

188 Vgl. dazu die Ausführungen zur strafrechtlichen Treuepflicht gegenüber der abhängigen Gesellschaft unter Kapitel 3 C III.

189 Vgl. *Altmeppen* in: MünchKomm AktG VIII, § 309 Rn. 18.

190 Vgl. *Altmeppen* in: MünchKomm AktG VIII, § 309 Rn. 19; *Emmerich* in: *Emmerich/Habersack* Konzernrecht, § 309 Rn. 14; *Hüffer* Aktiengesetz, § 309 Rn. 4; *Koppensteiner* in: KölnKomm AktG, § 309 Rn. 23; *Krieger* in: MünchHdb. GesR IV, § 70 Rn. 145.

191 *Hüffer* Aktiengesetz, § 310 Rn. 2.

192 Vgl. dazu *Emmerich/Sonnenschein/Habersack* Konzernrecht, § 23 V 5; *Hüffer* Aktiengesetz, § 308 Rn. 20; *Kantzas* Weisungsrecht, S. 120 ff.; *Sina* AG 1991, 8 f.

widrigkeit dann treffen, wenn er etwa einer durch eine unzulässige Weisung veranlassten Maßnahme die Zustimmung nach § 111 Abs. 4 AktG erteilt oder die Ausführung eines auf einer unzulässigen Weisung beruhenden Geschäfts nicht zu verhindern versucht und damit seiner Überwachungspflicht nicht in genügendem Umfang nachkommt.[194]

Gemäß § 310 Abs. 3 AktG ist eine Haftung der Verwaltung der abhängigen Gesellschaft jedoch ausgeschlossen, wenn die schädigende Handlung gemäß § 308 Abs. 2 AktG zu befolgen war, sie also auf einer rechtmäßigen Weisung beruht bzw. die Weisung nicht offensichtlich dem Konzernwohl widerspricht oder wenn die Unzulässigkeit der Weisung trotz Beachtung der erforderlichen Sorgfalt nicht erkannt wurde .[195]

Keinen Haftungsausschluss für den Vorstand begründet gem. § 310 Abs. 2 AktG die Billigung der fraglichen Handlung durch den Aufsichtsrat. Die Vorschrift dient letztlich lediglich der Klarstellung, da eine derartige Billigung ihrerseits pflichtwidrig wäre, weshalb der Regelungsgehalt der Norm nicht über den des § 93 Abs. 4 S. 2 AktG hinausgeht und diesen damit genau genommen nur wiederholt.[196] Nach herrschender Meinung im Gesellschaftsrecht schließt selbst eine Billigung der Weisung durch die Hauptversammlung eine Ersatzpflicht der Verwaltung nicht aus. Dies wird damit begründet, dass stets zu befürchten sei, dass das herrschende Unternehmen der von seinen gesetzlichen Vertretern erteilten Weisung in der Hauptversammlung der abhängigen Gesellschaft die für eine Billigung erforderliche Mehrheit verschafft.[197] Diese gesellschaftsrechtlichen Erwägungen dürfen allerdings nicht unreflektiert in das Strafrecht übernommen werden. Wie noch aufzuzeigen sein wird, müssen bezüglich einer etwaigen Einwilligung in eine Schädigung und damit einer eventuell entfallenden Pflichtwidrigkeit im Rahmen der Untreue eigenständige, von einer zivilrechtlichen Haftung losgelöste, Überlegungen angestellt werden.[198]

193 *Emmerich/Sonnenschein/Habersack* Konzernrecht, § 23 VII 2.
194 *Hüffer* Aktiengesetz, § 310 Rn. 3; *Krieger* in: MünchHdb. GesR IV, § 70 Rn. 148.
195 *Krieger* in: MünchHdb. GesR IV, § 70 Rn. 148.
196 *Hüffer* Aktiengesetz, § 310 Rn. 5.
197 *Hüffer* Aktiengesetz, § 310 Rn. 5.
198 Vgl. dazu noch die Ausführungen unter Kapitel 3 D V.

d. Verantwortlichkeitsregeln im Falle der abhängigen GmbH

Ebenso wie die gesetzlichen Möglichkeiten der Einflussnahme, also das Weisungsrecht, sind nach allgemeiner Auffassung auch die Haftungsregeln der §§ 309, 310 AktG grundsätzlich analog auf die abhängige GmbH im Vertragskonzern anwendbar.[199] Jedoch sind auch hier die Besonderheiten der GmbH gegenüber der Aktiengesellschaft zu beachten. Insbesondere in den praktisch relevanten Konstellationen der Einmann-GmbH und dem einverständlichen Handeln aller Gesellschafter der GmbH ist nach verbreiteter Auffassung die Disponibilität der Vermögensinteressen der GmbH zu berücksichtigen. Die Haftung analog § 309 AktG könne jedenfalls jenseits der Deckung des Stammkapitals insoweit beschränkt werden, wie die Gesellschafter frei über das Vermögen verfügen, mithin auch auf Schadensersatzforderungen verzichten können. § 309 Abs. 3 AktG bzw. § 310 Abs. 4 AktG werden danach durch die wesentlich geringere Kapitalbindung in der GmbH, in der grundsätzlich nur das zur bilanziellen Deckung des Stammkapitals erforderliche Vermögen gebunden ist (vgl. §§ 30, 31, 43 Abs. 3 GmbHG), überlagert.[200]

2. Schadensersatz- und Ausgleichsansprüche gegenüber der herrschenden Gesellschaft

Neben den gesetzlichen Vertretern der Muttergesellschaft haftet nach allgemeiner Meinung auch das herrschende Unternehmen selbst für die Folgen pflichtwidrig erteilter Weisungen.[201] Damit stehen der abhängigen Gesellschaft auch gegenüber der Konzernmutter Schadensersatzansprüche zu.[202]

Neben der Möglichkeit, Schadensersatz für rechtswidriges Verhalten zu fordern, beinhaltet das AktG für Vertragskonzerne ein Ausgleichssystem zugunsten der

199 *Altmeppen* in: MünchKomm AktG VIII, § 309 Rn. 11; *ders.* in: *Roth/Altmeppen* GmbHG, Anh. § 13 Rn. 97, 83; *Koppensteiner* in: *Rowedder/Schmidt-Leithoff* GmbHG, Anh. § 52 Rn. 79; Michalski-*Zeidler* GmbHG, Syst. Darst. 4 Rn 107.

200 Vgl. zum Ganzen: *Altmeppen* Haftung des Managers im Konzern, S. 73 f. Allgemein zur Frage einer möglichen Einwilligung der Gesellschafter in Eingriffe in das Gesellschaftsvermögen und deren etwaiger Grenzen vgl. unten Kapitel 3 D V.

201 So auch *Emmerich/Sonnenschein/Habersack* Konzernrecht, § 23 VI 4 e. - Umstritten ist lediglich die Anspruchsgrundlage des unbestritten bestehenden Anspruchs, vgl. dazu etwa *Hüffer* Aktiengesetz, § 309 Rn. 27; *Koppensteiner* in: KölnKomm AktG, § 309 Rn. 25.

202 Zur Berücksichtigungsfähigkeit der gesetzlichen Ausgleichsansprüche i.R.d. Schadensberechnung vgl. Kapitel 3 B III.

abhängigen Unternehmen, das auch bei rechtmäßiger Konzernleitung greift. Gem. § 302 Abs. 1 AktG hat das herrschende Unternehmen jeden während der Dauer des Beherrschungsvertrags entstehenden Jahresfehlbetrag auszugleichen, soweit dieser nicht durch Gewinnrücklagen gedeckt ist. Das führt zu einer Kopplung der in der vertraglich gebundenen Tochtergesellschaft entstehenden Verluste mit der Vermögenssituation der Konzernmutter.

Unmittelbare Anwendung findet § 302 AktG auf abhängige Aktiengesellschaften. Für andere Gesellschaftsformen, insbesondere die GmbH, existiert keine Norm vergleichbaren Inhalts. Lediglich partiell wurde die vertragliche Abhängigkeit einer GmbH gesetzlich im Steuerrecht in § 17 S. 2 Nr. 2 KStG erfasst. Allerdings ist heute weitgehend anerkannt, dass § 302 AktG auf Beherrschungsverträge mit abhängigen GmbHs entsprechend anzuwenden ist.[203] Damit können auch vertraglich abhängige GmbHs Jahresfehlbeträge von der herrschenden Gesellschaft ersetzt verlangen, soweit ein Ausgleich nicht über angelegte Gewinnrücklagen erfolgen kann.

II. Das zivilrechtliche Haftungssystem im faktischen Konzern

Infolge der fehlenden Kodifizierung des GmbH-Konzernrechts und der jedenfalls für den faktischen Konzern abzulehnenden analogen Anwendung der aktienrechtlichen Normen, wurde das heute anerkannte Haftungssystem in derlei Unternehmensverbindungen von Rechtsprechung und Wissenschaft entwickelt. Gerade in neuerer Zeit ist diese Entwicklung in den Mittelpunkt der GmbH-Konzernrechtsdiskussion gerückt, als der BGH mit Aufsehen erregenden Urteilen die Grundlagen der Haftung in diesem Bereich maßgeblich umgestaltet hat.

1. Das Prinzip des Einzelausgleichs

Das entwickelte System folgt dem grundsätzlich bestehenden umfassenden Verbot, auf die faktisch abhängige Gesellschaft schädigend einzuwirken. Wird entgegen

203 BGHZ 95, 330, 345 f.; 105, 168, 182; 105, 324, 336; 116, 37, 39; *Emmerich/Sonnenschein/Habersack* Konzernrecht, § 32 III 2; *Goette* GmbH, § 9 Rn. 13; *Koppensteiner* in: *Rowedder/Schmidt-Leithoff* GmbHG, § 52 Anh. Rn. 112 f.; Michalski-*Zeidler* GmbHG, Syst. Darst. 4 Rn. 110 ff.

dem Verbot eine schädigende Maßnahme vorgenommen, so hat der Veranlasser, im Konzern also die herrschende Gesellschaft, den Schaden, den diese Maßnahme verursacht, zu ersetzen. Die Anerkennung eines derartigen Ausgleichsanspruchs für schädigende Maßnahmen führt zu einem System des Einzelausgleichs jeder unzulässigen Nachteilszufügung. Dass ein derartiger Schadensersatzanspruch besteht, ist absolut unstreitig.[204] Diskutiert wird lediglich, auf welcher dogmatischen Grundlage der Anspruch steht.[205] Diese Frage as hat allerdings auf den Vergleich der strafrechtlichen Beurteilung mit den zivilrechtlichen Ergebnissen bzw. auf den Umfang eines möglichen Einflusses der zivilrechtlichen Gegebenheiten auf das Strafrecht keinen Einfluss.[206]

Dadurch, dass die Ausgleichspflicht der einzelnen Maßnahmen dem Schädigungsverbot gegenüber der abhängigen GmbH folgt, wird sie ebenfalls außer Kraft gesetzt, wenn das Schädigungsverbot nicht eingreift, da die Einflussnahme zulässig war. Deshalb entstehen insbesondere dann keine Ausgleichsansprüche, wenn die Schädigung der abhängigen Gesellschaft einvernehmlich und im Rahmen der Grenzen zulässiger Einflussnahme geblieben ist, also allen voran die Existenz der abhängigen Gesellschaft nicht gefährdet wurde.

2. Fehlende Einzelausgleichsfähigkeit

Das Prinzip, einzelne nachteilige Maßnahmen mittels eines Ersatzanspruches auszugleichen, setzt voraus, dass der jeweilige Nachteil eindeutig auf eine unzulässige Einflussnahme zurückgeführt werden kann. Probleme ergeben sich deshalb dann, wenn die Leitungsmaßnahmen in derartiger Häufigkeit vorkommen, dass sie und ihre Auswirkungen nicht mehr voneinander isoliert werden können. Nach beginnender Diskussion der Problematik in der Literatur,[207] ist die Rechtsprechung diesen Beweisproblemen[208] in einer Reihe von Urteilen begegnet und hat unter dem

204 Michalski-*Zeidler* GmbHG, Syst. Darst. 4 Rn. 242.

205 Michalski-*Zeidler* GmbHG, Syst. Darst. 4 Rn. 242 f.

206 Vgl. aber die Ausführungen zur Berücksichtigung der gesellschaftsrechtlichen Treuepflicht im Rahmen der Herleitung von Vermögensbetreuungspflichten zwischen den Beteiligten im Konzern in Kapitel 3 C I.

207 Vgl. Arbeitskreis GmbH-Reform, Thesen und Vorschläge, Bd. 2, S. 49 ff.; *Emmerich* AG 1975, 288 f.; *Martens* DB 1970, S. 868 f.; *Schilling* in: Hefermehl-FS, S. 383, 393 f., 398 f.

208 Treffend als schlichtes Problem der Beweisbarkeit sieht Altmeppen den sog. qualifiziert faktischen Konzern. Vgl. *Altmeppen* in: *Roth/Altmeppen* GmbHG, Anh. § 13 Rn. 163.

Stichwort „qualifiziert faktischer Konzern" ein diffiziles Haftungssystem für derartige Situationen entwickelt.[209] Ziel des Systems war und ist es, als Rechtsfolge eine umfassende Haftung der herrschenden Gesellschaft für die Verluste der abhängigen Gesellschaft vergleichbar der in § 302 Abs. 1 AktG geregelten Ansprüche herbeizuführen. Der abhängigen Gesellschaft wird ein Ausgleichsanspruch zuerkannt, der schließlich auch direkt den Gläubigern der abhängigen Gesellschaft im Sinne einer Durchgriffshaftung mit unmittelbarem Zugriff auf das haftende Vermögen der herrschenden Gesellschaft zuerkannt wurde.[210] Im Laufe der Jahre wurde die Haftung des herrschenden Unternehmens auf verschiedene Grundlagen gestellt und von verschiedenen Kriterien abhängig gemacht.

Noch im so genannten „ITT"-Urteil hatte der BGH an seinem Treuepflichtkonzept, welches auch dem Ausgleich im einfach faktischen Konzern zugrunde liegt, festgehalten.[211] Von diesem Treuepflichtkonzept rückte der BGH im so genannten „Autokran"-Urteil ab und stellte auf eine Konzernstrukturhaftung für den Fall einer qualifiziert abhängigen GmbH um.[212] In analoger Anwendung der §§ 302, 322 Abs. 2, 3 AktG konstruierte der BGH hier eine Ausfallhaftung gegenüber der abhängigen und vermögenslosen GmbH für den Fall, dass das herrschende Unternehmen die Geschäfte der abhängigen Gesellschaft dauernd und umfassend selbst geführt hat und nicht dartun kann, dass ein pflichtgemäß handelnder Geschäftsführer die Geschäfte im Falle der Selbstständigkeit ebenso geführt hätte.[213] Im „Tiefbau-Urteil" wurde das Merkmal der erforderlichen dauernden und umfassenden Leitung präzisiert und es wurde die als Rechtfolge eine Verlustübernahmepflicht des herrschenden Unternehmens gegenüber der abhängigen GmbH angenommen.[214] Das „Video"-Urteil[215] brachte dem BGH in der Literatur eine „beispiellose Urteilschelte"[216] ein, weil die entwickelte Haftung auf verbreitete Konstellationen

209 Im Überblick bei *Habersack* in: *Emmerich/Habersack* Konzernrecht, Anh. § 317 Rn. 3 ff.
210 *Habersack* in: *Emmerich/Habersack* Konzernrecht, Anh. § 317 Rn. 23 ff.
211 BGHZ 65, 15, 18 ff.
212 BGHZ 95, 330, 334 ff.
213 BGHZ 95, 330, 334 ff.
214 BGHZ 107, 7, 15 ff.
215 BGHZ 115, 187 ff.
216 So treffend *Schmidt* NJW 2001, S. 3578. – Zur Diskussion über das Urteil vgl. *Altmeppen* DB 1991, S. 2255; *Drygala* ZIP 1992, S. 1797; *Flume* ZIP 1992, S. 817; *Gäbelein* GmbHR 1992, S. 273; *Hommelhoff* DB 1992, S. 309 ff.; *Knobbe-Keuk* DB 1992, S. 1461; *Mertens* AG 1991, S. 434; *Schmidt* ZIP 1991, S. 1325; *Westermann* DZWiR 1992, S. 197.

ausgeweitet wurde und weit reichende Vermutungsregeln aufgestellt wurden. Mit einer „Klarstellung", die in der Sache aber eine Wende brachte, wechselte der BGH im „TBB"-Urteil den der Haftung zugrunde liegenden Tatbestand aus. Nicht mehr der Zustand der dauernden und umfassenden Leitung sollte die Haftung auslösen, sondern diese sollte fortan darauf gestützt werden, dass das herrschende Unternehmen seine Leitungsmacht objektiv missbraucht hat.[217] Die Zustandshaftung wurde damit zu einer Verhaltenshaftung, die immer dann eingreifen sollte, wenn das herrschende Unternehmen seine Leitungsmacht in einer Weise ausübt, die keine angemessene Rücksicht auf die eigenen Belange der abhängigen Gesellschaft nimmt, ohne dass sich der bei der abhängigen Gesellschaft dadurch entstehende Schaden durch einen Ausgleich der einzelnen Maßnahmen kompensieren ließe. Bei Einpersonengesellschaften – also auch bei 100%igen Töchtern im Konzern – wurde das nach dieser Rechtsprechung angenommen, wenn die abhängige Gesellschaft aufgrund der Leitungsmaßnahmen nicht mehr in der Lage war, ihren Verbindlichkeiten nachzukommen.[218] Bemerkenswert ist, dass schon dieser Ansatz im Grunde davon ausging, dass ein nicht zur Disposition der Gesellschafter stehendes Bestandsinteresse der Gesellschaft anerkannt wurde, also im Ansatz bereits das Verbot eines existenzvernichtenden Eingriffs enthalten war.[219] Im Grunde enthielt das viel beachtete „Bremer Vulkan"-Urteil[220] deshalb auch nicht eine derart bahnbrechende Neuerung, wie es die Flut von Veröffentlichungen zu diesem Urteil vermuten ließe. Darin erklärte der BGH zwar, dass er sich vom konzernrechtlichen Haftungsansatz löse und fortan eine allgemeine Haftung aus Existenzgefährdung annehme. Das bedeutete letztlich aber lediglich die konsequente Fortführung des Gedankens des Bestandsschutzes einer Gesellschaft gegen die Existenzbeendigung einer Gesellschaft außerhalb des gesetzlich vorgesehenen Verfahrens durch deren eigene Gesellschafter. Schließlich bestätigte er diese Rechtsprechung im „KBV"-Urteil und erweiterte die Haftung, indem er eine Durchgriffshaftung direkt auf die Gesellschafter zugunsten der Gläubiger der Gesellschaft postulierte.[221]

217 BGHZ 122, 123, 130 f.
218 BGHZ 122, 123, 130 f.
219 Vgl. dazu die Herausarbeitung bereits bei *Röhricht* in: BGH-FS, S. 83, 103 ff. – Dazu auch *Habersack* in: *Emmerich/Habersack* Konzernrecht, Anh. § 318 Rn. 34; *Ulmer* ZIP 2001, S. 2022 ff.
220 BGHZ 149, 10 ff.
221 Vgl. BGHZ 151, 181, 186 ff.

Damit ist zwar die „Haftungsbegründung aus der Figur des qualifizierten faktischen Konzern aufgegeben"[222], doch büßt der Begriff des qualifiziert faktischen Konzerns nichts von seiner Aussagekraft im Sinne der Beschreibung eines Zustandes dauernder und umfassender Leitungsmaßnahmen seitens des herrschenden Unternehmens rein aufgrund seiner Mehrheitsgesellschafterstellung ein. In diesem Sinne, also der Beschreibung der über Gebühr erfolgenden Einflussnahme auf die faktisch abhängige Gesellschaft, ist der Begriff des qualifiziert faktischen Konzerns im Weiteren zu verstehen. Festzuhalten ist zudem, dass in zivilrechtlicher Hinsicht immer dann – und neuerdings auch nur dann – eine Haftung der Gesellschafter ausgelöst wird, wenn diese die Existenz der Gesellschaft bedrohen und damit in einen vom Rechtssystem auch gegenüber den Gesellschaftern geschützten Bereich vordringen.

Die für die abhängige GmbH entwickelten Grundsätze galten zumindest bis ins Jahr 2001, also bis zur „Bremer Vulkan"- und „KBV"-Rechtsprechung des BGH nach ganz h.M. uneingeschränkt auch für den Fall der faktisch abhängigen Aktiengesellschaft.[223] An der Übertragbarkeit der anhand der abhängigen GmbH entwickelten Grundsätze hat die neuere Rechtsprechung indes nichts geändert, da diese die spezielle Situation der Nachteilszufügung durch den alleinigen GmbH-Gesellschafter behandelte. Die im faktischen Aktienkonzern gesteigerte Möglichkeit der Beeinflussung führt auch bei abhängigen Aktiengesellschaften dann zur Haftungsfrage, wenn das gesetzlich vorgesehene Ausgleichssystem der §§ 302, § 311 AktG deshalb nicht mehr greift, weil die Maßnahmen nicht mehr isoliert werden können und ein Einzelausgleich deshalb nicht mehr möglich ist. In dieser Situation, die der Beeinflussung in einem Maße, wie sie gesetzmäßiger Weise nur für den Fall des Bestehens eines Beherrschungsvertrages vorgesehen ist, ist es angemessen, die Folgen, die ein Beherrschungsvertrag mit sich bringt auch hier anzuwenden und das herrschende Unternehmen auch in diesem Falle nach Maßgabe der §§ 302 ff. AktG haften zu lassen.[224]

222 *Wilhelm* NJW 2003, S. 176 m.w.N.
223 *Emmerich/Habersack* Konzernrecht, Anh. § 317 Rn. 5 m.w.N.
224 *Emmerich/Habersack* Konzernrecht, Anh. § 317 Rn. 5.

E. Die Haftungsadressaten im Konzernverbund

Führt man sich das dargestellte Einflussnahme- und Haftungssystem im Konzern vor Augen, ergibt sich eine Reihe möglicher Haftungsadressaten, deren Verantwortlichkeit in strafrechtlicher Hinsicht der zivilrechtlichen gegenübergestellt werden kann.

Auf Seiten des herrschenden Unternehmens in Form von Aktiengesellschaften und GmbHs kommen zunächst die Mitglieder der Gesellschaftsorgane in Betracht. Namentlich sind das die Vorstände bzw. Geschäftsführer sowie die Aufsichtsräte. Weitere Haftungsadressaten können insbesondere in faktischen Unternehmensverbindungen die Gesellschafter einer GmbH im Falle der Ausnutzung ihrer Einflussnahmemöglichkeiten entweder direkt auf die abhängige Gesellschaft oder über den Weg der Anweisung des eigenen Geschäftsführers, welcher schließlich auf das abhängige Unternehmen einwirkt, sein.

Andererseits sind im abhängigen Unternehmen dessen Organe mögliche Haftungsadressaten. Über § 310 AktG werden unter Umständen der Vorstand und der Aufsichtsrat einer abhängigen Aktiengesellschaft, in analoger Anwendung der bzw. die Geschäftsführer und der ggf. existierende Aufsichtsrat einer GmbH in die Pflicht genommen.

F. Die Bedeutung des § 266 StGB für die zivilrechtliche Haftung

Die Abkehr von einer Konzernzustands- bzw. -strukturhaftung hin zu einer Verhaltenshaftung im Rahmen der Aufgabe der Figur des qualifiziert faktischen Konzerns[225], rückte das Verhalten der beteiligten Personen in den Mittelpunkt. Dieser Fokus auf ein Verhalten als relevante Grundlage der Haftung führt zur weiteren Besonderheit der gewandelten Rechtsprechung: eine Haftung wurde auf § 823 Abs. 2 BGB i.V.m. § 266 StGB gestützt. Die frühere Haftung aufgrund des Bestehens eines qualifiziert faktischen Konzerns führte nur zu Ansprüchen gegen den herrschenden Gesellschafter der abhängigen Gesellschaft, nicht aber gegen deren Organe.[226] Über die Qualifizierung des nunmehr für die Haftung bedeutenden

225 Vgl. dazu schon oben C II 2.
226 BGHZ 149, 10, 16 ff.

Fehlverhaltens der Organe der herrschenden Gesellschaft als Untreue wurde in Verbindung mit § 823 Abs. 2 BGB der Zugriff auf das persönliche Vermögen der Organmitglieder ermöglicht.[227] Das führt nicht nur zu einer Erweiterung der Haftungsmasse, sondern auch dazu, dass das Strafrecht Einzug ins Zivilrecht gefunden hat. Die Voraussetzungen der Untreue werden zu Determinanten einer zivilrechtlichen Haftung, wenn diese auf § 823 Abs.2 BGB i.V.m. § 266 StGB gestützt wird.[228]

227 Vgl. dazu auch *Joecks* StGB § 31 Rn. 23.
228 Noch weiter gehend *Ransiek* in: Kohlmann-FS, S. 210.

Kapitel 3
Der strafrechtliche Schutz gesellschaftsrechtlicher Verpflichtungen im Konzern

Die zivilrechtliche Ausgestaltung des Konzernrechts in Deutschland ist nicht ohne Kritiker.[1] Insbesondere die fehlende Kodifizierung eines GmbH-Konzernrechts lässt teilweise die Forderung laut werden, den Untreuetatbestand dafür als Ersatz heranzuziehen.[2] Die Bezugnahme der zivilrechtlichen und strafrechtlichen Senate des BGH bei Fragen der Untreue aufeinander zeigt, wie eng die Fragen des Konzernrechts und diejenigen der Untreue beieinander liegen. Hier wird die Untreue auf der einen Seite herangezogen, um Schadensersatzansprüche gegen Führungspersonen von Konzernunternehmen zu begründen und auf der anderen Seite geben die Normen des Zivilrechts einen umfassenden Regelungsrahmen vor. Dieser Rahmen dient nicht nur der Auslegung des weiten Untreuetatbestands bei der Anwendung auf konzerntypische Sacheverhalte, vielmehr ergänzt § 266 StGB das Zivilrecht, indem er Verstöße gegen das Konzernrecht unter bestimmten Umständen strafrechtlich sanktioniert.

Die Einbindung in einen Konzern kann sich in verschiedener Hinsicht auf Untreuefragen auswirken. Sowohl die tatsächliche Seite der typischen Sachverhalte als auch die normative in Form der Auslegung des Tatbestandes ist hiervon betroffen. So führen die gesellschaftsrechtlichen Verflechtungen und Verpflichtungen zu besonderen Schadensfällen, liefern Hinweise auf das Bestehen von Vermögensbetreuungspflichten und geben in weiten Teilen den an das Verhalten der Vermögensbetreuungspflichtigen anzulegenden Maßstab vor.

1 Vgl. dazu jüngst den Überblick bei *Wackerbarth* Der Konzern 2005 S. 562 ff., der sogar die Abschaffung des Konzernrechts in der bestehenden Form fordert.

2 Vgl. *Ransiek* in: Kohlmann-FS, S. 208 f.

A. Konkretisierung des Schutzes durch § 266 StGB

In Anbetracht der einerseits aus rechtswissenschaftlicher Sicht noch immer recht unbefriedigenden Situation, was die Auseinandersetzung und Lösung der Probleme bzgl. des Untreuetatbestands betrifft[3], und andererseits der sich auch heute noch im Fluss befindlichen Entwicklung des Konzernrechts, verwundert es nicht, dass die bestehenden Probleme durch die Anwendung des § 266 StGB auf konzernrechtliche Konstellationen potenziert werden. Entsprechend sind die Voraussetzungen einer Untreue im Konzern noch weitgehend unklar[4], ebenso wie die Situation angesichts der ergangenen Urteile in der Rechtsprechung.[5] Dennoch wird die Untreue verschiedentlich als Ersatz für die fehlende Kodifikation eines GmbH-Konzernrechts angesehen.[6]

Untreuerelevante Sachverhalte ergeben sich in Konzernstrukturen stets, wenn die Vermögensinteressen der beteiligten Unternehmen bzw. deren Gesellschafter miteinander kollidieren. Immer dann, wenn vermögenswirksame Maßnahmen derart vorgenommen werden, dass das Vermögen eines anderen Beteiligten im Konzern betroffen ist, stellt sich die Frage, ob eine derartige Einflussnahme rechtens ist. Gerade aufgrund der Weite des Untreuetatbestands liegt es hier immer nahe, dass es sich bei derlei – teils überaus gängigen Maßnahmen der gesellschaftsrechtlichen Praxis – um strafrechtlich relevante Verhaltensweisen handelt.

---

3 Treffend dazu LK-*Schünemann* § 266 Rn. 1: „...muß die Untreue ohne Übertreibung als das dunkelste und verworrenste Kapitel des Besonderen Teils qualifiziert werden.“; vgl. weiter *Labsch* Untreue, S. 217 ff.; *Kohlmann* JA 1980, S. 228; *Sax* JZ 1977, S. 663, 702.

4 Explizit als unklar bezeichnet bei *Lackner /Kühl* StGB, § 266 Rn. 3; *Otto* JK 7/97, StGB § 266/13; *Tiedemann* GmbH-Strafrecht, Vor §§ 82 ff. Rn. 22; vgl. auch die Ausführungen bei *Geilen* Aktienstrafrecht, Vorb. § 399 Rn. 12; *Radtke* GmbHR 1998, S. 312.

5 Vgl. hier v.a. die heftig diskutierte „Bremer Vulkan“ – Entscheidung (BGHZ 149, 10 ff.), in welcher ausgerechnet ein Zivilsenat die Diskussion um die Untreue in Konzernen neu entfacht hat. Hingegen wirft die diesem Urteil nachfolgende Entscheidung des 5 Strafsenats (5 StR 73/03 vom 13.05.2004, NJW 2004, 2248) mehr Fragen auf, als sie beantwortet.

6 *Tiedemann* in: Tröndle-FS, S. 322; *ders.* GmbH-Strafrecht, Vor §§ 82 ff. Rn. 22; *Maul* DB 1989, S. 191; *Ransiek* in: Kohlmann-FS, S. 210.

I. Das geschützte Rechtsgut

Nach heute nahezu einhelliger Meinung schützt der Untreuetatbestand alleine das Vermögen des Opfers.[7] Damit ist die Untreue, ebenso wie der Betrug, ein reines Vermögensdelikt.[8] Die früher vertretene Ansicht, die Untreue schütze auch das Vertrauensverhältnis zwischen Täter und Opfer[9], ist heute vernachlässigbar. Richtigerweise soll durch die Untreue nicht ein Vertrauensverhältnis zwischen Täter und Opfer als solches geschützt werden. Vielmehr sollen lediglich Fälle erfasst werden, in welchen der Vertrauensbruch nur als das Angriffsmittel auf das Vermögen als geschütztes Rechtsgut eingesetzt wird.[10] Allein die Tatsache, dass es gerade erst dieser Vertrauensbruch ist, der die Herbeiführung eines Vermögensschadens zu einer strafbaren Untreue macht, führt nicht automatisch dazu, dass im Rahmen der Untreue auch das eingesetzte „Mittel zum Zweck" zum Rechtsgut erhoben wird.[11] Vereinzelt wurde früher auch noch vertreten, die Untreue schütze neben dem Vermögen auch das Vertrauen in die Redlichkeit des Rechts- und Wirtschaftsverkehrs.[12] Soweit ersichtlich spielt auch diese Ansicht heute keine Rolle mehr.[13] Damit gesteht man § 266 StGB auch keinen Schutz überindividueller Rechtsgüter zu.

Die Frage nach dem geschützten Rechtsgut führt insbesondere vor dem Hintergrund von Konzernverhältnissen unmittelbar zu derjenigen eines vom Untreuetatbestand vermittelten Dritt-, respektive Gläubigerschutzes. Einhellige Ansicht ist diesbezüglich, dass § 266 StGB keine gläubigerschützende Funktion hat.[14] Die Funktion des Gläubigerschutzes übernehmen im StGB die Insolvenzstraftatbestän-

7 Statt vieler: *Otto* Grundkurs Strafrecht, BT § 54 Rn. 2; Sch/Sch-*Perron* § 266 Rn. 1; LK-*Schünemann* § 266 Rn. 28. – Vgl. auch die ausführliche Herleitung dieses Ergebnisses bei *Nelles* Untreue, S. 283 ff.

8 BGHSt 8, 254, 255; 14, 38, 47; für die Literatur statt vieler LK-*Schünemann* § 266 Rn. 28.

9 RGSt 69, 58, 61.

10 LK-*Schünemann* § 266 Rn. 28.

11 Ähnlich Sch/Sch-*Perron* § 266 Rn. 1.

12 So etwa *Dunkel* Vermögensbetreuungspflicht, S. 41 ff., 109 ff., 112, 169; ders. GA 1977, S. 334 f.; *Luthmann* NJW 1960, S. 420; *Meyer* MDR 1971, S. 894; *ders.* JuS 1973, S. 215.

13 Vgl. auch dazu die ausführliche Auseinandersetzung mit dieser Meinung bei *Nelles* Untreue, S. 296 ff.

14 *Kohlmann* in: Werner-FS, S. 389; *Labsch* JuS 1985, S. 605 f.; *Otto* JZ 1985, S. 74; Sch/Sch-*Perron* § 266 Rn. 21; *Ulmer* in: Pfeiffer-FS, S. 860; *Waßmer* Untreue, S. 90; *Wodicka* Untreue, S. 230. – Nach *Nelles* Untreue, S. 263 ist eine „auch ‚gläubigerschützende Funktion', indiskutabel.".

de der §§ 283 ff StGB.[15] Eine abweichende Auffassung wird – soweit ersichtlich – im neueren Schrifttum und jedenfalls in der höchstrichterlichen Rechtsprechung nicht mehr vertreten. Ein direkter Schutz der Gläubiger einer als potenzielles Untreueopfer in Betracht kommenden Gesellschaft wird damit durch den Untreuetatbestand nicht bezweckt. Allenfalls kann sich ein solcher indirekt als Reflex durch den Schutz des Vermögens der (Schuldner-) Gesellschaft ergeben.[16] Unmittelbarer Schutz für das Vermögen eines Gläubigers der mit dem Täter verwobenen Gesellschaft wird hingegen nur vermittelt, wenn der Täter auch gegenüber diesem Gläubiger selbst eine Treuepflicht hat. Dann aber stellt der Sachverhalt keine konzernrechtlichen Besonderheiten mehr dar und es handelt sich schlichtweg um den Vermögensschutz desjenigen, demgegenüber der Täter treuepflichtig ist.

II. Mögliche Untreueopfer im Konzern

Das Verständnis der Untreue als reines Vermögensdelikt hat Auswirkungen auf den Kreis der geschützten Personen. Die strikte Festlegung auf das Vermögen bringt in der Anwendung der Untreue auf Konzernfragen einerseits Beschränkungen, andererseits eine Erweiterung des Kreises möglicher Opfer mit sich.

Auch wenn die Opferrolle nur dem Inhaber eines Vermögens zukommen kann, bedeutet der Verzicht auf ein Vertrauenselement im Rechtsgut eine Erweiterung dahingehend, dass der Schutz nicht auf natürliche Personen beschränkt ist, deren Vertrauen in die Redlichkeit des Rechts- und Wirtschaftsverkehrsverkehrs erschüttert werden könnte. Vielmehr führt die zunächst isolierte Betrachtung des Rechtsguts dazu, dass jede verselbstständigte Vermögensmasse bzw. deren Träger grundsätzlich in den Kreis derer fallen, die nicht bereits aus Rechtsschutzgesichtspunkten aus dem Anwendungsbereich der Untreue ausscheiden. Allerdings darf der Täter nicht selbst Träger der fraglichen Vermögensmasse sein, da das geschädigte Vermögen ein dem Täter fremdes zu sein hat.[17] Das mag bei natürlichen Personen noch eine einfache Feststellung sein, bedarf aber der näheren Betrachtung, sobald verselbstständigte Vermögensmassen in die Handlung verstrickt sind. Dann nämlich stellt sich die Frage, wer Träger des Vermögens ist. Neben der juristischen

15 Zur Abgrenzung von Untreue und Insolvenzstraftaten bereits *Busch* Konzernuntreue, S. 38 ff.
16 *Kohlmann* in: Werner-FS, S. 398; *Ulmer* in: Pfeiffer-FS, S. 860; *Wodicka* Untreue, S. 230.
17 Vgl. die ausführliche Herleitung bei *Nelles* Untreue, S. 279 ff.

Person als fingierter Person kann man nämlich stets an die dahinter stehenden natürlichen Personen denken. Allgemein kommen unter diesem Gesichtspunkt also sowohl die beteiligten Konzerngesellschaften als juristische Personen als auch die Gesellschafter als natürliche Personen dieser Unternehmen in Frage.

Im Zusammenspiel zwischen Schutzgut und Ausgestaltung des Tatbestandes ergeben sich aber weitere Voraussetzungen, die mögliche Opfer erfüllen müssen, um in den personellen Schutzbereich der Untreue zu fallen. Beschränkungen des Kreises möglicher Vermögensträger ergeben sich aus den Tatbestandsvoraussetzungen der Untreue. Tatbestandliche Voraussetzung der Untreue ist nämlich das Bestehen einer Vermögensbetreuungspflicht für den Täter gegenüber dem Opfer. Nur derjenige, demgegenüber der Täter treuepflichtig ist, wird von der Untreue geschützt und kann Opfer der Untreue sein.

Taugliche Untreueopfer müssen demnach zwei Fähigkeiten haben: (1.) Die Fähigkeit, Vermögen und Vermögensinteressen zu haben und (2.) diejenige, Partner eines Treueverhältnisses zu sein.[18] Hier kann jedenfalls die Vermögensträgerschaft als isolierter Aspekt angesehen werden, wohingegen die Fragen nach eigenständigen Gesellschaftsinteressen und nach einer möglichen Einbeziehung in Vermögensbetreuungsverhältnisse untrennbar mit komplexeren Problemkreisen verbunden und im Zusammenhang damit zu behandeln sind.

1. Die Konzerngesellschaften als Vermögensträger

Träger potenziell zu schädigenden Vermögens können zunächst die in den Konzern eingebundenen Unternehmen sein. Zwar können als Konzernunternehmen durchaus auch natürliche Personen qualifiziert werden,[19] doch steht deren Fähigkeit, Vermögensträger zu sein, außer Frage und bedarf keiner eingehenden Erläuterung. Lediglich verselbstständigte Vermögensmassen werfen die Frage auf, ob sie selbst unter den Schutz des § 266 StGB fallen, oder etwa nur diejenigen (natürlichen) Personen, die ihrerseits Gesellschafter des künstlich geschaffenen Gebildes sind. Als Kapitalgesellschaften sind Aktiengesellschaft und GmbH mit einer eigenständigen Rechtspersönlichkeit ausgestattet. Dies folgt unmittelbar aus § 1 AktG bzw.

18 *Nelles* Untreue, S. 306.
19 Vgl. oben Kapitel 2 A IV.

§ 13 GmbHG, welche den beiden Gesellschaftsformen auch eigenes Gesellschaftsvermögen zuschreiben.

Mit diesen Feststellungen ist allerdings noch nicht geklärt, ob die zivilrechtliche Vermögensinhaberschaft mit der strafrechtlich geschützten identisch ist. Der Begriff des Vermögens wird in der strafrechtlichen Literatur und Rechtsprechung auch heute noch nicht einheitlich definiert. Einfluss könnten die verschiedenen Meinungen deshalb haben, weil einzelne Stimmen auch subjektive Interessen in die Bestimmung des Vermögens einbeziehen und nicht ohne weiteres klar ist, inwiefern eine juristische Person eigenständige Interessen haben kann. Unabhängig vom jeweils vertretenen Vermögensbegriff ist aber auch im Strafrecht in ständiger Rechtsprechung und herrschender Lehre allgemein anerkannt, dass Aktiengesellschaft und GmbH als eigenständige Vermögenssubjekte auch selbst Vermögensinhaber sind und demnach von § 266 StGB geschützt werden.[20] Auf eine nähere Auseinandersetzung mit den einzelnen Vermögensbegriffen und den sich daraus ergebenden Anforderungen an eine Vermögensinhaberschaft kann deshalb an dieser Stelle verzichtet werden.

Die Möglichkeit der Interessenbildung der Gesellschaft als juristischer Person ist im Übrigen ebenfalls relevant, wenn es darum geht, wer letztlich über das von der Gesellschaft gehaltene Vermögen verfügen darf. Die Dispositionsbefugnis hat allerdings keinen Einfluss darauf, wer Inhaber des Vermögens ist und ist damit unabhängig von der Frage, ob die beteiligten juristischen Personen grundsätzlich unter den Schutz der Untreue fallen können. Vielmehr ist mit der Dispositionsbefugnis die Frage der Pflichtwidrigkeit einer Einflussnahme auf den Vermögensbestand betroffen.[21]

Es bleibt also festzuhalten, dass alle Konzernunternehmen, sowohl in Form natürlicher Personen als auch in Form juristischer Personen, im Konzernverbund potenzielle Opfer von Untreuehandlungen darstellen. In welchem Verhältnis diese zueinander stehen müssen, um in konzerntypischen Sachverhalten tatsächlich den

20 Vgl. BGHSt 32, 40; 9, 203, 216; 34, 379, 385; *Gribbohm* ZGR 1990, S. 11 ff.; *Kaufmann* Organuntreue, S. 14; *Otto* JZ 1985, S. 74; *Radtke* GmbHR 1998, S. 362 ff.; *Schäfer* GmbHR 1993, S. 788 f.; *Schnauder/Müller-Christmann* JuS 1998, S. 1082; *Sch/Sch-Perron* § 266 Rn. 6; *Wodicka* Untreue, S. 198 f.; *Ziemons* Haftung, S. 189 f.

21 Vgl. dazu die Behandlung dieser Frage unter D V 2 a, 3 a.

durch die Untreue vermittelten Schutz zu genießen, ist diesbezüglich zunächst ohne Bedeutung.[22]

2. Der Konzern selbst als mögliches Opfer

Nachdem die beteiligten Gesellschaften unter den Schutz der Untreue fallen, könnte der Schutz in Erweiterung dieses Gedankengangs auch dem Konzern selbst zugute kommen.[23] Auch hier handelt es sich ebenso wie bei der per legem geschaffenen juristischen Person um ein Kunstgebilde, für das allerdings im Gegensatz zur Aktiengesellschaft und GmbH keine explizite gesetzliche Regelung besteht, die dem Konzern selbst eine eigenständige Rechtspersönlichkeit mit den oben ausgeführten Folgen zuerkennt. Mangels ausdrücklicher Verleihung einer Rechtspersönlichkeit ist man deshalb darauf angewiesen, in den bestehenden Gesetzen Anhaltspunkte für eine gesetzliche Anerkennung der eigenständigen Rechtspersönlichkeit eines Konzerns zu suchen oder aber eine derartige Anerkennung in außergesetzlicher Rechtsfindung, etwa der richterlichen Fortbildung des Rechts zu schaffen, sofern der Konzern in den Schutz aufgenommen werden soll. Die Idee, den Konzern rechtlich als eine Einheit zu sehen, ist nicht neu, sondern in der gesellschaftsrechtlichen Literatur bereits zu Beginn des vergangenen Jahrhunderts diskutiert und als sog. Einheitstheorie gekennzeichnet worden.[24] Die Diskussion um die Anerkennung des Konzerns als rechtliche Einheit ist bis heute nicht abgeschlossen. Allerdings herrscht weitgehende Einigkeit, dass dem Konzern nicht die Qualität eines eigenständigen Rechtssubjekts zuerkannt werden soll.[25]

Ohnehin sind den außergerichtlichen Möglichkeiten der Fortbildung im Strafrecht enge Grenzen gesteckt. Der Bestimmtheitsgrundsatz gebietet es nämlich, dass

22 Vgl. insbesondere die Ausführungen zu den bestehenden Vermögensbetreuungspflichten im Konzern unter C III.

23 Das deuten Stellungnahmen in der Literatur vereinzelt an, so z.B. *Schmid* in: Müller-Gugenberger/Bieneck § 31 Rn. 114. Andere Äußerungen – vgl. etwa *Kohlmann* Strafrechtliche Verantwortlichkeit, Rn. 361; *Otto* Aktienstrafrecht, Vor § 399 Rn. 60 – werden teilweise diesbezüglich überinterpretiert, da der Schutz des Konzerns „als solchem" nicht explizit erwähnt wird; so aber *Busch* Konzernuntreue, S. 19.

24 Vgl. die frühen Fundstellen bei *Friedländer* Konzernrecht, S. 43 f., *Haussmann* Die Tochtergesellschaft, S. 26 ff.; *ders.* Unternehmenszusammenfassungen, S. 92 f.; *Isay* Das Recht am Unternehmen, S. 96.

25 Zum Streitstand vgl. die Zusammenstellung der Meinungen bei *Busch* Konzernuntreue, S. 20 f.

eine Tat nur dann bestraft werden kann, wenn dies vom Gesetz bestimmt ist. Deshalb kann auch eine Erweiterung des geschützten Personenkreises nicht ohne weiteres vorgenommen werden, ohne gegen das Bestimmtheitsgebot des Art. 103 Abs. 2 GG zu verstoßen. Will man das Gebilde „Konzern" als geschützte Rechtspersönlichkeit erfasst sehen, bedarf es deshalb zwingend gesetzlicher Hinweise, die auf einen Schutz des Konzerns als eigenständiges Rechtssubjekt selbst hinweisen. Nur dann wenn feststeht, dass der Konzern als eigene Persönlichkeit Träger von Vermögensmassen sein kann, kann er auch Opfer eines Vermögensdelikts werden. Löst man aber ein Vermögensdelikt von diesem Erfordernis, so kann eine Bestrafung nicht mehr mit einem gesetzlichen Tatbestand gerechtfertigt werden, der den Vermögensträger schützen soll. Hinweise für den Konzern als Rechtssubjekt und potenziellen Vermögensträger finden sich tatsächlich an verschiedenen Orten. Dort nämlich, wo es um die durchaus anerkannte wirtschaftliche Einheit im Konzern geht. In § 5 MitbestG werden für die Mitbestimmung im Unternehmen gesonderte Regelungen für den Konzern, die diesen als eine Einheit begreifen, aufgestellt. Allen voran sind aber die gesonderten Vorschriften über die Konzernrechnungslegung in §§ 290 ff. HGB anzuführen. Die Rechnungslegung im Konzern folgt dem Einheitsgrundsatz, welcher in § 297 Abs. 3 S. 1 HGB Niederschlag gefunden hat. Auf Grundlage dieser sog. Einheitstheorie wird der Konzern nicht nur als wirtschaftliche, sondern verbreitet – wenn auch nicht unumstritten[26] – auch als fiktive rechtliche Einheit verstanden.[27] Allein schon die Annahme des Konzerns gerade als *fiktive* Einheit verdeutlicht indes das Problem: Der Konzern wird auch in der Kodifikation des Einheitsgrundsatzes nicht als Persönlichkeit anerkannt, sondern es werden bestimmte Rechtsfolgen lediglich über den Weg einer Fiktion herbeigeführt, welche an der Beurteilung der Tatsachen nichts ändert. So ist und bleibt es Tatsache, dass der Konzern keine eigene Rechtspersönlichkeit besitzt. Daran ändern auch die positivierten Konzernrechnungslegungsvorschriften nichts. Ebenfalls mit dem Werkzeug der Fiktion arbeitet erwähnter § 5 MitbestG und führt nach dem oben Gesagten deshalb zu keinem anderen Ergebnis.

26 Vgl. *Ebeling* Die Einheitsfiktion, S. 6 m.w.N.

27 So etwa bei *Busse von Colbe/Ordelheide* Konzernabschlüsse, S. 19; *Ebeling* Die Einheitsfiktion, S. 6; *Küting/Weber* Konzernabschluss, S. 76 f.

Insgesamt heißt das, dass der Konzern als solcher nicht in den Schutzbereich der Untreue fällt, er also kein taugliches Opfer einer Untreue sein kann.[28] Das heißt nicht, dass die Besonderheiten aus einer Konzernierung mehrerer Unternehmen nicht zu berücksichtigen sind. Ihnen ist auch in der Strafrechtswissenschaft Rechnung zu tragen. Die strafrechtliche Beurteilung einer Tat hat immer vor dem Hintergrund der konkreten Tatumstände zu erfolgen, zu welchen eben auch die Einbindung in einen Konzern gehört. Die sich daraus ergebenden Rechte und Pflichten finden ihren Niederschlag in der Anwendung des Untreuetatbestandes auf den konkreten Sachverhalt. Konkrete Auswirkungen kann die besondere Situation nämlich durchaus im Rahmen der Bestimmung eines erlittenen Schadens sowie bei der Frage nach bestehenden Vermögensbetreuungspflichten und deren Verletzung zeitigen. Geschädigte bzw. Partner eines tatsächlichen Treueverhältnisses sind hier aber gerade nicht der Konzern selbst, sondern die beteiligten Konzernunternehmen in Form der Konzernmutter oder der Tochtergesellschaften.[29] Insofern kann lediglich von einer mittelbaren Schutzwirkung der Untreue zugunsten von Konzernen gesprochen werden.

III. Mögliche Problemfelder

Konzerne können auf verschiedene Arten entstehen, wie etwa durch Ausgliederung eines bestimmten Tätigkeitsbereiches in eine Tochtergesellschaft oder die Übernahme bestehender, fremder Gesellschaften, die fortan mit dem eigenen Unternehmen in irgendwelcher Art und Weise verbunden sind. Die Motive hierfür sind ebenfalls unterschiedlich. Sie sind z.B. im steuerlichen Bereich zu suchen, bei der Beteiligung neuer Gesellschafter in einem bestimmten Segment evtl. als Venture Capital-Geber, oder auch in der Verlagerung von Haftungsrisiken. Egal auf welche Art und Weise die Bildung eines Konzerns vonstatten geht, es liegt ihr immer ein Motiv zugrunde: Die Erlangung eines Vorteils für ein bestimmtes Unternehmen oder persönlicher Vorteile. Gerade vor diesem Hintergrund stellt sich die Frage, ob diese Vorteile aus dem Zusammenschluss zu einem Konzern grenzenlos ausgenutzt

28 So auch die ganz h.L. vgl. u.a. *Busch* Konzernuntreue, S. 22 f.; *Ewald* Untreue, S. 233; *Lutter* in: Stimpel-FS, S. 832 f.; *Schneider* BB 1981, S. 249; *Timm* JuS 1999, S. 554; *Zöllner* Schranken, S. 81 ff.

29 In diese Richtung auch *Busch* Konzernuntreue, S. 21; *Schneider* Die Untreue, S. 100.

werden dürfen bzw. wo hier den Maßnahmen Grenzen gesetzt sind, genauer gesagt, in welcher Weite Vorteile für einen Teil der Beteiligten gezogen und dadurch die Interessen anderer Beteiligter beeinträchtigt werden können.

Die einzelnen konzernrechtlichen Gestaltungen sind in der Praxis höchst unterschiedlich und weisen von Fall zu Fall Eigenheiten auf. Zwar gibt es durchaus sich wiederholende Charakteristika verschiedener Konstellationen. Typische Problemfelder eröffnen sich v.a. bei Strukturierungsmaßnahmen im Zuge der Bildung von Konzernen d.h. der Gründung und Übernahme von Tochtergesellschaften sowie dann, wenn Instrumente der Konzernfinanzierung eingesetzt werden. Abgesehen von dem allgemein problematischen Aspekt der Zustimmung der Mehrheit oder gar aller Gesellschafter zu derartigen Finanzierungs- oder Strukturmaßnahmen, beherbergen die einzelnen Gestaltungen der gesellschaftsrechtlichen Praxis jeweils spezielle Probleme, die zunächst umrissen werden sollen, bevor die gefundenen Ergebnisse auf die einzelnen Konstellationen angewandt werden.

1. Cash Pooling und Darlehen an Gesellschafter

Allen voran stellt das sog. „Cash Pooling" oder auch „zentrales Cash Management-System" im Konzern als weit verbreitetes Instrument der Konzernfinanzierung eine derzeit viel diskutierte[30] Variante problematischer Fallkonstellationen dar. Derartigen Fällen liegt stets folgende Vorgehensweise zugrunde:

Die im Konzern verbundenen Unternehmen unterstellen ihre flüssigen Finanzmittel (Cash) dem Mutterunternehmen, welches diese Mittel für alle beteiligten Unternehmen gemeinsam in einem Pool verwaltet. Vereinfacht dargestellt, geschieht dies, jedenfalls in der Variante des physischen Cash-Poolings[31], durch wechselseitige Kreditvereinbarungen wonach die Gesellschaften mit überschüssigen flüssigen Mitteln diese als Darlehen in den von der herrschenden Gesellschaft verwalteten Cash Pool einbringen und bei Bedarf zurück bezahlt bekommen sol-

30 Auseinandersetzungen mit dem Thema finden sich z.B. bei *Fuhrmann* NZG 2004, S. 552 ff.; *Schilmar* DB 2004, S. 1411 ff.; *Seibt* NJW-Spezial 5/2004, S. 219 f.; *Wattenberg* StV 2005, S. 523 ff. – Zu den Grundlagen vgl. *Wehlen/Schneider* in: Lutter/Scheffler/Schneider, Hdb. der Konzernfinanzierung, §§ 23, 25.

31 Vgl. zur Unterscheidung zwischen physischem und virtuellem Cash-Pooling *Seidel* DStR 2004, S. 1134.

len.[32] Letztlich handelt es sich zumindest im faktischen Konzern, bei dem die Muttergesellschaft als Trägerin des Cash Management-Systems fungiert, um eine zeitliche Verdichtung einzelner, ebenfalls weit verbreiteter, Darlehen an Gesellschafter.[33]

Hauptmotiv der Installation eines Cash Pooling Sytems in einem Konzern ist die Sicherung der Liquidität für alle verbundenen Unternehmen. Dazu kommen steuerliche und zinsrelevante Aspekte durch die Verringerung etwaiger (Kontokorrent-) Kreditzinsen. Die gegenüberstehenden Gefahren sind die typischen einer Darlehenshingabe, nämlich der Forderungsausfall. Die zweifelhafte aktuelle Berühmtheit des Cash Poolings hat seinen Grund zum Großteil in der „Bremer Vulkan"-Entscheidung des BGH, welches nicht nur die Diskussion um die zivilrechtliche Haftung der GmbH-Gesellschafter mit neuem Zündstoff versorgt, sondern auch die strafrechtliche Literatur auf den Plan gerufen hat. Während in zivilrechtlicher Hinsicht insbesondere die vom BGH anlässlich des zu beurteilenden Sachverhalts entwickelten neuen Richtlinien für die zivilrechtliche Haftung der GmbH-Gesellschafter im Falle eines sog. „existenzvernichtenden Eingriffs" in das Gesellschaftsvermögen kommentiert werden, sind unter strafrechtlichen Gesichtspunkten zwei Aspekte interessant: Erstens, die Frage nach der Vergabe nicht ausreichend gesicherter Darlehen an die Muttergesellschaft des Konzerns und zweitens, die Frage der Grenzen möglicher Zustimmung der Gesellschafter zu Eingriffen in das Gesellschaftsvermögen einer GmbH. Darüber hinaus ist es unter Untreuegesichtspunkten von Interesse, inwieweit die Unternehmensleitung überhaupt flüssige Mittel in einen Cash Pool einlegen kann, ohne alternative Verwendungszwecke zu prüfen.

2. Upstream-Besicherung

Eine aus rechtlicher Sicht in Teilen ähnliche Problematik ergibt sich bei sog. „Upstream-Besicherungen". Hier werden im Gegensatz zum Cash Pooling zwar keine flüssigen Mittel im Konzern hin und her geschoben, vielmehr beruht dieses Finanzinstrument auf der Bestellung von Sicherheiten für Kredite. In unabhängigen

32 Vgl. dazu *Amelung/Kaeser* DStR 2003, S. 659; *Bayer* in: Lutter-FS, S. 1015; *Schilmar* DB 2004, S. 1413 f.

33 Vgl. *Schilmar* DB 2004, S. 1414.

Gesellschaften ist allgemein die Besicherung von Krediten der Gesellschafter durch die Gesellschaft selbst betroffen.[34] Im Konzern liegt dieser Sicherungsmechanismus nahe, wenn die Muttergesellschaft nach einer Absicherung für ihre Kreditgeber sucht. Im Wege der Upstream-Besicherung treten dann die Tochterunternehmen als Sicherungsgeber für die Verbindlichkeiten der Muttergesellschaft auf.[35] Besonders interessant scheint diese Art der Absicherung von Finanzgeschäften im Bereich des Unternehmenskaufs[36], und zwar dort, wo gerade die Tochtergesellschaft Gegenstand des Kaufs und der Käufer ein Unternehmen ist.[37]

Die Vergleichbarkeit der Upstream-Besicherung mit dem Cash Pooling ergibt sich aus der Überlegung, dass auch die Bestellung von Sicherheiten evtl. als eine Auszahlung von Gesellschaftsvermögen an die Gesellschafter unter einer etwaigen, damit einhergehenden Schädigung des Gesellschaftsvermögens darstellen kann. Auch hier stellen sich die Fragen, inwieweit ein derartiges Vorgehen zulässig ist und inwieweit die Gesellschafter einer derartigen Gefährdung des Gesellschaftsvermögens überhaupt zustimmen können.

3. Unternehmenserwerb durch Buy-Out-Verfahren

Ein beliebtes Vorgehen bei Unternehmensakquisitionen ist der Unternehmens- oder Anteilserwerb im Wege des sog. „Buy-Out“. Dieses Instrument des modernen financial Engineering wird in den unterschiedlichsten Spielarten praktiziert. Es in allen Details zu beschreiben, ist nahezu unmöglich. Trotz der reichen Auswahl an Gestaltungsmöglichkeiten, liegt allen Varianten ein Kerngedanke zugrunde: Der Erwerb einer Gesellschaft soll mit Hilfe der (Ziel-) Gesellschaft selbst vonstatten gehen. Welcher Unterstützung durch die zu erwerbende Gesellschaft sich der Käufer bedient, kommt ganz auf die Ausgestaltung der Unternehmensübernahme an. Hinsichtlich der Art der Finanzierung unter Einbeziehung des Vermögens der Zielgesellschaft – und nur dieses Kriterium ist hinsichtlich einer etwaigen Untreue-

34 Vgl. *Lutter/Hommelhoff* GmbHG, § 30 Rn. 30 ff.; *Westermann* in: *Scholz* GmbHG, § 30 Rn. 31; *Baumback/Hueck/Fastrich* GmbHG, § 30 Rn. 19; *Goerdeler/Müller* in: *Hachenburg/Ulmer* GmbHG I, § 30 Rn. 66.

35 *Schilmar* DB 2004, S. 1415.

36 Vgl. dazu sogleich zum sog. Buy-Out unter 3.

37 Vgl. dazu die Ausführungen zur praktischen Durchführung bei *Semler* in Hölters: Handbuch des Unternehmens- und Beteiligungskaufs, Teil VI Rn. 206.

strafbarkeit relevant – sind aus der Palette mehrstufiger Erwerbsmodelle in der Praxis insbesondere zwei Arten verbreitet. Erstens der Anteilserwerb mit anschließender Verschmelzung (sog. Merger Buy-Out) und zweitens der Anteilserwerb mit anschließender Vermögensübertragung auf die Erwerbergesellschaft.

Risikoreich werden die genannten Modelle insbesondere, wenn die Unternehmenskäufe – wie beim sog. Leveraged Buy-Out[38] – ganz überwiegend über Fremdkapital finanziert werden sollen und der Erwerber sich auf eine im Vergleich zu den Kreditzinsen höhere Rendite der Zielgesellschaft bzw. des neuen Gesamtunternehmens verlässt. Das Hauptproblem dieser Vergehensweise liegt darin, dass Kaufpreis und Kreditzinsen regelmäßig aus dem Cash Flow des übernommenen Unternehmens finanziert, wenigstens aber durch dessen Vermögen besichert werden, die Zielgesellschaft mithin oftmals hoch verschuldet wird. Der Nutzung des sog. Leverage Effekts (als positiver Effekt auch Leverage Chance[39]) stehen damit erhebliche Gefahren und Belastungen für die Zielgesellschaft gegenüber. Denn sobald die Rendite der Unternehmenstätigkeit unter die Zinsbelastungen fällt, zeigt sich die Kehrseite des Effekts. Die Chance wird zum Verhängnis und es droht die Insolvenz für den Erwerber, insbesondere aber für die Zielgesellschaft.

Die Relevanz für das etwaige Vorliegen einer Untreue wird vor diesem Hintergrund deutlich.[40] Es stellt sich nämlich zum einen die Frage, inwieweit sich die neuen Belastungen für die Zielgesellschaft als relevanter Vermögensnachteil qualifizieren lassen. Zum anderen bleibt zu klären, ob ein solcher Nachteil im Zuge einer Übernahme bzw. eines Unternehmenskaufs überhaupt durch einen Vermögensbetreuungspflichtigen hervorgerufen wird, wann und ob also den Erwerber eine solche Pflicht, das Vermögen der Zielgesellschaft zu betreuen, trifft.

4. Auffanggesellschaften und Vermögensverschiebung im Konzern

Eine in der Praxis weit verbreitete Maßnahme zur Rettung noch bestehenden Vermögens beim absehbaren Niedergang einer Gesellschaft ist die Auslagerung der

38 Vgl. *Semler* in Hölters: Handbuch des Unternehmens- und Beteiligungskaufs, Teil VI Rn. 204 m.w.N.

39 *Perridon/Steiner* Finanzwirtschaft, S. 587 f.

40 Zu den aktienrechtlichen Problemen bei Buy-Out-Verfahren im Hinblick auf § 71 a Abs. 1 AktG vgl. *Fleischer* AG 1996, S. 494 ff.; *Lutter/Wahlers* AG 1989, S. 9.

werthaltigen Vermögensbestandteile der Gesellschaft in eine dafür neu gegründete Auffanggesellschaft. Technisch wird dies regelmäßig mittels eines Verkaufs der Vermögensgegenstände zu einem wesentlich unter dem Marktpreis liegenden Kaufpreis an die neue Gesellschaft umgesetzt. Damit einher geht oft der geplante Weg in die Insolvenz der Altgesellschaft. Das führt dazu, dass das Restvermögen im Insolvenzverfahren an die Gläubiger verteilt und die Gesellschaft aufgelöst wird. Die Auflösung der Altgesellschaft wird dabei also bewusst zugunsten der neu gegründeten Auffanggesellschaft in Kauf genommen. Bei geschickter Vorgehensweise kann dabei durchaus verhindert werden, dass die Vermögensverlagerungen in die Auffanggesellschaft vom Insolvenzverwalter wirksam angefochten werden können. Dadurch wird letztlich das Vermögen der Altgesellschaft in meist großem Maße geschmälert und die Insolvenzmasse erheblich verringert. Problematisch erscheint in derlei Konstellationen, inwieweit das Interesse der Gläubiger an der Altgesellschaft im Rahmen von Untreuebetrachtungen Berücksichtigung finden kann und inwieweit dem ohnehin dem Untergang geweihten Unternehmen überhaupt ein zu berücksichtigender Vermögensschaden entstanden sein kann.

Ein in der Sache ähnliches Vorgehen stellt die Vermögensverlagerung weg von einem wirtschaftlich gesunden Unternehmen hin zu einem anderen, wirtschaftlich bedrohten (Konzern-) Unternehmen, um dieses vor dem Untergang zu retten, dar. Technisch wird ebenfalls ein Konstrukt über Kaufverträge gewählt. Allerdings wird hier auf umgekehrte Art und Weise vorgegangen: Der von dem gesunden Unternehmen an das (Mutter-) Unternehmen in der Krise zu zahlende Kaufpreis liegt erheblich über dem Marktpreis.[41] Damit kann zumindest die Bilanz des verkaufenden Unternehmens geschönt werden und es kommen diesem Unternehmen dringend benötigte flüssige Mittel zu. Dass dadurch das Vermögen des bis dato gesunden Unternehmens erheblich geschmälert wird, erklärt sich von selbst. Fraglich ist allerdings, ob dieser unmittelbaren Vermögenseinbuße nicht (mittelbare) Vorteile über die Rettung eines verbundenen Unternehmens erwachsen, der zunächst scheinbar entstehende Schaden mithin als kompensiert angesehen werden kann.

41 So beispielhaft geschehen bei der Sachsenmilch AG, die von ihrer Muttergesellschaft Südmilch AG Molkereiwissen für über 19 Mio. EUR eingekauft hat. Bei diesem angeblichen Spezial Know How handelte es sich allerdings um allgemein bekanntes Molkereiwissen. Vgl. Handelsblatt vom 22.10.2003 S. 20.

IV. Reduktion konzernrechtlicher Besonderheiten auf Kernfragen des Gesellschaftsrechts und der sog. „Organuntreue"

Die Behandlung konzernrechtlicher Sondersituationen im Strafrecht führt zur Frage, wann tatsächlich eine von den allgemeinen gesellschaftsrechtlichen Konstellationen abweichende Beurteilung erforderlich ist. Gerade die Diskussion um Untreuesituationen im faktischen Konzern weißt Parallelen zu Konfliktsituationen zwischen Gesellschaftern und „ihren" Gesellschaften außerhalb von Konzernen auf. Zu berücksichtigende Besonderheiten ergeben sich immer dann, wenn die Einbindung in einen Konzern – verglichen mit einer Situation der Unabhängigkeit – abweichende Rechte und Pflichten für die Beteiligten ergibt.

1. Die Eröffnung neuer Tathandlungen durch erweiterte Einflussnahmemöglichkeiten

Konzentriert man sich auf mögliche Tathandlungen im Konzern, führt das zu den unterschiedlichen Möglichkeiten der Einflussnahme in den einzelnen Konzernarten. Aufgrund dieser verschiedenen. Einflussnahmemöglichkeiten muss auch hier zwischen Vertrags- und faktischen Konzernen unterschieden werden.

Bedeutendste Abweichung zur Situation der Unabhängigkeit, ist im Vertragskonzern seitens des herrschenden Unternehmens die Befugnis, dem abhängigen Unternehmen verbindliche Weisungen erteilen zu können. Unabhängig ob AG- oder GmbH-Konzern können Weisungen nicht in das bekannte Schema möglicher Tathandlungen im Beziehungsgeflecht aus Organen, Gesellschafter und Gesellschaft außerhalb der Konzernsituation gebracht werden. Hier bedarf es eigenständiger Untersuchungen der Verhältnisse im Konzern, ohne dass unmittelbar auf Erkenntnisse zu den Fragen, wie sich Gesellschafter oder Organe gegenüber einer Gesellschaft verhalten müssen, zurückgegriffen werden kann.

Anders stellt sich die Situation im Falle faktisch beherrschter Gesellschaften dar. Die bloß faktische Herrschaft über ein anderes Unternehmen begründet für das beherrschende Unternehmen nämlich gerade kein explizites Weisungsrecht. Sowohl im Falle der faktisch beherrschten Aktiengesellschaft als auch der GmbH ist das herrschende Unternehmen auf diejenigen Einflussnahmemöglichkeiten beschränkt, die auch den Aktionären und Gesellschaftern in der Situation der Unabhängigkeit zustehen.[42] Zu differenzieren ist aber zwischen abhängiger Aktiengesellschaft und abhängiger GmbH, da sich die Situationen der beiden Gesellschaftstypen in wesentlichen Punkten unterscheiden.

Im Gegensatz zur abhängigen Aktiengesellschaft hat der Geschäftsführer einer GmbH schließlich den Weisungen der Gesellschafterversammlung grundsätzlich Folge zu leisten. Die Geschicke der GmbH hängen somit maßgeblich vom Willen der Gesellschafter ab. Die GmbH wird damit letztlich von den Gesellschaftern beherrscht, ohne dass es gesetzlich eingeräumter Weisungsrechte bedürfte. Am deutlichsten wird das im Falle eines Alleingesellschafters, denn niemand beherrscht eine GmbH intensiver als ein solcher.[43] Führt man sich nun vor Augen, dass es gerade keinen Unterschied macht, ob der Alleingesellschafter eine natürliche Person oder ein Unternehmen als Konzernmuttergesellschaft ist, gelangt man zurück auf gewohntes Terrain. Die hier relevante Frage ist nämlich genau jene, die unter dem Aspekt des einverständlichen Eingriffs der Gesellschafter in die GmbH und dessen Grenzen diskutiert wird: Inwieweit dürfen die – beherrschenden – Gesellschafter auf ihre GmbH einwirken? Wo sind ihnen bei Eingriffen in das Gesellschaftsvermögen Grenzen gesetzt? Maßgeblich sind also die Kriterien für die recht weitgehenden Entnahmerechte der GmbH-Gesellschafter.[44] Für die strafrechtliche Beurteilung des Handelns der Gesellschafter selbst, aber auch für dasjenige der beteiligten Geschäftsführer im Konzern, können aufgrund der genannten Parallelen die für die unabhängige GmbH entwickelten Grundsätze herangezogen werden. Entsprechend sieht der BGH in der „Bremer Vulkan“-Entscheidung auch nicht die *Konzernmutter* im Mittelpunkt, sondern spricht trotz der Konzernsituation schlichtweg von Eingriffen des *Alleingesellschafters*.[45] Auch die für den Konzern konstituierende Unternehmereigenschaft der Konzernmutter vermag keine gesonderte Betrachtung zu rechtfertigen. Die Frage, inwieweit sich der Gesellschafter unternehmerisch betätigt, hat nämlich keinerlei ersichtliche Auswirkungen auf die Beurteilung des Schutzbedürfnisses der GmbH selbst.[46]

42 Vgl. dazu bereits Kapitel 2 C II.
43 *Altmeppen* NJW 2002, S. 322; *Ransiek* in: Kohlmann-FS, S. 211.
44 Ebenso *Kohlmann* Strafrechtliche Verantwortlichkeit, Rn. 362; *Tiedemann* GmbH-Strafrecht, Vor §§ 82 ff. Rn. 23.
45 BGHZ 149, 10, 16.
46 So zutreffend auch *Ransiek* in: Kohlmann-FS, S. 211.

Derart weit reichende Möglichkeiten, in die Leitung der Gesellschaft Einfluss zu nehmen, bestehen in der Aktiengesellschaft nicht. Die Leitung der Aktiengesellschaft obliegt auch im Falle der faktischen Abhängigkeit weiterhin eigenverantwortlich den Leitungsorganen, nicht aber den Aktionären als Gesellschaftern der Aktiengesellschaft.[47] Auch hier entstehen durch eine erfolgte Konzernierung diesbezüglich keine erweiterten Problemfelder. Die Frage nach grundsätzlich relevanten Tathandlungen reduziert sich daher auch hier auf diejenige, wie sie im Falle der Unabhängigkeit besteht.

Insgesamt birgt die Konzernbindung vor allem für den Vertragskonzern Besonderheiten. Im Falle der faktischen Abhängigkeit können insbesondere im konfliktträchtigen Fall des faktischen GmbH-Konzerns aufgrund vorgenannter Erwägungen die Erkenntnisse und Argumente aus der gesellschaftsrechtlichen Diskussion um das erlaubte Ausmaß des einverständlichen Eingriffs der Gesellschafter in das Gesellschaftsvermögen für die konzernrechtliche Beurteilung übernommen werden.

2. Besondere Tatumstände im Konzern

Die Einbettung von Unternehmen in einen Konzernverbund, sei es vertraglicher oder auch faktischer Art, führt oftmals zu einer besonderen Unternehmenssituation. Trotz gleicher Tathandlungen in Form der Einflussnahme auf ein Unternehmen sind die Vorzeichen für unabhängige Unternehmen einerseits und abhängige Unternehmen andererseits oftmals unterschiedlich, so dass neuartige Probleme für den Fall der Einbindung in einen Konzern auftreten. Diese resultieren aus den sich aus der Konzernierung ergebenden Rechten und Pflichten im Konzern. So haben Konzernunternehmen Rücksichtnahmepflichten sobald eine Handlung auch die Vermögenssituation anderer Konzernunternehmen tangieren könnte. Darf ein Unternehmen etwa ungeachtet bestehender Verlustausgleichs- oder Gewinnabführungspflichten nach eigenem Gusto wirtschaften? Dies führt zur konzernspezifischen Problematik, ob solche Pflichten überhaupt in die Berechnung eines Schadens einfließen können. Weitergehende Verflechtungen, etwa über eine anerkannte Leitungspflicht der Konzernspitze für den Gesamtkonzern und damit zugleich die abhängigen Unternehmen, werfen die Frage auf, ob und inwieweit

47 Vgl. dazu ausführlich Kapitel 2 C II 1.

zugunsten des Gebildes *Konzern* oder auch den verbundenen Unternehmen selbst Risiken bei der Leitung eines anderen Konzernunternehmens eingegangen werden dürfen. Ebenso muss anders als bei unabhängigen Unternehmen geklärt werden, welche untreuerelevanten Pflichten sich aus eben diesen gesellschaftsrechtlichen Verflechtungen ergeben.

Damit steht fest, dass zwar teilweise Parallelen zu den Kernfragen des Gesellschaftsrechts und der sog. Organuntreue bestehen, dass aber die Situation der Einbindung in einen Konzern zahlreiche neue Fragen aufwirft, die es insbesondere im Hinblick auf die genannten Fallgruppen im Folgenden zu untersuchen gilt.

V. Die Bedeutung des Missbrauchstatbestands für konzernspezifische Untreuefälle

Der Missbrauch von Verpflichtungs- und/oder Verfügungsbefugnissen als Tatbestandsmerkmal der Missbrauchsalternative setzt voraus, dass der Täter tatsächlich Inhaber derartiger Befugnisse ist. Die Missbrauchsalternative kommt deshalb per se nur bei Organen oder vertraglich besonders zur Vertretung der Gesellschaften Verpflichteten in Frage. Es bedarf nämlich stets ihrer Personen, um die abhängigen Gesellschaften unmittelbar rechtswirksam zu verpflichten bzw. über ihr Vermögen zu verfügen.[48]

Schält man aus sämtlichen Befugnisinhabern der Unternehmen in einer gesamten Konzernstruktur diejenigen heraus, die gerade mit den besonderen Fragen, die durch die Einbindung in einen Konzern entstehen, betraut sind, bleiben unternehmerische Entscheidungen übrig, die nahezu ausnahmslos der Führungsebene vorenthalten sind. Betroffen sind sowohl die Führungspersonen der herrschenden und Einfluss ausübenden Unternehmen als auch die Geschäftsführer bzw. Vorstände der abhängigen Gesellschaften, da diese auch weiterhin für die Leitung ihrer Gesellschaft verantwortlich sind.

Für den Konzern typisch sind zum einen Schädigungen anderer Konzernunternehmen und zum anderen die Schädigung des eigenen Unternehmens aufgrund unternehmensübergreifender Sachverhalte und Zusammenhänge. In Betracht kommt hier zunächst die Leitung abhängiger Konzernunternehmen. Die Schädigung des eigenen Unternehmens, für das die Leitung als Vertreter mit der Befugnis, das Unternehmen zu verpflichten oder über sein Vermögen zu verfügen,

48 Vgl. dazu die Ausführungen in Kapitel 1 A II.

auftritt, beinhaltet aber keine konzernspezifische Komponente. Außerdem unterliegen Geschäftsführer und Vorstände der einzelnen Konzernunternehmen regelmäßig gerade keinen Beschränkungen hinsichtlich der Vertretung der von ihnen geleiteten Gesellschaften. Auf der Leitungsebene der abhängigen Gesellschaft spielt damit der Missbrauchtatbestand keine Rolle, wenn die Frage betroffen ist, inwiefern sich die Leitung der abhängigen Gesellschaft möglicherweise einer Untreue zulasten eines anderen – z.B. dem herrschenden – Konzernunternehmen schuldig gemacht haben könnte. Vielmehr stehen allgemein Verstöße gegen die den Leitungspersonen obliegenden Vermögensbetreuungspflichten und damit der Treubruchtatbestand im Mittelpunkt.

Generell von einer möglichen Erfüllung der Missbrauchsalternative gegenüber anderen Konzernunternehmen ausgenommen, sind nach dem Gesagten aufgrund ihrer Stellung und Befugnisse generell Aufsichtsräte sowie die Anteilsinhaber der Gesellschaft, also die Gesellschafter bzw. die Aktionäre. Ebenso scheidet die Erfüllung dieser Tatbestandsalternative durch die Leitungsorgane (Vorstandsmitglieder bzw. Geschäftsführer) der Konzernmutter aufgrund ihrer nur mittelbaren Einflussnahmemöglichkeit auf die Rechtsgeschäfte der abhängigen Gesellschaften[49] aus. Denn der Missbrauch einer Befugnis setzt voraus, dass die betroffene Person gerade *selbst* diese Befugnis innehat. Die Beeinflussung einer anderen Person aufgrund einer – auf welcher Grundlage auch immer – diese faktisch beherrschenden Stellung ist gerade kein Missbrauch einer Befugnis. Allenfalls könnte man ein solches Vorgehen als Beeinflussung einer Person zum Missbrauch einer Verpflichtungs- und Verfügungsbefugnis bezeichnen. Diese Konstellation beschreibt aber gerade die Situation der klassischen Teilnahme an der Tat eines anderen, hier an derjenigen der faktisch beherrschten Person, nicht aber eine eigene Täterposition.[50] Wollte dieses Verhalten in den Status der eigenständigen Tat erhoben werden, bedürfte es eindeutiger gesetzlicher Regelungen.

Nichtsdestotrotz bedeutet das Fehlen einer eigenen Verpflichtungs- und Verfügungsbefugnis bei gleichzeitiger Beeinflussung eines Befugnisinhabers noch nicht unbedingt den Ausschluss einer eigenen Täterposition des Beeinflussenden. Das Fehlen einer eigenen Befugnis, das Opfer zu verpflichten oder über dessen Vermögen zu verfügen, bedeutet lediglich den Ausschluss des Missbrauchstatbestandes.

49 Vgl. dazu Kapitel 2 C.
50 Vgl. dazu näher unter E I 2.

Über ein etwaiges Eingreifen des Treubruchtatbestandes ist damit noch nichts gesagt. Insgesamt kommt der Missbrauchsalternative nach alledem eine in konzernspezifischer Hinsicht zu vernachlässigende Bedeutung zu.

B. Untreuerelevante Nachteile im Konzern

Gemäß seiner Schutzfunktion setzt die Vollendung des Untreuetatbestands voraus, dass dem zu betreuenden Vermögen ein Nachteil zugefügt wird. Die Bestimmung eines Vermögensnachteils erweist sich bereits in klaren Täter-Opfer-Verhältnissen teilweise als schwierig, da noch immer Uneinigkeit darüber besteht, welche Vermögenspositionen bei der Bestimmung eines Nachteils zu berücksichtigen sind. Dass die teils recht komplexen Konstellationen in Konzernen, insbesondere dann, wenn die Positionen nicht eindeutig durch einen Beherrschungsvertrag abgesteckt sind, zu erheblichen Problemen bei der Schadensbestimmung führen, ist bekannt.[51] Eine Lösung, die breiten Konsens gefunden hat, ist bislang aber nicht erkenntlich. So wird teilweise resignierend festgestellt, dass sich „allgemeine Regeln ... hierfür ... kaum aufstellen“[52] lassen und in der Tat fordert jeder Sachverhalt eine genaue Prüfung des konkreten Falls. Die Möglichkeiten sind derart vielgestaltig, dass lediglich Leitlinien entwickelt werden können. Diese können durchaus auf Grundlage der allgemeinen Grundsätze und deren strikter Anwendung hergeleitet werden.

I. Die Nachteilszufügung als Vermögensschaden

Als mittlerweile wohl klassischer Streit im Strafrecht hat die Diskussion um den Vermögensbegriff zu gelten. Dieser wird meist im Rahmen der Darstellung des Betrugs oder in dessen Zusammenhang aufgegriffen. Im Gegensatz zum Betrug, der einen Vermögens*schaden* fordert, spricht das Gesetz bei der Untreue von einem Vermögens*nachteil*. Dies warf bereits früh die Frage auf, ob die unterschiedliche

51 Vgl. die Stellungnahmen bei *Busch* Konzernuntreue, S. 193; *Kohlmann* Strafrechtliche Verantwortlichkeit, Rn. 360; *Tiedemann* GmbH-Strafrecht, Vor §§ 82 ff. Rn. 22.

52 *Kohlmann* Strafrechtliche Verantwortlichkeit, Rn. 360.

Terminologie auch zu einem unterschiedlichen Inhalt bzw. abweichenden Schutzbereich des Tatbestandes führt.[53]

Nach heute allgemeiner Meinung wird der Nachteil heute im Sinne des § 266 StGB mit dem Schaden im Sinne des § 263 StGB gleichgesetzt.[54] Hier wie dort soll ungeachtet terminologischer Unterschiede schlichtweg das Vermögen geschützt werden. Entsprechend finden sich die hauptsächlich zum Betrugstatbestand geführten Diskussionen über den Begriff des Vermögens und dessen Schädigung in gleicher Form bei der Behandlung der Untreue wieder. Diese Diskussion um das Verständnis des Vermögens im strafrechtlichen Sinne ist ihrerseits seit langem in Gange und befindet sich noch immer im Fluss. Im Laufe der Zeit wurden in Literatur und Rechtsprechung verschiedene Vermögensbegriffe herausgearbeitet, die jeweils unterschiedliche Akzentuierungen in den Vordergrund stellen.[55] Ausgangspunkt waren die früher noch nebeneinander vertretenen und gegensätzlichen Vermögenstheorien. Auf der einen Seite standen die Vertreter eines juristischen Vermögensbegriffes, wonach das Vermögen aus der Summe aller einzelnen Vermögensrechte bestehen sollte.[56] Auf der anderen Seite wurde von einem gänzlich wirtschaftlichen Vermögensbegriff ausgegangen, dem auch das Reichsgericht im Rahmen einer Entscheidung der Vereinigten Strafsenate[57] zustimmte. Danach sollte das Vermögen in der „Summe aller geldwerten Güter einer Person“[58] bestehen. Dieser Ansicht schloss sich schließlich auch der BGH bald an.[59] Außerdem fand der wirtschaftliche Vermögensbegriff Zustimmung in der Literatur, welche diese Auffassung teilweise auch heute noch als die, wenigstens im Ausgangspunkt[60], vorzugswürdige ansieht.[61] Insgesamt stellen Rechtsprechung und Teile der Lehre heute auf eine wirtschaftliche Betrachtungsweise ab und wollen das Vermögen in

53 Vgl. bereits RGSt 71, 333.

54 Vgl. *Lackner/Kühl* StGB, § 266 Rn. 17; *Otto* Grundkurs Strafrecht, BT § 54 Rn. 32; Sch/Sch-*Perron* § 266 Rn. 39; LK-*Schünemann* § 266 Rn. 132; *Tröndle/Fischer* StGB § 266 Rn. 17.

55 Einen anschaulichen Überblick über die wichtigsten Begriffe gibt *Otto* Grundkurs Strafrecht, BT § 51 Rn. 53 ff.

56 RGSt 3, 332, 333; 11, 72, 76; *Binding* B.T. 1. Bd., S. 238 ff. -

57 RGSt 44, 230 ff.

58 RGSt 44, 230, 233.

59 BGHSt 2, 364; 34, 199, 203; 38, 186, 190.

60 LK-*Tiedemann* § 263 Rn. 132; *Wessels/Hillenkamp* Strafrecht B.T.2, Rn. 534.

61 *Fahl* JA 1995, S. 205; *Haft* B.T.II, S. 211; *Krey* Strafrecht B.T.II, Rn. 433; *Sonnen* JA 1982, S. 593; ähnlich auch *Tröndle/Fischer* StGB § 263 Rn. 54 ff.

der Summe aller geldwerten Güter einer Person nach Abzug derer Verbindlichkeiten sehen[62] (wirtschaftlicher Vermögensbegriff).[63] Der überwiegende Teil der Lehre schränkt diesen Begriff durch die Berücksichtigung der Anerkennung der wirtschaftlichen Werte durch die Rechtsordnung ein. Nur diejenigen wirtschaftlich wertvollen Positionen, die nicht im Widerspruch zur geltenden Rechtsordnung stehen, werden danach als Vermögensbestandteil angesehen (juristisch-ökonomischer Vermögensbegriff).[64] Diese zunehmende Orientierung der Rechtslehre an beiden, sowohl juristischen als auch wirtschaftlichen Elementen ist allerdings vereinzelt durchaus auch in der Rechtsprechung zu finden. Es existieren mittlerweile einige höchstrichterliche Entscheidungen, die, mittels vorgenommener normativer Wertungen, im Einklang mit dem in der Lehre entwickelten kombinierten Verständnis des Vermögens stehen, um vor allem Wertungswidersprüche zwischen Straf- und Zivilrecht zu vermeiden.[65] Deshalb wird auch die Rechtsprechung nach Teilen der Literatur heute für eine juristisch-ökonomische Vermittlungslehre in Anspruch genommen.[66] Schließlich wird unter Abkehr von derlei objektiven Ansätzen der personale Vermögensbegriff vertreten, wonach Vermögen die personal strukturierte Einheit, die die Entfaltung der Person im gegenständlichen Bereich gewährleistet, sein soll.[67] Diese Auffassung sieht sich immer wieder deutlicher Kritik ausgesetzt. Bei näherer Betrachtungsweise muss aber konstatiert werden, dass sich auch die Vertreter anderer Vermögensbegriffe dieser Ansicht de facto nähern, ohne dies aber beim Namen zu nennen. So wurden etwa Rechtsinstitute entwickelt, um auf die bei der strikten Anwendung des juristisch-ökonomischen Begriffs auftretende n

62 Vgl. etwa BGHSt 16, 220, 221; 34, 199, 203; 38, 186, 190.

63 Als Vertreter der Lehre können *Fahl* JA 1995, S. 205; *Haft* B.T.II, S. 211; *Krey* Strafrecht B.T.II, Rn. 433; *Sonnen* JA 1982, S. 593; ähnlich auch *Tröndle/Fischer* StGB § 263 Rn. 54 ff. genannt werden. Zumindest im Ausgangspunkt sehen diese Ansicht als vorzugswürdig an: LK-*Tiedemann* § 263 Rn. 132; *Wessels/Hillenkamp* Strafrecht B.T.2, Rn. 534.

64 So z.B. bei *Küper* Strafrecht B.T., S. 342 f.; *Rengier* Strafrecht B.T.I, § 13 Rn. 55; Sch/Sch-*Cramer* § 263 Rn. 82. – Darüber hinaus lassen neueste Konzeptionen in der Literatur sogar eine Hinwendung zu juristischen Vermögensbegriff erkennen vgl. *Pawlik* Verhalten, S. 263 ff.; SK-*Hoyer* § 263 Rn. 115 ff.; *Kindhäuser* B.T. II, § 1 Rn. 3.

65 Vgl. etwa der Beschluss zum „Dirnenlohn" in JR 1988, S. 125 mit Anm. *Tenckhoff*, S. 126, der sich mittlerweile freilich durch das ProstG v. 20. 12. 2001, BGBl. I 3983 inhaltlich überholt hat. Weitere Beispiele sind zu finden in BGHSt 26, 346, 347 f.; 31, 178, 180; BGH NStZ 2000, S. 534.

66 So *Küper* Strafrecht B.T., S. 345; *Bergmann/Freund* JR 1988, S. 190.

67 Grundlegend hierzu *Otto* Grundkurs Strafrecht, BT § 38 Rn. 3 ff., § 51 Rn. 53.

Unbilligkeiten zu reagieren. So sind heute nahezu einhellig die sog. „soziale Zweckverfehlungslehre“ sowie der „individuelle Schadenseinschlag“ anerkannt. Mit dieser Ausdehnung des Vermögensbegriffs bzw. -schadens auf derlei Fallkonstellationen wurde in der Sache weitgehend der Schritt zur personalen Vermögenslehre getan.

Abweichend von der Gleichsetzung der verschiedenen Termini bei Betrug (Schaden) und Untreue (Nachteil) gibt es auch Stimmen, die den Begriff des Nachteils weiter als den Schadensbegriff beim Betrug ansehen.[68] Dem ist entgegenzuhalten, dass diese angenommene Ausweitung des Anwendungsbereichs Ausfluss einer unsachlichen Differenzierung ist. Denn schließlich haben diesbezügliche Überlegungen gerade nicht auf den terminologischen Unterschieden zwischen den beiden Tatbeständen, sondern vielmehr darauf aufzubauen, dass es sich sowohl beim Betrug als auch bei der Untreue um Delikte zum Schutz des Vermögens des Opfers handelt. Der Fokus ist also darauf zu richten, dass es sich um einen *Vermögens*schaden bzw. einen *Vermögens*nachteil handeln muss. Daraus folgt zwingend, dass das Problem im Bereich des Vermögensbegriffs verankert ist und die Frage nach der Gleichsetzung von Schaden und Nachteil untrennbar mit diesem Begriff verbunden ist. Wollte man nun den Nachteil der Untreue und den Schaden des Betrugs unterschiedlich auslegen, so führte das zwangsläufig zu einem gespaltenen Vermögensbegriff.[69] Das beiderseits geschützte Vermögen bedeutete jeweils Unterschiedliches. Das allerdings ist eine dogmatisch nicht hinnehmbare Konsequenz. Dass sich bei der Untreue dennoch Besonderheiten ergeben, liegt letztlich nur in der Natur des Untreuetatbestandes und den typischen Fallkonstellationen und nicht etwa an einem abweichenden Vermögensbegriff.

1. Unterlassene Vermögensmehrung als Nachteil

Trotz der verbreiteten Gleichsetzung des Vermögensnachteils der Untreue mit dem Vermögensschaden des Betrugs, werden für die Untreue Besonderheiten ausgemacht.[70] Eine solche soll unter anderem deshalb bestehen, weil von der Untreue

68 *Waßmer* Untreue, S. 104 f. Von einer zu beobachtenden Ausweitung des Nachteilsbegriffs spricht auch *Labsch* Untreue, S. 321 f. m.w.N.

69 So zutreffend *Waßmer* Untreue, S. 110.

70 Vgl. *Otto* Grundkurs Strafrecht, BT § 54 Rn. 32; SK-*Samson/Günther* § 266 Rn. 42.

auch die pflichtwidrig unterlassene Vermögensmehrung des betreuten Vermögens erfasst werden kann.[71] In der Rechtsprechung wird dazu ausgeführt, dass der vermögensbetreuungspflichtige Täter „in geeigneten Fällen ... für eine Vermögensmehrung Sorge zu tragen" habe.[72] Danach bestünde der strafrechtliche Vorwurf in der Begehung der Untreue durch das Unterlassen der Nutzung von Vermögensmehrungschancen und der Untreuetatbestand würde nicht nur vor dem Ärmerwerden schützen, sondern auch die Chance, reicher zu werden in seinen Schutzbereich einbeziehen.[73] Im Gegensatz zum Betrug, der das bestehende Vermögen schützt, enthielte die Untreue darüber hinaus die Verpflichtung, in bestimmten Situationen das bestehende Vermögen weiter zu vermehren. Die frühere Rechtsprechung ging davon aus, dass eine Vermögensmehrungspflicht dann bestehen sollte, wenn die bloße Wahrscheinlichkeit eines Vermögenszuwachses bestand.[74] Heute wird davon ausgegangen, dass dies nicht schon bei nur allgemeinen und ungesicherten Chancen und Hoffnungen der Fall ist, sondern erst dann, wenn eine gesicherte Aussicht des Opfers auf den Vorteil bestand.[75] Die Chance muss sich danach derart zu einer tatsächlichen Anwartschaft, einer sog. vermögenswerten Exspektanz[76], verdichtet haben, dass die Wahrnehmung der Chance auch sicher zu einer Vermögensmehrung geführt hätte.[77]

Vor diesem Hintergrund erscheint fraglich, ob der Schutzumfang der Untreue im Vergleich zum Betrug tatsächlich ein anderer ist. Der Vorwurf des Unterlassens der Vermögensmehrung könnte nämlich diametral ebenso als aktives Zunichtemachen einer bereits als Vermögensbestandteil anzusehenden Exspektanz verstanden werden.[78] Entscheidend dafür ist, ob und wann die Position der Anwartschaft bereits als Bestandteil des betreuten Vermögens anzusehen ist.

---

71 BGHSt 31, 232; BGH wistra 1984, 109, wistra 1989, 224; Sch/Sch-*Lenckner/Perron* § 266 Rn. 46; *Otto* Grundkurs Strafrecht, BT § 54 Rn. 32; SK-*Samson/Günther* § 266 Rn. 42.

72 BGH NJW 1983, 1807, 1807. – Vgl. auch BGHSt 31, 232, 232 f.; BGH wistra 1984, 109, 109f., wistra 1989, 224, 224 f.

73 *Rönnau* in: Kohlmann-FS, S. 250.

74 So noch RGSt 75, 92: BGHSt 2, 367; 17, 147.

75 BGHSt 20, 143, 145; 31, 232, 232 f.; vgl. auch Sch/Sch-*Lenckner/Perron* § 266 Rn. 46, § 266 Rn. 87; SK-*Samson/Günther* § 266 Rn. 44; LK-*Schünemann* § 266 Rn. 135; Trödle/Fischer § 266 Rn. 60.

76 Zum Begriff *Hefendehl* Vermögensgefährdung und Exspektanz, S. 121.

77 BGHSt 20, 145; OLG Köln NJW 1967, S. 1923; OLG Hamm NJW 1968, S. 1940; SK-*Samson/Günther* § 266 Rn. 44.

78 *Rönnau* in: Kohlmann-FS, S. 249.

Die ganz überwiegende Ansicht geht davon aus, dass Exspektanzen in weitem Umfang in das geschützte Vermögen einzubeziehen sind, sofern ihnen ein wirtschaftlicher Wert zukommt, bzw. sie möglicher Gegenstand rechtlich wirksamer Tauschgeschäfte sind oder den Wert solcher Gegenstände erhöhen.[79] Die vielerorts als Besonderheit der Untreue ausgemachte Möglichkeit der Tatbestandsverwirklichung durch ein Unterlassen der Mehrung des betreuten Vermögens, entpuppte sich bei dieser Annahme dann keineswegs als Folge eines erweiterten Anwendungsbereichs aufgrund eines weiteren Schutzbereichs der Untreue.[80] Die Zerstörung einer Anwartschaft ist nämlich nach diesem Verständnis die echte Schmälerung des bestehenden Vermögens und rechtfertigt damit zugleich die Annahme eines Vermögensschadens bzw. –nachteils.[81] Allerdings wenden sich insbesondere Vertreter des sog. integrierten Vermögensbegriffs und der personalen Vermögenslehre gegen eine derartige weit reichende Anerkennung von Exspektanzen als Bestandteil des Vermögens.[82] Am Ergebnis ändert das jedoch insofern nichts, als die Vertreter dieser Ansicht den Schutzumfang der Untreue auch auf das noch zu erlangende Vermögen ausdehnen und einen Nachteil i.S.d. § 266 StGB auch dann annehmen, wenn der Vermögensbetreuungspflichtige das betreute Vermögen trotz bestehender Möglichkeiten nicht vermehrt.[83]

2. Vermögensgefährdung als Nachteil

Nach Rechtsprechung und herrschender Lehre soll auch eine konkrete Gefährdung des Vermögens einen Schaden darstellen. Unter dem Schlagwort „schadensgleiche Vermögensgefährdung“ wird hier diskutiert, die Gefahr eines künftig entstehenden Verlustes bereits als Nachteil im Sinne des § 266 StGB anzunehmen.[84] Die Rechtsprechung nimmt das bereits dann an, wenn nach den Umständen des Einzelfalles die nahe liegende Möglichkeit eines endgültigen Verlustes besteht.[85] In der Litera-

79 Instruktiv *Rönnau* in: Kohlmann-FS, S. 253 f. m.w.N.
80 Im Ergebnis ebenso *Waßmer* Untreue, S. 109 m.w.N.
81 LK-*Schünemann*, § 266 Rn. 132; *Waßmer* Untreue, S. 109 f. jeweils m.w.N.
82 *Hefendehl* Vermögensgefährdung und Exspektanz, S. 121 ff.; *Labsch* Untreue S. 321 ff.; *Otto* Struktur des Vermögensschutzes, S. 47 ff.
83 Vgl. insbes. die Darstellung bei *Labsch* Untreue S. 325 f.;
84 Vgl. dazu bereits *Arnold* JURA 2005, S. 847 f. m.w.N.
85 BGHSt. 21, 112, 113 unter Verweis auf RGSt. 73, 61, 64.

tur bemüht man sich um eine nähere Konkretisierung der „nahe liegenden Möglichkeit“, nimmt aber ebenfalls verbreitet an, dass ein Vermögensnachteil im Sinne der Untreue bereits dann vorliegt, wenn der Vermögensbestand zu einem bestimmten Grad gefährdet ist.[86] Dieses Vorgehen erlangt z.B. bei der Vergabe nicht ausreichend gesicherter Darlehen Bedeutung. Zwar ist die Konstruktion in der Literatur umstritten, allerdings handelt es sich um einen eher akademischen Streit, da man sich im Ergebnis weitestgehend einig ist. Denn sowohl bei der Anerkennung einer sog. „schadensgleichen Vermögensgefährdung“ als auch bei der Qualifikation der damit umschriebenen Situationen als bereits tatsächlich eingetretenen Schaden, wie sie von den Kritikern der Figur verbreitet vorgenommen wird, wird ein vorliegender Nachteil für das Vermögen angenommen.

In dogmatischer Hinsicht erscheint der Rückgriff auf die Figur der „schadensgleichen Vermögensgefährdung“ bereits aus logischen Gesichtpunkten mehr als fragwürdig, wird hierbei doch die Gefahr des Eintritts eines Schadens mit dem Schaden an sich gleichgestellt. Die Rechtsgutsgefährdung würde somit bereits zur Rechtsgutsverletzung. Vor diesem Hintergrund wird gegen dieses Vorgehen zu Recht eingewandt, man verstoße damit gegen Art. 103 Abs. 2 GG, da man den Wortlaut in unerlaubter Weise ausdehne.[87] Allerdings entschärft sich diese Problematik bei genauer Durchleuchtung der Struktur des Vermögens. Oftmals stellt die vermeintliche Gefährdung des Vermögens nämlich bereits einen tatsächlichen Schaden dar. So steht etwa der Beurteilung einer nicht ausreichend gesicherten Kreditvergabe als tatsächlichen Schaden und nicht nur einer Gefährdung nichts entgegen. Es wird in derartigen Fällen nämlich die gesicherte Vermögensposition durch eine gefährdete ersetzt, der Wert eines einzelnen Vermögensgutes im Gesamtvermögen gemindert und die Vermögensstruktur damit eindeutig verschlechtert.[88] Dieses Ergebnis wird mit der personalen Vermögenslehre ohne weiteres gefunden, ergibt sich aber auch unter Verwendung des wirtschaftlichen Vermögensbegriffs, da eine gefestigte Position nicht gleichermaßen beurteilt werden kann

86 *Kindhäuser* StGB, § 266 Rn. 83; LK-*Schünemann* § 266 Rn. 45; *Tröndle/Fischer* StGB § 266 Rn. 60; *Waßmer* Untreue, S. 132; krit. *Dierlamm* NStZ 1997, S. 535.

87 Zur gesamten Kritik vgl. auch *Otto* Grundkurs Strafrecht, BT § 51 Rn. 70 ff.; *Labsch* Untreue, S. 321.

88 *Arnold* JURA 2005, S. 848 - vgl. auch die verschärften Voraussetzungen, die der BGH in seiner jüngsten Rechtsprechung an die Vergabe von Darlehen zu stellen scheint, BGH NJW 2004, 1111, 1111 f.

wie eine unsichere. Daran ändert es auch nichts, dass der Rechtsfigur der „schadensgleichen Vermögensgefährdung“ nur die Funktion zugesprochen wird, Fallgruppen zu charakterisieren, bei denen eine Abgrenzung schwierig ist.[89] Eine Situation schwieriger Beurteilung kann nur durch genaue Betrachtung der konkreten Umstände, nicht aber durch Schaffung eines zweifelhaften und logisch unschlüssigen Konstrukts gelöst werden.

Problematisch ist zudem insbesondere im Hinblick auf die Geschäftsführungstätigkeit in Unternehmen die Frage, inwieweit gefahrbehaftete Handlungen erlaubt sind. Gerade im Bereich der unternehmerischen Entscheidungsfindung und der den Entscheidungsträgern zugestehenden Entscheidungsspielräume stellt sich stets die Frage, welches Risiko eingegangen werden darf, um potenziell gewinnbringende Geschäfte zu tätigen.[90]

II. Unmittelbare und mittelbare Schädigung von Konzerngesellschaften

Wie bereits erörtert, sind sämtliche am Konzern beteiligte Gesellschaften als potenzielle Untreueopfer konzernrelevanter Verhaltensweisen anzusehen. Ein Schaden für das Vermögen der relevanten Unternehmen kann auf verschiedene Arten entstehen.[91] – Einerseits durch Maßnahmen, die unmittelbar das Unternehmen betreffen, dem der Täter angehört, andererseits durch Eingriffe eines Täters in einem anderen Konzernunternehmen, die lediglich mittelbar das betrachtete Unternehmen betreffen. Hier kommen sowohl Eingriffe in der Muttergesellschaft als auch solche in einer Schwestergesellschaft in Frage.

Soweit sich mittelbar auswirkende Verhaltensweisen in der Literatur behandelt werden, wird hier recht schnell festgestellt, dass durch die unmittelbare Schädigung des Konzerns, die sich mittelbar auf das betrachtete Unternehmen auswirkt, durchaus auch eine Untreue gegenüber diesem Unternehmen begründet werden kann, da eine nur mittelbare Schädigung aufgrund bestehender Konzernverflechtungen bei der Nachteilsberechnung zu berücksichtigen sei.[92] Die Stellungnahmen sind insge-

89 So bei *Waßmer* Untreue, S. 132.

90 Allgemein dazu ausführlich *Waßmer* Untreue, S. 103 ff. und in Bezug auf Leitungsentscheidungen im Konzern unter D IV.

91 Vgl. dazu auch die Darstellung bei *Kohlmann* Strafrechtliche Verantwortlichkeit, Rn. 361 ff.

92 *Kohlmann* Strafrechtliche Verantwortlichkeit, Rn. 361; *Schmid* in: Müller-Gugenberger/Bieneck § 31 Rn. 114, 130; *Tiedemann* GmbH-Strafrecht, Vor §§ 82 ff. Rn. 23.

samt sehr allgemein gehalten und können schnell zu Missverständnissen führen. Es werden nämlich zwei elementare Gesichtspunkte nicht ausreichend behandelt: Erstens kann ein Konzern selbst niemals Opfer einer Untreue sein, da er selbst keine Rechtspersönlichkeit hat.[93] Allenfalls gegenüber den einzelnen Konzernunternehmen ist eine Untreue denkbar. Insofern macht auch nur die Feststellung erlittener Schäden bei den Unternehmen selbst Sinn. Zweitens – und das betrifft eben diese Schadensfeststellung bei den Konzernunternehmen – muss ein entsprechender Schaden konkret nachgewiesen werden können. Der Nachweis hat dabei nach den allgemeinen Schadensberechnungsgrundsätzen durch Vergleich der Vermögenspositionen vor und nach der vermeintlich schädigenden Verhaltensweise zu erfolgen. Daraus folgt, dass von Schädigungs*handlungen* mittelbar betroffene Unternehmen dennoch einen unmittelbar bei ihm selbst eingetretenen *Schaden* in Form einer Vermögensminderung erfahren müssen, damit sie das Untreueopfer aufgrund der Schädigungshandlung sein können.

Hingewiesen sei in diesem Zusammenhang darauf, dass es sich bei dem Erfordernis des Vermögensnachteils um ein objektives Tatbestandsmerkmal handelt, dessen Vorliegen stets Tatfrage ist. Einer Begründung, ob und inwieweit eine Schädigung des Vermögens eines Konzernunternehmens, die nur mittelbare Folge einer ein anderes Konzernunternehmen unmittelbar betreffenden Verhaltensweise ist, grundsätzlich bei der Berechnung des Nachteils i.S.d § 266 StGB anerkannt werden soll, bedarf es nicht.[94] Vielmehr muss schlichtweg für jeden Einzelfall untersucht werden, ob eine Vermögensminderung bei dem betrachteten Unternehmen selbst tatsächlich eingetreten ist. Kann das festgestellt werden, liegt ein Nachteil vor und ist geeignet, eine Untreuestrafbarkeit zu begründen, sofern die übrigen Voraussetzungen vorliegen. Ob dieser Nachteil unmittelbar oder nur durch mittelbare Wirkung entstanden ist, spielt keine Rolle.[95]

---

93 Vgl. dazu oben A II 2.

94 Insoweit unverständlich deshalb die Kritik bei *Busch* Konzernuntreue, S. 200 f. an Teilen der Literatur.

95 *Busch* selbst entdeckt die Hauptproblematik schließlich in Kausalitätsfragen und vermengt Fragen zu vorliegenden Tatbestandsmerkmalen mit Zurechnungsfragen. Es versteht sich von selbst, dass die Nachteilszufügung dem Täter auch zugerechnet werden muss. Insofern gelten die allgemeinen Zurechnungsgrundsätze. Dies übersieht *Busch* in dem gewählten Beispiel. Vgl. *Busch* Konzernuntreue, S. 201.

III. Saldierung gegenseitiger Ansprüche unter den Konzerngesellschaften

Die in jedem Fall erforderliche Feststellung des tatsächlichen Eintritts eines Nachteils, stellt in einer Vielzahl der Sachverhalte das größte Problem dar. Eine genaue Untersuchung des jeweiligen Einzelfalls daraufhin, ob das Vermögen des Betroffenen durch das fragliche Verhalten geschmälert wurde, könnte oftmals die Überlegungen nach neuen Kategorien und Speziallösungen, die nur allzu häufig dogmatischer Grundsätze entbehren, hinfällig werden lassen. Ein deutliches Beispiel dafür ist die in Literatur und Rechtsprechung diskutierte Anerkennung von Forderungen des Opfers gegen den Schädiger als tauglichem Vermögensbestandteil und sich einer daraus ergebenden Kompensation des Schadens.

Ausgangspunkt der Überlegung zu einer möglichen Kompensation vermögensschmälernder Maßnahmen und des sich daraus ergebenden Entfallens eines Vermögensschadens, muss die allgemein zu Grunde gelegte Prämisse des Vermögensnachteils als negativer Differenz des Vermögens vor und nach dem vermeintlich schädigenden Verhalten sein. Der Fokus liegt auf der Ermittlung dieser Differenz, weshalb die Unterschiede zwischen den Vermögensbegriffen hier nicht vertieft werden müssen. Zudem ist allgemein anerkannt, dass Forderungen des Vermögensinhabers in die Bestimmung des Vermögensbestandes einzubeziehen sind. In Konzernen stellt sich deshalb als Besonderheit die Frage, wie die Forderungen der Konzernunternehmen untereinander oder gegen einzelne Organe bei der Schadensermittlung berücksichtigt werden müssen. Eine Saldierung der gegenseitigen Forderungen hat damit nämlich unmittelbaren Einfluss auf die Vermögenssituation der Unternehmen und auf diese Weise auch auf die Feststellung eines untreuerelevanten Schadens. Grundsätzlich kommen im Konzern sowohl Forderungen in Betracht, die auf Rechtsgeschäft beruhen als auch solche, die durch Gesetz oder richterliche Rechtsfortbildung entstehen. Die Behandlung der einzelnen Posten ist in Literatur und Rechtsprechung umstritten.

1. Ansprüche auf rechtsgeschäftlicher Basis – Das Unmittelbarkeitsprinzip

Der tägliche Umgang der Konzernunternehmen untereinander ist geprägt von Rechtsgeschäften unterschiedlichster Art. Neben Unternehmensverträgen oder schlichten gegenseitigen Verträgen, die zwischen den Konzernunternehmen geschlossenen werden, liegen oftmals einseitige Erklärungen zumeist der Muttergesellschaft und zugunsten der Tochter vor. Von praktischer Relevanz sind hier vor allem Liquiditätszusagen und Patronatserklärungen.[96] Aus der Vielzahl von Ansprüchen gilt es diejenigen herauszufiltern, welche für die Saldierung mit einer Vermögensminderung überhaupt in Betracht kommen. Ausgangspunkt dieser Überlegung hat auch hier das Verständnis des Schadens als Differenz zwischen dem Vermögensstand vor und nach dem zu untersuchenden Verhalten zu sein. Da der Schaden durch die Untreuehandlung hervorgerufen sein muss, muss diese Differenz der Vermögenssituationen demzufolge gerade die Folge des betrachteten Verhaltens sein.[97] Mit anderen Worten muss zwischen dem vorgeworfenen Verhalten und dem Vermögensnachteil ein unmittelbarer Zusammenhang bestehen. Nur solche Vermögensverminderungen, die unmittelbar auf diesem Verhalten beruhen, können in die Betrachtung eingestellt werden und den Täter damit belasten.

a. Einzelbetrachtungslehre

Nicht jeder das Vermögen des vermeintlichen Opfers im Zusammenhang mir der untersuchten Handlung erhöhende Anspruch kann ohne weiteres in eine Saldierung einbezogen werden. Die Konsequenzen aus der geforderten Unmittelbarkeitsbeziehung zwischen einer Vermögensminderung und der betreffenden Handlung müssen auch in die andere Richtung gezogen werden. D.h. es dürfen nur solche Ansprüche, als Vermögensbestandteile derart in die Schadensberechnung einfließen, dass sie den Vermögensbestand erhöhen, wenn sie unmittelbar auf der vermeintlich schädigenden Handlung beruhen. Der Täter wird nur entlastet, wenn er gerade durch diese Handlung als Gegenstück zur Vermögensminderung eine Erhöhung des Vermögens herbeigeführt hat. Treffend hat das der *BGH* dahingehend formuliert, dass nur dann kein Vermögensschaden vorliegt, wenn „wertmindernde und werterhöhende Faktoren sich gegenseitig aufheben [, was] grundsätzlich nur dann der Fall [ist], wenn die Untreuehandlung selbst Vorteil und Nachteil zugleich hervorbringt, so daß Verlust und Gewinn sich die Waage halten.“[98] Dieser in Rechtsprechung und Literatur anerkannte[99] Grundsatz der *Einzelbetrachtung* folgt daraus, dass im

96 Vgl. dazu *Habersack* in: *Emmerich/Habersack* Konzernrecht, § 302 Rn. 9 ff.
97 Vgl. LK-*Schünemann* § 266 Rn. 136.
98 BGH NStZ 1986, 455, 456; zum Betrug auch BGHSt 17, 147, 149.
99 BGHSt 17, 147, 149; BGTH NJW 1975, 1234, 1235 f.; *Schmid* in: Müller-Gugenberger/Bieneck § 31 Rn. 137; LK-Schünemann § 266 Rn. 137; *Tröndle/Fischer* StGB § 266 Rn. 73.

Strafrecht die Einzeltat unabhängig von anderen Taten zu bestimmen ist.[100] Eine Verrechnung von Vor- und Nachteilen darf danach nur stattfinden, wenn beide auf derselben und isoliert betrachteten Maßnahme beruhen. Auswirkungen anderer Maßnahmen haben danach außer Betracht zu bleiben.

Bei gegenseitigen Verträgen ist es recht eindeutig, welche Vermögenspositionen gegenübergestellt werden müssen. Um einen Vermögensnachteil auszuschließen, müssen die sich in einem do ut des Verhältnis jeweils zu erbringenden Leistungen als gleichwertig gegenüber stehen. Deshalb werfen derartige Vertragsverhältnisse keine grundsätzlichen Fragen hinsichtlich der Saldierungsfähigkeit der jeweiligen Leistungen bzw. Ansprüche auf. Hier entstehen die Probleme im tatsächlichen Bereich, nämlich dann, wenn es die Leistungen zu beurteilen gilt. In Konzernen entstehen die Schwierigkeiten vor allem dort, wo Vermögenswerte an andere Konzernunternehmen, zumeist an die Mutter, übertragen und im Gegenzug Ansprüche und Dienstleistungen erworben werden. Bekanntester und anschaulichster Fall der Rechtsprechungspraxis dürfte in den vergangenen Jahren derjenige der Sachsenmilch AG sein. Zwischen Mutter und Tochter wurde ein Kaufvertrag über Molkereiwissen abgeschlossen. Als Tochter der Südmilch AG bezahlte die Sachsenmilch AG rund 19 Mio. EUR und erwarb im Gegenzug Molkereiwissen, das mit genau dem Wert des Kaufpreises auch bilanziert wurde. In Wahrheit handelte es sich um allgemein bekanntes Wissen, das in jedem Fachbuch nachzulesen gewesen wäre.[101] Kaufpreis und erbrachte Dienstleistung wurden richtigerweise gegenübergestellt und verrechnet, wichen aber eklatant voneinander ab, wodurch der Tochter ein erheblicher Vermögensschaden entstanden ist. Dem gleichen Beurteilungsprinzip folgen Fälle, in denen Forderungen erworben werden, wie sie die verschiedenen Methoden der Konzernfinanzierung, allen voran ein implementiertes Cash-Pooling-System, mit sich bringen.[102]

Von diesen Fällen sind diejenigen zu unterscheiden, in denen die eigene zu erbringende Leistung, als vermögensmindernder Aspekt, und die empfangene, die den Vermögenswert erhöht, nicht auf ein und derselben Verhaltensweise beruhen. Entscheidend ist dabei immer der innere Zusammenhang von Vor- und Nachteil. Der rein temporäre Aspekt einer möglichen Gleichzeitigkeit vermag nämlich von-

100 RG DJ 1938, 231; LK10-Hübner § 266 Rn 91.

101 Vgl. Handelsblatt vom 22.10.2003 S. 20.

102 Zum Cash-Pooling vgl. Kapitel 5 A.

einander unabhängige Handlungen nicht derart zu verknüpfen, dass sie zu einer einheitlichen Handlung werden, deren gleichermaßen vor- und nachteilige Wirkung gegeneinander verrechnet werden können. Ein solcher innerer Zusammenhang fehlt gerade bei Patronatserklärungen und Liquiditätszusagen.[103] Diese stellen lediglich globale Zusicherungen seitens der Mutter dar, die Tochtergesellschaft mit ausreichender Liquidität auszustatten, damit diese Ihre Verpflichtungen erfüllen kann. Der Anspruch der Tochtergesellschaft auf etwaige Zahlungen zur Sicherung der Liquidität beruht gerade nicht auf der konkret in Frage stehenden Handlung und steht dieser nicht direkt gegenüber. Es besteht damit kein unmittelbarer Zusammenhang mit der von der Muttergesellschaft veranlassten Maßnahme, die das Vermögen der Tochtergesellschaft schmälert. Vielmehr ist es möglich, dass die Zusagen seitens der Muttergesellschaft aufgrund anderweitiger erfolgreicher Geschäfte der Tochtergesellschaft nicht zum Zuge kommen, da deren finanzielle Ausstattung bereits deshalb gesichert ist. Dieser Fall verdeutlicht, dass globale Zusagen wie Patronatserklärungen und Liquiditätszusagen keinesfalls geeignet sind, Vermögensnachteile auszugleichen. Deshalb sind weder Patronatserklärungen noch Liquiditätszusagen aufgrund ihres allgemeinen Charakters saldierungsfähig und somit bei der Nachteilsberechnung außer Acht zu lassen.

b. Gesamtbetrachtungslehre

Die strenge Einzelbetrachtung stößt dann an ihre Grenzen, wenn es gilt, größere Projekte im Wirtschaftsleben, wie sie gerade in Konzernen häufig zu finden sind, zu beurteilen. Für Konzerne seien hier allen voran Unternehmensneustrukturierungen, groß angelegte Investitionstätigkeiten und Produktionsumstellungen genannt. Derartige Projekte bestehen aus einem ganzen Bündel einzelner Maßnahmen, die erst im Zusammenspiel wirtschaftlich sinnvoll erscheinen. Notgedrungen müssen bei derartigen Vorhaben regelmäßig zunächst Entscheidungen getroffen werden, die den einen Unternehmen deren Assets nehmen und den anderen zugänglich machen, ohne dass im selben Gegenzug gleichwertige Vorteile zugesprochen werden. Diese erhält das betroffene Unternehmen oftmals erst in einem weiteren Schritt, so dass dessen Vermögensposition nach Abschluss sämtlicher Umstrukturierungs-

103 Vgl. zu Patronatserklärungen und Liquiditätszusagen die Erläuterungen bei *Emmerich* in: *Emmerich/Habersack* Konzernrecht, § 302 Rn. 9 ff.

maßnahmen der ursprünglichen entspricht oder sich gar verbessert hat. Auf den ersten Blick erscheint es nun so, als dass derartige „Vorausnachteile" gemäß der Einzelbetrachtungslehre losgelöst von anderen, zumeist späteren, Einzelmaßnahmen des gesamten Vorhabens zu beleuchten seien. Eine derart strenge Isolierung einzelner Maßnahmen würde aber den tatsächlichen wirtschaftlichen Verhältnissen nicht gerecht. Das erkannte bereits das Reichsgericht und ist zu einer sog. Gesamtbetrachtung übergegangen, wenn „sich ein aus mehreren Einzelhandlungen bestehendes Verhalten bei natürlicher Betrachtung derart als äußere und innere Einheit [darstellt], daß es unzulässig ist, aus diesem Gesamtverhalten bestimmte Einzelhandlungen willkürlich herauszugreifen und unabhängig von den anderen zu beurteilen."[104] Eine derartige Gesamtbetrachtung wurde immer dann als gerechtfertigt angesehen „wenn der wirtschaftlich höher stehende Vorteil nicht anders als auf dem Weg über einen – wirtschaftlich geringeren – Nachteil zu erreichen ist".[105] Diese Erwägungen fanden und finden auch in der Literatur weitgehend Zustimmung. Verbreitet wird heute als Ausnahme von der Einzelbetrachtung angenommen, dass die Einbeziehung anderer als der unmittelbar zur Vermögensminderung führenden Maßnahmen immer dann möglich sei, wenn ein wirtschaftlich vernünftiger Gesamtplan vorliegt, der ein auf einen einheitlichen Erfolg gerichtetes Handlungsbündel vorsieht und der einheitliche Erfolg nur über zunächst für sich nachteilige Maßnahmen erreicht werden kann.[106]

Diese Gesamtbetrachtung hat aber auch Kritiker, die sich gegen eine Saldierung wenden.[107] Das Strafrecht habe stets an den Einzeltaten anzuknüpfen und deren unmittelbare Folgen zu berücksichtigen. Die Zusammenfassung mehrerer Einzelhandlungen stelle deshalb eine unzulässige Durchbrechung dieses Grundsatzes dar. Ebenso zeige bereits die Verwendung des Begriffs Kompensation, dass vorher ein Vermögensnachteil vorlag, den es zu kompensieren galt. Ein Ausgleich des Schadens durch eine andere Maßnahme beseitige diesen aber nicht.[108]

In der Tat darf nicht vorschnell von den oben dargelegten Grundsätzen der sich aus dem Unmittelbarkeitsprinzip ergebenden Einzelbetrachtung abgewichen wer-

104 RGSt 65, 422, 430 f.
105 RGSt 75, 227, 230.
106 *Bringewat* JZ 1977, S. 671; Sch/Sch-*Lenckner/Perron* § 266 Rn. 41; *Schmid* in: Müller-Gugenberger/Bieneck § 31 Rn. 137; LK-*Schünemann* § 266 Rn. 137.
107 *Schreiber/Beulke* JuS 1977, S. 659; *Wolf* Die Strafbarkeit, S. 65 ff.
108 *Wolf* Die Strafbarkeit, S. 65 ff.

den, nur um wirtschaftliche Vorgänge, die sinnvoll erscheinen, rechtlich zu ermöglichen. Die dogmatisch entwickelten Grundlagen würden damit über den Haufen geworfen. Der genaue Blick auf die betroffenen Sachverhalte und die fundierten Aussagen in Literatur und Rechtsprechung lohnen sich indes auch hier. Beherzigt man die Forderungen in diesen Aussagen, ist eine Wertung im Sinne der Gesamtbetrachtung durchaus zulässig. Es werden nämlich gerade nicht mehrere Handlungen zu einer einzigen willkürlich zusammengefasst. Vielmehr kann das nur gelten, wenn sich die einzelnen Handlungen derart zusammenfügen, dass sich ein untrennbares Handlungsbündel im Sinne einer natürlichen Einheit, wie sie vom Reichsgericht ursprünglich gefordert wurde, ergibt. Eine Gesamtmaßnahme in ihre Einzelteile zu zerreißen, hieße die Augen vor der Realität des Wirtschaftsverkehrs zu verschließen.

Abgesehen von der Zusammenfassung mehrerer Einzelhandlungen durch eine Gesamtbetrachtung, könnte die Einbeziehung in einen wirtschaftlich sinnvollen und Erfolg versprechenden Gesamtplan auch unter einem anderen Aspekt geeignet sein, einen Vermögensschaden auszuschließen. Unter Berücksichtigung des sinnvollen Gesamtplans wird deutlich, dass dessen beginnende Umsetzung und die Einbeziehung in diesen Plan bereits wirtschaftlich wertvolle Positionen mit sich bringen können. Das hat jedenfalls dann zu gelten, wenn die Einbeziehung in den Plan und die dem Unternehmen auf Grundlage dieses Plans später zufließenden Vorteile bereits von Beginn an durch entsprechende Verträge oder wenigstens Letters of Intent abgesichert werden. Immerhin führt die Einbeziehung in den Plan zu einer später erfolgenden Vergünstigung oder eröffnet wenigstens die Chance zu einer wirtschaftlichen Verbesserung. Das nach dem Unmittelbarkeitsgrundsatz erforderliche Element, das die spätere Vermögensmehrung mit der zunächst vermögensmindernden Maßnahme innerlich verbindet, kann durchaus in der Einbeziehung in den Gesamtplan selbst gesehen werden. Der nachteiligen Maßnahme muss aber nach wie vor grundsätzlich ein gleichwertiges Gut gegenüberstehen. Die Schwierigkeit der problematischen Situationen besteht nun gerade oftmals darin, dass keine einklagbaren Ansprüche als Gegenstück zur Vermögensminderung entstehen, die bewertet und mit der unmittelbar damit zusammenhängenden Vermögensminderung verrechnet werden könnten. Damit konzentriert sich die Frage darauf, inwieweit die sich durch die bloße Einbeziehung in den Gesamtplan ergebende Gewinnaussicht konkretisiert hat und derartige Exspektanzen als Vermögensgegenstand anzuerkennen sind.[109] Eine Lösung kann dann nur durch die jeweilige Betrachtung des konkreten Sachverhalts gefunden werden.[110] Es ist dann beispielsweise zu bewerten, inwiefern zeitlich versetzt greifende Synergieeffekte bei konzernweiten Unternehmensumstrukturierungen absehbar und sicher prognostiziert werden können. Selbst wenn es sich bei den Maßnahmen nicht nur um eine Umverteilung innerhalb des Konzerns oder des Unternehmens handelt, sondern Teile des vorhandenen Vermögens sogar unter Wert veräußert werden, kann eine wertende Betrachtung der Gesamtumstände dazu führen, einen Vermögensnachteil abzulehnen. Dann etwa, wenn die Beibehaltung der abgestoßenen Vermögensteile erhebliche Folgekosten nach sich zöge, die die Gesamtsituation des einzelnen Unternehmens verschlechtern würde. In diesen Fällen ist ein „Gesundschrumpfen“ des Unternehmens nicht unbedingt als Vermögensnachteil zu werten.

Ist eine ausreichend enge Verklammerung zu einer einheitlichen Handlung nicht erkennbar oder will man den obigen Ausführungen nicht folgen und weiterhin eine isolierte Betrachtung jeder einzelnen Maßnahme vornehmen, ist das noch nicht gleichbedeutend mit einer vorliegenden Untreuestrafbarkeit. Da den Täter der Vorwurf der Verletzung einer Vermögensbetreuungspflicht treffen muss, stellt sich die Folgefrage, ob die Eingehung eines Nachteils in Ausübung der Vermögensbetreuungspflicht nicht dann zulässig oder sogar geboten ist, wenn Vorteile durch eine andere Maßnahme zu erwarten sind. Damit verschiebt sich die Problematik von der Frage nach einem vorliegenden Vermögensschaden hin zu derjenigen nach einer gegebenen Verletzung der Vermögensbetreuungspflicht durch unternehmerische Entscheidungen der Unternehmensleitung.

2. Schadensersatz- und Ausgleichsansprüche abhängiger Unternehmen

Über die rechtsgeschäftlich begründeten Ansprüche hinaus, hält das Konzernrecht neben den allgemeinen Schadensersatzansprüchen besondere gesetzliche Regelungen bereit, die geeignet sind, Ansprüche zwischen den Konzernunternehmen zu begründen. Daneben wurden in Rechtsprechung und Literatur Ausgleichsmecha-

109 Vgl. hierzu ausführlich für vorgenommene Risikogeschäfte *Waßmer* Untreue, S. 119 ff. – Zur Frage der Anerkennung von Exspektanzen als Vermögensbestandteil vgl. bereit oben I 1.

110 Vgl. dazu den Versuch, konzernspezifische Kriterien für die Saldierung innerhalb eines Konzerns zu formulieren bei *Busch* Konzernuntreue, S. 203 ff.

nismen für solche Konstellationen – insbesondere für die Fälle des faktischen GmbH-Konzerns – entwickelt, in denen die gesetzlichen Anspruchsgrundlagen nicht greifen. Nicht eindeutig geklärt ist bislang, ob und inwieweit diese Schadensersatz- und Ausgleichsansprüche als Kompensation erlittener Vermögensschmälerungen bei der Bestimmung des Vermögensschadens im Rahmen der Untreue dienen können. Welche Behandlung des jeweiligen Anspruchs zutreffend ist, kann nur durch eine genaue analytische Betrachtung der einzelnen Ansprüche, bei Gemeinsamkeiten gegebenenfalls zusammengefasst in Gruppen, festgestellt werden. Die Unterschiede zwischen Vertragskonzern und faktischem Konzern im zivilrechtlichen Haftungssystem[111] setzen sich bei der Schadensbestimmung im Rahmen der strafrechtlichen Beurteilung fort. Grundlage eines entsprechenden Saldierungskonzepts sind die allgemeinen Erwägungen, inwieweit gesetzliche Ausgleichs- und Schadensersatzansprüche überhaupt in eine Saldierung Eingang finden können. Erst im nächsten Schritt kann dann eine verbindliche Aussage über die Behandlung der besonderen konzernrechtlichen Ansprüche getätigt werden. Insgesamt gelten nämlich auch im Bereich der speziellen konzernrechtlichen Schadensersatz- und Ausgleichsansprüche die Überlegungen zum unmittelbaren Zusammenhang zwischen vermeintlich schädigender Verhaltensweise und den daraus resultierenden Ansprüchen, die für rechtsgeschäftlich begründeten Ansprüche angestellt wurden. Deshalb ist das Augenmerk bei der Untersuchung auch auf den Charakter des jeweiligen Anspruchs im Hinblick auf die Unterschiede zwischen Einzel- oder Globalausgleichsanspüchen zu richten.

a. Grundsätzliches

Während hinsichtlich mittels Rechtsgeschäft erworbener Ansprüche weitestgehend anerkannt ist, dass diese geeignet sind, einen Schadenseintritt im Sinne des § 266 StGB zu verhindern, sofern sie unmittelbar auf der vorgeworfenen Handlung beruhen bzw. mit dieser in untrennbarem Zusammenhang stehen[112], besteht über die Behandlung zivilrechtlicher Schadensersatzansprüche Streit. Während Einige zivilrechtliche Ersatzansprüche unter keinen Umständen als kompensationsfähige Posi-

111 Vgl. zum zivilrechtlichen Haftungssystem schon Kapitel 2 D.
112 Gegen eine Kompensation vgl. *Wolf* Die Strafbarkeit, S. 65 ff.

tion betrachten[113], will die andere Ansicht diese unter bestimmten Umständen in eine Saldierung einbringen.[114] Letztere geht unter Hinweis auf die Rechtsprechung[115] immer dann vom Ausschluss eines Schadens aus, wenn der Täter eigene ausreichende Mittel flüssig in seiner Kasse, auf einer Bank oder bei sonst einem Geldinstitut jederzeit auszahlungsbereit hält und diese auch zur Auszahlung verwenden will.[116]

Jedoch geht die Literatur bei der Diskussion um die Anerkennung von Schadensersatz- und Ausgleichsansprüchen überwiegend erstaunlich undifferenziert vor.[117] Ginge man hier kritischer vor, würde deutlich, dass Überlegungen zu Schadensersatzansprüchen als tauglichem Kompensationsgegenstand nicht unterschiedslos auf Forderungen jeglicher Art, die durch einen vermögensrelevanten Eingriff entstehen können, angewandt werden dürfen. Zu unterschiedlich sind nämlich Art und Tatbestandsvoraussetzungen der einzelnen Ansprüche.

Richtigerweise können reine Schadensersatzansprüche, die durch die in Frage stehende Handlung des Täters begründet werden, nicht für die Kompensation des die Untreue begründenden Schadens herangezogen werden. Denn dieser ist gerade tatbestandliche Voraussetzung des Anspruchs. Der Schadensanspruch ist damit die Folge des Schadens und kann diesen nicht ausschließen.[118] Wird der Schadensersatzanspruch erfüllt, bedeutet das nichts anderes, als dass der entstandene Schaden nur im Nachhinein wieder gutgemacht, nicht aber von vorne herein aus der Welt geschafft wird. Am deutlichsten wird dies am Beispiel des Schadensersatzan-

113 *Blei* Strafrecht B.T.II § 65 V; *Krey* Strafrecht B.T.II, Rn. 458; *Labsch* Untreue, S. 323; *ders.* wistra 1985, S. 8; Sch/Sch-*Lenckner/Perron* § 266 Rn. 42; *Otto* Grundkurs Strafrecht, BT § 51 III 3 c. Ebenfalls kritisch *Tröndle/Fischer* StGB § 266 Rn. 75; *Schmitz* Unrecht und Zeit, S. 182. Differenzierend *Waßmer* Untreue, S. 127 f.

114 *Bockelmann* Strafrecht B.T.I § 18 IV; *Lackner/Kühl* StGB, § 266 Rn. 17; *Rengier* B.T.I, § 18 Rn. 23; LK-*Schünemann* § 266 Rn. 139.

115 Verwiesen wird auf die Leitentscheidungen des Reichsgerichts RGSt 73, 283, 285 und der daran anknüpfenden Entscheidung des Bundesgerichtshofs BGHSt 15, 342, 344.

116 *Bockelmann* Strafrecht B.T.I § 18 IV; *Lackner/Kühl* StGB, § 266 Rn. 17; *Rengier* Strafrecht B.T.I, § 18 Rn. 23; LK-*Schünemann* § 266 Rn. 139.

117 Beispielhaft etwa die Äußerungen bei Sch/Sch-*Lenkner/Perron* § 266 Rn. 42; LK-*Schünemann* § 266 Rn. 139; *Tröndle/Fischer* StGB § 266 Rn 74. Einzig *Waßmer* Untreue, S. 128 ff. differenziert explizit und zwar nach „untreueabhängigen" und „anderen" Ansprüchen. Der Sache nach findet sich auch eine Differenzierung bei *Otto*, vgl. einerseits Grundkurs Strafrecht BT § 51 III 4c und andererseits § 54 II 3 b.

118 So auch *Haft* B.T.II, S. 292.

spruchs aus § 823 Abs. 2 BGB i.V.m. § 266 StGB. Wollte man diesen Anspruch für eine Kompensation heranziehen, beseitigte dies die Untreue und damit die eigenen Voraussetzungen des Schadensersatzanspruchs.[119] Ob der Täter und Schuldner des Schadensersatzes ausgleichsfähig und –willig ist, spielt deshalb bereits aus dogmatischen Gründen keine Rolle, soweit derartige Ansprüche betrachtet werden.

Die Ablehnung der Eignung von Schadensersatzansprüchen für eine Saldierung ist aber noch nicht gleichbedeutend mit dem Ausschluss eines jeden gesetzlichen Anspruchs, der durch die dem Täter vorgeworfene Handlung entsteht. In diesem Zusammenhang stellen *Lenckner/Perron* fest, dass Fälle, in denen sich der Täter im Wege des Selbstkontrahierens einen entnommenen Betrag kreditiert und jederzeit willens und fähig ist, diesen Betrag zurückzuerstatten, nicht unter das Berücksichtigungsverbot fallen.[120] Das ist richtig, packt das Problem aber nicht an seiner Wurzel. Denn durch Kreditieren des Betrages entsteht rechtsgeschäftlich eine Darlehensrückzahlungsforderung. Für vertragliche Ansprüche als unmittelbar entstehende Gegenforderungen ist die Berücksichtigung im Rahmen einer Saldierung zwar anerkannt.[121] Die Sachlage wird aber dann problematisch, wenn etwa durch fehlerhafte Rechtsgeschäfte keine vertraglichen Ansprüche wirksam entstehen. Anstatt der vertraglichen Ansprüche entstehen gesetzliche Rückforderungsansprüche, deren mögliche Saldierung in Frage steht. Die Betrachtung der auf diesem Wege entstehenden Bereicherungsansprüche macht die Notwendigkeit einer differenzierten Betrachtung deutlich. Im Unterschied zu reinen Schadensersatzansprüchen beruhen die bereicherungsrechtlichen Ansprüche nämlich gerade auf dem Gedanken, dass der Vermögenswert weiterhin vorhanden ist und zwar beim Bereicherten. Ein endgültiger Schaden beim Entreicherten kann gerade durch die Herausgabe des Erlangten noch immer vermieden werden. Schadensersatzansprüche hingegen beruhen auf dem Gedanken der Haftung für die Vernichtung eines Vermögenswertes. Der durch diese Vernichtung entstandene Schaden soll durch einen Ersatz nur im Nachhinein wieder gutgemacht werden. Der Bereicherungsanspruch setzt also noch vor der endgültigen Feststellung eines Schadens an. Damit kann er

119 *Waßmer* Untreue, S. 127.

120 Sch/Sch-*Lenckner/Perron* § 266 Rn. 42 unter Hinweis auf *Otto* Bankentätigkeit, S. 52 f.

121 Vgl. aber die nunmehr verschärften Anforderungen der Rechtsprechung, wenn der Bereich des Stammkapitals einer Gesellschaft betroffen ist, BGH NJW 2004, 1111, 1112.

grundsätzlich noch beim Vergleich der Vermögenssituationen vor und nach dem schädigenden Ereignis herangezogen werden.[122]

Darüber, ob eine Kompensation in vollem Umfang vorliegt, ist mit diesen Feststellungen aber noch nichts gesagt. Weiterhin erforderlich bleibt die Ermittlung des tatsächlichen Wertes der Ausgleichsforderung. Soll ein Schaden verneint werden, muss diese Forderung ebenso werthaltig sein, wie die Position des Forderungsinhabers vor der Forderungsentstehung. An dieser Stelle fügen sich die Feststellungen der Rechtsprechung, dass eine derartige Ausgleichsforderung dann als taugliche Kompensation dienen kann, wenn der Täter ständig ausreichend eigene liquide Mittel – in der Praxis handelt es sich bei dem Entreicherungsgegenstand stets um Geld bzw. Guthabenforderungen gegen Banken – bereit hält, er also ausgleichsfähig und -willig ist[123], nahtlos ein. Eine derartige Ausgleichsbereitschaft und -fähigkeit darf aber nicht vereinfacht und pauschalisiert angenommen werden. Vielmehr hat hier der Blick auf den tatsächlichen Wert der Forderung gegen den Ausgleichsbereiten sehr kritisch zu sein. In jedem Einzelfall bleibt zu prüfen, ob sich die erworbene Forderung als ebenso vermögenswerte Position darstellt, wie diejenige, die der vermeintlich Geschädigte vor der betrachteten Handlung innehatte. Für diese Feststellungen gelten die allgemeinen Regeln zur Bestimmung des Vermögens. Ergeben diese, dass keine Gleichwertigkeit des erworbenen Anspruchs im Vergleich zur vormals bestehenden Vermögenssituation gegeben ist, ist die Gegenforderung nicht für eine Kompensation ausreichend und es muss von einem Nachteil ausgegangen werden.[124]

Freilich wird sich in der Praxis zumeist das Problem stellen, dass die jederzeitige und ebenso sichere Ausgleichsbereitschaft und -fähigkeit nur in einzelnen Fällen nachweisbar sein wird.[125] Denn die Fälle, in denen dies gegeben ist, dürften spärlich gesät sein. Schließlich stünden dem Täter im Falle absolut sichergestellter Ausgleichsfähigkeit stets seine eigenen Mittel zur Verfügung, die er für die jeweiligen Zwecke einsetzen könnte. Es bedürfte aus seiner Sicht deshalb gar nicht erst des Rückgriffs auf die Mittel desjenigen, dessen Vermögen er zu betreuen hat. In den meisten Fällen werden dahingehende Einlassungen des Täters Schutzbehauptungen sein und ein Ausgleich wird nur deshalb erfolgen, weil er entdeckt wurde.

122 Anders SK-*Hoyer* § 263 Rn. 196 zum Betrug.
123 RGSt 73, 283, 285; BGHSt 15, 342, 344.
124 Ebenso *Waßmer* Untreue, S. 128.
125 Aus diesem Grunde zu Recht kritisch *Tröndle/Fischer* StGB § 266 Rn. 75.

Kann er hingegen nachweisen, dass die (zweckwidrige) Verwendung der betroffenen Gelder oder sonstiger Vermögenspositionen auf anderen Motivationslagen beruht, steht einer Berücksichtigung der absichtlich geschaffenen Ausgleichsforderungen nichts im Wege. Vielmehr sind durchaus Konstellationen denkbar, die den Vermögensbetreuer geradezu in die Pflicht nehmen, Vermögensgegenstände durch einen Abzug aus dem unmittelbaren Verfügungsbereich des Opfers zu sichern. Immer dann etwa, wenn Dritte – beispielsweise aufgrund bestehender Vermutungen und Fiktionen – formal ein Zugriffsrecht auf diese Vermögenspositionen haben und diese aus formalen Gründen bestehende Möglichkeit im Widerspruch zur materiellen Rechtslage steht oder wenn vorsätzliche Schadenszufügungen Dritter drohen.

Insgesamt kommen damit eine Verrechnung entstehender Schadensersatzansprüche mit den diese Ansprüche begründenden Schäden nicht und eine Berücksichtigung von Rückforderungsansprüchen praktisch nur ausnahmsweise in Frage.[126] Das Ziel, in einigen Fällen eine Bestrafung wegen Untreue zu vermeiden, mag teilweise erstrebenswert sein, der Weg, einen Ersatzanspruch zur Kompensation heranzuziehen ist aber nicht gangbar.[127] Vielmehr stellt sich das Problem in anderer Form. Wie auch bei rechtsgeschäftlich begründeten Ansprüchen steht hier nämlich ebenfalls die Frage im Raum, ob der Täter das mit der vorübergehenden Verringerung des Vermögens einhergehende Risiko und damit einen zumindest temporären Nachteil zugunsten bestehender Vermögensmehrungschancen und gerade aufgrund der zunächst nachteiligen Maßnahme zu erwartender Gewinne in Kauf nehmen durfte ohne gegen seine Pflichten zu verstoßen. Das Problem verlagert sich damit auf die Ebene der Verletzung bestehender Vermögensbetreuungspflichten.

Als Grundsatz kann deshalb festgehalten werden, dass *Schadensersatz*ansprüche nicht saldierungstauglich sind. *Bereicherungs*ansprüche sind gedanklich zwar als

126 Selbst die Annahme einer möglichen Kompensation durch Schadensersatzansprüche entlastete einen Täter nicht. Anerkanntermaßen haftet die (herrschende) Gesellschaft, für die der Täter handelt, neben diesem für zugefügte Schäden, vgl. oben in Kapitel 3 C I 2. Damit steht aber fest, dass diese Gesellschaft ihrerseits einen Nachteil in der Höhe erleidet, wie sie gegenüber der abhängigen Gesellschaft schadensersatzpflichtig wird. Diskussionswürdig bliebe dann nur die Frage, ob und inwieweit der interne Anspruch der herrschenden Gesellschaft gegen den Täter bei der Bestimmung eines Nachteils des herrschenden Unternehmens zu berücksichtigen ist.

127 So auch *Haft* B.T.II, S 292.

saldierungsfähig anzusehen. In der Praxis werden diese aber nur ausnahmsweise eine vollwertige Kompensation darstellen.

b. Konzernspezifische Schadensersatzansprüche

Die Konzernrechtsregeln des AktG enthalten einige Anspruchsgrundlagen, die explizit als Schadensersatzansprüche ausgestaltet sind. Für den Vertragskonzern sind dies die §§ 309 Abs. 2; 310 Abs. 1 AktG und für faktische Konzerne die §§ 317 Abs. 1, 3; 318 Abs. 1, 2 AktG. Ausdrücklich gewähren diese Tatbestände der betroffenen Gesellschaft einen Ersatzanspruch für einen Schaden, der durch bestimmte Handlungen des herrschenden Unternehmens bzw. dessen Vertreter hervorgerufen wurde, gegenüber dem Schädiger. Wie die allgemeinen Schadensersatzansprüche gehen auch diese Normen von einem bereits eingetretenen Schaden aus, den es wieder gutzumachen gilt. Wollte man die sich daraus ergebenden Ansprüche als schadenskompensationsfähig anerkennen, entfielen auch hier wieder die Tatbestandsvoraussetzungen im Nachhinein. Ein Ergebnis, das jeder Dogmatik widerspräche. Es ist deshalb als zwingend festzustellen, dass die genannten Ansprüche bei der Schadensberechnung außer Acht bleiben müssen. Ob, in welchem Umfang und von wem Gelder zum Ersatz bereitgehalten werden, bedarf damit keiner Erläuterung.[128]

c. Schadenskompensation bei bestehenden Gewinnabführungs- und Beherrschungsverträgen

Bei einem bestehenden *Beherrschungs*vertrag sieht das AktG eine umfassende Verlustübernahmepflicht in § 302 AktG vor.[129] Dieser stellt zwar nach seinem Wortlaut nicht auf den Eintritt eines „Schadens" ab, sondern normiert vielmehr die grundsätzliche Pflicht, bei dem abhängigen Unternehmen Jahresfehlbeträge auszugleichen. Zwar kann ein derartiger Jahresfehlbetrag durchaus aufgrund einer bestimmten Verhaltensweise des Täters entstehen, jedoch ist der Ausgleichsanspruch aus § 302 AktG gerade nicht darauf gerichtet, die Folgen einer solchen konkreten

128 A.A. scheinbar *Busch* Konzernuntreue, S. 197 f., der die durch §§ 309 f. und §§ 317 f. begründeten Ansprüche als zur Kompensation fähige ohne weiteres anerkennt.

129 Zu den Einzelheiten vgl. bereits oben in Kapitel 2 D I 2.

Verhaltensweise zu kompensieren. Vielmehr fordert § 302 AktG von dem herrschenden Unternehmen in globaler Art und Weise einen Jahresfehlbetrag unabhängig von bestimmten Vorkommnissen auszugleichen. Bei der Schadensfeststellung muss allerdings zunächst nur das abhängige Konzernunternehmen in seiner Eigenschaft als weiterhin selbstständige Gesellschaft gesehen werden. Es sind die einzelnen, konkreten Maßnahmen und deren Wirkung auf das Vermögen der Tochtergesellschaft zu betrachten. Zuzugeben ist zwar, dass ein Ausgleich der einzelnen, im Laufe des Geschäftsjahres vorgenommenen Maßnahmen von der umfassenden Ausgleichsregelung durchaus mit umfasst werden (kann). Diese Wirkung entfaltet sich allerdings nur als Reflex der globalen Ausgleichspflicht eines negativen Ergebnisses, das sich aus der Summe aller Vorkommnisse im Geschäftsjahr ergibt. Es fehlt damit an einer sich unmittelbar aus der fraglichen Handlung ergebenden Forderung als Gegenstück zu der nachteiligen Weisung. Nicht anders als bei rechtsgeschäftlichen Ansprüchen gilt aber auch in diesem Zusammenhang, dass der Anspruch, der als positiver Vermögensbestandteil als Ausgleich für eine für sich vermögensmindernde Handlung herangezogen werden soll, unmittelbar auf dieser Handlung beruhen muss. Insoweit kann auf den Ausführungen zum Unmittelbarkeitsprinzip aufgebaut werden. Mit dem Fehlen eines unmittelbaren Zusammenhangs zwischen betrachteter Handlungsweise und Ausgleichsanspruch verstieße die Einbeziehung der Verlustübernahmepflicht des § 302 AktG gegen das Unmittelbarkeitsprinzip und hat deshalb zu unterbleiben.[130]

Ähnliches gilt für die Verpflichtung der Gewinnabführung bei einem bestehenden *Gewinnabführungs*vertrag. So wie der Beherrschungsvertrag das herrschende Unternehmen dazu verpflichtet, einen am Jahresende beim abhängigen Unternehmen bestehenden Fehlbetrag allgemein auszugleichen, verpflichtet der Gewinnabführungsvertrag das abhängige Unternehmen, einen am Jahresende bestehenden Gewinn des abhängigen Unternehmens an das herrschende abzuführen. Damit ist die Problematik vergleichbar. Die Tatsache, dass das abhängige Unternehmen den erwirtschafteten Gewinn ohnehin an das herrschende Unternehmen abzuführen hat, ändert nichts daran, dass dieser Gewinn vorher erwirtschaftet werden muss. Wird das Vermögen des abhängigen Unternehmens durch einzelne Handlungen nun dahingehend geschmälert, dass am Jahresende aufgrund einzelner nachteiliger Maßnahmen weniger Gewinn ausgewiesen werden kann oder vielleicht sogar ein

130 Ebenso *Busch* Konzernuntreue, S. 198 f.

auszugleichender Jahresfehlbetrag entsteht, kann das nicht bedeuten, dass es für das Unternehmen keinen Unterschied macht, da es den Gewinn ohnehin abzuführen hat und nun einfach weniger abführt.[131] Der Schaden entsteht nämlich zunächst beim abhängigen Unternehmen, ohne dass ihm eine aufrechenbare Forderung gegenüber stünde. Eine derartige pauschale Regelung, wie der durch den Schaden geminderte Gewinn verwendet werden soll, kann diesen nicht ungeschehen machen. Der bloße Bestand eines Gewinnabführungsvertrages ist deshalb nicht geeignet, im Rahmen der Schadensberechnung die Verneinung eines Schadens zu begründen.

d. Kompensationsfähige Ansprüche im faktischen Konzern

Während die konzernrechtlichen Regelungen des AktG für abhängige Aktiengesellschaft und GmbH gleichermaßen gelten, muss hinsichtlich der Art der faktisch beherrschten Gesellschaften sowie hinsichtlich der Intensität der Einflussnahme unterschieden werden. Für die faktisch beherrschte Aktiengesellschaft regelt § 311 AktG die Rahmenbedingungen für eine Einflussnahme seitens des herrschenden Unternehmens auf die abhängige Gesellschaft und die sich daraus ergebenden Rechtsfolgen. Aufgrund der Strukturunterschiede zwischen Aktiengesellschaft und GmbH wird eine Anwendung der Regelung auf anhängige GmbH nach ganz allgemeiner Ansicht abgelehnt[132], weshalb eine zwischen den Rechtsformen differenzierende Betrachtung angezeigt ist. Besondere Regeln gelten schließlich auch für Eingriffe in Konzerntöchter, die nicht mehr individualisierbar sind.

(1) Einzelausgleichsansprüche im einfach faktischen Aktienkonzern

Für die abhängige Aktiengesellschaft regelt § 311 AktG, dass eine nachteilige Maßnahme dann erlaubt ist, wenn die sich daraus ergebenden Nachteile ausgeglichen werden. Unabhängig von der dogmatischen Einordnung des Tatbestandes als Schadensersatz, Ersetzungsbefugnis oder Gegenleistung[133] bleibt festzustellen, dass auch er einen bestehenden Nachteil voraussetzt. Wollte man diesen mit eben der

131 In diese Richtung aber *Tiedemann* GmbH-Strafrecht, Vor §§ 82 ff. Rn. 24.
132 Vgl. dazu bereits Kapitel 3 B II 2.
133 Vgl. dazu *Kropff* in: MünchKomm AktG VIII, § 311 Rn. 218 ff.

sich aus § 311 AktG ergebenden Gegenforderungen ausgleichen, würde man auch hier die eigenen Tatbestandsvoraussetzungen des Anspruchs im Nachhinein vernichten. Demnach ist der in § 311 AktG angesprochene Anspruch nicht anders zu behandeln als der sich aus ihm evtl. ergebende Anspruch aus. § 317 AktG, der als Schadensersatzanspruch nicht berücksichtigt werden kann. Er ist also nicht geeignet, einen Schaden im Sinne des § 266 StGB beim abhängigen Unternehmen auszuschließen. Seine eigentliche Bedeutung zeigt er letztlich in seiner Eigenschaft als Schädigungsprivileg. Indem er bestimmte Verhaltensweisen zivilrechtlich erlaubt, muss er auch in der strafrechtlichen Beurteilung berücksichtigt werden, wenn es darum geht, ob die dem Tatbestand unterfallenden Verhaltenweisen als pflichtwidrig angesehen werden können.[134]

(2) Einzelausgleichsansprüche im einfach faktischen Aktienkonzern

Ähnliches wie für den einfach faktischen Aktienkonzern gilt für den Fall, dass einer faktisch abhängigen GmbH ein Anspruch aufgrund der mitgliedschaftlichen Treupflicht des herrschenden Unternehmens erwächst. Der auf dem generellen Schädigungsverbot gegenüber einer faktisch abhängigen GmbH beruhende Anspruch dient gerade dazu, einen bereits eingetretenen Schaden auszugleichen. Damit kann auch er nicht zur Kompensation eben jenes Schadens herangezogen werden. Allenfalls kann der zivilrechtlich angelegte Haftungsmaßstab als Indiz für die strafrechtliche Vermögensbetreuungspflicht des § 266 StGB bzw. deren Verletzung herangezogen werden.

(3) Ausgleichsansprüche in qualifiziert faktischen Konzernverbindungen

Sind die einzelnen Eingriffe in das faktisch abhängige Unternehmen nicht mehr individualisierbar, versagt der Regelungsmechanismus des § 311 AktG ebenso wie die auf Einzelmaßnahmen ausgelegte Ausgleichspflicht aufgrund einer Treupflichtverletzung. Deshalb wurden in der Rechtsprechung Ausgleichssysteme entwickelt, die in solchen Fällen greifen, deren Voraussetzungen und Folgen noch immer in der Entwicklung sind.[135] Ob einer qualifiziert faktisch konzernierten Ge-

134 Vgl. dazu noch die Ausführungen unter D IV 1.

135 Vgl. dazu bereits Kapitel 2 D II.

sellschaft nach aktueller Rechtsprechung überhaupt ein eigener Ausgleichsanspruch zusteht oder ein solcher deren Gläubigern vorenthalten ist, ist ebenfalls noch nicht endgültig geklärt. Selbst wenn man dem abhängigen Unternehmen einen eigenen Ersatzanspruch zugestehen möchte, führte das aber nicht zu einem Ausschluss des auszugleichenden Schadens. Gerade die Tatsache, dass der Anspruch nur dann greift, wenn das Einzelausgleichssystem versagt, zeigt, dass es sich hier nicht um einen unmittelbar mit einer bestimmten Maßnahme, die es als Untreue zu bewerten gilt, in Zusammenhang stehenden Anspruch geht. Vielmehr handelt es sich auch hier um einen globalen Ausgleichsanspruch, der nach den oben entwickelten Grundsätzen nicht tauglich für die Kompensation einzelner Nachteilszufügungen sein kann.

IV. Schädigung des Mutterunternehmens durch Ersatzleistungspflichten

Im Fokus der Betrachtungen steht ganz überwiegend die Schädigung eines abhängigen Konzernunternehmens. Selbst das Gesetz sieht lediglich die Fälle vor, die zu einem Schaden bei der Tochtergesellschaft führen, den es auszugleichen gilt. Das täuscht etwas darüber hinweg, dass auch die Muttergesellschaft selbst durch konzernweit wirkende Maßnahmen geschädigt werden kann. Diese stellt ebenso wie die beteiligten Tochterunternehmen ein taugliches Opfer einer Untreue durch konzernübergreifende Maßnahmen dar. Denkbar sind Untreuekonstellationen in zweierlei Hinsicht: zum einen das Handeln eines Vertreters der herrschenden Gesellschaft direkt zu Lasten der Konzernmutter, zum anderen die Nachteilszufügung bei der Tochter, die sich über die rechtlichen oder wirtschaftlichen Zusammenhänge im Konzern auch als Schaden für die Mutter erweist.

Ist ein Handeln mit direkt nachteiliger Wirkung für die Konzernmutter Gegenstand der Betrachtung, führen nicht spezielle gesetzlich oder richterrechtlich geschaffene Zusammenhänge in Konzernstrukturen zu Besonderheiten. Denn schließlich erfassen diese besonderen Regeln des Konzernrechts wie erwähnt stets Ausgleichsmechanismen für Nachteile, die sich zunächst bei der Tochtergesellschaft auswirken. Vielmehr ist die Lösung im tatsächlichen Bereich zu suchen. Die Beziehungen im Konzerngeflecht können nämlich über die zunächst scheinbar nur nachteiligen Maßnahmen durchaus Vorteile in zumindest ausgleichender Höhe mit sich bringen. Genannt sei hier beispielhaft die Erwirtschaftung höherer Gewinne, die dem herrschenden Unternehmen im Vertragskonzern durch Gewinnabführungsverträge, im faktischen Konzern durch Gewinnausschüttungen, an die Gesellschafter in das herrschende Unternehmen zurückfließen. Insofern ergeben sich keinerlei konzernrechtliche Schwierigkeiten, diese liegen eher im tatsächlichen Bereich der Vermögensbewertung.

Ungleich bedeutenderen Einfluss haben rechtliche Zusammenhänge im Falle der Schädigung einer Tochtergesellschaft durch einen Vertreter der Mutter. Das Ergebnis, dass konzernspezifische Schadensersatz- und Ausgleichsansprüche mit wenigen Ausnahmen die Schadensberechnung für die abhängige Gesellschaft unberührt lassen, bedeutet im Gegenzug nicht automatisch, dass eine Berücksichtigung auch beim herrschenden Unternehmen, als Schuldner des Anspruchs, ebenfalls auszuscheiden hätte. Da nach allgemeiner Ansicht im Zivilrecht neben dem Täter als natürlicher Person auch die Gesellschaft, für die er tätig wurde, gesamtschuldnerisch haftet[136], wird dadurch der Vermögensbestand der Muttergesellschaft unmittelbar berührt. Denn die beschriebene Problematik, dass der auszugleichende Schaden gerade auch Tatbestandsmerkmal des Augleichsanspruchs ist, trifft nur auf den Forderungsgläubiger, also die abhängige Gesellschaft, nicht aber auf den Schuldner zu. Ihm obliegt die Schadensersatzverpflichtung, welche sich bei ihm als unmittelbar vermögensmindernde Forderung zeigt.

Problematisch bleibt allein auch hier die Behandlung der Verlustübernahmepflicht des § 302 AktG. Wie erläutert, nimmt sie nicht Bezug auf eine spezielle Maßnahme, sondern fordert, einen über das Geschäftsjahr hinweg entstandenen Fehlbetrag der Konzerntochter auszugleichen. Als global angelegte Ausgleichspflicht kann ihr Bestand aber gerade nicht dafür herangezogen werden, einen durch eine bestimmte Handlung herbeigeführten Schaden zu begründen. Vielmehr setzt sie ein verlustbringendes Wirtschaftsgebaren voraus. Damit bleibt der Nachweis des Zusammenhangs zwischen einer bestimmten Handlung und einem sich darauf bei der Konzernmutter ergebenden Nachteil weiterhin erforderlich. Das Problem liegt damit auch hier im Bereich der tatsächlichen Feststellungen.

V. Zusammenfassung

Greift ein herrschendes Unternehmen vermögensmindernd in das Vermögen der abhängigen Gesellschaft ein, so ist das als Zufügung eines tatbestandlichen Nach-

136 Vgl. die Ausführungen zum zivilrechtlichen Haftungssystem in Kapitel 2 D I 2.

teils i.S.e. Untreue anzusehen. Handelt es bzw. sein Vertreter dabei pflichtwidrig[137], erfüllt dies den Unrechtstatbestand der Untreue und führt i.d.R. zur Strafbarkeit wegen § 266 StGB.[138] Ebenso wenig wie der Dieb durch Rückgabe des Diebesgutes, oder der Betrüger durch Rückgabe des Ertrogenen das vollendete Delikt rückgängig machen kann, führt der Ausgleich eines Jahresfehlbetrages oder eines Nachteiles zum Ablauf des Geschäftsjahres oder sogar danach nicht zum Ausschluss der Untreue aufgrund mangelnden Schadens. Eine Entlastung der handelnden Personen, wie sie vielerorts in der Literatur und in der Rechtsprechung bereits seit den Reichsgerichtszeiten angestrebt wird, mag aus wirtschaftlicher Sicht wünschenswert sein, kann aber nicht über den Entfall eines Schadens erreicht werden. Dies ist aber evtl. durch das Entfallen der Pflichtwidrigkeit der Schadenszufügung auf konsequenterem Wege erreichbar.[139]

C. Konzernspezifische Vermögensbetreuungspflichten

Die Untreue fordert über die Vermögensschädigung hinaus eine besondere Täterqualität. Eine Schädigung des Vermögens des Opfers ist nur dann als Untreue strafbar, wenn der Täter diese Schädigung unter Verletzung der ihm obliegenden Pflicht, die Vermögensinteressen des Opfers wahrzunehmen, verursacht hat. Die Ausfüllung des Begriffs der Vermögensbetreuungspflicht ist eines der schwierigsten Teilprobleme, die der Untreuetatbestand mit sich bringt. Für den Konzern hängt der Bestand von Vermögensbetreuungspflichten von den Funktionen der Beteiligten und deren Beziehungen zueinander bzw. zu den Konzernunternehmen ab.

---

137 Inwieweit die konzernrechtlichen Vorschriften ein Eingriffsrecht gewähren und dadurch der Entfall der Pflichtwidrigkeit begründet wird, ist gesondert zu untersuchen. Vgl. dazu noch die Ausführungen unter D III, IV.

138 Eine Strafbarkeit kann sich allerdings – wie schon bei einem vorliegenden Schadensersatzanspruch – ebenso ergeben, wenn man die Kompensation eines Nachteils durch Ausgleichsansprüche zulassen will. Dann entfiele zwar ein Schaden bei der abhängigen Gesellschaft. Allerdings würde das Vermögen der herrschenden Gesellschaft dann um die von dieser zu leistenden Ausgleichszahlungen vermindert. Dieser Nachteil ließe dann eine Untreue gegenüber dem herrschenden Unternehmen in Betracht kommen.

139 In diese Richtung auch *Haft* B.T.I, S. 134.

I. Grundlagen zur Herleitung von Vermögensbetreuungspflichten

Als konstitutives Tatbestandmerkmal spielt die Vermögensbetreuungspflicht eine zentrale Rolle bei der Begehung einer Untreue. Dem ihr zukommenden Gewicht entspricht das Ausmaß der Behandlung in Rechtsprechung und Literatur. Es existiert eine nahezu unüberschaubare Anzahl an Publikationen zu diesem Thema. Die dort diskutierten Grundlagen und Voraussetzungen der Untreue gelten unverändert für die Anwendung der Untreue auf Konzernkonstellationen. Für die Anwendung des Tatbestandes auf konzernspezifische Situationen bedarf es aber einer gezielten Beleuchtung der Besonderheiten, wobei für deren Verständnis teilweise grundlegende Betrachtungen erforderlich sind.

1. Der Kern der Vermögensbetreuungspflicht

Insgesamt bereitet die exakte Herleitung und Bestimmung der vom Untreuetatbestand geforderten Vermögensbetreuungspflicht trotz der vielerorts erfolgten Auseinandersetzung mit der Thematik auch heute noch erhebliche Probleme. Einhellig anerkannt ist jedenfalls, dass die gesetzliche Formulierung des Untreuetatbestands zu weit geraten ist und deshalb einer einschränkenden Auslegung bedarf.[140] Aus diesem Grund wird seit jeher versucht, dem Tatbestand durch das Merkmal der Vermögensbetreuungspflicht deutliche Konturen zu geben.[141] Dazu wurden in Rechtsprechung und Literatur verschiedene Kriterien entwickelt.

Bereits das Reichsgericht hatte sich mit einer Begrenzung des damals neuen Tatbestandes beschäftigt. In dessen grundlegender Entscheidung aus dem Jahre 1934 hat es betont, dass der Verpflichtete in einer Art Geschäftsbesorgung innerhalb eines ihm vorgegebenen Rahmens selbstständig tätig werden müsse, wobei der das Vermögen berührenden Obliegenheit wesentliche Bedeutung dafür zukomme, ob dieses Innenverhältnis als Vermögensbetreuungspflicht im Sinne des Untreuetatbestands anzuerkennen ist.[142]

140 Vgl. *Dierlamm* NStZ 1997, S. 534 ff.; *Dunkel* Vermögensbetreuungspflicht, S. 215 ff., 229 ff.; *Krey* Strafrecht B.T.II, Rn. 564 f.; Sch/Sch-*Lenckner-Perron* § 266 Rn. 50.

141 Zutreffend wird die Vermögensbetreuungspflicht bei LK10-*Hübner* § 266 Rn. 24 als Mittel restriktiver Auslegung anstatt als Gegenstand der Einschränkung ausgemacht.

142 RGSt 69, 58, 60 ff.

Der Fortgang der Rechtsprechungspraxis brachte eine Fülle weiterer Kriterien zur Bestimmung von Vermögensbetreuungspflichten. Maßgeblich sollen der Grad der Selbstständigkeit, die Bewegungsfreiheit und Verantwortlichkeit, der Spielraum des Verpflichteten bei der Erfüllung seiner Obliegenheit, deren Dauer, ihr Umfang und ihre Art sein. Außerdem müsse sie als eine Hauptpflicht den Hauptgegenstand, den wesentlichen Inhalt des Innenverhältnisses ausmachen, einiges Gewicht und gewisse Bedeutung haben und dürfe nicht bloß als eine Nebenpflicht erscheinen.[143]

Die in der Rechtsprechung entwickelten Kriterien wurden von der Literatur größtenteils aufgenommen und es wird zusammenfassend gefordert, dass die Pflicht zur Wahrung fremder Vermögensinteressen der typische Inhalt des Verhältnisses zwischen Täter und Vermögensinhaber sein müsse. Das Verhältnis der Beteiligten zueinander müsse dadurch geprägt sein, dass die Wahrnehmung gerade dieser fremden Vermögensinteressen einen essentiellen Bestandteil ausmacht, es sich mithin um eine fremdnützige Vermögensfürsorge und nicht nur um eine Nebenpflicht im Rahmen eine schuldrechtlichen Austauschvertrages handelt.[144] Dabei muss dem Verantwortlichen eine gewisse Selbstständigkeit bei der Erfüllung seiner Pflichten eingeräumt sein, so dass er Raum für eigenverantwortliche Entscheidungen hat.[145]

Die Verwendung dieser Kriterien mag durchaus ein pragmatischer Weg sein, um in der überwiegenden Zahl der Fälle zu einem angemessenen Urteil zu kommen. Der kasuistischen Vorgehensweise fehlt aber die nötige Abstraktheit, um die Struktur der Vermögensbetreuungspflicht herausarbeiten und gleichermaßen allgemeingültige und verbindliche Regeln für deren Bestimmung aufstellen, und um neue Fallkonstellationen – wie etwa die Zusammenhänge in Konzernen – mit der nötigen Rechtssicherheit im Vorfeld beurteilen zu können. Die Vorgehensweise der Rechtsprechung veranlasste *H. Mayer* bereits früh zu dem vernichtenden Urteil, es wisse kein Gericht und keine Anklagebehörde, ob § 266 StGB vorliegt oder nicht, sofern nicht einer der klassischen Fälle der Untreue vorliegt.[146] – Ein Zustand, an

143 Vgl. die Zusammenstellung bei LK-*Schünemann* § 266 Rn. 73 m.N.

144 Vgl. BGH NJW 1983, S. 461; NStZ, 1989, S. 72 mit Anm. *Otto* JR 1989, S. 208 ff.; BGH NJW 1991, S. 2574; *Arzt/Weber* IV § 22 Rn. 58; *Haas* Die Untreue, S. 39; *Küper* Strafrecht B.T., S. 349; Sch/Sch-*Perron* § 266 Rn. 23 a.

145 *Otto* Grundkurs Strafrecht, BT § 54 Rn. 21.

146 *Mayer* Mat. I, S. 337.

dem sich bis heute leider wenig geändert hat. Zu Recht wird deshalb in der Literatur Kritik an der wankelmütigen Entscheidungspraxis geübt.[147] Allzu oft wird nämlich von den zum Zwecke der Einschränkung aufgestellten Kriterien derart abgewichen, dass diese vereinzelt bis zur völligen Bedeutungslosigkeit degradiert werden.[148] Eine wünschenswerte dogmatisch saubere Lösung wurde bis heute nicht gefunden, so dass noch immer größtenteils mit Fallgruppen gearbeitet wird.[149] Dieses Vorgehen zeugt von einer verbreiteten gewissen resignativen Einstellung gegenüber dem Bestreben, eine für alle Konstellationen gleichermaßen gültige Formel zu finden.

Die Ermittlung der Vermögensbetreuungspflicht als Mittel einer einschränkenden Auslegung hat vom Unrechtskern der Untreue selbst auszugehen.[150] Dieser wurde bereits von *Binding*[151] in der Verletzung des fremden Vermögens durch denjenigen, dem das Vermögen unterstellt ist, und somit aus der Sphäre des Vermögensinhabers von „innen heraus" ermittelt.[152] Im Gegensatz zu Schädigungen, die dem Vermögen des Opfers von außen zuteil werden, steht der Untreuetäter gewissermaßen im Lager des Opfers, indem er derjenige ist, der über das Vermögen und dessen Verwendung bestimmt. Wesentlich für die Untreue ist danach eine Herrschaftsbeziehung des Täters zu dem von ihm zu betreuenden fremden Vermögen.[153] Der Täter der Untreue nimmt im Hinblick auf die Vermögensverwaltung die Stellung des Inhabers ein und handelt diesbezüglich an dessen Stelle und hinsichtlich des für ihn fremden Vermögens. Er muss also die ihm zustehende Herrschaftsposition in einer geschäftsbesorgungsähnlichen Weise ausgeübt haben. Die allgemein anerkannten Kriterien der Selbstständigkeit und Fremdbezogenheit werden vor diesem Hintergrund verständlich, eindeutig und fügen sich in dieses Verständnis ein.

Eine Herrschaftsstellung als Kern der Vermögensbetreuungspflicht besteht im Übrigen nur dann, wenn tatsächlich von der Herrschaft Gebrauch gemacht wird.

---

147 Vgl. *Otto* JZ 1993, S. 660; *ders.* Grundkurs Strafrecht, BT § 54 Rn. 23 f. sowie die Ausführungen und Hinweise bei *Küper* Strafrecht B.T., S. 354 f.

148 Vgl. insbesondere die kritische Darstellung bei *Otto* Grundkurs Strafrecht, BT § 54 Rn. 23 f.

149 Anschaulich etwa die Aufzählung bei LK-*Schünemann* § 266 Rn. 103 ff. und – mit kritischer Anmerkung – bei *Otto*. Grundkurs Strafrecht, BT § 54 Rn. 25 ff.

150 So auch *Busch* Konzernuntreue, S. 50; LK-*Schünemann* § 266 Rn. 58.

151 *Binding* B.T. 1. Bd., S. 397.

152 In diese Richtung auch *Kohlmann* in: Werner-FS, S. 394; LK-*Schünemann* § 266 Rn. 58.

153 *Haas* Die Untreue, S. 30; LK-*Schünemann* § 266 Rn. 20.

Die bloße Möglichkeit, auf das Vermögen Einfluss zu nehmen, begründet noch nicht die Auferlegung einer Sonderpflicht. Die Möglichkeit des Antritts einer Herrschaftsposition ist nicht gleichbedeutend mit deren tatsächlichem Antritt. Bildlich kann man sagen: eine Tür öffnen zu können, heißt noch nicht, durch die geöffnete Tür tatsächlich hindurch zu schreiten. Erst wenn der Schritt zur Einnahme der Herrschaft getan ist, muss der Täter die Konsequenzen tragen. Er übernimmt als Pendant zur übernommenen Herrschaft über das fremde Vermögen die Pflicht, die fremden Vermögensinteressen wahrzunehmen. Die geschäftsbesorgungsähnliche Ausübung der Herrschaftsmacht muss keineswegs in einer aktiven Einflussnahme auf das fremde Vermögen liegen. Vielmehr kann es auch sein, dass der Täter eine Stellung einnimmt, die sich auch darauf erstreckt, dass er Überwachungsfunktionen übernimmt und das Vermögen vor Angriffen Dritter beschützen will. Voraussetzung ist aber stets, dass er gezeigt hat, eine solche Stellung tatsächlich eingenommen zu haben. Erforderlich ist dann für das Entstehen einer Vermögensbetreuungspflicht in dieser Situation ein nach außen erkennbarer Akt der umfassenden Herrschaftsübernahme. Ein solcher liegt regelmäßig nicht schon in der Schaffung der Position potenzieller Herrschaft. Es muss vielmehr auch hier in die Herrschaftsposition derart eingetreten werden, dass deutlich wird, dass die Vermögensbetreuung aktiv betrieben werden soll. Alleine der Abschluss eines Beherrschungsvertrages etwa führt noch nicht dazu, dass das herrschende Unternehmen die Herrschaft auch tatsächlich antritt.[154] Ebenso zeigt der bloße Erwerb einer Mehrheitsbeteiligung an einem Unternehmen noch nicht, dass damit die Finanzgeschicke dieses Unternehmens im Sinne einer selbstständigen Verwaltung deren Vermögens übernommen werden.[155] Es sind durchaus Konstellationen denkbar, in denen das Unternehmen weiterhin wie bisher in eigener Verantwortung das Vermögen verwalten soll. Erst eine tatsächlich angetretene Herrschaft führt dazu, dass die Verantwortung für das fremde Vermögen auf den Herrscher übergeht.[156]

154 Vgl. zum Bestehen einer Vermögensbetreuungspflicht für das herrschende Unternehmen bzw. dessen Organe im Vertragskonzern unter III 1.

155 Daran ändert auch die zivilrechtliche Terminologie, etwa in § 311 AktG nichts, da auch die zivilrechtlichen Regelungen nicht automatisch zu einer strafrechtlich relevanten Vermögensbetreuungspflicht führen. Strafrecht und Zivilrecht sind insoweit voneinander unabhängig. Vgl. dazu sogleich unter 2.

156 Näher zum Bestand einer Vermögensbetreuungspflicht bei einer Mehrheitsbeteiligung vgl. II 2.

2. Quellen der Vermögensbetreuungspflichten

Die als Kern der Vermögensbetreuungspflichten ausgemachte Herrschaftsposition des Täters über das fremde Vermögen nimmt den Täter nicht automatisch in die Pflicht, die fremden Vermögensinteressen wahrzunehmen. Zweifellos ist eine derartige von der Herrschaftsposition geprägte Täter-Opfer-Beziehung eine notwendige, nicht aber ein hinreichende Bedingung für eine Vermögensbetreuungspflicht bzw. deren Verletzung.[157] Sie ist unabdingbare Voraussetzung für die Verwirklichung der Untreue, sagt aber noch nichts darüber aus, ob denjenigen, der eine derartige Machtstellung innehat, auch tatsächlich die erforderliche Sonderpflicht in der konkreten Form einer *Vermögensbetreuungs*pflicht trifft. Es bedarf der besonderen Position des Täters, die aus der Vermögensbeeinflussungs*möglichkeit* des Täters eine Vermögensbetreuungs*pflicht* werden lässt. Das wirft die Frage auf, welche Positionen eine derartige Sonderpflicht zur Wahrnehmung fremder Vermögensinteressen begründen und als Grundlage für Vermögensbetreuungspflichten überhaupt in Betracht kommen.

Im Tatbestand selbst sind für die Missbrauchs- und Treubruchalternative gleichermaßen Gesetz, Rechtsgeschäft und behördlicher Auftrag genannt. Darüber hinaus kann sich im Falle des Treubruchtatbestandes eine Vermögensbetreuungspflicht aus einem (tatsächlichen) Treuverhältnis ergeben. Auf die Konzernsituation bezogen spielen insbesondere gesetzlich begründete Vermögensbetreuungspflichten immer dann eine tragende Rolle, wenn es um gesellschaftsinterne Verhältnisse geht, wie etwa das in den jeweiligen Gesetzen geregelte Verhältnis von Aufsichtsrat und Vorstand bzw. Geschäftsführer zur betroffenen Gesellschaft. Diesen Personen wird nach ganz h.M. eine Vermögensbetreuungspflicht für das Vermögen der Gesellschaft auferlegt.[158] Die Sachverhalte weisen jedoch keine konzernrechtlichen Besonderheiten auf, die sich von unverbundenen Gesellschaften unterscheiden.

Das Beziehungsgeflecht im Konzern geht weit über die unmittelbar gesetzlich geregelten Fälle hinaus. Für diese Konstellationen ist von entscheidender Bedeutung, wie ein tatsächliches Treueverhältnis beschaffen sein muss, um Grundlage einer Vermögensbetreuungspflicht sein zu können, bzw. von welchen Anhaltspunkten auf eine Vermögensbetreuungspflicht im Sinne des § 266 StGB geschlossen werden kann. Hier ergeben sich aufgrund des Charakters der Untreue als

157 Als conditio-sine-qua-non für die Verletzung gesehen von *Haas* Die Untreue, S. 30.
158 Vgl. LK-*Schünemann* § 266 Rn. 125 f.

Sonderpflichtdelikt Parallelen zum unechten Unterlassungsdelikt. Dem Grunde nach entspricht der Deliktstyp des Sonderpflichtdelikts dem unechten Unterlassensdelikt mit der Vermögensbetreuungspflicht als Pendant zur Garantenstellung.[159] Dass eine Garantenstellung nicht rein formell und unreflektiert aus zivilrechtlich bestehenden Verpflichtungen gefolgert werden kann, ist seit langem anerkannt.[160] Damit steht die Frage im Raum, ob überhaupt und wenn ja, auf welche Rechtsbeziehungen zurückgegriffen werden kann oder muss, aus denen eine Pflicht zur Wahrnehmung der fremden Vermögensinteressen herausgeschält werden könnte, oder ob für eine strafrechtlich relevante Verhaltenspflicht nur rein tatsächliche Verhältnisse relevant sind. Maßgebliches Beurteilungskriterium ist das Verhältnis des Strafrechts zu anderen Rechtsgebieten, insbesondere dem Zivilrecht. Die Frage lautet konkret: Kann oder muss für die Bestimmung von Vermögensbetreuungspflichten auf die relevanten zivilrechtlichen Regelungen zurückgegriffen werden oder ist das Strafrecht als autonomes Rechtsgebiet unabhängig vom Zivilrecht und folgt eigenen Regeln? Mit dem Hinweis auf die erforderliche „Befreiung des Strafrechts vom zivilistischen Denken“[161] ist es dabei nicht getan. Entscheidend ist nicht die Einordnung einzelner Vorschriften als Zivilrecht oder Strafrecht.

Vielmehr muss fern jeglicher Schemata der Hintergrund einer Norm beleuchtet werden. Bereits *Schaffstein* hat richtigerweise festgestellt, dass zwischen einer zivilistischen Rechtspflicht und einem strafrechtlichen Gebot kein Ableitungszusammenhang besteht, sondern beide – für den Fall einer sowohl zivilrechtlichen als auch strafrechtlichen Haftung – nur in den konkreten Lebensordnungen einen gemeinsamen Ursprung hätten.[162] Mit diesem Gedanken übereinstimmend hat der BGH im sog. Lederspray-Urteil eine Bestimmung strafrechtlicher Verantwortung aus schadensersatzorientierten Haftungsprinzipien heraus abgelehnt, da die inhaltlichen Schutzzwecke gerade nicht identisch sind.[163] Steht hingegen fest, dass sie den gleichen Schutzzweck verfolgen, haben sie einen gemeinsamen Ursprung, den es zu ermitteln gilt. Mit anderen Worten: Schützen zivilrechtliche Haftungsnorm und strafrechtliche Vorschrift dasselbe Rechtsgut, kann zwar das strafrechtliche

159 Vgl. dazu die grundlegenden Ausführungen oben Kapitel 1 D.
160 Instruktiv hierzu *Schünemann* Grund und Grenzen, S. 218 ff.
161 So bereits der vielsagende Titel der Habilitationsschrift von *Bruns* – *Bruns* Die Befreiung des Strafrechts vom zivilistischen Denken.
162 *Schaffstein* in: Gleispach-FS, S. 73 ff.
163 Vgl. BGHSt 37, 106, 115; zustimmend *Otto* in: Hirsch-FS, S. 293.

Verhaltensgebot nicht aus der zivilistischen Pflicht abgeleitet werden und umgekehrt. Sie sind aber vor dem Hintergrund des gemeinsamen Ursprungs und dem Gedanken der Einheit der Rechtsordnung bei der Auslegung der Normen gegenseitig zu berücksichtigen. Darüber hinaus können sie nur – für eine Lösung de lege ferenda durchaus interessante – Feststellungen liefern, inwieweit de lege lata evtl. Diskrepanzen zwischen Zivil- und Strafrecht bestehen.

Zudem ist es nicht zwingend, dass der strafrechtliche Schutz überhaupt als zweiter Schritt nach einer zivilrechtlichen Sanktion eingreifen muss. Die Berufung auf den Ultima-Ratio-Grundsatz wäre hier verfehlt. Der Subsidiaritätsgrundsatz besagt nämlich nur, dass sich der Staat nur dann des scharfen Schwertes des Strafrechts bedienen darf, wenn der Schutz des betroffenen Rechtsguts nicht auf andere Art und Weise ebenso möglich ist. Strafwürdigkeit und Strafbedürftigkeit setzen nicht eine zivilrechtliche Haftungsnorm mit niedrigerer Haftungsschwelle voraus, sondern können auch ohne entsprechende Zivilrechtsnorm bestehen. Schließlich käme auch niemand auf die Idee, an der Rechtmäßigkeit der Delikte zum Staatsschutz zu zweifeln, nur weil es keine zivilrechtlichen Regeln zum Schutz des Staates gibt.

Diese Erwägungen gelten allerdings immer nur dann, wenn die betreffende Norm des Zivilrechts, ebenso wie diejenige des Strafrechts, eine solche ist, die an eine gegebene Situation lediglich eine Rechtsfolge knüpft, nicht aber dann, wenn sie selbst die Situation, die es zu beurteilen gilt, maßgeblich gestaltet. Normiert das Zivilrecht mit der betreffenden Vorschrift die Rahmenbedingungen für den Sachverhalt, indem die Rechtslage umfassend und für jegliche rechtliche Wertung verbindlich festgelegt wird, ist also nicht die Rechtsfolgen- sondern die Tatbestandsseite betroffen, stehen sich gerade keine Haftungsnormen aus dem Zivil- und Strafrecht gegenüber, deren gemeinsamen Ursprung es zu untersuchen gilt. Vielmehr hat sich das Strafrecht – und ggf. auch Haftungsnormen aus dem Zivilrecht – an den durch die tatbestandsseitig fungierende und allgemein rechtsgestaltende Norm des Zivilrechts zu halten. Konkret kann das zivilrechtliche Haftungssystem im Konzern also hinsichtlich der den Haftungsnormen zugrunde liegenden Verhaltenspflichten als potenzielle Quelle einer Vermögensbetreuungspflicht dienen.

Damit ist der Weg für die Überlegungen zur Ableitung der strafrechtlichen Vermögensbetreuungspflicht aus den gesellschafts- und konzernrechtlichen Vorschriften im Zivilrecht vorgegeben.

Rechtsfolgenseitige Haftungsnormen des Zivilrechts sind nicht zwingend für das Strafrecht. Dient die Untreue und die jeweilige zivilrechtliche Haftungsnorm aber dem Schutz desselben Rechtsguts, ist sie bei der Konkretisierung des jeweils anderen Tatbestandes zu berücksichtigen. Deshalb können gesellschaftsrechtlich normierte Pflichten dann zur Herleitung von Vermögensbetreuungspflichten ergänzend zu den tatsächlichen Verhältnissen herangezogen werden, wenn sie zumindest auch dem Erhalt des Vermögens der Gesellschaft und damit dem Schutz der Gesellschaft überhaupt dienen.

Dagegen sind die durch das Zivilrecht umfassend und allgemeinverbindlich geregelten Beziehungen der Beteiligten im Konzern und die darin bestehenden Möglichkeiten der Einflussnahme ebenso wie der tatsächliche Sachverhalt für das Strafrecht bindende Aspekte für die Ermittlung bestehender Vermögensbetreuungspflichten. Vor diesem Hintergrund sind die bestehenden Verpflichtungen in Konzernverhältnissen zu betrachten.

II. Die Verantwortlichkeit der natürlichen Personen – Originäre und derivative Vermögensbetreuungspflichten

Die Erörterung bestehender Vermögensbetreuungspflichten als Sonderpflichten des Untreuetäters führt unweigerlich zur Frage, welcher Täterkreis für konzernspezifische Untreuefälle generell in Frage kommt, wem also das besondere Tätermerkmal der Betreuungspflicht des fremden Vermögens obliegen muss. Ausgehend von konzernspezifischen Nachteilen wurden bereits die beiden besonderen Gruppen typischer Untreuefälle in Konzernen herausgearbeitet: Entweder wird direkt ein anderes Konzernunternehmen geschädigt oder die gegenüber verbundenen Unternehmen bestehenden Pflichten führen letzten Endes, etwa durch entstehende Ausgleichs- und Schadensersatzforderungen, zu einem Schaden beim Unternehmen, dem der Täter angehört.

Im ersten Fall, der Schädigung eines verbundenen Unternehmens auf Veranlassung eines anderen Unternehmens desselben Konzerns, führt das zur Frage der Verantwortlichkeit im Bereich des den Schaden hervorrufenden Unternehmens. Während nun Konzernunternehmen in Form juristischer Personen zivilrechtlich ohne weiteres in die Pflicht genommen werden können, kennt das deutsche Kriminalstrafrecht (bislang) keine Kriminalstrafen gegen juristische Personen. Das bedeutet aber nicht unbedingt, dass etwaige Verpflichtungen involvierter Unternehmen zur Wahrnehmung fremder Vermögensinteressen strafrechtlich ohne Belang sind. Es stellt sich vielmehr die Frage, ob und inwieweit solche einem Unternehmen gegenüber einem anderen Unternehmen bestehenden Treupflichten zur Wahrung dessen Vermögens auch Vermögensbetreuungspflichten für die im bzw. für das verpflichtete Unternehmen handelnden natürlichen Personen begründen können. Dass dies der Fall sein kann, ist in Rechtsprechung und Literatur seit langem – auch bereits vor der Schaffung des § 14 StGB bzw. 50 a StGB a.F. – anerkannt.[164] Nicht eindeutig geklärt ist bislang allerdings, auf welcher Grundlage die handelnden natürlichen Personen Vermögensbetreuungspflichten im Sinne des § 266 StGB treffen können. Die Schaffung des § 50 a StGB a.F. und des heutigen § 14 StGB eröffnete die Möglichkeit, die eine juristische Person treffenden „besondere[n] persönliche[n] Eigenschaften, Verhältnisse oder Umstände“, die eine Strafbarkeit nach bestimmten Tatbeständen begründen, auf Vertreter der juristischen Person überzuleiten. Damit treffen die vertretungsberechtigten natürlichen Personen die der juristischen Person obliegenden Pflichten. Man kann deshalb in solchen Fällen von einer *derivativen,* weil abgeleiteten Vermögensbetreuungspflicht sprechen. Den Gegensatz bilden die *originären* Vermögensbetreuungspflichten, die direkt in der betrachteten Person begründet liegen. Geht man nun davon aus, dass die zivilrechtlichen Pflichten der Konzernunternehmen untereinander grundsätzlich als Quelle bestehender Vermögensbetreuungspflichten herangezogen werden können, folgt dieser Annahme die konkrete Frage, ob die Vermögensbetreuungspflichten eines Konzernunternehmens ohne weiteres von § 14 StGB erfasst und dadurch auf die darin genannten natürlichen Personen übergeleitet werden.

Diese Frage wird in Rechtsprechung und Literatur nicht einheitlich beantwortet. Während einerseits davon ausgegangen wird, dass § 14 StGB auf die Vermögensbetreuungspflichten des § 266 StGB gar nicht erst anzuwenden ist[165] und Vermögensbetreuungspflichten unmittelbar in der Person des Handelnden zu bestehen haben, wird § 14 StGB andererseits ohne weiteres auf die von § 266 StGB geforderte Sonderpflicht angewandt.[166] Von *Radtke* wird eine Differenzierung nach der

164 Vgl. BGHSt 13, 330, 331 f. mit Anm. *Schröder* JR 1960, S. 105.

165Dahingehend dürften die Ausführungen *Schünemanns* zu deuten sein, da er in § 266 StGB eine lex specialis gegenüber der allgemeinen Vorschrift des § 14 StGB sieht. Vgl. LK-*Schünemann* § 266 Rn. 67.

166 BGHZ 149, 10, 18; BGHSt 41, 224, 229; Sch/Sch-*Lenckner/Perron* § 14 Rn. 5, § 266 Rn. 33; *Ransiek* in: Kohlmann-FS, S. 219; SK-*Samson* § 14 Rn. 11.

Grundlage der bestehenden Vermögensbetreuungspflicht vorgeschlagen.[167] Entsteht die Vermögensbetreuungspflicht auf Gesetz, behördlichem Auftrag oder Rechtsgeschäft in der Person der Gesellschaft, rücken ihm zufolge deren Vertreter erst durch die Anwendung des § 14 StGB in eine tätertaugliche Sonderpflichtenposition. In diesen Fällen beruht die Vermögensbetreuungspflicht nämlich letzten Endes auf einem außerstrafrechtlichen Begründungsakt. Dessen Adressat wird durch ihn vermögensbetreuungspflichtig. Diese Vermögensbetreuungspflicht wird über § 14 StGB schließlich auf die Organe übergeleitet. Im Falle des Treubruchstatbestands kann sich aber auch direkt eine Vermögensbetreuungspflicht aufgrund eines tatsächlichen Treueverhältnisses der handelnden Person gegenüber dem Träger des geschädigten Vermögens ergeben. In diesen Fällen bedarf es keines besonderen Begründungsaktes, dessen ausschließlicher Adressat ein Unternehmen sein könnte, weshalb nach der differenzierenden Ansicht auch keine Überleitung mit Hilfe des § 14 StGB erforderlich ist.[168]

Bei näherer Betrachtung erweist sich in Konzernkonstellationen der Streit darüber, ob Vermögensbetreuungspflichten tatsächlich von § 14 StGB erfasst werden oder nicht, als rein akademischer. Entsprechend der zu vernachlässigenden Bedeutung des Missbrauchstatbestands für konzernspezifische Konstellationen[169], steht im Hinblick auf die bestehenden Verpflichtungen im Konzern das tatsächlich begründete Treueverhältnis als Grundlage einer Vermögensbetreuungspflicht im Mittelpunkt. Dass in diesen Fällen eine Diskussion praktisch nicht weiterführend ist, folgt aus der Stellung der vertretungsberechtigten Organe von Kapitalgesellschaften und dem Charakter der tatsächlichen Vermögensbetreuungspflicht. Die jeweiligen Pflichten der Geschäftsleiter ergeben sich nämlich gerade aus den Verpflichtungen der Unternehmen, für die sie tätig werden. Die den Unternehmen obliegenden Pflichten werden schließlich durch deren Organe erfüllt, die auch den zur Durchführung der Verpflichtungen maßgeblichen Willen allein zu bilden vermögen.[170] Anders als bei rechtlich geschaffenen Positionen wie etwa der Arbeitnehmereigenschaft, welche ganz zweifellos unter § 14 StGB fällt, kommt es für das Entstehen einer tatsächlichen Vermögensbetreuungspflicht auf tatsächliche, auf Willensbildung und Handlungsweisen beruhende, Elemente an. Diese alleinige

167 *Radtke* in: MünchKommStGB I, § 14 Rn. 55; ihm zustimmend *Busch* Konzernuntreue, S. 100 f.
168 Auch *Radtke* geht demnach von einer nicht abschließenden Regelung in § 14 StGB aus.
169 Vgl. dazu oben A IV.
170 *Schröder* JZ 1960, S. 105.

Fähigkeit, den Willen der Gesellschaft – wenn man von einem solchen überhaupt sprechen kann – hinsichtlich der konkreten Ausführungshandlungen zu bilden und konkrete Handlungen veranlassen zu können, stellt schließlich auch den Ursprung der tatsächlichen Herrschaftsposition und damit des tatsächlichen Treueverhältnisses dar. Damit sind die Organe der Unternehmen selbst verpflichtet, die Anforderungen, die an ihre Unternehmen gestellt werden, wahrzunehmen. Die Pflichten der Gesellschaften werden zugleich persönliche Pflichten ihrer Geschäftsleiter. Vor diesem Hintergrund wird die Frage danach, ob Vermögensbetreuungspflichten, die auf einem tatsächlichen Treueverhältnis beruhen, unter § 14 StGB fallen oder nicht obsolet. Eines Rückgriffs auf § 14 StGB bedarf es nämlich gar nicht erst, da diese (derivativen) Vermögensbetreuungspflichten bereits durch die Stellung der betroffenen Personen zur originär vermögensbetreuungspflichtigen Gesellschaft vermittelt wird. Letzten Endes haben die geschäftsleitenden Organe im Konzern also jedenfalls dann die Pflicht, fremde Vermögensinteressen wahrzunehmen, wenn diese Pflicht die von ihnen geleitete Gesellschaft trifft. Daneben sind selbstverständlich auch originär in deren Person und unabhängig von der geleiteten Gesellschaft begründete Pflichten denkbar. Deshalb proklamiert der BGH auch nach der Schaffung des § 14 StGB zu Recht, dass „unabhängig von § 14 II StGB eine Treuepflicht für jeden, der selbst in einer der in § 266 (2 . Alt.) StGB beschriebenen Beziehungen zu dem Inhaber des geschädigten Vermögens steht", gegeben ist. Dass darüber hinaus auch über § 14 StGB vermittelte Vermögensbetreuungspflichten vorliegen können, wird damit nicht ausgeschlossen. Diese dürften sich aber auf den Missbrauchstatbestand, in welchem das Unternehmen selbst eine rechtliche Beziehung zum Träger des geschädigten Vermögens hat, beschränken. Aus alledem folgt, dass stets die Betrachtung der konkreten Situation und der Stellungen sowohl der Gesellschaft als auch deren leitender Organe erforderlich ist.

Hinsichtlich der Schädigung eines täterfremden Konzernunternehmens ist das Beziehungsgeflecht zwischen den beteiligten Gesellschaften und den für die Gesellschaft tätigen natürlichen Personen insgesamt also auch vor dem Hintergrund zu durchleuchten, inwiefern Vermögensbetreuungspflichten nicht nur zwischen den Gesellschaften selbst bestehen, sondern auch, inwiefern die handelnden Personen eine Pflicht zur Wahrnehmung der Vermögensinteressen der verbundenen Unternehmen trifft.

Neben der Schädigung eines anderen Unternehmens kann als weiterer Fall die Schädigung des eigenen Unternehmens auf einem Konzernspezifikum beruhen.

Dann nämlich, wenn der Schaden bei der eigenen Gesellschaft dadurch eintritt, dass sich die eigene Gesellschaft durch die Einwirkung auf ein anderes Konzernunternehmen Ausgleichs- und Schadensersatzansprüchen ausgesetzt sieht, denen keine durch die Einwirkung erworbenen gleichwertigen Positionen gegenüberstehen. Fraglich sind hier etwaige Vermögensbetreuungspflichten der untersuchten Organe bzw. der in diesen Organen tätigen Personen gegenüber der geschädigten eigenen Gesellschaft.

III. Konzernrelevante Vermögensbetreuungspflichten

Konzerngebilde bringen eine Vielzahl von Verflechtungen und Verpflichtungen mit sich, die die Grundlage für Vermögensbetreuungspflichten zwischen den Beteiligten bilden können. Bei Weitem nicht alle davon beruhen auf Besonderheiten im Konzern, sondern auf allgemeinen gesellschaftsrechtlichen Zusammenhängen. Aus diesen grundsätzlich tauglichen Quellen einer Vermögensbetreuungspflicht gilt es diejenigen herauszufiltern, die Relevanz für konzernspezifische Sachverhalte haben.

Unter Berücksichtigung des auf fremdnützige Weise praktizierten Herrschaftsverhältnisses zwischen Täter und Opfervermögen als dem Kern der Vermögensbetreuungspflicht geben die konzernspezifischen Strukturen die relevanten Verhältnisse vor. Auf gesellschaftsübergreifender Ebene stehen konkret die Beziehungen zwischen Konzernmutter und -tochter sowie diejenigen zwischen Konzerntöchtern untereinander in Frage.

Gesellschaftsintern sind Sachverhalte betroffen, bei denen zwar die Vermögensbetreuungspflicht aus allgemein gesellschaftsrechtlichen Überlegungen losgelöst von Konzernspezifika herzuleiten ist, der Schadenseintritt beim eigenen Unternehmen des Täters allerdings auf den konzernspezifischen Zusammenhängen beruht. In diesem Fall ergeben sich hinsichtlich der Herleitung von Vermögensbetreuungspflichten aber gerade keine speziellen Probleme. Vielmehr kann auf die allgemeinen gesellschaftsrechtlichen Erkenntnisse über bestehende Vermögensbetreuungspflichten der Organe einer unabhängigen Gesellschaft zurückgegriffen werden, um den konzerntypischen Sachverhalt zu lösen.

Ob der Verantwortliche einer schädigenden Maßnahme tatsächlich hinsichtlich des geschädigten Vermögens bzw. dessen Träger vermögensbetreuungspflichtig gewesen ist, hängt also von den rechtlichen und wirtschaftlichen Beziehungen der beteiligten Unternehmen und der jeweiligen Stellung des vermeintlichen Täters im Konzern bzw. den Konzernunternehmen ab. Für jeden in Betracht kommenden Täter ergeben sich hier ganze Bündel von Rechten und Pflichten, so dass grundsätzliche Erwägungen zur Entstehung von Vermögensbetreuungspflichten keine eindeutigen Aussagen zulassen. Vielmehr ist der jeweilige Sachverhalt konkret zu betrachten.[171] Allerdings kann auch hier nur vom gesetzlich vorgesehenen Normalfall ausgegangen werden. Durch spezielle Satzungs- oder Vertragsgestaltungen können sich durchaus abweichende Bewertungen ergeben. Bestimmend für die jeweiligen Herrschaftsverhältnisse im Konzern und die eventuell vermögensrelevanten Zusammenhänge ist insbesondere die Qualität der Beziehungen der Konzernunternehmen untereinander. Es ist deshalb auch an dieser Stelle zwischen Vertragskonzern einerseits und faktischer Konzernierung andererseits zu unterschieden. Im Mittelpunkt der Betrachtung steht der in der Praxis ganz überwiegend vorliegende Fall des Unterordnungskonzerns und im Einzelnen das Verhältnis der Konzernmutter zu den Tochtergesellschaften. Inwieweit Vermögensbetreuungspflichten zwischen Schwestergesellschaften vorliegen, wird deshalb erst im Anschluss erörtert.

1. Vermögensbetreuungspflichtige im Vertragskonzern

Die Verhältnisse im Vertragskonzern werden im Wesentlichen durch den Abschluss des Beherrschungsvertrages bestimmt. Sein Abschluss führt zu einer gesetzlich geregelten Erweiterung der Rechte des herrschenden Unternehmens, die durch seinen Inhalt im konkreten Fall modifiziert sein können. Zugleich begründet er die Besonderheiten des Vertragskonzerns gegenüber anderen Konzernen. In der Praxis sind diese Besonderheiten in der Regel nur ein Teil der Betrachtung. Ganz überwiegend halten nämlich die vertraglich herrschenden Unternehmen auch eine Beteiligung, meist sogar die Mehrheit an dem abhängigen Unternehmen. Ob aber gerade diese Besonderheiten zu einer durch das Bestehen eines Beherrschungsvertrages begründeten Vermögensbetreuungspflicht gegenüber dem abhängigen Unternehmen führen, kann nur durch eine isolierte Betrachtung beantwortet werden. Eine Vermögensbetreuungspflicht evtl. begründende Aspekte, die auf der gehalte-

171 Vgl. zum Versuch einer systematischen Herleitung von Vermögensbetreuungspflichten aus einer abstrakten Betrachtung der Verhältnisse heraus *Busch* Konzernuntreue, S. 56 ff.

nen Beteiligung beruhen, müssen zugunsten der Methodik der Untersuchung zunächst ausgeblendet werden.[172]

Hinsichtlich des zu untersuchenden Personenkreises bleibt festzuhalten, dass die Parteien eines Unternehmensvertrages wie einem Beherrschungsvertrag unmittelbar die beteiligten (Kapital-) Gesellschaften sind. Damit treffen die sich daraus ergebenden Rechte und Pflichten zunächst diese selbst als juristische Personen. Dass die aus den Beziehungen einer Gesellschaft resultierenden Vermögensbetreuungspflichten trotz der fehlenden Strafbarkeit juristischer Personen strafrechtliche Relevanz haben, wurde bereits erörtert. Unabhängig davon, ob man eine Überleitung der Pflichten der juristischen Person auf deren gesetzlichen Vertreter gem. § 14 StGB befürwortet oder – wie hier vertreten – den Rückgriff auf § 14 StGB für überflüssig hält, steht fest, dass bestehende Vermögensbetreuungspflichten einer Konzerngesellschaft zu einer derivativen Vermögensbetreuungspflicht bei deren gesetzlichen Vertretern führen. Möglich erscheinen zudem in den Personen der Geschäftleitung selbst begründete Vermögensbetreuungspflichten. Deren eigene Situation wird durch die Einbeziehung ihres Unternehmens in einen Vertragskonzern nämlich ebenfalls berührt. Schließlich steht noch die Frage im Raum, ob abgesehen von der Geschäftleitung eventuell noch andere Organe (originär) vermögensbetreuungspflichtig sind. Insgesamt können nicht nur das herrschende Unternehmen bzw. dessen Organe sonderpflichtig sein. Vielmehr sind grundsätzlich auch Pflichten der Konzerntochter bzw. deren Organe zur Wahrung der Vermögensinteressen der Muttergesellschaft denkbar.

a. Organe der Muttergesellschaft

Der Abschluss eines Beherrschungsvertrages rückt das herrschende Unternehmen in eine Situation erweiterter Rechte und Pflichten. Das Konzernrecht im AktG enthält für den Vertragskonzern eine Reihe von Vorschriften, die zum Teil als Quelle bestehender Vermögensbetreuungspflichten herangezogen werden können. Adressaten der Normen sind einerseits das herrschende Unternehmen selbst, § 308 Abs. 1 AktG, andererseits dessen gesetzliche Vertreter, § 309 Abs. 1 AktG. Darüber hinaus wird auf weitere Organe des herrschenden Unternehmens nicht explizit ein-

172 Vgl. aber die Ausführungen zu Vermögensbetreuungspflichtigen im faktischen Konzern unter 2.

gegangen, was zur Frage führt, inwiefern aus grundsätzlichen Überlegungen heraus Vermögensbetreuungspflichten für weitere Beteiligte hergeleitet werden können.

(1) Vorstand und Geschäftsführer

Das Konzernrecht legt dem herrschenden Unternehmen einerseits besondere Pflichten auf und räumt ihm andererseits erweiterte Rechte ein. Daneben richtet es sich teilweise auch explizit an den gesetzlichen Vertreter. Diskutiert wird zudem, ob und ggf. welche besondere Rolle mit speziellen Pflichten diesen Vertretern im Konzern zukommt. Wenngleich sich die an das Unternehmen und die Leitungspersonen wendenden Normen in Regelungsgehalt und Charakter unterscheiden, wird klar, dass zwischen der besonderen Position des herrschenden Unternehmens und derjenigen der leitenden Personen zu unterscheiden ist. Führt die besondere Position des herrschenden Unternehmens zu einer Vermögensbetreuungspflicht, so wird diese allerdings auf die gesetzlichen Vertreter übergeleitet. Denkbar sind also derivative und auch originäre Vermögensbetreuungspflichten der Vorstände und Geschäftsführer herrschender Gesellschaften im Konzern.

(a) Derivative Vermögensbetreuungspflichten der Konzernleitung

Abgeleitete Vermögensbetreuungspflichten der Leitungsorgane des herrschenden Unternehmens bzw. dessen Mitglieder bestehen dann, wenn das herrschende Unternehmen zur Wahrung der Vermögensinteressen abhängiger Unternehmen verpflichtet ist. Im Vertragskonzern bildet der Beherrschungsvertrag den Schlüssel zur Beantwortung der Frage, ob Vermögensbetreuungspflichten bestehen oder nicht. Er ist die Grundlage der Beziehung der Unternehmen zueinander. Wie diese im Detail aussieht, richtet sich allerdings nicht allein nach dem Vertragsinhalt. Dieser fällt in der Praxis ohnehin regelmäßig sehr dünn aus und beschränkt sich ganz überwiegend auf die Feststellung, dass sich das abhängige Unternehmen dem herrschenden unterwirft und verweist im Übrigen auf die gesetzlichen Regelungen zum Weisungsrecht.[173] Eben diese gesetzlichen Regelungen sind es, die zusammen mit dem Beherrschungsvertrag das Verhältnis der beteiligten Unternehmen maßgeblich prägen. Lässt sich aus der Gesamtheit der geltenden Regeln ableiten, dass sie dem

173 *Altmeppen* in: MünchKomm AktG VIII, § 291 Rn 55 f. m.w.N.

herrschenden Unternehmen einerseits eine Herrschaftsmacht über das fremde Vermögen einräumen und andererseits auch auf den Schutz des Vermögens der abhängigen Gesellschaft bedacht sind und damit das herrschende Unternehmen in die Pflicht nehmen, die Vermögensinteressen des abhängigen Unternehmens zu achten, so kann daraus das Bestehen einer Vermögensbetreuungspflicht gefolgert werden. Der Schluss auf eine Vermögensbetreuungspflicht ist aber nur berechtigt, wenn der Beherrschungsvertrag und die daran anknüpfenden gesetzlichen Regelungen die rechtliche Position grundlegend und umfassend klären, so dass die geschaffene Situation zwingendes Beurteilungskriterium innerhalb der strafrechtlichen Würdigung ist.[174]

Danach ist also zunächst zu klären, inwieweit ein abgeschlossener Beherrschungsvertrag überhaupt eine Position selbstständiger Entscheidungsfreiheit, über das fremde Vermögen herrschen zu können, vermittelt. Der Abschluss eines Beherrschungsvertrages hat weit reichende Konsequenzen für die beteiligten Unternehmen. Das abhängige Unternehmen wird in vielerlei Hinsicht umstrukturiert. Insbesondere geht mittels des eingeräumten Weisungsrechts die Leitungsmacht de facto auf das herrschende Unternehmen über.[175] Die Außerkraftsetzung der Vermögensbindung in der Aktiengesellschaft in § 291 Abs. 3 AktG für den Fall von Leitungsmaßnahmen erweitert die Leitungsmacht auf umfassende vermögensrelevante Belange. Erbringt danach nämlich die abhängige Gesellschaft aufgrund eines Beherrschungsvertrages Leistungen an das herrschende Unternehmen, unterliegen diese Leistungen nicht den Kapitalerhaltungsvorschriften der §§ 57, 58 und 60 AktG. Das führt schließlich zur weitgehenden Dispositionsfreiheit der herrschenden Gesellschaft über das Vermögen der abhängigen.[176]

Für die GmbH fehlen derartige explizite Regelungen, wobei die Problematik im GmbH-Vertragskonzern eine ähnliche ist. Deswegen wird vertreten, die aktienrechtlichen Vorschriften hier analog anzuwenden.[177] Allerdings ist der Vermögensschutz in der GmbH ohnehin auf das Stammkapital beschränkt, was zur weitgehenden Dispositionsmöglichkeit über das Gesellschaftsvermögen führt. Die

174 Vgl. dazu bereits oben I 2.
175 *Emmerich* in: *Emmerich/Habersack* Konzernrecht, § 308 Rn. 22.
176 Zur Frage, inwieweit § 291 Abs. 3 AktG Einfluss auf ein etwaiges Entfallen der Pflichtwidrigkeit hat vgl. D V 2, 3.
177 *Decher* in: MünchHdb. GesR III, § 70 Rn. 23 m.w.N.

Kompetenzen des herrschenden Unternehmens erstrecken sich damit also u.a. auf die gesamte Finanzpolitik der abhängigen Gesellschaft.

Damit vermittelt ein Beherrschungsvertrag sowohl in der Aktiengesellschaft als auch in der GmbH eine Herrschaftsposition über das fremde Vermögen, wie sie Voraussetzung für das Bestehen einer Vermögensbetreuungspflicht ist.

Die Tatsache, dass dem herrschenden Unternehmen mittels des Beherrschungsvertrages eine derartige Herrschaftsmacht über das Vermögen des anderen Unternehmens eingeräumt wird, ist allerdings nicht gleichbedeutend mit dem Bestehen einer Vermögensbetreuungspflicht. Hinzukommen muss das Element einer gewissen Fürsorglichkeit und der geschäftsbesorgungsähnliche Charakter im Hinblick auf die *fremde* Vermögensmasse. Enthält der Beherrschungsvertrag keine expliziten Klauseln, die das herrschende Unternehmen zum fürsorglichen Umgang mit dem fremden Vermögen verpflichten, liegt es an dieser Stelle nahe, das Gesetz daraufhin zu untersuchen, ob diesem eine solche Pflicht zu entnehmen ist. Die Versuchung ist nun groß, von den zivilrechtlichen Haftungsregeln, die sich an verschiedene Handlungen und Situationen im Konzern anschließen, auf eine entsprechende Pflicht zu schließen. Das wäre allerdings voreilig und verfehlt.

Die Haftungsregeln im Konzern stellen teilweise gar nicht auf ein Verhalten des herrschenden Unternehmens bzw. seiner Leitung ab und müssen schon deshalb außen vor bleiben. Denn einem Täter kann nur der Verstoß gegen eine bestimmte Verhaltenspflicht als Verfehlung zum Vorwurf gemacht werden. Von ihm nicht beeinflussbare Faktoren können nicht zu einem persönlichen Vorwurf für ein Fehlverhalten führen. Deshalb ist die Verlustausgleichspflicht in § 302 AktG für die Herleitung von Vermögensbetreuungspflichten des herrschenden Unternehmens nicht zu berücksichtigen. Sie knüpft allein an den Zustand der Abhängigkeit durch einen Beherrschungs- oder Gewinnabführungsbetrag, nicht aber an ein Fehlverhalten Beteiligter an. Einen Übergang der Verantwortung für das Vermögen der abhängigen Gesellschaft und damit einer Vermögensbetreuungspflicht lässt sich jedenfalls § 302 AktG demnach nicht entnehmen.

Soweit die konzernrechtlichen Haftungsnormen an eine bestimmte Verhaltensweise anknüpfen, beinhalten sie zunächst lediglich Rechtsfolgen auf zivilrechtlicher Ebene. Aus diesen Rechtsfolgenregelungen kann nicht ohne weiteres eine Vermögensbetreuungspflicht hergeleitet werden. Denn zum einen begründen die sich aus den Haftungsnormen ergebenden Ansprüche keine Pflicht, sondern regeln nur die Folge der Verletzung einer solchen. Zum anderen stellen diese Anspruchgrundlagen auf die Verletzung der rein zivilrechtlichen Pflichten ab. Diese sind aber gerade nicht gleichbedeutend mit der strafrechtlichen Vermögensbetreuungspflicht im Sinne des § 266 StGB und es kann sich aus ihnen nur unter bestimmten Voraussetzungen eine solche ergeben.[178] Die sich aus einer pflichtwidrigen Ausübung des Weisungsrechts ergebende Schadensersatzpflicht des herrschenden Unternehmens und seiner gesetzlichen Vertreter[179] liefert deshalb keine zwingenden Erkenntnisse über das Bestehen einer Vermögensbetreuungspflicht.

Vielmehr muss die der Schadensersatzpflicht zu Grunde liegende Pflichtverletzung selbst bzw. die geforderte Verhaltenspflicht herangezogen bzw. diese zunächst ermittelt werden. Bei der Ausübung des mittels eines Beherrschungsvertrages eingeräumten Weisungsrechts hat das herrschende Unternehmen bzw. dessen Vertreter stets die gezogenen Grenzen dieses Weisungsrechts zu respektieren.[180] Aus diesen Grenzen heraus können sich nun Ansätze für das Bestehen von Vermögensbetreuungspflichten ergeben. Voraussetzung ist aber, dass das Weisungsrecht gerade zum Schutz des Vermögens der abhängigen Gesellschaft beschränkt ist.[181] Dann nämlich wird dokumentiert, dass das herrschende Unternehmen das Vermögen der abhängigen Gesellschaft zu respektieren und dessen Vermögensinteressen bei der Wahrnehmung der nun ihm übertragenen Leitungsmacht zu wahren hat. Allgemein gültige Aussagen können indes nur aus allgemein gültigen Regelungen heraus getätigt werden. Bestehende interne Grenzen des Weisungsrechts aus dem Beherrschungsvertrag oder der Satzung des herrschenden Unternehmens heraus beeinflussen stets nur den konkreten Einzelfall. Sie sind im jeweiligen Fall genau daraufhin zu untersuchen, ob Klauseln zum Schutz des Vermögens der abhängigen Gesellschaft enthalten sind. Allgemeine Aussagen lassen sich hingegen den externen Grenzen, also den einschlägigen Gesetzen und den dem Weisungsrecht immanenten Schranken entnehmen. Gem. § 308 Abs. 1 AktG sind für das abhängige Unternehmen nachteilige Weisungen nur dann zulässig, wenn sie dem Konzerninteresse dienen. Zwar ist bislang noch immer unge-

178 Vgl. oben I 2.

179 In § 309 Abs. 2 AktG wird zwar lediglich eine Schadensersatzpflicht des gesetzlichen Vertreters angeordnet. Nach ganz herrschender Ansicht trifft diese Pflicht jedoch auch zugleich das herrschende Unternehmen selbst. Vgl. dazu oben Kapitel 2 D I 2.

180 Im Einzelnen zu diesen Grenzen vgl. oben Kapitel 2 C II 2 b, III.

181 Vgl. dazu die Ausführungen zu den möglichen Quellen einer Vermögensbetreuungspflicht unter I 2.

klärt, was das Konzerninteresse genau ist und wer dessen Träger ist.[182] Unabhängig davon zeigt aber jedenfalls bereits der Umstand einer notwendigen Rechtfertigung, dass der Gesetzgeber eine nachteilige Weisung nicht ohne weiteres zulassen wollte, um das abhängige Unternehmen nicht sinnlos zu schädigen.

Weiterhin wird verbreitet – wenn auch nicht einhellig – angenommen, dass Weisungen dann unzulässig sein sollen, wenn sie die Existenz des abhängigen Unternehmens gefährden. Dieser Grundsatz stellt ein allgemeines Gefährdungsverbot dar, welches nicht auf die zivilrechtlichen Schadensersatzregeln beschränkt ist und beinhaltet damit auch das allgemeingültige Verbot, im Übermaß die Vermögensreserven des abhängigen Unternehmens anzutasten, damit deren Bestand dadurch nicht gefährdet wird. Aus diesen Erwägungen heraus rechtfertigt sich die Annahme, dass das herrschende Unternehmen zumindest bei der Ausübung des ihm zustehenden Weisungsrechts die Vermögensinteressen des von ihm abhängigen Unternehmens zu achten hat. Das führt zur Annahme einer Vermögensbetreuungspflicht des herrschenden Unternehmens bei der Ausübung seines Weisungsrechts und soweit das Vermögen von der Weisung tatsächlich betroffen ist.[183]

Damit steht aber noch nicht fest, ob der Abschluss eines Beherrschungsvertrages zu einer darüber hinaus gehenden Vermögensbetreuungspflicht führt, ob eine solche also auch im Falle einer tatsächlichen Einflussnahme außerhalb des Weisungsrechts besteht bzw. ob das herrschende Unternehmen ganz allgemein und unabhängig von einer Einflussnahme auf die abhängige Gesellschaft und über die von einer Weisung betroffenen Vermögensteile hinaus zu einer aktiven Vermögensfürsorge verpflichtet ist, sich deren Vertreter also durch ein bloßes Unterlassen einer Untreue schuldig machen können.

Für den Bereich der tatsächlichen Einflussnahme auf die abhängige Gesellschaft ohne Rückgriff auf das Weisungsrecht räumt das Gesetz keine besondere Machtstellung ein. Die Gesellschaft kann durch informelle Ratschläge oder eindringliche Gespräche auf Leitungsebene nicht dazu verpflichtet werden, bestimmte Maßnahmen nach dem Willen des herrschenden Unternehmens auszuführen. Damit bleibt die Verantwortung für die Folgen der schließlich umgesetzten Maßnahmen bei der Unternehmensleitung der abhängigen Gesellschaft. Die Herrschaft über deren

182 Vgl. dazu im Einzelnen oben Kapitel 3 C II 2 b (2).

183 Dass eine Betrachtung nach Vermögensbestandteilen ggf. erforderlich ist, sieht auch der BGH wenn er in der Bremer-Vulkan Entscheidung eine Vermögensbetreuungspflicht hinsichtlich der EU-Fördermittel verneint, sie ansonsten aber annimmt, vgl. BGH NJW 2004, 2248, 2251 f.

Vermögen wird gerade nicht auf die Konzernmutter übertragen, so dass diese auch nicht zur Wahrung der Vermögensinteressen des abhängigen Unternehmens verpflichtet werden kann. Sobald die (versuchte) Einflussnahme durch das herrschende Unternehmen die Grenze zur – wenn auch nur faktischen – Verbindlichkeit überschreitet, sind diese ohnehin unabhängig von ihrer Form als Weisung zu betrachten, die von der Unternehmensleitung des abhängigen Unternehmens umzusetzen sind. Sie unterfallen dann wieder den für diese geltenden Beschränkungen und begründen eine Vermögensbetreuungspflicht für das herrschende Unternehmen.

Die Frage nach einer bestehenden aktiven Handlungspflicht zum Zwecke der Betreuung des fremden Vermögens mag für konzernweite Konstellationen zunächst seltsam anmuten. Immerhin ist für den Konzern konstituierend, dass die Konzernunternehmen unter eine einheitliche Leitung gestellt sind. Dieses Merkmal ist allerdings nicht gleichbedeutend mit einer, durch eine das Vermögen betreffende Herrschaftsposition ermöglichten, tatsächlichen vermögensrelevanten Beeinflussung durch das herrschende Unternehmen. Für den Vertragskonzern ergibt sich das bereits aus der gesetzlichen Bestimmung des Konzernbegriffs. § 18 Abs. 1 S. 2 AktG fingiert nämlich die einheitliche Leitung bereits mit dem bloßen Abschluss eines Beherrschungsvertrages. Ob tatsächlich eine vermögensrelevante Ausübung der Herrschaftsmacht stattgefunden hat, wird durch die bloße Fiktion nicht beantwortet. Keinesfalls zwingend ist jedenfalls die Annahme einer aktiven und vermögensrelevanten Beeinflussung der abhängigen Gesellschaft alleine durch die erfolgte Konzernierung. Deshalb erlangt die Frage nach einer durch ein aktives Eingreifen zu verwirklichenden Vermögensbetreuungspflicht durchaus Relevanz. – Immer dann nämlich, wenn das Vermögen der abhängigen Gesellschaft durch andere als vom Täter geschaffene Gefahren bedroht ist oder sich eine nur durch ein aktives Tun zu verwirklichende Chance auf die Mehrung des Vermögens ergibt. Nur wenn dem Täter eine solche spezielle Sonderpflicht zum Tätigwerden auferlegt ist, kann er durch ein Unterlassen zum Täter des speziellen Sonderpflichtdelikts der Untreue werden.[184] Dem herrschenden Unternehmen müsste demnach eine Überwachungspflicht zu Gunsten des Vermögens der abhängigen Gesellschaft obliegen, die ihn dazu verpflichtet, darauf zu achten, ob eine Gefahr für das Vermö-

184 Zur Typisierung der Untreue als „spezielles Sonderpflichtdelikt" vgl. Kapitel 1 D.

gen der abhängigen Gesellschaft besteht, die es abzuwenden gilt oder ob sich Gelegenheiten zur Vermögensmehrung ergeben.

Dass sich eine solche Pflicht aus dem bloßen Bestand eines Beherrschungsvertrages ergibt, ist mehr als zweifelhaft. Alleine der Abschluss des Vertrages bedeutet noch nicht, dass das herrschende Unternehmen per se die Verantwortung für alle vermögensrechtlichen Belange des abhängigen Unternehmens übernimmt. Ein Beherrschungsvertrag eröffnet zwar die Möglichkeit auch der Vermögensbeherrschung, besteht aber aus einem ganzen Bündel unterschiedlicher Aspekte. Eine Pflicht, drohende Vermögensschäden aktiv abzuwenden oder das Vermögen aktiv zu vermehren, kann daraus noch nicht hergeleitet werden. Erst mit der tatsächlichen Ausübung vermögensrelevanter Maßnahmen rückt das herrschende Unternehmen in ein Verhältnis zur abhängigen Gesellschaft, das maßgeblich vom Vermögensfürsorgegedanken geprägt ist. Erst mit der Übernahme der tatsächlichen Vermögensleitung hat es auch die Konsequenzen zu tragen, da es dann gezeigt hat, die Vermögensverwaltung zumindest maßgeblich mitbestimmen zu wollen.

Zusammenfassend bedeutet das für die Leitungsorgane bzw. deren Mitglieder, dass diese nicht zu einer aktiven Vermögensfürsorge verpflichtet sind, sondern lediglich zur Wahrung der Vermögensinteressen der abhängigen Gesellschaft wenn auf diese durch ein eigenes Handeln eingewirkt wird. Lediglich aufgrund des bestehenden Beherrschungsvertrages, besteht keine umfassende Vermögensbetreuungspflicht, die zum aktiven Handeln verpflichten würde. Allerdings ergeben sich Besonderheiten durch die Kombination aus Merkmalen der speziellen Konzernstruktur mit allgemeinen gesellschaftsrechtlichen Gegebenheiten. Die allgemeine Vermögensbetreuungspflicht wird im Konzern deshalb durch konzernspezifische Sorgfaltspflichten wie der Konzernleitungspflicht konkretisiert.

(b) Originäre Vermögensbetreuungspflichten der Konzernleitung

Neben der dem herrschenden Unternehmen zustehenden Vermögensbetreuungspflicht ist es denkbar, dass die Konzernleitung, also die Leitungsorgane bzw. deren Mitglieder, selbst in der Pflicht stehen, die fremden Vermögensinteressen wahrzunehmen. Für diese originär bei den jeweiligen natürlichen Personen entstehenden Pflichten kommt der Beherrschungsvertrag als Quelle einer Vermögensbetreuungspflicht nicht in Frage, da dieser unmittelbar nur die beteiligten Unternehmen als Vertragsparteien betrifft.

Auf rechtsgeschäftliche Art und Weise kann eine Vermögensbetreuungspflicht nur begründet werden, wenn die relevanten natürlichen Personen von der Bindungswirkung des Rechtsgeschäfts erfasst werden. Letztlich kommt hier nur der mit seinem Unternehmen geschlossene Anstellungsvertrag in Betracht. Derartige rechtsgeschäftlich begründete Vermögensbetreuungspflichten bereiten indes regelmäßig keine Probleme für die strafrechtliche Beurteilung hinsichtlich bestehender Vermögensbetreuungspflichten. Ihr Bestand ist anhand der abgeschlossenen Verträge eindeutig nachzuweisen. Ist in einem solchen geregelt, dass die zur Konzernleitung berufenen Person auch zur Wahrung der Vermögensinteressen der von seinem (herrschenden) Unternehmen abhängigen Gesellschaften verpflichtet ist, wirkt diese Verpflichtung zu deren Gunsten und begründet diesen gegenüber eine Vermögensbetreuungspflicht.[185] Ebenso wie satzungsmäßige Regelungen im Rahmen der Bestimmung der Vermögensbetreuungspflichten des herrschenden Unternehmens handelt es sich bei derartigen Vertragsklauseln um individuelle Sonderregelungen und nicht um verallgemeinerungsfähige Aussagen, so dass an dieser Stelle nicht weiter darauf eingegangen werden soll.

Eine direkt in den Personen der Konzernleitung begründende Vermögensbetreuungspflicht könnte sich aber aus deren Stellung im Konzern und dem jeweiligen Verhältnis zum abhängigen Unternehmen entwickeln lassen. Anhaltspunkte liefert die in der gesellschaftsrechtlichen Literatur diskutierte und mittlerweile recht verbreitet angenommene Konzernleitungspflicht der Konzernspitze.[186] Beim Versuch aus der gesellschaftsrechtlich diskutierten Konzernleitungspflicht eine eigene Vermögensbetreuungspflicht der an der Konzernspitze stehenden Personen gegenüber dem abhängigen Unternehmen herzuleiten, darf aber nicht ohne weiteres von einer Leitungspflicht auf eine (Vermögens-) Fürsorgepflicht geschlossen werden, wenn die Leitungspflicht gerade auf dem Gedanken der Fürsorge gegenüber der zu

185 So schon BGHSt 2, 324; vgl. auch *Schröder* JR 1960, S. 106.

186 Vgl. *Hommelhoff* Konzernleitungspflicht, S. 43 ff., 165 ff., 184 ff.; *Abeltshauser* Leitungshaftung, S. 243 f.; *Kropff* ZGR 1984, S. 114 ff.; vgl. *Martens* in: Heinsius-FS, S. 531, S. 402 f.; *Timm* AG 1980, 172 ff.; *Wiesner* in: MünchHdb. GesR IV, § 19 Rn. 12; grundsätzlich ebenso, allerdings mit Einschränkungen *Schneider* BB 1981, S. 256; *Semler* in: Kastner-FS; differenzierend *Götz* ZGR 1998, S. 526 ff., 545 m.w.N. – Anders die wohl noch h.M. vgl. *Altmeppen* in: MünchKomm AktG VIII, § 309 Rn. 50 ff.; *Hüffer* Aktiengesetz, § 76 Rn. 17; *Koppensteiner* in: KölnKomm AktG, § 309 Rn. 3, § 308 Rn. 41; *Krieger* in: MünchHdb. GesR IV, § 70 Rn. 144; *Mertens* in: KölnKomm AktG, § 76 Rn. 55; *Mülbert* Aktiengesellschaft, S. 29 ff.; *Rehbinder* ZHR 147 (1983), S. 467 ff.

betreuenden Gesellschaft beruhen würde. Dies endete in einem unzulässigen Zirkelschluss. Notwendig ist es vielmehr, den Grund der Konzernleitungspflicht zu betrachten und sich dann zu fragen, ob der zivilrechtlich entwickelten Konzernleitungspflicht eine gleichgerichtete strafrechtliche Vermögensbetreuungspflicht entspricht.

Der Grund des Bestehens einer Konzernleitungspflicht wird vor allem in der Pflicht des Leitungsorgans der (herrschenden) Gesellschaft gesehen, sämtliche der Gesellschaft zur Verfügung stehenden Ressourcen bestmöglich zur Erreichung des Gesellschaftszwecks auszunutzen.[187] Folglich wird die auf den gesamten Konzern ausgeweitete Leitungspflicht des Leitungsorgans als eine Pflicht gegenüber und zu Gunsten des herrschenden Unternehmens angenommen, nicht aber zu Gunsten der abhängigen Gesellschaft, auf die sich die Leitungsmaßnahmen beziehen.[188] In der Tat sind keine über die besonderen, sich aus dem Abschluss eines Beherrschungsvertrag ergebenden, Befugnisse für das Leitungsorgan erkennbar. Ebenso können keine besonderen Sorgfaltsanforderungen gegenüber dem abhängigen Unternehmen hergeleitet werden. Das Leitungsorgan ist und bleibt dem eigenen Unternehmen verpflichtet. Schon deshalb ist aus der gesellschaftsrechtlich anerkannten Konzernleitungspflicht keinesfalls die Pflicht herzuleiten, das Vermögen der abhängigen Gesellschaft zu wahren. Sie kann lediglich als Maßstab dafür dienen, was die Konzernleitung zu unternehmen hat, um der ihr unstreitig obliegenden Vermögensbetreuungspflicht gegenüber dem von ihr geführten, herrschenden Unternehmen, welche die Verantwortlichen ohnehin sogar zu einer aktiven Vermögensfürsorge verpflichtet, zu genügen.

Zur Klärung der Frage, ob eine Vermögensbetreuungspflicht gegenüber einer abhängigen Gesellschaft begründet ist, trägt die Konzernleitungspflicht, wie sie im Gesellschaftsrecht anerkannt ist, nicht bei. Nur bei derjenigen Frage, wie sich die Konzernleitung zu verhalten hat, um nicht gegen die Vermögensbetreuungspflicht gegenüber dem herrschenden Unternehmen zu verstoßen, erlangt sie Relevanz.[189] Denn über die konzernrechtlichen Zusammenhänge kann die Einflussnahme auf ein abhängiges Unternehmen durchaus zugleich dazu führen, dass das Vermögen der

187 Detailliert dazu *Bous* Konzernleitungsmacht, S. 118; *Hommelhoff* Konzernleitungspflicht, S. 53 ff.

188 Statt vieler die Zusammenfassung bei *Hommelhoff* Konzernleitungspflicht, S. 417 ff.; vgl. auch *Bous* Konzernleitungsmacht, S. 118 m.w.N.; a.A. *Schneider* BB 1981, S. 257.

189 Vgl. dazu noch unten D III 1, IV 1.

herrschenden Gesellschaft betroffen ist.[190] Diese Zusammenhänge hat die Leitung des herrschenden Unternehmens im Rahmen der Konzernleitungspflicht bei ihren Maßnahmen mit konzernweiten Auswirkungen stets zu bedenken.

Insgesamt kann für die den Konzern leitenden Personen keine Vermögensbetreuungspflicht gegenüber der abhängigen Gesellschaft hergeleitet werden, die über die mittels Übertragung der originär beim herrschenden Unternehmen bestehende hinausgeht.

(2) Aufsichtsrat

Dass der Aufsichtsrat einer Gesellschaft Beschützergarant für das Gesellschaftsvermögen gegenüber Schädigungen durch den eigenen Vorstand und damit vermögensbetreuungspflichtig ist, ist in Literatur[191] und Rechtsprechung[192] allgemein anerkannt und bedarf hier keiner tief greifenden Erörterung. Die Mitglieder des Aufsichtsrats sind verpflichtet, das Verhalten der Geschäftsleitung derart zu überwachen, dass dem Unternehmen durch das Verhalten der Leitung kein Vermögensschaden entsteht. Inwieweit sich die Überwachungsaufgabe des Aufsichtsrats verändert oder erweitert, wenn die Gesellschaft über eine andere herrscht, ist bislang nicht bis ins Detail geklärt. Während dem Aufsichtsrat des herrschenden Unternehmens teilweise die Rolle eines Konzern-Überwachungsorgans zugedacht wird[193], wird andernorts konstatiert, er bleibe weiterhin der Aufsichtsrat lediglich der Obergesellschaft und nicht des Konzerns.[194] Maßgeblich für die Lösung des Problems sind die allgemeinen Aufgaben und Rechte des Aufsichtsrats.

Die Aufgabe des Aufsichtsrats besteht in der Aktiengesellschaft[195] gem. § 111 Abs. 1 AktG darin, die Geschäftsführung zu überwachen. Dass der Gesetzgeber bei der Formulierung der Aufgaben des Aufsichtsrats primär an die Überwachung der Geschäftsführung der eigenen Gesellschaft gedacht hat, dürfte kaum ernsthaft be-

190 Vgl. dazu bereits unter B II, IV.

191 Sch/Sch-*Lenckner/Perron* § 266 Rn. 25; *Poseck* Haftung, S. 80 ff.; LK-*Schünemann* § 266 Rn. 126; grundlegend und vertiefend *Tiedemann* in: Tröndle-FS, S. 319 ff.

192 BGHSt 9, 203, 210; RGSt. 64, 81, 84.

193 So *Schneider* in: Hadding-FS, S. 621 ff.

194 So *Hoffmann-Becking* ZHR 159, S. 325 ff.

195 Auf die GmbH treffen die Ausführungen aufgrund der entsprechenden Anwendung der aktiengesetzlichen Regelungen gem. § 52 Abs. 1 GmbHG ebenso zu.

zweifelt werden. Nicht zuletzt wird in § 111 AktG durchweg lediglich von „der Gesellschaft" gesprochen, ohne überhaupt auf verbundene Unternehmen einzugehen. Adressat der Überwachungstätigkeit ist das die Geschäftsführung ausübende Organ der eigenen Gesellschaft, im Konzern also der Muttergesellschaft. Der Aufsichtsrat ist gerade nicht dazu berufen, die gesamte geschäftsführende Tätigkeit, die sich in den einzelnen Konzernunternehmen entfaltet, zu überwachen.[196] Die Überwachungspflichten werden in den einzelnen verbundenen Unternehmen von den jeweiligen Organen der abhängigen Gesellschaft selbst übernommen. Immerhin besteht Einigkeit darüber, dass nachteilige Weisungen unter bestimmten Umständen gerade nicht vollzogen werden müssen oder gar dürfen. Die Entscheidung zur Durchführung einer bestimmten Maßnahme wird letztlich auch in der abhängigen Gesellschaft gefällt, innerhalb derer dann auch die Prüfung stattzufinden hat, ob die betreffende Weisung befolgt werden soll. Die Verantwortung für das Vermögen der Tochtergesellschaft liegt damit allein bei deren Organen.

Den entscheidenden Ausschlag gegen eine Vermögensbetreuungspflicht des Aufsichtsrats der Muttergesellschaft gegenüber der Tochtergesellschaft geben aber die gesetzlich geregelten *Rechte* des Aufsichtsrats der herrschenden Gesellschaft im Konzern. Strafrechtlich relevante Sonderpflichten können einer Person nur dann auferlegt werden, wenn sie diesen auch ohne weiteres nachkommen kann. Hat sie per se keine Möglichkeit, auf Sachverhalte Einfluss zu nehmen, kann sie auch nicht zu entsprechend beeinflussenden Maßnahmen verpflichtet werden. Konkret auf die Untreue angewandt, bedeutet dies, dass der in Frage stehende Täter auch tatsächlich die Möglichkeit gehabt haben muss, die fremden Vermögensinteressen wahren zu können. Bezogen auf die allgemeinen Aufgaben des Aufsichtsrats muss dieser also in der Lage sein, die Tätigkeit der Geschäftsleitung der Konzernmutter auch hinsichtlich der die abhängige Gesellschaft betreffenden Geschäfte derart überwachen zu können, dass er Vermögensschäden für das abhängige Unternehmen abwenden könnte. Dass das Konzernrecht dem Aufsichtsrat einer herrschenden Gesellschaft derartige Befugnisse einräumt, die überhaupt erst zu einer Vermögensbetreuungspflicht führen können, darf jedoch bezweifelt werden. Entscheidende Erkenntnisse liefert die gesetzliche Ausgestaltung der Rechte des Aufsichtsrats in § 111 AktG im Vergleich zu den Berichtspflichten des Vorstands an den Aufsichtsrat. Gem. § 90 Abs. 1 AktG hat der Vorstand eines Mutterunternehmens dem

196 *Hoffmann-Becking* ZHR 159, S. 331.

Aufsichtsrat umfassend über die wirtschaftlichen Belange des Unternehmens zu berichten. Der Bericht hat gem. § 90 Abs. 1 S. 2 AktG auch auf Tochterunternehmen einzugehen. Damit vergleichbar sind die Vorschriften zur Prüfung des Jahresabschlusses. In § 171 Abs. 1 S. 1 AktG wird vom Aufsichtsrat die Prüfung des Jahresabschlusses gefordert, die sich in einer Muttergesellschaft auch auf den Konzernabschluss gem. § 290 HGB erstreckt. Mit dieser Prüfpflicht korrespondiert eine Berichtspflicht des Vorstands, der einen Konzernabschluss zu erstellen und ihn dem Aufsichtsrat zur Prüfung vorzulegen hat. Mit der Schaffung dieser Berichtspflichten des Vorstands an den Aufsichtsrat hat der Gesetzgeber gezeigt, dass er ein Bedürfnis dafür erkannt hatte, den Aufsichtsrat eines herrschenden Unternehmens auch über die Tochtergesellschaften zu informieren. Dennoch kam er diesem Bedürfnis nur in begrenztem Maße nach. Er gab dem Aufsichtsrat nämlich kein wirkungsvolles eigenes Instrument an die Hand, mit welchem er eine Überwachungstätigkeit hinsichtlich der Tochtergesellschaft selbst effektiv durchsetzen könnte. Bezüglich der eigenen Gesellschaft hat der Aufsichtsrat gem. § 111 Abs. 2 AktG das Recht, „die Bücher und Schriften der Gesellschaft sowie die Vermögensgegenstände, namentlich die Gesellschaftskasse und die Bestände an Wertpapieren und Waren, einsehen und prüfen" zu können. Im Gegensatz zu § 90 Abs. 1 S. 2 AktG wird das abhängige Unternehmen hier nicht erwähnt. Die Rechte des Aufsichtsrats beschränken sich also auf das Mutternunternehmen, da ein Einsichtsrecht bei der Konzerntochter nicht besteht. Allenfalls kann der Aufsichtsrat den Vorstand des herrschenden Unternehmens auffordern, von seinem Recht einer Einsichtnahme Gebrauch zu machen, wenn es seine Überwachungsaufgabe erfordert.[197] Gegenstand der Überwachung des Aufsichtsrats der herrschenden Gesellschaft bleibt aber auch dann die Tätigkeit des Vorstands des herrschenden Unternehmens. Es ändert sich im Konzern keineswegs der Kreis der zu überwachenden Personen, sondern lediglich der Umfang der zu überwachenden Tätigkeit der Geschäftsleitung des herrschenden Unternehmens.[198] Nur diesbezüglich wird der Aufsichtsrat der Konzernmutter zum Konzern-Überwachungsorgan[199]. Eigene Pflichten gegenüber der Konzerntochter können ihm mangels bestehender Befug-

197 Vgl. *Schneider* in: Hadding-FS, S. 629.
198 *Semler* in ArbHdb für Aufsichtsratsmitglieder, § 1 Rn. 303.
199 So *Schneider* in: Hadding-FS, S. 625.

nisse zur Erfüllung dieser Pflichten nicht auferlegt werden.[200] Die Aufnahme der Berichtspflichten über verbundene Unternehmen sind vielmehr dahingehend zu deuten, dass sich der Aufsichtsrat stets umfassend – und dazu gehören auch die Tätigkeiten im Zusammenhang mit verbundenen Unternehmen – über die Geschäftsführung in seinem Unternehmen informieren muss, um seine Aufgaben zum Wohle der Gesellschaft erfüllen zu können. Damit steht fest, dass für den Aufsichtsrat eines herrschenden Unternehmens auch in strafrechtlicher Hinsicht regelmäßig keine Sonderpflicht zur Wahrnehmung der Vermögensinteressen der Konzerntochter besteht.[201]

Diese Erkenntnis gilt indes nicht ausnahmslos. Über den dargestellten Regelfall hinaus können die Aufgaben und Befugnisse des Aufsichtsrats in vielfacher Hinsicht erweitert sein. So ist es denkbar, dass die unternehmenseigene Satzung besondere Zustimmungsvorbehalte stets dann vorsieht, wenn konzernrechtliche Fragen betroffen sind. Ergibt sich ein Zustimmungsvorbehalt aus der Satzung der Muttergesellschaft, so bedarf es deren dahingehender Auslegung, ob dieser Vorbehalt dem Schutz der abhängige Gesellschaft oder vielmehr demjenigen der Muttergesellschaft selbst dient. Pauschale Aussagen verbieten sich hier.

Darüber hinaus kennt auch das Gesetz einen derartigen besonderen Zustimmungsvorbehalt in § 308 Abs. 3 S. 2 AktG, der unter bestimmten Voraussetzungen für eine förmliche Weisung der Konzernmutter notwendig ist. Eröffnet erst eine derartige Zustimmung die Einflussnahmemöglichkeit auf ein abhängiges Unternehmen, ist die Stellung des Aufsichtsrats der herrschenden Gesellschaft bereits eine ganz andere. Die Zustimmungsbedürftigkeit der das Vermögen der Tochtergesellschaft maßgeblich betreffenden Maßnahmen der Konzernleitung gibt dann nämlich auch dem Aufsichtsrat, ähnlich der Position der Konzernleitung selbst, die Möglichkeit, über das fremde Vermögen des abhängigen Unternehmens zu bestimmen. Wird von dieser Möglichkeit dergestalt Gebrauch gemacht, dass die

---

200 Ebenso *Hoffmann-Becking* ZHR 159, S. 331; *Semler* in ArbHdb für Aufsichtsratsmitglieder, § 1 Rn. 303 ff. Selbst *Schneider* in: Hadding-FS, S. 627, stellt klar, dass die von ihm ausgemachte Konzernbezogenheit des Aufsichtrats der herrschenden Gesellschaft noch nichts über etwaige Pflichten gegenüber der Konzerntochter aussagt. Diese Frage bleibt bei ihm schließlich weitgehend ungeklärt.

201 Für den (fakultativen) Aufsichtsrat einer GmbH als Konzernmutter gelten diese Überlegungen entsprechend, da die relevanten Vorschriften gem. § 52 Abs. 1 GmbHG entsprechende Anwendung finden.

Konzerngeschäftsleitung im Zusammenspiel mit dem Aufsichtsrat des herrschenden Unternehmens die Vermögensgeschicke des abhängigen Unternehmens in die Hand nimmt, erwächst daraus eine Herrschaftsposition der beteiligten Organe der Muttergesellschaft über das Vermögen der Konzerntochter. Damit angenommen werden kann, dass dem gewachsenen Einfluss auch erweiterte Pflichten in Form einer Vermögensbetreuungspflicht entsprechen, muss der Aufsichtsrat – für die Konzernleitung wurde dies bereits festgestellt[202] – auch die Pflicht haben, die Vermögensinteressen der abhängigen Gesellschaft zu wahren. Wie oben ausgeführt, dient die Tätigkeit des Aufsichtsrats aber grundsätzlich dem Schutz der eigenen Gesellschaft, nicht aber demjenigen der von dieser Gesellschaft abhängigen Gesellschaften. Im hier betrachteten Sonderfall bestehender Zustimmungsbefugnisse, rechtfertigt jedenfalls § 308 Abs. 3 AktG für den darin behandelten Fall eine abweichende Bewertung. Die dortige Regelung zeigt, dass der Aufsichtsrat des herrschenden Unternehmens ausnahmsweise zumindest überwiegend im Interesse der abhängigen Gesellschaft tätig wird. Er fungiert in der konkret beschriebenen Situation gewissermaßen als zweite Kontrollinstanz hinter der Kontrolle des Aufsichtsrats der abhängigen Gesellschaft. Für den Fall der fehlenden Zustimmung des für den Schutz der abhängigen Gesellschaft verantwortlichen Aufsichtsrats, hat derjenige der herrschenden Gesellschaft darüber zu befinden, ob die Weisung, die dann zwingenden Charakter hat, tatsächlich ausgesprochen werden soll.

Die somit geschaffene Vermögensbetreuungspflicht des Aufsichtsrats gegenüber der abhängigen Gesellschaft besteht allerdings nur für diese besonderen Fälle der Einflussnahme seitens der Muttergesellschaft. Denn die Herrschaftsposition des Aufsichtsrats über das fremde Vermögen wird lediglich über den besonderen Zustimmungsvorbehalt vermittelt und beschränkt sich folglich auch auf diese Fälle. Eine allgemeine und umfassende Vermögensbetreuungspflicht ergibt sich also auch in Fällen besonderer Zustimmungsvorbehalte nicht. Sie besteht nur bezogen auf die mit Hilfe des Aufsichtsrats durchgeführte Maßnahme und die davon betroffenen Vermögensbestandteile.

Dass sich die Überwachungspflicht des Aufsichtsrats in der herrschenden Gesellschaft trotz grundsätzlich fehlender Vermögensbetreuungspflicht gegenüber der abhängigen Gesellschaft dennoch auch auf Konzernsachverhalte und Maßnahmen

202 Vgl. dazu bereits unter (1).

zu Ungunsten der abhängigen Gesellschaft erstreckt[203], ist richtig und soll weder angezweifelt werden noch steht es im Widerspruch zum oben Gesagten. Denn eine Verantwortlichkeit kann sich aus den bereits dargelegten Überlegungen zu konzernspezifischen Nachteilen auch gegenüber dem eigenen Unternehmen ergeben, wenn die Einflussnahme auf das abhängige Unternehmen auch zu einer Schädigung des Vermögens der eigenen (herrschenden) Gesellschaft führt.[204] Das wirtschaftliche Schicksal der Konzerntochter wirkt sich nämlich über die Zusammenhänge im Konzern auch auf die Muttergesellschaft aus. Um die wirtschaftliche Lage einer Tochtergesellschaft hat sich deshalb der Aufsichtsrat des herrschenden Unternehmens aus demselben Grund zu kümmern, aus dem er sich um die Rentabilität eines Investments wie einer Immobilie befassen muss.[205] Die Überwachungsaufgabe des Aufsichtsrats erfasst also nur deshalb und nur dann Konzernsachverhalte, weil und wenn es um die Wahrung der Vermögensinteressen der Muttergesellschaft geht, die über die Zusammenhänge im Konzern betroffen sein können. Eine besondere Pflicht zur Betreuung des Vermögens des abhängigen Unternehmens zu dessen Gunsten entsteht daraus allerdings nicht.

b. Organe der Tochtergesellschaft im Vertragskonzern

Neben der Verantwortlichkeit des herrschenden Unternehmens bzw. seiner Organe, steht auch diejenige des abhängigen Unternehmens und dessen Organe in Frage. Aus dem konzernrechtlichen Verhältnis heraus ist eine Betreuungspflicht der Konzerntochter gegenüber dem Mutterunternehmen denkbar. Immerhin haben die im abhängigen Unternehmen gefällten Entscheidungen über die Verflechtungen und Verpflichtungen innerhalb des Konzerns regelmäßig Auswirkungen auf die Gesamtvermögenssituation der Konzernmutter. Damit die Verantwortlichen des abhängigen Unternehmens für die Zufügung eines Nachteils unter Untreuegesichtspunkten zur Verantwortung gezogen werden können, bedarf es wiederum einer bestehenden Vermögensbetreuungspflicht entweder der Verantwortlichen selbst oder zumindest des abhängigen Unternehmens gegenüber der herrschenden

203 So *Krieger* in: Lutter, Holding Handbuch § 6 Rn. 5; *Martens* ZHR 159 (1995), S. 577; *Hommelhoff* ZGR 1996, S. 150; *Schneider* in: Hadding-FS, S. 625 f.; *ders.* in: Kropff-FS, S. 271.
204 Vgl. dazu bereits unter B II, IV.
205 So das treffende Bild bei *Hoffmann-Becking* ZHR 159, S. 332.

Gesellschaft. In letzterem Fall kann die Vermögensbetreuungspflicht nach dem bekannten Muster auf die gesetzlichen Vertreter übergeleitet werden.

Einzige ernsthaft in Betracht kommende Personalposition für das Innehaben einer Vermögensbetreuungspflicht gegenüber dem herrschenden Unternehmen ist in der abhängigen Gesellschaft deren Leitung, also der Vorstand im Aktienkonzern bzw. die Geschäftsführer im GmbH-Konzern. Wie schon im herrschenden Unternehmen können die Vermögensbetreuungspflichten im abhängigen Unternehmen sowohl originärer als auch derivativer Art sein.

(1) Derivative Vermögensbetreuungspflichten

Auch hinsichtlich der dem abhängigen Unternehmen zukommenden Pflichten ist der zwischen herrschendem und abhängigem Unternehmen abgeschlossene Beherrschungsvertrag prägend. Er selbst und die gesetzlichen Regelungen zum Vertragskonzern bestimmen das Verhältnis der Konzernunternehmen zueinander.

Während bereits feststeht, dass die Konzernmutter im Vertragskonzern zwar keine umfassende Vermögensfürsorgepflicht hat, sie aber dann zur Vermögensfürsorge gegenüber ihrer Tochter angehalten ist, wenn sie den ihr zugewiesenen Einfluss zu vermögensrelevanten Maßnahmen ausnutzt, bleibt fraglich, inwieweit dem abhängigen Unternehmen gegenüber dem herrschenden derlei Pflichten zukommen.[206] Diese Frage wurde bislang kaum diskutiert und ist ebenso wenig gelöst.

Einzelne Stellungnahmen wollen dem abhängigen Unternehmen eine Vermögensbetreuungspflicht gegenüber der Konzernmutter auferlegen und bieten dafür, wenn überhaupt, den Hinweis auf den Beherrschungsvertrag und die sich daraus ergebende Verpflichtung des abhängigen Unternehmens, dem herrschenden zu dienen, als Lösung an.[207] Zuzugeben ist dieser Ansicht, dass der Ansatz am Charakter und am Inhalt des Beherrschungsvertrages der Schlüssel zur richtigen Qualifizierung des Verhältnisses der beteiligten Gesellschaften zueinander ist. Die Feststellung, dass nicht von den im Zivilrecht geltenden Rechtsfolgen unreflektiert auf eine strafrechtlich bestehende Pflicht geschlossen werden kann, gilt auch hier. Deshalb sind der Regelungsgehalt des Abschlusses eines Beherrschungsvertrages und die

206 Zu dieser Frage ausführlich bereits *Busch* Konzernuntreue, S. 104 ff.

207 *Schneider* Die Untreue, S. 100 f.; *Ewald* Untreue, S. 125 f. – Unter völligen Verzicht auf den Versuch einer Begründung: *Krekeler/Firgau* Untreue, Rn. 6.

daran anknüpfenden Normen daraufhin zu untersuchen, ob das abhängige Unternehmen eine Position einnimmt, die dadurch geprägt ist, dass es im Rahmen ihm eingeräumter Herrschaftsmacht verpflichtet ist, die Herrschaft über das Vermögen der Muttergesellschaft in deren Interessen auszuüben oder wenigstens im Falle der Herrschaftsausübung diese Interessen zu achten verpflichtet ist.

Der Beherrschungsvertrag unterwirft die abhängige Gesellschaft dem herrschenden Unternehmen und löst das Eingreifen umfassender Regelungen für das Konzerngefüge im Hinblick auf die Beziehung der Vertragsparteien zueinander aus.[208] Durch ihn wird die Tochtergesellschaft in den Dienst der Konzernmutter gestellt und sie hat sich dementsprechend an deren Interessen zu orientieren.[209] Inhaltlich wurde der Beherrschungsvertrag in der Vergangenheit in Anlehnung des in überholten Fassungen des AktG allein bekannten Organschaftsvertrages, welcher keine expliziten Regelungen zur Gewinnabführung enthielt, als schuldrechtlicher Dienstvertrag mit Geschäftsbesorgungscharakter qualifiziert.[210] Mittlerweile wird der Charakter als Organisationsvertrag in den Mittelpunkt gestellt, weshalb der Beherrschungsvertrag heute als gesellschaftsrechtlicher Organisationsvertrag mit schuldrechtlichen Elementen angesehen wird.[211] Festzuhalten ist an dieser Stelle, dass die Untreue nicht die Einhaltung schuldrechtlicher Vereinbarungen sicherstellen soll. Der bloße Verstoß gegen einen bestehenden Vertrag wird gerade nicht sanktioniert. Allerdings schafft der Abschluss eines Beherrschungsvertrages einen rechtlich bindenden, umfassenden und abschließenden Rahmen für das Verhältnis der Vertragsparteien zueinander und bildet somit die Grundlage, auf der es zu beurteilen gilt, ob eine Vermögensbetreuungspflicht seitens des abhängigen Unternehmens gegenüber dem herrschenden besteht.

Nachdem die Herrschaft des Täters über das betroffene Vermögen der Kern und damit unbedingte Voraussetzung einer Vermögensbetreuungspflicht ist[212], muss der potenzielle Betreuungspflichtige in der Lage sein, selbstständig und gestaltend

208 Vgl. *Altmeppen* in: MünchKomm AktG VIII, § 291 Rn. 28; *Bous* Konzernleitungsmacht, S. 163.

209 Vgl. *Bous* Konzernleitungsmacht, S. 178.

210 Zum geschichtlichen Hintergrund vgl. *Bous* Konzernleitungsmacht, S. 162 f.

211 BGHZ 103, 1, 4 f.; 105, 324, 331; 116, 37, 43; *Schmidt* Gesellschaftsrecht, § 31 III 1 a; *Hüffer* Aktiengesetz, § 291 Rn. 17 f.; *Koppensteiner* in: KölnKomm AktG, Vorbem. zu § 291 Rn. 68 f.; vgl. auch *Kort* ZIP 1989, S. 1309.

212 Vgl. I 1.

auf das Vermögen des Betreuten einwirken zu können. Ohne die Möglichkeit, selbstständige Entscheidungen über dessen Einsatz zu treffen, kann er nicht in die Pflicht zur Vermögensbetreuung genommen werden. Bereits die Untersuchung konzernspezifischer Vermögensschädigungen hat gezeigt, dass Wechselwirkungen zwischen den an sich getrennten Vermögensmassen der herrschenden und einer abhängigen Gesellschaft bestehen. Die (mittelbare) Schädigung des Vermögens der herrschenden Gesellschaft kann durch die (unmittelbare) Beeinträchtigung des Vermögens der abhängigen Gesellschaft hervorgerufen werden und tritt damit neben dessen direkte Schädigung. Es stehen demnach zwei an sich voneinander getrennte Vermögensmassen zur Debatte, wobei die eine die Besonderheit aufweist, dass deren Schmälerung geeignet ist, über die konzernrechtlichen Zusammenhänge zu einem Nachteil bei der anderen, nämlich derjenigen der Muttergesellschaft, zu führen. Inwieweit das abhängige Unternehmen über das Vermögen der Muttergesellschaft Herrschaft ausüben kann, ist für die beiden aufgezeigten Schädigungsmöglichkeiten unterschiedlich zu beurteilen.

Auf die sich unmittelbar beim herrschenden Unternehmen befindlichen Vermögensbestandteile hat das abhängige Unternehmen keinen Einfluss. Einzig das herrschende Unternehmen bestimmt über die Verwendung dieser Mittel und Ressourcen. Das lässt eine Vermögensbetreuungspflicht des abhängigen Unternehmens gegenüber dem herrschenden Unternehmen auf Grundlage der Herrschaft über das unmittelbar beim herrschenden Unternehmen befindliche Vermögen entfallen.

Grundlegend anders ist die Situation bei der Betrachtung der primär dem abhängigen Unternehmen zuzuordnenden Vermögensbestandteile. Trotz vertraglicher Abhängigkeit ist die abhängige Gesellschaft weiterhin selbstständig, deren Leitungsorgane ihre Aufgaben frei verantwortlich ausüben soweit diese Gestaltungs- und Handlungsfreiheit nicht durch erfolgte Weisungen eingeschränkt wird.[213] Damit verbleibt die für eine Vermögensbetreuungspflicht erforderliche Herrschaftsposition über diese Vermögensteile bei der abhängigen Gesellschaft. Dass sich nun die Beeinflussung der unmittelbar der Konzerntochter zugeordneten Vermögenswerte zugleich in einer Veränderung der Vermögensbestandteile bei dem herrschenden Unternehmen niederschlägt, setzt voraus, dass die grundsätzlich zu trennenden Vermögensmassen in irgendwelcher Art und Weise verknüpft sind. Die

213 Umfassend dazu *Schauß* Das Weisungsrecht, S. 28; vgl. auch *Beuthien* DB 1969, S. 1782.

für Beherrschungsverträge geltenden Normen sehen eine solche enge Verknüpfung nicht vor, weshalb eine Untreue insbesondere dann in Betracht zu ziehen ist, wenn ein Organschaftsvertrag besteht, also neben dem Beherrschungsvertrag auch ein Gewinnabführungsvertrag abgeschlossen wurde. Dann nämlich erwirbt die Muttergesellschaft Ansprüche gegenüber der Konzerntochter auf Abführung des festgestellten Gewinnes. Die Höhe dieser als Vermögensbestandteile zu qualifizierenden Ansprüche richtet sich zwar formell nach der förmlichen Gewinnausweisung in der Bilanz des abhängigen Unternehmens[214], hängt aber maßgeblich vom Wirtschaften mit den der abhängigen Gesellschaft zur Verfügung stehenden Ressourcen ab. Wird das Vermögen der abhängigen Gesellschaft geschmälert, so verringert sich der Jahresüberschuss, werden Chancen nicht genutzt, fällt er nicht so hoch aus, wie es möglich wäre. Das führt wieder zu den erwähnten Problemen der Schadensfeststellung, die vom fraglichen Vorliegen einer Vermögensbetreuungspflicht zu trennen sind. Auf die Feststellung des tatsächlich eingetretenen Vermögensschadens bei der Konzernmutter ist hier besondere Akribie aufzuwenden. Voraussetzung für deren Berücksichtigung ist, dass eine Schädigung der sich primär bei der Konzerntochter befindlichen Vermögensbestandteile auch automatisch zu einem Vermögensnachteil bei der Konzernmutter führt, bzw. dass die Muttergesellschaft einen bereits als Vermögensbestandteil zu qualifizierenden Anspruch gegenüber der Tochtergesellschaft hat, der durch Maßnahmen innerhalb der Tochtergesellschaft entweder verringert oder – bei Bestehen einer aktiven Vermögensbetreuungspflicht – trotz bestehender Möglichkeit nicht erhöht wird.[215] Letztlich kann nur dann, wenn feststeht, dass die Schmälerung des in der Hand des Tochterunternehmens bzw. dessen Führung liegenden Vermögens zugleich einen Nachteil für die Muttergesellschaft bedeutet, eine Untreue angenommen werden. Jedenfalls steht aber fest, dass bei Bestehen eines Organschaftsvertrages das abhängige Unternehmen in der Lage ist, durch den Umgang mit dem eigenen Vermögen zugleich auf das Vermögen des herrschenden Unternehmens einzuwirken. Damit erlangt die Konzerntochter gegenüber ihrer Muttergesellschaft zumindest bezüglich der unmittelbar ihr zugeordneten Vermögenswerte eine einflussreiche Position, die von Herrschaftsmacht gekennzeichnet ist.

214 *Altmeppen* in: MünchKomm AktG VIII, § 291 Rn. 145.
215 Vgl. zur mittelbaren Schädigung täterfremder Konzernunternehmen oben B II.

Abgesehen von diesen Problemen der tatsächlichen Feststellung eines Schadens und einer bestehenden Herrschaftsposition, stellt sich die Frage, inwieweit das abhängige Unternehmen verpflichtet ist, die Interessen der herrschenden Gesellschaft zu berücksichtigen und in deren Sinne zu handeln. Eine solche Pflicht könnte sich allenfalls aus dem bestehenden Organschaftsvertrag, und im Speziellen aus dem beherrschungsvertraglichen Teil[216] ableiten lassen. Wie erläutert, wird die abhängige Gesellschaft durch den Beherrschungsvertrag in den Dienst der herrschenden gestellt und verpflichtet, sich beim Bewegen im Wirtschaftsverkehr von den Interessen des herrschenden Unternehmens leiten zu lassen. Dass der Beherrschungsvertrag nach modernem Verständnis von den geschäftsbesorgungsrechtlichen „Eierschalen" befreit ist[217], lässt die Frage aufkommen, ob der Vermögenswahrungsgedanke noch als ein das Verhältnis der beteiligten Gesellschaften prägender Aspekt anzusehen ist, oder ob es sich bei den vermögensrechtlichen Aspekten lediglich um Nebenpflichten handeln könnte, die für die Begründung einer strafrechtlichen Vermögensbetreuungspflicht gerade nicht ausreichen[218].[219] Die Antwort ist in der grundsätzlichen Bedeutung der wirtschaftlichen Verhältnisse und der Motivation der Bewegung im Wirtschaftsverkehr zu suchen. Im Gegensatz zu etwa gemeinnützigen Körperschaften verfolgen die Kapitalgesellschaften im Konzernverbund regelmäßig das Ziel, Gewinne zu erwirtschaften.[220] Die Wahrung und Mehrung des Gesellschaftsvermögens und der dadurch entstehenden Erwirtschaftung von Überschüssen, die ggf. ausgeschüttet werden können, ist stets das verfolgte Primärziel, das es in dem jeweiligen satzungsmäßig festgesetzten Geschäftsfeld zu verfolgen gilt. Vor diesem Hintergrund rücken Vermögensaspekte in den Mittelpunkt der Beziehungen der Konzernunternehmen zueinander. Sie sind die maßgeblichen Vorgaben für das Verhalten der Beteiligten im Geschäftsverkehr und stellen nicht bloß eine Nebenpflicht einer hauptsächlich anderweitig motivierten Beziehung dar. Ist eine Gesellschaft nun verpflichtet, im Interesse einer anderen

216 Nur dieser Teil regelt das grundsätzliche Verhältnis der Gesellschaften zueinander. Der die Gewinnabführung betreffende Part bestimmt lediglich, wie mit dem bilanziell ausgewiesenen Gewinn verfahren werden soll.

217 *Hommelhoff* in: Goerdeler-FS, S. 229.

218 Vgl. dazu im Einzelnen die Ausführungen oben I 1.

219 In diese Richtung *Busch* Konzernuntreue, S. 105 ff.

220 Im Falle eines im Einzelfall – etwa im Bereich gemeinnütziger Tätigkeit – anders ausgestalteten Satzungsziels stellt sich die Lage anders dar. Diese Einzelfälle bedürfen ihrer konkreten Betrachtung mit einer Lösung im Einzelfall und sollend deshalb hier ausgeblendet werden.

zu handeln und deren Interessen zu wahren, heißt das konsequenterweise zugleich, deren Vermögensinteressen zu wahren und in diesem Sinne zu handeln. Damit ist der Schritt zur Anerkennung einer strafrechtlich relevanten Vermögensbetreuungspflicht der abhängigen Gesellschaft gegenüber der herrschenden getan.[221] Aus dieser das abhängige Unternehmen treffenden Pflicht leitet sich nach alledem eine Vermögensbetreuungspflicht seiner Unternehmensleitung ab. In einem (Tochter-) Unternehmen, das sich aufgrund eines Beherrschungsvertrages an den (wirtschaftlichen) Interessen der Muttergesellschaft zu orientieren hat, sind die Personen seines Leitungsorgans bei allen vermögensrelevanten Verhaltensweisen als vermögensbetreuungspflichtig im Sinne des § 266 StGB gegenüber dem herrschenden Unternehmen anzusehen. Damit tritt neben deren Pflicht zur Betreuung des Vermögens der abhängigen Gesellschaft eine solche gegenüber der Konzernmutter.

(2) Originäre Vermögensbetreuungspflichten

Originär dem Leitungsorgan obliegende Pflichten sind ebenso wie im herrschenden Unternehmen insbesondere durch gesellschaftsindividuelle Regeln denkbar. Besondere Pflichten zur Betreuung des fremden Vermögens der herrschenden Gesellschaft können entweder in der Satzung der Konzerntochter oder im Anstellungsvertrag des leitenden Organs verankert werden. Ersteres wird regelmäßig nur der Fall sein, wenn die Konzerntochter bereits als solche ins Leben gerufen wurde und von Beginn an dem Wohle des herrschenden Unternehmens zu dienen bestimmt war. Eine Festschreibung besonderer Pflichten gegenüber dem herrschenden Unternehmen kann auch im Anstellungsvertrag erfolgen, wenn über die üblichen Vorstands- bzw. Geschäftsführerpflichten hinaus besondere Pflichten gegenüber dem gesamten Konzern oder dem herrschenden Unternehmen übernommen wurden. *Kohlmann* will eine relevante Treuepflicht zudem jedenfalls dann annehmen, wenn die betreffende Person der Unternehmensleitung gleichzeitig Mitglied der Konzerngeschäftsleitung ist.[222] Dann aber ergibt sich deren Vermögens-

221 Im Ergebnis ebenso *Ewald* Untreue, S. 125 f.; LK-*Schünemann* § 266 Rn. 128 unter Hinweis auf OLG Koblenz wistra 1984 S. 79, wobei darauf hinzuweisen ist, dass das OLG Koblenz eine Vermögensbetreuungspflicht des handelnden Täters gerade nicht aus dem Unternehmensvertrag ableitet, sondern auf den Anstellungsvertrag des Angeklagten mit der geschädigten GmbH stützt.

222 *Kohlmann* Strafrechtliche Verantwortlichkeit, Rn. 361.

betreuungspflicht unmittelbar aus ihrer Stellung als Mitglied der Leitung des herrschenden Unternehmens und ist kein konzerntypisches Merkmal. Dass die Mitglieder der Unternehmensleitung einer Kapitalgesellschaft gegenüber dem Unternehmen, das sie selbst leiten, vermögensbetreuungspflichtig sind, ist allgemein bekannt und bedarf deshalb keiner weiteren Diskussion.[223]

Ob letztlich Vermögensbetreuungspflichten auf diese Art und Weise entstehen, hängt aber vom Einzelfall ab.[224] Grundsätzliche Aussagen über das Bestehen originär in den Personen der Leitung begründeter Vermögensbetreuungspflichten gegenüber dem herrschenden Unternehmen lassen sich auch für die abhängige Gesellschaft nicht treffen.

2. Vermögensbetreuungspflichtige im faktischen Konzern

Während bedeutendste Quelle der Herleitung bestehender Vermögensbetreuungspflichten im Vertragskonzern der Beherrschungsvertrag zwischen den Konzernunternehmen ist, entfällt diese Quelle naturgemäß im faktischen Konzern. Das Verhältnis zwischen Mutter- und Tochtergesellschaft ist im faktischen Konzern von der tatsächlichen Bindung der Unternehmen geprägt. Das herrschende Unternehmen hat nur rein faktische Einflussnahmemöglichkeiten und kann nicht aufgrund eines besonderen Weisungsrechts des Konzernrechts auf die Vermögenssituation des abhängigen einwirken. Wie das Verhältnis der Unternehmen zueinander konkret aussieht, hängt zum einen von der Rechtsform der abhängigen Gesellschaft und den damit einhergehenden unterschiedlichen Möglichkeiten einer Einflussnahme, zum anderen vom Ausmaß deren tatsächlicher Ausübung ab. Je nachdem, wie im jeweiligen Konzern auf das abhängige Unternehmen Einfluss ausgeübt wird, können sich verschiedene Anhaltspunkte für das Bestehen einer Vermögensbetreuungspflicht ergeben. Während teilweise das gesetzliche Regelungssystem zur Einflussnahme im Konzern solche Anhaltspunkte liefern kann, versagt dessen Anwendung in anderen Fällen bzw. ist darauf nicht ausgelegt. Dann stellt sich die Frage, ob die in Wissenschaft und Rechtsprechung für das Gesellschaftsrecht entwickelten Grundsätze Anhaltspunkte für bestehende Vermögensbetreuungspflichten geben können.

223 Statt vieler LK-*Schünemann* § 266 Rn. 125 bzgl. der GmbH und Rn. 126 bzgl. der AG.
224 So auch *Kohlmann* Strafrechtliche Verantwortlichkeit, Rn. 361.

a. Organe der Muttergesellschaft im einfach faktischen Aktienkonzern

Prägend für die konkrete Ausgestaltung der Leitungsmacht im faktischen Aktienkonzern ist die weiterhin bestehende selbstständige und eigenverantwortliche Leitung der abhängigen Aktiengesellschaft durch ihren Vorstand. Das Konzernrecht geht in den § 311 ff AktG auf den faktischen Aktienkonzern ein, ohne aber dem herrschenden Unternehmen irgendwelche Weisungsrechte einzuräumen. Es schränkt stattdessen lediglich die Möglichkeiten einer Einflussnahme der Konzernmutter auf die abhängige Aktiengesellschaft ein, bzw. sanktioniert bestimmte Verhaltensweisen.[225] Ohnehin gestaltet sich die Einflussnahme aufgrund des Fehlens einer direkten Weisungsbefugnis des Mehrheitsaktionärs gegenüber der abhängigen Gesellschaft bzw. dessen Vorstand schwierig. Dieser Mangel an möglicher Einflussnahme wird in der Praxis durch verschiedene gesellschaftsrechtliche Gestaltungen kompensiert. Dabei steht die Rolle des Vorstands der abhängigen Gesellschaft stets deshalb im Vordergrund, weil er trotz vertraglich geregelter Abhängigkeit die Gesellschaft weiterhin in eigener Verantwortung und unabhängig leitet. Ihm alleine kommt die entscheidende Herrschaftsposition über das Vermögen der abhängigen Gesellschaft zu. In einer Situation bestehender Doppelmandate folgt eine Vermögensbetreuungspflicht deshalb stets aus der Position als Vorstand der abhängigen Gesellschaft, nicht aber aus der Konzernleitungsfunktion. Ähnlich verhält es sich mit Aufsichtsratsmandaten. Wird ein Organmitglied des herrschenden Unternehmens in den Aufsichtsrat der abhängigen Gesellschaft entsandt, stützt sich eine Vermögensbetreuungspflicht auf diese Position in der Tochtergesellschaft. In beiden Fällen ergeben sich keine Besonderheiten des Konzerns. Vielmehr gelten die allgemeinen Regeln wie sie auch in unabhängigen Gesellschaften Anwendung finden, so dass sowohl Aufsichtsrat als auch Vorstand der abhängigen Gesellschaft dieser gegenüber vermögensbetreuungspflichtig sind. Mangels bestehender unmittelbarer Einflussnahmemöglichkeiten rückt die Leitungsperson des herrschenden Unternehmens hingegen nicht in eine derartige Situation der Vermögensbetreuungspflichtigkeit.

Abweichend von der rechtlichen Situation werden teilweise die juristischen Gegebenheiten im täglichen Rechtsverkehr ignoriert, indem der Leiter des herrschenden Unternehmens entgegen seinen de jure nicht bestehenden Möglichkeiten die

225 Zu den Möglichkeiten zulässiger Einflussnahme und deren Einschränkungen vgl. oben Kapitel 2 C II.

Leitung der abhängigen Gesellschaft de facto übernimmt. In diesem Fall gründet er seine Herrschaftsposition auf die tatsächliche Machtausübung und nicht auf die faktische Konzernierung der abhängigen Gesellschaft. Es können deshalb allenfalls die für den faktischen Geschäftführer entwickelten Grundsätze zum Zuge kommen.[226]

Diese rein auf die Leitungspersonen fokussierte Betrachtung lässt die Position des herrschenden Unternehmens als Mehrheitsaktionär der abhängigen Gesellschaft bislang unberücksichtigt. Bestünde für das herrschende Unternehmen aus seiner Stellung als Mehrheitsgesellschafter heraus eine Vermögensbetreuungspflicht, könnte diese mit Hilfe der Überleitung dieser Pflicht auf deren gesetzliche Vertreter aber zu einer Vermögensbetreuungspflicht für die Organe der herrschenden Gesellschaft führen.

In zivilrechtlicher Hinsicht ist seit langem anerkannt, dass den Aktionär, insbesondere den Mehrheitsaktionär, gegenüber der Gesellschaft mitgliedschaftliche Treuepflichten treffen.[227] Aufgrund dieser Treuepflicht hat sich der Mehrheitsaktionär bei der Ausübung seiner Rechte loyal gegenüber der Gesellschaft zu verhalten.[228] Auch ist das Verhalten des Mehrheitsaktionärs durchaus geeignet, vermögensrelevante Auswirkungen zu zeitigen. Um diesen zivilrechtlichen Treuepflichten aber eine Vermögensbetreuungspflicht im Sinne der Untreue entnehmen zu können, fehlt ein entscheidendes Element: nach wie vor besteht keine Herrschaftsposition des herrschenden Unternehmens oder seiner Organe über das Vermögen der abhängigen Gesellschaft. Auch im Falle des Ausnutzens der Mehrheitsbeteiligung etwa auf der Hauptversammlung, bleibt der Mehrheitsaktionär stets auf den Vorstand der abhängigen Aktiengesellschaft angewiesen. Diesem obliegt es, letztlich über die Maßnahme zu entscheiden. Zur Durchführung rechtswidriger Maßnahmen ist er gerade nicht verpflichtet, sondern darf sie ganz im Gegenteil nicht ausführen. Er alleine hat also die entscheidende Herrschaftsmacht über das Vermögen der Tochtergesellschaft. Es kann deshalb auch auf diesem Wege keine Vermögensbetreuungspflicht seitens des herrschenden Unternehmens hergeleitet werden, die dann auf die Vertreter der herrschenden Gesellschaft übergeleitet werden könnte.[229]

---

226 Vgl. dazu noch die Ausführungen unter 3 a.

227 Statt vieler *Hüffer* Aktiengesetz, § 53 a Rn. 14 m.w.N.

228 *Röhricht* Treuepflicht der Aktionäre, S. 519; im Überblick auch *Jäger* WiB 1996, S. 458.

229 Im Ergebnis ebenso: *Busch* Konzernuntreue, S. 61; *Otto* Aktienstrafrecht, Vor § 399 Rn. 35;

Dasselbe Ergebnis gilt im Übrigen auch für die Mitglieder des Aufsichtsrats des herrschenden Unternehmens im faktischen Konzern. Ebenso wie im Vertragskonzern bleibt die Aufsichtstätigkeit auf die eigene Gesellschaft, also die Konzernmutter beschränkt. Auch im faktischen Konzern besteht keine Prüfpflicht zugunsten der abhängigen Gesellschaft. Insoweit sind die Feststellungen zur Vermögensbetreuungspflicht des Aufsichtsrats im Vertragskonzern übertragbar. Dass die Überwachung der besonderen Gefahren, die durch eine faktische Konzernierung für die abhängige Gesellschaft entstehen, eine Angelegenheit der Organe gerade der abhängigen Gesellschaft ist, zeigen auch die §§ 312, 314 AktG. Darin sind besondere Berichts- und Prüfpflichten für Vorstand und Aufsichtsrat der abhängigen Gesellschaft begründet. Besondere Pflichten für den Fall der einfachen Abhängigkeit werden für die Organe des herrschenden Unternehmens gerade nicht begründet. Das ist ein weiteres Indiz dafür, dass sich die Überwachungstätigkeit des Aufsichtsrats des herrschenden Unternehmens lediglich auf dieses selbst bezieht und nur zu dessen Gunsten ausgeübt werden soll.

Insgesamt gilt also, dass den Organen des herrschenden Unternehmens in dieser Funktion regelmäßig keine auf den Besonderheiten des Konzernrechts beruhende Vermögensbetreuungspflicht gegenüber der (einfach) faktisch abhängigen Aktiengesellschaft zukommt. Lediglich in Ausnahmefällen ist eine abweichende Bewertung gerechtfertigt. Dann aber ergibt sich die Vermögensbetreuungspflicht aus dem konkreten Einzelfall und nicht aus der generellen Stellung der Organe des herrschenden Unternehmens.

b. Organe der Muttergesellschaft im einfach faktischen GmbH-Konzern

Die für den einfach faktischen Aktienkonzern gewonnenen Erkenntnisse sind nicht ohne weiteres auf den einfach faktischen GmbH-Konzern übertragbar. Die Rahmenbedingungen sind hier aufgrund der abweichenden Struktur, die sich durch die unterschiedlichen Positionen von Aktionären und GmbH-Gesellschaftern ergeben, ganz andere. Wann eine Vermögensbetreuungspflicht gegenüber der abhängigen GmbH im faktischen Konzern besteht und wer letzten Endes vermögensbetreuungspflichtig ist, ist bislang noch nicht ausdiskutiert. Während der 3. Strafsenat des BGH im Jahre 1997 auf die faktische Dominanz des herrschenden Unternehmens in der Sphäre der abhängigen Gesellschaft abstellte[230], nahm der II. Zivilsenat des BGH in der „Bremer Vulkan"-Entscheidung ohne weitere Auseinandersetzung mit der Frage eine Vermögensbetreuungspflicht der Konzernmutter aus deren Stellung als „beherrschendem Unternehmen" heraus an[231]. Den gleichen Sachverhalt sah der 5. Strafsenat hingegen weniger eindeutig. Es sei fraglich, ob die Rücksichtnahmepflicht des Alleingesellschafters auf das Eigeninteresse der GmbH schon die Wahrnehmung fremder Vermögensinteressen betreffe. Vielmehr könnten dadurch auch nur die Schranken der eigenen Dispositionsfreiheit aufgezeigt werden.[232] Die Frage wurde allerdings unter Hinweise auf die besonderen Umstände des konkreten Falles, in dem schon aus anderen Gründen eine Vermögensbetreuungspflicht vorlag, offen gelassen.[233] In der Literatur besteht über die Vermögensbetreuungspflicht seitens des herrschenden Unternehmens aus dessen Position im Konzerngefüge heraus Uneinigkeit. Während sie einerseits angenommen wird[234], wird sie von anderen Stimmen abgelehnt[235].

Die Beantwortung der Frage muss auf Grundlage des im faktischen GmbH-Konzern dem Mehrheitsgesellschafter bzw. der Gesellschafterversammlung zustehenden Weisungsrechts gegenüber der Geschäftsführung der abhängigen GmbH erfolgen. Dieses ist das Instrument, das die Beziehung der beteiligten Gesellschaften zueinander maßgeblich prägt. Vor diesem Hintergrund lässt sich, wie erörtert[236], die konzernrechtliche Problematik im Ansatz auf die Frage reduzieren, ob und wann der Gesellschafter einer GmbH dieser gegenüber vermögensbetreuungspflichtig ist. Leider ist mit dieser Erkenntnis noch nicht allzu viel gewonnen, denn auch diese Frage ist noch nicht endgültig geklärt. Zwar wird in zivilrechtlicher Hinsicht mittlerweile verbreitet eine Treuepflicht angenommen, die dem die Gesellschafterversammlung beherrschenden Mehrheitsgesellschafter verbietet, die Gesellschaft willkürlich unter Beeinträchtigung der Interessen der Minderheitsge-

230 Vgl. BGH NJW 1997, 66, 67.
231 Vgl. BGHZ 149, 10, 17.
232 „Bremer Vulkan" BGH JZ 2005, 40, 43 mit Anm. *Tiedemann* JZ 2005, 45 ff.
233 „Bremer Vulkan" BGH JZ 2005, 40, 43.
234 So etwa bei *Busch* Konzernuntreue, S. 96 f.; *Fleischer* NJW 2004, 2868 f.; *Ransiek* in: Kohlmann-FS, S. 220 ff.
235 So etwa bei *Kramer* WM 2004, 306; *Schramm* Untreue, S. 163 f.; *Seier* in: Handbuch Wirtschaftsstrafrecht V 2 Rn. 308; *Tiedemann* JZ 2005, S. 46.
236 Vgl. dazu schon oben unter A III.

sellschafter zu schädigen.[237] Aufgrund der erforderlichen Trennung der zivilrechtlichen Betrachtung von der strafrechtlichen, kann aus der gesellschaftsrechtlichen Treuepflicht, die sich aus den gesellschaftsrechtlichen Gegebenheiten ableitet, allerdings nicht unmittelbar auf eine Vermögensbetreuungspflicht im Sinne des § 266 StGB geschlossen werden. Tatsächlich verneinte die bislang ganz herrschende Meinung im Strafrecht eine Vermögensbetreuungspflicht des Gesellschafters alleine aus seiner Gesellschafterstellung heraus.[238] Auch der BGH stellte sich in besagtem Urteil des 5. Strafsenats nicht gegen diese Auffassung, sondern ließ die Frage explizit offen.[239]

Wenngleich ganz überwiegend eine Vermögensbetreuungspflicht der GmbH-Gesellschafter grundsätzlich abgelehnt wird, sollen bestimmte Situationen dennoch eine solche Pflicht begründen. Dann nämlich, wenn der aktive Mehrheits- oder Alleingesellschafter seine Rolle als Gesellschafter überschreitet und nicht nur einzelne Weisungen erteilt, sondern zum faktischen Geschäftsführer wird.[240] Der einstmals recht scharf umrissene Begriff des faktischen Geschäftsführers verlor im Laufe der Zeit insbesondere durch die Rechtsprechung im Zivilrecht leider seine Konturen und sollte deshalb zurückhaltend gebraucht werden. Im Strafrecht ist man indes noch immer bemüht, eine klare Trennung zwischen bloß aktiver Mehrheits- bzw. Alleingesellschafterstellung einerseits und (faktischer) Übernahme der Geschäftsführung unter Umgehung des formal bestellten Geschäftsführers andererseits durchzuhalten.[241] Stellt man derart auf die Übernahme der Geschäftsführerposition durch den Gesellschafter ab, resultiert die Vermögensbetreuungspflicht nicht aus der Stellung als Gesellschafter, sondern aus dem Eintritt in die Position des Geschäftsführers. Das verlagert die Problematik auf die

237 Ausführlich dazu *Wimmer-Leonhardt* Konzernhaftungsrecht, § 5.

238 LG Berlin, NStE Nr. 39 zu § 266 StGB; *Birkholz* Untreuestrafbarkeit, S. 256 f.; Sch/Sch-*Lenckner/Perron* § 266 Rn. 26; *Seier* in: Handbuch Wirtschaftsstrafrecht V 2 Rn. 233; *Tiedemann* GmbH-Strafrecht, Vor §§ 82 ff. Rn. 17.

239 „Bremer Vulkan“ BGH JZ 2005, 40 ff.

240 *Tiedemann* JZ 2005, S. 46; *ders.* GmbH-Strafrecht, Vor §§ 82 ff. Rn. 23, 25; ebenso *Birkholz* Untreuestrafbarkeit, S. 256 f.; NK-*Kindhäuser* § 266 Rn. 87; *Kohlmann* in: *Hachenburg/Ulmer* GmbHG III, Vor § 82 Rn. 74 f., 310; LK-*Schünemann* § 266 Rn. 125. Im Ergebnis ebenso aber unter Vermeidung des Begriffes „faktischer Geschäftsführer“ *Flum* Schutz der GmbH, S. 230 ff.

241 Vgl. dazu *Tiedemann* JZ 2005, 46 f.

angesprochene Frage, wann ein Gesellschafter als faktisches Organ anzusehen ist.[242]

Gegen die Ansicht, die Gesellschafter einer GmbH seien grundsätzlich nicht vermögensbetreuungspflichtig wurde in jüngerer Zeit hinsichtlich des Mehrheits- und Alleingesellschafters vermehrt die Stimme erhoben.[243] Verwiesen wurde darauf, dass die umfassende Weisungsbefugnis der Gesellschafterversammlung den Gesellschaftern, jedenfalls aber den Mehrheits- oder gar Alleingesellschaftern, die entscheidende Dispositionsbefugnis über das Vermögen der GmbH gibt.[244] Der Freiheit, weitgehend über die Vermögensbelange der Gesellschaft bestimmen zu können, stünde die strafrechtliche Pflicht gegenüber, den Vermögensbestand zu achten und nicht uneingeschränkt und willkürlich darüber verfügen zu dürfen, die Vermögensinteressen der GmbH also zu wahren.[245]

Gesellschafter einer GmbH generell als umfassend vermögensbetreuungspflichtig anzusehen, ginge wohl in der Tat zu weit. Die Pflicht, das fremde Vermögen der GmbH aktiv zu betreuen, kann nicht durch den alleinigen Erwerb einer Mehrheitsbeteiligung oder gar der Vereinigung aller Anteile auf einen Gesellschafter entstehen. Ohne Zweifel gibt das Gesellschaftsrecht der Gesellschafterversammlung und somit zugleich dem dieses Organ steuernden Mehrheitsgesellschafter die Möglichkeit an die Hand, über die Gesellschaft zu herrschen. Ebenso verhält es sich mit dem Alleingesellschafter. Wie *Ransiek* zu Recht betont, haben die Gesellschafter die Dispositionsmacht über das Vermögen der Gesellschaft, weshalb der Vermögensinhaber – die GmbH – ihnen ausgeliefert ist.[246] Ob diese Möglichkeit der Herrschaft auch wirklich wahrgenommen wird, kann der Gesellschafter selbst entscheiden. Erst wenn er davon Gebrauch macht, übt er die ihm gesellschaftsrechtlich vermittelte Herrschaftsposition gegenüber dem Vermögen der Gesellschaft tatsächlich aus. Die Mehrheits- oder Alleinbeteiligung ist damit notwendige aber noch nicht hinreichende Bedingung für eine bestehende Vermögensbetreuungspflicht.

242 Vgl. dazu noch unter 3 a.

243 *Busch* Konzernuntreue, S. 96 f.; *Fleischer* NJW 2004, 2868 f.; *Ransiek* in: Kohlmann-FS, S. 220 ff.; *Wodicka* Untreue, S. 302 ff.; vgl. auch *Gribbohm* ZGR 1990, 22.

244 *Busch* Konzernuntreue, S. 96 f.; *Fleischer* NJW 2004, 2868; *Ransiek* in: Kohlmann-FS, S. 221.

245 *Ransiek* in: Kohlmann-FS, S. 221.

246 *Ransiek* in: Kohlmann-FS, S. 221 unter Hinweis auf *Kindhäuser* StGB, § 266 Rn. 37.

Hinsichtlich der für eine Vermögensbetreuungspflicht zu fordernden Intensität des Eingriffs in die Belange der Geschäftsleitung kann es weiter nicht darauf ankommen, ob jemand noch als Gesellschafter oder schon als (faktischer) Geschäftsführer anzusehen ist. Vielmehr hat die Vermögensbetreuungspflicht unabhängig von formalen Positionen in der Gesellschaft von der tatsächlichen Situation auszugehen. Immer dann, wenn der Gesellschafter derart in die Belange der Geschäftsführung eingreift, dass er de facto die Kontrolle übernimmt, entscheidet er selbstständig über das Vermögen der Gesellschaft, das für ihn nach wie vor fremd ist.[247] Ebenso wie im Zivilrecht kann er mit diesem nicht nach Willkür verfahren, sondern hat die Interessen der Gesellschaft zu wahren, was bereits der Bestand des § 30 GmbHG zeigt. Allenfalls stellt sich die Frage, ob er als Gesellschafter wirksam seine Zustimmung zur Vermögensminderung gegeben haben könnte, was aber nichts am Bestand der grundsätzlichen Vermögensbetreuungspflicht des aktiven Mehrheits- oder Alleingesellschafters im Umfang der von ihm ausgeübten Herrschaft ändert. Es ist vielmehr eine Frage der zulässigen Ausübung der Herrschaft und der Anforderungen, die die Vermögensbetreuungspflicht in der jeweiligen Situation an das Handeln das Allein- oder Mehrheitsgesellschafters stellt. Wann eine bestehende Vermögensbetreuungspflicht tatsächlich verletzt ist, weil der Vermögensbetreuungspflichtige seine Position über Gebühr ausgenutzt hat, ist sodann auf Grundlage der Erkenntnis, dass eine Vermögensbetreuungspflicht überhaupt besteht, zu ermitteln.

Die durch Einzelmaßnahmen der Herrschaftsbegründung bzw. –ausübung vermittelte Vermögensbetreuungspflicht kann im Übrigen auch durchaus im Einzelfall bestehen und ist – soweit die einzelnen Maßnahmen isoliert betrachtet werden können – für jede konkrete Situation gesondert zu bestimmen. Denn ebenso wie jemand in die Position eines Vermögensbetreuungspflichtigen rücken kann, kann er auch wieder aus ihr entlassen werden. Greift ein Gesellschafter derart in die Geschäfte der GmbH ein, dass das als Übernahme der Herrschaft in der GmbH zu werten ist, wird er dadurch vermögensbetreuungspflichtig. Das bedeutet aber nicht, dass er daraus nicht wieder entlassen werden könnte, er also fortan einer umfassenden Vermögensbetreuungspflicht unterliegen würde. Belässt er es nämlich bei be-

247 Dass bei einer Weisung nach wie vor der Geschäftsführer nach außen wirksam in Erscheinung treten muss und dieser selbst unstreitig vermögensbetreuungspflichtig ist, entlässt den Mehrheits- bzw. Alleingesellschafter nicht aus seiner Pflicht und der sich daraus ergebenden Täterstellung. Dazu noch eingehender unter E I.

sagter Maßnahme und verhält sich im weiteren Fortgang passiv, so besteht kein Grund, ihn an der Vermögensbetreuungspflicht festzuhalten, während Gesellschaftern, die sich – abgesehen von der abgeschlossenen Einzelmaßnahme – ebenso verhalten, nicht vermögensbetreuungspflichtig sein sollen.[248]

Überträgt man diese Feststellungen auf einen Gesellschafter, der selbst eine Gesellschaft ist, beantwortet das die Frage bestehender Vermögensbetreuungspflichten im einfach faktischen GmbH-Konzern. Liegen die Voraussetzungen vor, die einen GmbH-Gesellschafter vermögensbetreuungspflichtig werden lassen, entsteht auch beim herrschenden Unternehmen im Konzern eine solche Pflicht. Diese wird dann über die geschilderten Zusammenhänge auf dessen gesetzliche Vertreter weitergereicht. Damit kann die Situation durchaus mit der im Vertragskonzern verglichen werden, in welchem das herrschende Unternehmen ebenfalls immer dann in die Pflicht genommen wird, wenn es sein Weisungsrecht in vermögensrelevanter Weise einsetzt. Ebenso wie im Vertragskonzern beschränkt sich weiterhin auch hier die Vermögensbetreuungspflicht auf die von den Einzelmaßnahmen jeweils betroffenen Vermögensbestandteile. Eine umfassende Vermögensbetreuungspflicht des Mehrheitsgesellschafters als dem herrschenden Unternehmen wird damit nicht begründet. Diese Beschränkung der Vermögensbetreuungspflicht führt bei der Betrachtung eines konkreten Einzeleingriffs zu keiner Entlastung des herrschenden Unternehmens bzw. dessen Organe. Vor dem Hintergrund der Untreue als Sonderpflichtdelikt, welches aufgrund der Sonderpflichtenstellung des Täters gleichermaßen durch Tun und durch Unterlassen verwirklicht werden kann, zeigen sich jedoch die Konsequenzen dieser Annahme. Den Vermögensbetreuungspflichtigen in der konkreten Situation einer Einzelmaßnahme trifft dahingehend keine Fürsorgepflicht, als dass er verpflichtet ist, tätig zu werden, um einen drohenden Vermögensschaden für das von ihm abhängige Unternehmen abzuwenden. Insofern trifft ihn keine generelle Überwachungspflicht, sondern nur die Pflicht der Wahrung der Vermögensinteressen der abhängigen Gesellschaft bei der Vornahme der konkreten vermögensrelevanten Einzelmaßnahme.

Durchaus reizvoll ist darüber hinaus die Frage, ob sich die Vermögensbetreuungspflicht auf den Allein- oder Mehrheitsgesellschafter beschränkt, oder ob aufgrund des zumindest formal der Gesellschafterversammlung als Gesamtheit

248 Anders verhält es sich im sog. qualifiziert faktischen Konzern, da dort ständig auf die Geschäfte des abhängigen Unternehmens eingewirkt wird. Vgl. dazu sogleich unter c.

zustehenden Weisungsrechts auch die Minderheitsgesellschafter als Täter in Betracht kommen. Allerdings bedarf es der Erörterung dieser Frage für die auf den Konzern beschränkten Überlegungen nicht. Die faktische Konzernierung setzt nämlich ohnehin das Bestehen einer Mehrheitsbeteiligung seitens der Konzernmutter voraus. Unter den geschilderten Voraussetzungen ist diese in jedem Fall vermögensbetreuungspflichtig und es wird deren Leitungsorgan in die Pflicht genommen.

Letztlich gilt im faktischen Konzern noch mehr als im Vertragskonzern, dass eine originär in der Leitungsperson des herrschenden Unternehmens begründete und unabhängig von etwaigen Pflichten des herrschenden Unternehmens bestehende Vermögensbetreuungspflicht der Leitungsperson nicht besteht. Das folgt bereits aus dem Fehlen erweiterter Verantwortungsbereiche der Leitungsorgane in einer herrschenden Gesellschaft. Die Grundsätze, dass sie lediglich der Gesellschaft, deren Organe sie sind, verpflichtet sind und sich nur das Ausmaß ihrer Pflicht, nicht aber der Personenkreis, demgegenüber sie verpflichtet sind, ändert, gelten im faktischen Konzern noch mehr als im Vertragskonzern mit seinen weisungsgebundenen Tochtergesellschaften. Diese Erwägungen sind gleichermaßen auf den Vorstand bzw. die Geschäftsführung und für einen evtl. bestehenden Aufsichtsrat in der Konzernmuttergesellschaft zu übertragen. Auch der Aufsichtsrat bleibt ebenso wie im vertraglich und faktisch begründeten Aktienkonzern nur der eigenen Gesellschaft, nicht aber der abhängigen Gesellschaft gegenüber verpflichtet und ist nur dieser gegenüber vermögensbetreuungspflichtig.

c. Organe der Muttergesellschaft im qualifiziert faktischen Konzern

Im Gegensatz zum einfach faktischen Konzern mit den dort zu beobachtenden isolierbaren Einzelmaßnahmen, zeichnet sich der qualifiziert faktische Konzern durch die in der ursprünglichen Form geforderten dauerhaften und umfassenden Leitung durch das herrschende Unternehmen aus, was letztlich auch zur Schaffung eigener Haftungsgrundsätze geführt hat.[249] Nach wie vor besteht aber der Kern der Vermögensbetreuungspflicht in der fremdnützigen Ausübung bestehender Herrschaftsmacht über ein fremdes Vermögen. Für diese Herrschaftsmacht ist es nicht von Bedeutung, wie intensiv und oft sie ausgeübt wird. In strafrechtlicher Hinsicht lässt sich deshalb feststellen, dass der Unterschied zum einfach faktischen Konzern zu-

249 Im Detail dazu schon die Ausführen Kapitel 2 D II 2.

nächst nur in quantitativer Hinsicht besteht. Statt einzelner Maßnahmen liegt hier eine ständige Beeinflussung mit nicht mehr isolierbaren Maßnahmen vor. Wie im einfach faktischen Konzern gilt für die Begründung einer Vermögensbetreuungspflicht, dass zwischen den einem Mehrheitsgesellschafter zustehenden Weisungsrechten und der faktischen Übernahme der Geschäftsführung zu unterscheiden ist. Tritt das herrschende Unternehmen bzw. dessen Vertreter als Geschäftsführer der abhängigen GmbH auf, so erwächst aus dieser tatsächlichen Übernahme der Geschäftsführerposition – und nur auf die tatsächlichen Verhältnisse kommt es für die Begründung einer Vermögensbetreuungspflicht an – und nicht aus der Gesellschafterstellung die erforderliche Vermögensbetreuungspflicht. Nicht anders ist die Lage für die abhängige Aktiengesellschaft. Auch hier ist die Position als faktisches Organ denkbar, wenn auch weniger verbreitet.[250]

Mit der Beschränkung des Unterschieds zum einfach faktischen Konzern auf den unterschiedlichen Umfang der Einflussnahme werden die Erkenntnisse aus der einfachen Konzernierung grundsätzlich übertragbar. Die aktive Ausübung der Machtposition des die abhängige GmbH beherrschenden Gesellschafters – im Konzern also die Muttergesellschaft – begründet auch im qualifiziert faktischen Konzern eine Vermögensbetreuungspflicht.[251] Dies beruht auch hier auf der ausgeübten Herrschaftsmacht und unabhängig vom Innehaben einer Position als Leitungsorgan der Gesellschaft. Der unterschiedliche Grad der Einflussnahme wirft die Frage auf, ob die umfassende und dauerhafte Leitung der abhängigen Gesellschaft darüber hinaus nicht auch eine umfassende Vermögensbetreuungspflicht für das herrschende Unternehmen begründet und die Konzernmutter sogar zu einem aktiven Tun zum Zwecke der Gefahrabwendung oder der Vermögensmehrung verpflichtet. Das bedeutete allerdings eine erhebliche Ausdehnung der Pflichtenstellung und auch eine qualitative Veränderung der dem herrschenden Unternehmen auferlegten Pflichten. Während es zunächst nur darauf zu achten hat, dass bei Eingriffen seinerseits die Interessen der abhängigen Gesellschaft gewahrt werden, müsste es nunmehr deren Geschäftstätigkeit ständig überwachen und prüfen, inwiefern dessen Vermögensverhältnisse verbessert werden könnten, oder ob von dritter Seite Gefahren für das Vermögen der Tochtergesellschaft bestehen. Das geht aber über

250 Gegen die Annahme einer faktischen Organschaft in der Aktiengesellschaft neuerdings *Tiedemann* ZIP 2004, S. 2441.

251 Im Ergebnis ebenso *Busch* Konzernuntreue, S. 93 ff.

die Gesellschafterstellung weit hinaus. Zu diesen Überwachungsmaßnahmen sind vielmehr die Leitungsorgane der Gesellschaft berufen.[252] Diese werden durch eine weitgehende Einmischung in die Geschäftsleitungsmaßnahmen seitens der Muttergesellschaft nicht aus ihrer Pflicht entlassen und haben diese nach wie vor zu erfüllen. Wie im einfach faktischen Konzern bleibt es also bei der Pflicht des herrschenden Unternehmens, lediglich bei der aktiven Einflussnahme auf die abhängige Gesellschaft deren Interessen zu berücksichtigen. Ähnlich wie im Zivilrecht kann hier die Figur des qualifiziert faktischen Konzerns in prozessrechtlicher Hinsicht Bedeutung erlangen. Hier wie dort muss der Zusammenhang zwischen einer Schädigung und der Leitungsmaßnahme nachgewiesen werden. Bei fehlender Isolierbarkeit einzelner Maßnahmen hat auch im Strafrecht der Nachweis zu genügen, dass der Schaden aufgrund ihrer Gesamtheit eingetreten ist. Die Rückführbarkeit auf eine Einzelmaßnahme wird ohnehin nur in den seltensten Fällen möglich sein, so dass auf das Bündel von Maßnahmen abzustellen ist.

Hinsichtlich aller weiterer Erwägungen, namentlich der Frage, in welcher Person – herrschende Gesellschaft oder deren Leitungspersonen selbst – die Vermögensbetreuungspflicht entsteht und der Verpflichtung des Aufsichtsrats im herrschenden Unternehmen, gelten auch hier die für den einfach faktischen Konzern entwickelten Grundsätze.

d. Organe der Tochtergesellschaft im faktischen Konzern

Wie auch im Vertragskonzern stellt sich im faktischen Konzern die Frage, ob die Einbindung in den Konzern zu einer Vermögensbetreuungspflicht der Tochtergesellschaft bzw. deren Organe gegenüber der Konzernmutter führt.[253] Zweifellos sind Organe einer Tochtergesellschaft durchaus in der Lage, das herrschende Unternehmen in wirtschaftlicher Hinsicht und aufgrund tatsächlicher Gegebenheiten zu schädigen. Das alleine genügt aber nicht, um eine Herrschaftsposition zu begründen, aufgrund der ein potenzieller Täter das Vermögen im Rahmen der selbstständigen Wahrnehmung fremder Vermögensinteressen von innen heraus schädigen kann. Die Organe der Tochtergesellschaft sind in erster Linie ihrer eige-

252 Vgl. für den Fall der faktischen Organschaft noch unter 3 a.
253 Auch im faktischen Konzern bleibt die Vermögensbetreuungspflicht der Organe gegenüber deren Gesellschaften unberührt, stellt aber keine Besonderheit der Konzernsituation dar.

nen Gesellschaft verpflichtet. Eine rechtliche Verknüpfung des Schicksals der beiden Vermögensmassen der beteiligten Konzerngesellschaften findet anders als im Vertragskonzern bei nur faktischer Abhängigkeit nicht statt. Eine Position selbstständiger Herrschaft des abhängigen Unternehmens über Vermögensbelange des herrschenden ist damit nicht erkennbar. Zudem unterscheidet sich die Position des abhängigen Unternehmens in Bezug auf eine mögliche Schädigung des Vermögens des herrschenden Unternehmens nicht wesentlich von derjenigen eines beliebigen Dritten. Es kann deshalb allenfalls von einer Schädigungsmöglichkeit, nicht aber von einer Herrschaftsmöglichkeit gesprochen werden.

Darüber hinaus sieht das Gesetz für den faktischen Konzern in den §§ 311 ff. AktG gesellschaftsübergreifende Pflichten nur für das herrschende Unternehmen vor. Die besonderen Berichtspflichten des Abhängigkeitsberichts gem. § 312 AktG bestehen lediglich zum Schutze der abhängigen Gesellschaft.[254] Die Organe der abhängigen Gesellschaft sind nur verpflichtet, die Belange der Konzerntochter zu wahren, ohne dass ihnen oder der abhängigen Gesellschaft selbst irgendwelche Schutzpflichten gegenüber der herrschenden auferlegt würden.

Demnach besteht weder für die abhängige Gesellschaft noch für deren Organe eine Vermögensbetreuungspflicht gegenüber dem herrschenden Unternehmen.[255] Weiterhin fortbestehend sind allerdings die Pflichtenpositionen von Aufsichtsrat und Vorstand gegenüber ihrer eigenen, also der abhängigen Gesellschaft. Dieser gegenüber sind beide nach wie vor ebenso vermögensbetreuungspflichtig wie die Organe in einer unabhängigen Gesellschaft.

3. Besondere Konstellationen

a. Vermögensbetreuungspflichten faktischer Organe

Unstreitig sind die Leitungsorgane einer Gesellschaft, also Geschäftsführer bzw. Vorstand, gegenüber den von ihnen geleiteten Unternehmen vermögensbetreuungspflichtig.[256] Unklarheit besteht aber hinsichtlich der Behandlung von Perso-

254 *Kropff* in: MünchKomm AktG VIII, § 312 Rn. 1.

255 Im Ergebnis ebenso *Busch* Konzernuntreue, S. 112; *Ewald* Untreue, S. 233 ff.

256 Für den Geschäftsführer einer GmbH z.B. BGH MDR/H 1979, 456; wistra 1993, 143, 301; *Kindhäuser* StGB, § 266 Rn. 36; Sch/Sch-*Lenckner/Perron* § 266 Rn. 25; LK-*Schünemann* § 266 Rn. 125; für den Vorstand einer AG z.B. BGH NJW 1991, 990; StV 1995, 303; BGHSt 47, 187,

nen, die eine Organposition nur faktisch einnehmen, da sie z.B. nicht (wirksam) zum Organ der Gesellschaft bestellt wurden. [257] Ebenso wie im Zivilrecht wird auch im Strafrecht diskutiert, unter welchen Voraussetzungen ein faktisches Organ zur Verantwortung gezogen werden kann. Im Wesentlichen rankt sich der Streit um die Behandlung des faktischen Geschäftsführers der GmbH. Fälle faktischer Organschaft in der Aktiengesellschaft finden sich in der Rechtsprechung kaum und werden auch in der Literatur nur ganz vereinzelt diskutiert.[258]

Auf den ersten Blick scheint über die Behandlung faktischer Geschäftsführer weitestgehend Einigkeit zu bestehen. Sie werden verbreitet als vermögensbetreuungspflichtig angesehen, da die Untreue nicht an die formale Stellung als Organ, sondern auf die tatsächlichen Verhältnisse abstellt und es insbesondere auf eine ordnungsgemäße Bestellung zum Geschäftsführer deshalb nicht ankommen kann.[259] Erst auf den zweiten Blick erschließt sich die tatsächliche Problematik: Wann nämlich überhaupt von einer faktischen Geschäftsführerposition ausgegangen werden kann, ist durchaus streitig.

Grundsätzlich, also sowohl in der Aktiengesellschaft als auch in der GmbH, sind zwei Möglichkeiten denkbar, wie eine faktische Organschaft zustande kommen kann. Entweder sollte die leitende Person tatsächlich zum Organ bestellt werden und es geschah bei der Bestellung ein Fehler, der die Bestellung aus formalen Gründen unwirksam werden ließ, oder es hat kein Bestellungsakt stattgefunden und die betreffende Person hat die Leitung des Unternehmens schlichtweg an sich gerissen. Als konzerntypischer Sachverhalt kommt nur die zweite Alternative in Frage und zwar dann, wenn das herrschende Unternehmen bzw. dessen Vertreter aus der Stellung als Konzernmutter heraus faktisch die Leitung der abhängigen Gesellschaft übernimmt. An dieser Stelle entstehen die Probleme um die Einordnung der faktischen Organschaft, die in der Literatur anhand der GmbH diskutiert werden. Bei aller Einigkeit, den faktischen Geschäftsführer zur Verantwortung zu ziehen,

192; *Kindhäuser* StGB, § 266 Rn. 36; Sch/Sch-*Lenckner/Perron* § 266 Rn. 25; LK-*Schünemann* § 266 Rn. 126.

257 Instruktiv zum Ganzen *Stein* Das faktische Organ, S. 24 ff.

258 Einen Überblick bietet *Stein* Das faktische Organ, S. 22 ff.; vgl. OLG München ZIP 2004, 2438, 2439 mit Anm. *Tiedemann* ZIP 2004, S. 2441, der die Konstruktion des faktischen Vorstands einer AG ablehnt.

259 BGH wistra 1996, 344, 345; BGH wistra 1999, 419; *Büning* Verantwortung faktischer Geschäftsführer, S. 32; LK-*Schünemann* § 266 Rn. 125; *Tiedemann* NJW 1986, S. 1845; ausführlich dazu auch *Busch* Konzernuntreue, S. 70 ff. m.w.N.

besteht nämlich kein Einvernehmen hinsichtlich der zu fordernden Voraussetzungen für die faktische Geschäftsführung. Während derjenige, der auch nach außen als Geschäftsführer der GmbH auftritt, keine großen Probleme bereitet, ist insbesondere die für faktische Konzerne maßgebliche Behandlung des aktiven Mehrheitsgesellschafters, also desjenigen, der maßgeblich Einfluss auf den bestellten Geschäftsführer nimmt, selbst aber nicht als solcher nach außen in auftritt, ungeklärt. In der Zivilrechtsprechung des BGH wird dieser seit der „ITT"-Entscheidung wie ein faktischer Geschäftsführer behandelt.[260] Die Figur des faktischen Geschäftsführers wurde damit allerdings ihrer Konturen weitgehend beraubt, was insbesondere im Hinblick auf das strafrechtliche Bestimmtheitsgebot bedenklich erscheint. Deshalb bemüht sich die strafrechtliche Literatur um griffigere Kriterien.[261]

Entscheidend sind indes nicht Begrifflichkeiten und die eingenommene Position als Geschäftsführer an sich, sondern es kommt lediglich auf die mit dieser Position regelmäßig einhergehende Herrschaftsmacht des Geschäftsführers an, da diese die Vermögensbetreuungspflicht im Sinne des § 266 StGB vermittelt. Ob der sog. aktive Mehrheitsgesellschafter mit der Rechtsprechung im Zivilrecht bereits als faktischer Geschäftsführer anzusehen ist, kann vor diesem Hintergrund dahinstehen. Ohne an der Begrifflichkeit des faktischen Geschäftsführers haften zu bleiben, bietet es sich aber an, dann und nur dann von einem faktischen Geschäftsführer zu sprechen, wenn ein Gesellschafter die Rolle des Gesellschafters verlässt und sich an die Stelle eines förmlich bestellten Geschäftsführers setzt. Die Grenze ist dann erreicht, wenn er sich nicht mehr des förmlich bestellten Geschäftsführers bedient und sich auf Weisungen beschränkt, sondern diesen übergeht und selbst ungeachtet der rechtlichen Unzuständigkeit persönlich die Geschäftsführungsmaßnahmen übernimmt. Alleine entscheidend ist letztlich aber das Ausmaß der möglichen und erfolgten Einflussnahme auf das fremde Vermögen. Damit sind die oben entwickelten Grundsätze für die Vermögensbetreuungspflicht der Organe der Muttergesellschaft im faktischen Konzern auch hier ohne weiteres anwendbar und eine Vermögensbetreuungspflicht jedenfalls im Falle einer abhängigen GmbH bereits

260 Vgl. zuletzt BGH NJW 1986, 188 m. Besprechung *Ulmer* NJW 1986, 1579 ff.
261 Zusammenfassend *Busch* Konzernuntreue, S. 70 ff.; vgl. auch *Tiedemann* JZ 2005, S. 46 f.

dann für den aktiven Mehrheitsgesellschafter anzunehmen, wenn er in diese Herrschaftsposition eintritt.[262]

Bei aktiver Einflussnahme auf die Geschicke der Tochtergesellschafter ist eine derartige Einordnung unter den Begriff des faktischen Geschäftsführers nach den dargelegten Grundsätzen also nicht relevant. Denn im faktischen GmbH-Konzern trifft die Konzernmutter bzw. deren Leitungsorgane ohnehin eine im Rahmen des § 266 StGB beachtliche Vermögensbetreuungspflicht. Bedeutung erlangt diese Frage aber, wenn es darum geht, zu untersuchen, ob demjenigen, der nur faktisch die Geschäftsführung übernommen hat, auch eine aktive Handlungspflicht zur Abwendung einer bestehenden Vermögensgefahr oder zur Nutzung bestehender Vermögensmehrungschancen obliegt. Während die Leitungsorgane einer Gesellschaft eine solche Pflicht unstreitig trifft, geht die Vermögensbetreuungspflicht des aktiv Einfluss nehmenden GmbH-Gesellschafters grundsätzlich nicht so weit. Die Lösung liefert einmal mehr die Begründung der umfassenden Vermögensbetreuungspflicht der Leitungsorgane. Da diese gerade nicht aufgrund der förmlichen Position des Geschäftsführers besteht und stattdessen auf eine tatsächliche Betrachtungsweise abzustellen ist[263], entsteht die Vermögensbetreuungspflicht in gleichem Maße wie bei einem ordnungsgemäß bestellten Geschäftsführer. Das Bestimmtheitsgebot des Strafrechts fordert aber auch hier eindeutig Kriterien der Strafbarkeit. Diese sind dann ausreichend bestimmt vorhanden, wenn man die Grenze nach den oben vorgeschlagenen Kriterien zieht. Sobald der Gesellschafter nach außen als Geschäftsführer auftritt und sich nicht nur auf Weisungen an den wirklichen Geschäftsführer beschränkt, ist er als faktischer Geschäftsführer anzusehen und deshalb in erweitertem Maße und über die Fälle aktiver Einflussnahme in der konkreten Situation hinaus vermögensbetreuungspflichtig.

Diese Überlegungen sind auch dann heranzuziehen, wenn es um die faktisch abhängige Aktiengesellschaft geht. Die Muttergesellschaft als Mehrheitsaktionärin ist grundsätzlich nicht vermögensbetreuungspflichtig. Sie bzw. ihr Vorstand hat näm-

---

262 Vgl. III 2 b; a.A. LK-*Schünemann* § 266 Rn. 125 und *Tiedemann* JZ 2005, S. 40 f., die eine Vermögensbetreuungspflicht auch in der GmbH solange ablehnen, wie der Täter sich auf sein Weisungsrecht beschränkt und sich des formell bestellten Geschäftsführers bedient. Dem kann entgegnet werden, dass das zu einem Wertungswiderspruch zum aktienrechtlichen Vertragskonzern steht, in welchem eine Vermögensbetreuungspflicht allgemein angenommen wird, das herrschende Unternehmen sich aber auch auf sein Weisungsrecht beschränken muss.

263 *Tiedemann* NJW 1986, S. 1845.

lich der Konzeption des Gesetzes zufolge keine Möglichkeit, direkt mittels Weisungen auf die Leitung der Gesellschaft unmittelbar Einfluss zu nehmen. Dass diese Machtlosigkeit in der Realität oftmals anders aussieht ändert nichts an der Beurteilung der Zusammenhänge und Positionen der Beteiligten. Im Sinne der Bestimmtheit kann nämlich auch hier nicht ab einem nicht eindeutig zu bestimmenden Punkt vom Bestand einer Vermögensbetreuungspflicht ausgegangen werden. Vielmehr bedarf es der bereits erwähnten eindeutigen Kriterien, die auch im Falle einer abhängigen Aktiengesellschaft dann gegeben sind, wenn sich der Mehrheitsaktionär bzw. dessen Vorstand nach außen erkennbar in die Position eines (faktischen) Vorstands der Tochter-Aktiengesellschaft bringt. Beschränkt er sich lediglich darauf, mit dem tatsächlich vorhandenen Druckpotenzial die Führung des wirklichen Vorstands und dessen Leitungsmaßnahmen zu beeinflussen, nimmt er gerade noch nicht die erforderliche Sonderpflicht ein. Die Verantwortung für die Geschehnisse in der Aktiengesellschaft hat in diesem Fall weiterhin dessen Vorstand und die beeinflussende Person kann allenfalls die Rolle eines Anstifters einnehmen.[264]

Schließlich besteht im Konzern die Eigenart, dass der Mehrheitsgesellschafter regelmäßig keine natürliche, sondern eine juristische Person ist. Die faktische Übernahme der von einer natürlichen Person auszufüllenden Position des Geschäftsführers durch eine Leitungsperson der Muttergesellschaft lässt die umfassende Vermögensbetreuungspflicht im Übrigen anders als in den meisten Fällen direkt und originär in der (natürlichen) Person des faktischen Geschäftsführers entstehen. Insgesamt ist außerdem zu beachten, dass auf die gesamte Konstruktion des faktischen Organs erst gar nicht zurückgegriffen werden muss, wenn der Fall einer Doppelmandatschaft vorliegt, die für das herrschende Unternehmen handelnde Person also bereits aus ihrer Position in der abhängigen Gesellschaft heraus ohnehin vermögensbetreuungspflichtig ist

b. Vermögensbetreuungspflichten zwischen Schwestergesellschaften

Im Mittelpunkt der Diskussion über Untreuefälle in Konzernen steht regelmäßig das auch hier in den Mittelpunkt gestellte Verhältnis von Mutter- und Tochterunternehmen. Auch die gesetzlich begründeten Verpflichtungen zwischen Konzernunternehmen stellen stets auf die Herrschaft bzw. die Abhängigkeit des einen

264 Zu Fragen der Täterschaft und Teilnahme noch näher unter E.

Unternehmens von einem anderen Unternehmen ab und betreffen damit durchweg die Beziehungen zwischen Mutter- und Tochtergesellschaften in Unterordnungskonzernen. Gleichberechtigt nebeneinander stehende Unternehmen werden nicht erfasst. Das bedeutet indes nicht, dass Schwesterunternehmen eines Konzerns völlig beziehungslos nebeneinander bestehen. Vielmehr besteht im Unterordnungskonzern eine mittelbare, durch die gemeinsame Konzernmutter vermittelte Beziehung, im Gleichordnungskonzern sogar eine unmittelbare Beziehung der verbundenen Schwesterunternehmen zueinander. Deshalb erscheinen Vermögensbetreuungspflichten zwischen den einzelnen Schwestergesellschaften eines Konzerns durchaus denkbar.

Für die Beantwortung der Frage nach bestehenden Vermögensbetreuungspflichten zwischen den Unternehmen liefern die gesetzlichen Rahmenbedingungen des Zivilrechts keine Anhaltspunkte. Zwar beinhaltet das Konzernrecht eine Reihe von Vorschriften über verbundene Unternehmen, als welche Schwestergesellschaften sowohl im Unterordnungskonzern, §§ 15, 18 Abs. 1 AktG, als auch im Gleichordnungskonzern, §§ 15, 18 Abs. 2 AktG, gelten. Allerdings begründen diese Vorschriften keine expliziten Verpflichtungen der Schwesterunternehmen zueinander. Eine sich aus dem Konzernrecht per se ergebende Vermögensbetreuungspflicht zwischen Schwestergesellschaften ist deshalb abzulehnen.[265]

Als Grundlage kommen allenfalls vertragliche Beziehungen oder auch tatsächlich geschaffene Herrschaftspositionen über das Vermögen der Schwestergesellschaft in Betracht. Der jeweilige Sachverhalt erweist sich aber nicht als ein sich aus der Konzernstruktur an sich ergebendes Spezifikum, sondern entsteht gerade erst durch die davon zu trennenden und darüber hinausgehenden Sonderverbindungen der konkreten Situation. Das trifft insbesondere auf vertragliche Beziehungen zu, die fernab jeglicher Konzernzusammenhänge zu beurteilen sind. Darüber hinaus kann das Verhältnis durch die tatsächliche Ausgestaltung der Beziehung der beteiligten Gesellschaften auch Parallelen zu anderen Konzernsachverhalten aufweisen und diesen entsprechend beurteilt werden. Zunehmend wird das Verhältnis der abhängigen Schwestergesellschaften im Unterordnungskonzern als faktischer Gleichordnungskonzern begriffen.[266] Auch wenn in diesem keine Konzerngesellschaft

265 Im Ergebnis ebenso *Busch* Konzernuntreue, S. 115.

266 *Jaschinski* Haftung von Schwestergesellschaften, S. 89 ff.; *Schmidt* in: Lutter-FS, S. 1186 ff.; a.A. *Emmerich* in: *Emmerich/Habersack* Konzernrecht, § 18 Rn. 17 ff., 33.

von der anderen abhängig ist, sind durchaus die Schwestergesellschaft betreffende vermögensrelevante Maßnahmen denkbar. Dann aber beurteilt sich das Vorliegen einer Vermögensbetreuungspflicht nach den für (qualifiziert) faktische Konzerne entwickelten Grundsätzen und hängt von der Art und Intensität der Eingriffe ab.[267] In Ausnahmefällen sind damit Vermögensbetreuungspflichten denkbar, bedürfen aber der genauen Betrachtung des konkreten Einzelfalls.

Allgemein kann also nicht von einer bestehenden Vermögensbetreuungspflicht zwischen Schwestergesellschaften ausgegangen werden, wenngleich sich im Einzelfall etwas anderes dann ergeben kann, wenn die eine Gesellschaft auf die andere vermögensrelevant Einfluss ausübt.

c. Pflicht zur aktiven Vermögensfürsorge aufgrund Ingerenz

Als Sonderpflichtdelikt kann die Untreue auch ohne weiteres durch Unterlassen begangen werden. Die Wesensgleichheit der allgemeinen Garantenstellung des § 13 StGB und der Vermögensbetreuungspflicht im Sinne des § 266 StGB als Sonderpflicht führt dazu, dass es gerade keines Rückgriffs auf § 13 StGB bedarf. Einzig entscheidend ist der Umfang der bestehenden Vermögensbetreuungspflicht. Dieser Umfang ist indes in den konzernspezifischen Sachverhalten zunächst darauf beschränkt, bei einem Handeln der vermeintlich vermögensbetreuungspflichtigen Person darauf zu achten, dass nicht gegen diese Pflicht verstoßen wird. Eine Pflicht, selbst aktiv zu werden, um etwa drohende Gefahren abzuwenden oder die Vermögensentwicklung zu fördern, besteht danach grundsätzlich nicht.[268]

Fraglich ist allerdings, ob dies auch dann gilt, wenn der Vermögensbetreuungspflichtige durch sein eigenes aktives Tun eine Gefahr für das zu betreuende Vermögen geschaffen hat. In diesen Fällen bietet sich die Ausdehnung der Vermögensbetreuungspflicht auf ein aktives Tun, das darauf gerichtet ist, die selbst geschaffene Gefahr wieder abzuwenden, an.

Eine Erweiterung der Vermögensbetreuungspflicht für derartige Fälle hat ihren Ursprung allerdings nicht in der typischen Beziehung der Beteiligten im Konzern

---

267 Vgl. dazu auch *Busch* Konzernuntreue, S. 114 ff., der aber eine Vermögensbetreuungspflicht für faktische Verbindungen erst dann anerkennt, wenn diese als qualifiziert faktische, also nicht mehr einzeln isolierbar, anzusehen sind.

268 Vgl. dazu die Ausführungen unter 1. und 2.

zueinander. Vielmehr entspringt die Pflicht, zu Gunsten des Vermögens des anderen aktiv zu werden, aus einer konkreten Situation heraus, in der das Vermögen durch ein vorangegangenes, für das Vermögen gefährliches Tun bedroht wird. Die Situation entspricht derjenigen der Garantenstellung aus Ingerenz.[269] Die Wertungen der Ingerenz sind in diesen Fällen auf die Vermögensbetreuungspflicht übertragbar. Die Vermögensbetreuungspflicht umfasst dann auch die Pflicht, aktiv zur Abwendung der selbst geschaffenen Gefahren tätig zu werden.

IV. Zusammenfassung

Vermögensbetreuungspflichten, wie sie bei der gängigen Organuntreue in unverbundenen Unternehmen vorzufinden sind, bestehen auch im Konzern in gleichem Maße. Die Einbindung in einen Konzern ändert nichts an der Beziehung vermögensbetreuungspflichtiger Personen gegenüber der „eigenen" Gesellschaft. Die in unverbundenen Unternehmen vorliegenden Vermögensbetreuungspflichten bestehen in verbundenen Unternehmen deshalb unverändert fort.

Die Einbindung in den Konzern bringt nur erweiterte Aufgaben mit sich, da aufgrund der konzernrechtlichen Zusammenhänge neue und zusätzliche Gefahren für das betreute Vermögen entstehen.

Unternehmensübergreifende Verflechtungen in Konzernen führen indes nur eingeschränkt zu besonderen und konzerntypischen Vermögensbetreuungspflichten. Solche ergeben sich aus den besonderen Bindungen, die Beherrschungsverträge begründen. Im Vertragskonzern sind im Einzelnen die Unternehmensleitung des herrschenden gegenüber dem abhängigen Unternehmen und diejenige des abhängigen Unternehmens gegenüber dem herrschenden vermögensbetreuungspflichtig. Den Aufsichtsrat der herrschenden Gesellschaft trifft eine Vermögensbetreuungspflicht auch gegenüber der abhängigen nur ganz ausnahmsweise. Weiterhin kann eine Vermögensbetreuungspflicht im faktischen GmbH-Konzern für den aktiv in die Geschäfte der abhängigen Gesellschaft eingreifenden Mehrheitsgesellschafter in Person der Konzernmutter bzw. für deren Leitung angenommen werden. Generell gilt die Beschränkung des Bestehens von Vermögensbetreuungspflichten auf Fälle der aktiven Einflussnahme auch im Vertragskonzern. Eine umfassende Ver-

269 Grundlegend zu Fragen der Ingerenz im Rahmen einer Geschäftsherrenhaftung *Bosch* Organisationsverschulden, S. 186 ff.

mögensbetreuungspflicht gegenüber dem verbundenen Unternehmen derart, dass eine Pflicht zum aktiven Handeln besteht, ist grundsätzlich nicht erkennbar und ausnahmsweise nur in Ingerenzfällen anzunehmen.

D. Die Pflichtwidrigkeit Vermögen schädigender Verhaltensweisen im Konzern

Die Erfüllung des Untreuetatbestands setzt voraus, dass der eingetretene Schaden auch tatsächlich durch die Verletzung einer dem Täter obliegenden Vermögensbetreuungspflicht entstanden ist. Der Blick entfernt sich damit von den vorangegangenen Fragen des Bestands und der Grundlagen der Vermögensbetreuungspflichten und wendet sich hin zu der Frage, welchen Inhalt und welchen Umfang die Vermögensbetreuungspflicht der einzelnen Personen in der konkreten Situation hat. Dass der Pflichtenkreis der Beteiligten im Konzern eine besondere Beurteilung erfordert und ganz spezielle, konzernspezifische Formen annimmt, ist bekannt.[270] Neben den herausgearbeiteten speziell in Konzernverhältnissen bestehenden Vermögensbetreuungspflichten gilt es deshalb auch, allgemein bestehende Vermögensbetreuungspflichten, namentlich die der einzelnen Organe wie Vorstand und Geschäftsführer im Verhältnis zu den von ihnen geleiteten Gesellschaften, unter dem Aspekt des durch die Konzernierung veränderten Pflichtenkreises zu beleuchten. Im Gegensatz zu den Leitungsorganen der Konzerngesellschaft ergeben sich für die Aufsichtsratsmitglieder allerdings keine in besonderem Maße abweichenden Pflichten. Wie bereits dargelegt, besteht deren Aufgabe darin, die Leitungsorgane zu überwachen. Weitergehende Pflichten werden durch eine Konzernierung nicht geschaffen. Der Aufsichtsrat hat lediglich seine Überwachungstätigkeit auch darauf zu erstrecken, dass die Leitungsorgane ihre Pflichten gegenüber der Gesellschaft des Aufsichtsrats unter Berücksichtigung der Besonderheiten der Konzernierung ordnungsgemäß erfüllen. Die Tätigkeit des Aufsichtsrats einer abhängigen Gesellschaft gleicht deshalb im Grunde derjenigen, wie sie auch in unabhängigen besteht.

270 Vgl. etwa *Kohlmann* Die strafrechtliche Verantwortlichkeit, Rn. 360; *ders.* in: *Hachenburg/Ulmer* GmbHG III, Vor § 82 Rn. 306; *Otto* Aktienstrafrecht, Vor § 399 Rn. 59; *Schneider* Die Untreue, S. 99; *Tiedemann* GmbH-Strafrecht, Vor §§ 82 ff. Rn. 23.

Konkret steht demnach in Frage, welche Maßnahmen die Leitungsorgane in herrschenden Konzerngesellschaften einerseits und in abhängigen Unternehmen andererseits ergreifen oder unterlassen müssen, um der ihnen obliegenden Vermögensbetreuungspflicht genüge zu tun. Fraglich erscheint hier insbesondere, welchen Einfluss Weisungen der Konzernmutter auf die Strafbarkeit der beteiligten Personen haben und wie sich ein einverständliches Handeln der Gesellschafter zum Nachteil einer Gesellschaft auf die einzelnen Pflichtenpositionen auswirkt.

I. Der Maßstab pflichtgemäßen Verhaltens

Inhalt und Umfang der Vermögensbetreuungspflicht und damit der Maßstab pflichtgemäßen Verhaltens sind dem zugrunde liegenden Betreuungsverhältnis zu entnehmen.[271] Eine Pflichtverletzung ist demnach zunächst dadurch möglich, dass der Pflichtige seine internen Befugnisse überschreitet, im Falle der GmbH bindenden Gesellschafterbeschlüssen zuwider handelt, gesetzliche Bestimmungen verletzt oder nicht befolgt, oder dass er die Sorgfaltspflichten, die ihn als Leiter der Gesellschaft treffen, außer Acht lässt.[272] Der jeweilige Inhalt einer Vermögensbetreuungspflicht kann danach zum erheblichen Teil von den individuellen Verhältnissen und Vereinbarungen zwischen den Beteiligten abhängen. Insgesamt lässt sich der Maßstab der Vermögensbetreuungspflicht aus Gesetz, der jeweils geltenden Satzung und schließlich einzelvertraglichen Vereinbarungen entnehmen. Die in Satzungen und Einzelverträgen verankerten Maßstäbe sind nur für den betreffenden Einzelfall und dessen konkrete Betrachtung herzuleiten und müssen deshalb an dieser Stelle außen vor bleiben. Einzig gesetzliche Regeln ermöglichen allgemeingültige Aussagen. Für den Konzern erlangen dabei die gesetzlichen Vorgaben des Konzernrechts sowie die allgemein entwickelten gesellschafts- und konzernrechtlich entwickelten Grundsätze und die daraus zu ziehenden strafrechtlichen Konsequenzen Bedeutung.

Verhält sich ein Täter danach regelkonform, kommt er also den von ihm von der Rechtsgesellschaft geforderten Verhaltensweisen nach, kann er sich auch nicht strafbar machen. Es kann nämlich nichts nach dem Strafrecht verboten sein, was

271 BGHSt 8, 254, 258; 8, 271, 272; BGHSt 24, 386, 387; RGSt 69, 15, 16; LK-*Schünemann* § 266 Rn. 94; *Tröndle/Fischer* StGB § 266 Rn. 14.

272 So für die GmbH *Kohlmann* Strafrechtliche Verantwortlichkeit, Rn. 258.

zivilrechtlich erlaubt ist.[273] Damit beeinflussen die zivilrechtlichen Normen des Konzernrechts unmittelbar die untreuestrafrechtliche Würdigung der Sachverhalte. Auch der Untreuetäter in konzerntypischen Situationen muss sich deshalb daran messen lassen, was im Rahmen der konzernrelevanten Sachverhalte zivilrechtlich ge- oder verboten ist.[274] Im Einzelnen bilden den zu untersuchenden Rahmen für die Verhaltenspflichten der Beteiligten im Konzern die speziellen konzernrechtlichen sowie die allgemeinen gesellschaftsrechtlichen Gegebenheiten des Zivilrechts. Ist nach diesen Vorgaben kein eindeutiges Gebot zu einem bestimmten Verhalten feststellbar, bleibt in der Regel das allgemeine Verbot, den Geschäftsherrn zu schädigen als Minimalpflicht übrig.[275]

Hält er sich an diese Vorgaben, befindet er sich in einem sicheren Hafen und es kann ihm kein pflichtwidriges Verhalten vorgeworfen werden. Verstößt er allerdings gegen die konzernrechtlichen Vorgaben, ist weiter zu erforschen, ob dieser Verstoß bereits als strafwürdige Handlung anzusehen ist, oder ob etwa eine bestimmte, höhere Schwelle überwunden werden muss. Denn nicht jede Pflichtverletzung, die das Zivilrecht als solche qualifiziert, führt gleichzeitig zu einer untreuerelevanten *Vermögensbetreuungs*pflichtverletzung. Zutreffend beschreibt es der BGH, indem er konstatiert: „Nicht jede auf Grund eines solchen [scil. Treue-] Verhältnisses oder im Zusammenhang mit ihm entstehende Verpflichtung fällt ohne weiteres in den Kreis jener fremdnützigen Pflichten, deren Verletzung (durch Tun oder Unterlassen) das Handlungsunrecht des Treubruchstatbestandes verwirklicht."[276] Daraus folgert *Tiedemann* ebenso zutreffend, dass auch „bei ‚vermögensfürsorgerischem Grundcharakter' des Rechtsverhältnisses [...] also im Einzelfall zu untersuchen [bleibt], ob gerade die verletzten Pflichten Vermögensbetreuungspflichten sind."[277]

Alle Pflichtwidrigkeitserwägungen sind folglich unter dem Aspekt zu betrachten, ob die jeweils verletzte Pflicht tatsächlich gerade zumindest überwiegend zum Schutz des Vermögens der betroffenen Gesellschaft bestand. Bei allgemeinen Lei-

273 Ausführlich zu dieser Beziehung von Strafrecht und Zivilrecht *Busch* Konzernuntreue, S. 32 ff., 37 m.w.N.
274 Vgl. dazu die detaillierten Ausführungen unter C I 2.
275 LK-*Schünemann* § 266 Rn. 94.
276 BGH wistra 1988, 227, 230 unter Berufung auf BGH NStZ 1986, 361 f.; BGHR StGB § 266 Abs. 1 - Vermögensbetreuungspflicht Nr. 1.
277 *Tiedemann* in: Tröndle-FS, S. 327 unter Hinweis auf LK10-*Hübner* § 266 Rn. 53, 54, 81.

tungs- oder Überwachungsaufgaben liegt das schon deshalb nahe, weil diese Pflichten gerade zum Zwecke der wirtschaftlichen Betätigung der Gesellschaft bestehen. Damit sind Fragen der Ausstattung der Gesellschaft mit dem erforderlichen Vermögen untrennbar verbunden. Zumindest im Regelfall ist nämlich der Zweck einer Kapitalgesellschaft gerade das Erwirtschaften von Gewinnen zum Zwecke der Vermögensmehrung auf einem bestimmten wirtschaftlichen Sektor, was insgesamt gemeinhin den Gesellschaftszweck darstellt. Lediglich bei speziellen Pflichten, etwa bestimmter Rechnungslegungspflichten, die insbesondere dem Fiskus die Überprüfung der ordnungsgemäßen Besteuerung erleichtern sollen, kann eine Pflichtverletzung ohne Verletzung einer Vermögensbetreuungspflicht angenommen werden. Insgesamt muss also jede Pflichtverletzung vor dem Hintergrund der Berührung der Vermögensinteressen der jeweiligen Gesellschaft erfolgen. Steht in der konkreten Situation indes fest, dass es gerade die vorliegende Pflichtverletzung war, die zu dem Vermögensschaden geführt hat, liegt das auf der Hand. Ausgeschlossen werden können dann nur solche Verletzungen, die lediglich zufällig aufgrund der besonderen Situation, nicht aber aufgrund der typischen Ausgestaltung der Pflicht, zu einem Vermögensschaden geführt haben.

II. Allgemeine Pflichtwidrigkeitserwägungen für die Unternehmensleitung

Ausgangspunkt der Überlegungen zu den speziellen Situationen des Konzernrechts soll diejenige der verantwortlichen Personen in unabhängigen Gesellschaften sein. Von den allgemeinen Überlegungen des Gesellschaftsrechts lassen sich die Besonderheiten der Situation im Konzern ableiten.

Nahezu jede unternehmerische Entscheidung bringt ein Risiko für die beteiligten Unternehmen mit sich. Der Erfolg einer Maßnahme kann nie sicher vorausgesagt werden, weshalb dieser auch nicht als Maßstab pflichtgemäßen Verhaltens herangezogen werden kann. Der Kern pflichtwidrigen Verhaltens liegt vielmehr in der Eingehung eines übermäßigen Risikos. Die Frage lautet also, wann der Täter ein unerlaubtes Risiko für das Vermögen des Opfers begründet hat, indem er der ihm obliegenden Pflicht zur Vermögensbetreuung nicht in ausreichendem Maße nachgekommen ist, sich also pflichtwidrig verhalten hat.[278] Gemäß den gesetzlichen Regelungen des Zivilrechts in § 93 AktG bzw. § 43 GmbHG wird ganz grundle-

278 *Otto* Grundkurs Strafrecht, BT § 54 Rn 30; zustimmend *Arnold* JURA 2005, S. 846 f.

gend von Mitgliedern der Unternehmensleitung gefordert, dass sie sich bei ihrer Geschäftstätigkeit am Unternehmenswohl zu orientieren haben und dabei die Regeln einer ordentlichen kaufmännischen Geschäftsführung und die Sorgfalt eines ordentlichen und gewissenhaften Geschäftsmannes einzuhalten haben.[279] Zur Konkretisierung dieses Grundsatzes wurde in Rechtsprechung und Literatur zunächst in Bezug auf risikobehaftete Kreditvergaben darauf abgestellt, ob auf einer ausreichenden Informationsbasis eine angemessene Abwägung der Chancen und Risiken eines Geschäftes vorgenommen wurde.[280] Diese Erwägungen zur risikobehafteten Kreditvergabe können auf allgemeine Unternehmensentscheidungen übertragen werden.[281] Dass dem so ist, wird schon durch die bestehenden zivilrechtlichen Regeln zu Haftung von Vorständen für unternehmerische Entscheidungen bestätigt, wenn darauf abgestellt wird, ob „die handelnden Personen eine sachgerechte Risikoabschätzung vorgenommen haben."[282] Schließlich nahm der BGH in einer Leitentscheidung aus dem Jahre 1997[283] zur Konkretisierung der „sachgerechten Risikoabschätzung" erstmals Bezug auf die im amerikanischen Recht geltende „Business Judgment Rule".

Diese ist in § 4.01 cc) der Principles of Corporate Governance des American Law Institute[284] normiert und fordert von Verantwortlichen:

> „A director or officer who makes a business judgment in good faith fulfills the duty under this Section if the director or officer
> (1) is not interested in the subject of the business judgment;
> (2) is informed with respect to the business judgment to the extent the director or officer reasonably believes to be appropriate under the circumstances; and
> (3) rationally believes that the business judgment is in the best interest of the corporation."

Diese Grundsätze hat der deutsche Gesetzgeber bei der Schaffung des Gesetzes zur Unternehmensintegrität und Modernisierung des Anfechtungsrechts (UMAG)[285]

279 BGHSt 147, 187; LG Düsseldorf NJW 2004, 3275 mit Anm. *Otto* JK 5/05, StGB § 266/25.
280 Vgl. dazu BGH NJW 2000, 2364 mit Anm. *Otto* JK 1/01, StGB § 266/19.
281 Dazu schon *Arnold* JURA 2005, S. 846 f.
282 *Kling* DZWIR 2005, S. 50 mit Hinweis auf *Goette* in: BGH-FS, S. 135 m.w.N.; *Ulmer* DB 2004, S. 861.
283 BGHZ 135, 244.
284 The American Law Institute, Principles of Corporate Governance: Analysis and Recommendations, Volume 1, 1994, p. 139.

berücksichtigt, welches am 01.11.2005 in Kraft trat. Damit wurde die Business Judgment Rule ins deutsche Recht transformiert. Danach gilt gem. § 93 Abs. 1 S. 2 AktG für Vorstandsmitglieder von Aktiengesellschaften nunmehr folgendes:

> „Eine Pflichtverletzung liegt nicht vor, wenn das Vorstandsmitglied bei einer unternehmerischen Entscheidung vernünftigerweise annehmen durfte, auf der Grundlage angemessener Information zum Wohle der Gesellschaft zu handeln."[286]

Die Pflicht zur angemessenen Informationsbeschaffung als Grundlage unternehmerischer Entscheidungen wurde damit gesetzlich fixiert, wodurch der Gesetzgeber die Überlegungen zur Übertragung der im Zusammenhang mit der Kreditvergabe entwickelten Grundsätze zur Pflichtverletzung aufgrund mangelnder Informationsbeschaffung auf andere Sachverhalte zumindest mittelbar bestätigt hat.[287]

Für die Entscheidung der zuständigen Leitungsorgane über Geschäfte im Rahmen ihrer Unternehmensführung gilt nach alledem zusammenfassend: verfügen sie über eine ausreichende Informationsbasis, genießen sie bei der Entscheidungsfindung weit reichende Freiheiten.[288] Der BGH gesteht den Verantwortlichen bei der Wahrung der Unternehmensinteressen und damit bei der Einschätzung der Folgen der Entscheidung für das Unternehmen einen weiten Entscheidungsspielraum zu, da dieser unabdingbare Voraussetzung unternehmerischer Tätigkeit sei.[289] Zudem soll nicht jede gesellschaftsrechtliche Pflichtverletzung für die Begründung einer Untreuestrafbarkeit ausreichend sein. Das Strafrecht greife erst bei einer gravierenden Pflichtverletzung ein.[290] Wann eine Pflichtverletzung gravierend ist, soll nach dem BGH mittels einer Gesamtschau insbesondere der gesellschaftsrechtlichen Kriterien zu bestimmen sein.

285 BGBl. I 2005, 2802.

286 Art. 1 Nr. 1 a UMAG, BGBl. I 2005, 2802.

287 Zur Kritik am Terminus „angemessene Information" vgl. *Kinzl* DB 2005, 1653 f.

288 Allgemein zu den Grundsätzen unternehmerischen Ermessens *Roth* Unternehmerisches Ermessen, § 3 III.

289 Vgl. BGHSt 47, 187, 192.

290 Vgl. BGHSt 47, 187, 197 mit Anm. *Otto* JK 11/02, StGB § 266/22; 47, 148, 150 mit Anm. *Otto* JK 10/02, StGB § 266/21; dazu auch *Zieschang* in: Kohlmann-FS, S. 361 f. – Schünemann versteht die Forderung nach einer gravierenden Pflichtverletzung neuerdings als Frage der „objektiven Zurechnung zwischen Pflichtwidrigkeit und Schaden", *Schünemann* NStZ 2005, S. 475.

Im Rahmen der Beurteilung einer Vergabe von Spenden aus dem Unternehmensvermögen durch die Leitungsorgane hat er konkret auf die fehlende Nähe zum Unternehmensgegenstand, die Unangemessenheit im Hinblick auf die Ertrags- und Vermögenslage, eine fehlende innerbetriebliche Transparenz sowie das Vorliegen sachwidriger Motive, namentlich der Verfolgung rein persönlicher Präferenzen abgestellt.[291] Insbesondere die Unangemessenheit im Hinblick auf die wirtschaftliche Situation des Unternehmens und das Fehlen sachlich zu rechtfertigender Motive sind ihrer Art nach aber nicht auf die Vergabe von Spenden zugeschnitten. Sie können durchaus als allgemeingültiger Maßstab auf Leitungsmaßnahmen übertragen werden.

Für die Situation im Konzern bedeutet das, dass sich die Leitungsorgane vor einer Maßnahme zunächst darüber informieren müssen, ob und in welchem Ausmaß diese Maßnahme Auswirkungen auf ein Konzernunternehmen, demgegenüber sie vermögensbetreuungspflichtig sind, hat. Die auf dieser Informationsbasis erstellten Prognosen über die Auswirkungen der anstehenden Maßnahme bilden weiter den Gegenstand der Beurteilung, ob sich die Leitungsperson pflichtgemäß verhalten hat. Gegenüber der eigenen Gesellschaft gilt dafür der Maßstab des gewissenhaften und ordentlichen Geschäftsmannes, hinsichtlich der Auswirkungen auf konzernverbundene Unternehmen stellt das Konzernrecht weitere Maßstäbe auf, an die es sich zu halten gilt.

III. Grundsätze pflichtgemäßen Verhaltens im Vertragskonzern

Die Einbindung in den Vertragskonzern erweitert den Aktionsradius der eingebundenen Gesellschaften bzw. deren Leitungsorgane. Damit geht eine Erweiterung der Pflichtenstellung gegenüber den verbundenen Unternehmen einher, was sich auch in den im Vertragskonzern bestehenden bzw. entstehenden Vermögensbetreuungspflichten widerspiegelt. Als Besonderheit des Konzerns und deshalb für diese Untersuchung relevant sind all jene Sachverhalte, die einen unternehmensübergreifenden Aspekt aufweisen. Als typisch für den Vertragskonzern sind die Einflussnahme seitens der Konzernmutter auf die Tochter mittels einer Weisung im Sinne von § 308 Abs. 2 AktG und das entsprechende Verhalten der Tochtergesellschaft anzusehen. Vertragskonzerntypisch sind darüber hinaus unternehmerische

291 BGHSt 47, 187, 190.

Maßnahmen auf der Ebene der Konzerntochter, die aufgrund der vertraglichen Zusammenhänge zu einem Nachteil beim herrschenden Unternehmen führen können. In all jenen Situationen obliegt der jeweils handelnden Gesellschaft bzw. deren Verantwortlichen eine Vermögensbetreuungspflicht, der entsprechend das jeweilige Organ zu handeln hat.[292] Fraglich und an dieser Stelle zu klären ist, welche Verhaltensweisen konkret von den Vermögensbetreuungspflichtigen zu fordern sind. Die Art, wie diese Verhaltenspflichten auszufüllen sind, bestimmt die Pflichtwidrigkeit deren Handelns nicht nur in zivilrechtlicher, sondern auch in strafrechtlicher Hinsicht. Eröffnet das Zivilrecht die Möglichkeit, bestimmte Maßnahmen rechtmäßiger Weise durchzuführen, können diese nicht strafrechtlich geahndet werden. Der Bereich des zivilrechtlich ausdrücklich erlaubten entzieht sich damit dem Zugriff des Strafrechts. Erst wenn die Beteiligten darüber hinausgehen, besteht die Möglichkeit, dass sie sich strafbar machen. Auszugehen ist deshalb zunächst von der Bestimmung des nach zivilrechtlichen Grundsätzen erlaubten Bereichs, innerhalb dessen eine strafrechtlich beachtliche Pflichtverletzung per se ausscheidet. Das im AktG verankerte Konzernrecht liefert hierzu die entscheidenden Anhaltspunkte für den Vertragskonzern, so dass den gesellschaftsrechtlichen Rahmenbedingungen und Regeln eine entscheidende Rolle zukommt.[293]

1. Verhaltenspflichten in der herrschenden Gesellschaft

Bei Bestand eines Beherrschungsvertrages gibt das Konzernrecht des AktG dem herrschenden Unternehmen die Möglichkeit, auf das abhängige Unternehmen mittels Weisung Einfluss zu nehmen. Das Konzernrecht eröffnet aber nicht nur die Möglichkeit der Weisungserteilung, sondern gibt zugleich vor, wie dieses Weisungsrecht auszuüben ist. Gem. § 309 Abs. 1 AktG AktG hat das herrschende Unternehmen bzw. dessen die Weisung erteilende Unternehmensleitung wie bei der sonstigen Unternehmensleitung auch bei der Erteilung von Weisungen die Sorgfalt eines ordentlichen und gewissenhaften Geschäftsleiters anzuwenden. Damit greifen auch in unternehmensübergreifenden Sachverhalten die allgemeinen Regeln zur Leitungssorgfalt des Unternehmensleiters. Die Leitungspersonen haben also auf Grundlage einer angemessenen Informationsbasis eine Abwägung hinsichtlich der

292 Zu den bestehenden Vermögensbetreuungspflichten im Einzelnen vgl. C III.
293 Ausführlich zu den gesellschaftsrechtlichen Gegebenheiten vgl. Kapitel 2 C I, D I.

unternehmerischen Maßnahme und deren Folgen vorzunehmen, wobei ihnen ein weiter Ermessensspielraum einzuräumen ist. Handeln sie entgegen dieser Grundsätze, kommen sie ihrer Pflicht nicht vollumfänglich nach und handeln damit pflichtwidrig. Hat diese Pflichtwidrigkeit Vermögensrelevanz, ist der Verstoß gegen die konzernrechtlichen Vorgaben nicht nur als allgemeiner Pflichtenverstoß, sondern auch als Verletzung der Pflicht zur Vermögensfürsorge im Sinne des § 266 StGB zu qualifizieren.

Über die Festlegung, wie das Weisungsrecht auszuüben ist hinaus, enthält das Konzernrecht innere und äußere Grenzen des Weisungsrechts, die die zivilrechtliche Rechtmäßigkeit einer Weisung abstecken.[294] Danach kann zwar im Beherrschungsvertrag näher bestimmt und können damit Vorgaben gemacht werden, wie sich das herrschende Unternehmen gegenüber der Konzerntochter zu verhalten hat. Eine derartige nähere Ausgestaltung ist aber gerade nicht der Regelfall. Maßgeblich sind regelmäßig vielmehr die gesetzlichen Vorgaben und Schranken des Weisungsrechts sowie dessen Grenzen, die sich aus dem gesamten Rechtsrahmen folgern lassen. Im Mittelpunkt stehen hier die Notwendigkeit der Weisung, dem Konzerninteresse zu dienen und die Lebensfähigkeit der nachteilig betroffenen Gesellschaft. Weisungen, die über diese Grenzen hinausgehen, sind nicht rechtmäßig. Unabhängig von einer Befolgungspflicht derartiger Weisungen für die abhängige Gesellschaft kann sich die Leitung des herrschenden Unternehmens in diesem Fall nicht auf eine Entlastung durch das Zivilrecht berufen. Im Hinblick auf das grundsätzliche und als Minimalpflicht geltende allgemeine Schädigungsverbot zugunsten desjenigen, dessen Vermögen zu betreuen ist, führt eine derartige Weisung damit grundsätzlich zur Pflichtwidrigkeit.[295]

Neben dem über Gebühr ausgenutzten Weisungsrecht ist es durchaus denkbar, auch ein Unterlassen als Pflichtverletzung anzusehen. Nimmt man nämlich mit beachtlichen Stimmen in der Literatur für die Leitungspersonen des herrschenden Unternehmens eine Konzernleitungspflicht an, so erwächst daraus eine Handlungspflicht. Diese besteht allerdings nur zum Schutze der eigenen Gesellschaft, d.h. die Leitung der Konzernmutter hat die Leitung des gesamten Konzerns gerade zum

294 Vgl. dazu ausführlich oben Kapitel 2 C I 2 b.

295 Da auch in Vertragskonzernen zumindest in der Regel eine Mehrheitsbeteiligung des herrschenden Unternehmens am abhängigen besteht, kommt zur Entlastung des Leitungsorgans aber ein Strafausschluss über die Grundsätze eines tatbestandsausschließenden Einverständnisses in Betracht. Vgl. dazu die Ausführungen unter V.

Wohle der Muttergesellschaft auszuüben. Dem entspricht auch die strafrechtliche Vermögensbetreuungspflicht, die gegenüber dem abhängigen Unternehmen grundsätzlich nur infolge eines aktiven Einwirkens auf dieses besteht. Eine Vermögensbetreuungspflicht dahingehend, dass eine Handlung gefordert wird, trifft die Konzernleitung in der Regel nur gegenüber der Muttergesellschaft. Wird die Konzernleitungsmöglichkeit zur Wahrung der Interessen der Muttergesellschaft nicht wahrgenommen, führt das zu einer Vermögensbetreuungspflichtverletzung dieser gegenüber.

Die Annahme einer derartigen Handlungspflicht zugunsten des herrschenden Unternehmens, wenn sich Chancen bieten, das Gesellschaftsvermögen zu mehren, hat indes Konfliktpotenzial. Denn andererseits bestehen auch etwaige Vermögensbetreuungspflichten gegen abhängige Unternehmen, die das Unterlassen schädlicher Handlungen fordern. Das führt immer dann zu Problemen, wenn sich die Vermögensmehrungschance für die Konzernmutter nur durch einen das Vermögen der abhängigen Gesellschaft schädigenden Eingriff in die Konzerntochter verwirklichen lässt. Einer Handlungspflicht steht dann diametral eine Unterlassungspflicht gegenüber.[296] Die Auflösung derartiger Konflikte beschäftigt die Literatur seit langer Zeit.[297] In der vorliegenden Konstellation liefert das Gesetz aber konkrete Anhaltspunkte zu einer Lösung. Die Regelungen des Konzernrechts bzw. der sich aus der Gesamtheit des bestehenden gesellschaftsrechtlichen Rahmens ergebenden Verhaltenspflichten enthalten die Vorgaben zu den von den betroffenen Personen zu fordernden Verhaltensweisen. Die Einräumung eines Weisungsrechts, das Weisungen explizit zulässt, die für das abhängige Unternehmen nachteilig sind, weist den Weg zur eindeutigen Lösung. Denn damit wird der Pflicht zugunsten der herrschenden Gesellschaft zu handeln eindeutig der Vorrang eingeräumt, solange sich die Konzernleitung im Rahmen des Zulässigen bewegt. Von einer Kollision gleichrangiger Pflichten mit der Folge der Eröffnung des entsprechenden Problemkreises kann deshalb hier nicht gesprochen werden.

296 Vgl. dazu auch *Busch* Konzernuntreue, S. 123, 187ff.
297 Zum Ganzen vgl. *Otto* JURA 2005, S. 470 ff.

2. Verhaltenspflichten in der abhängigen Gesellschaft

Die Einbindung in den Vertragskonzern bringt für den Vorstand der abhängigen Aktiengesellschaft zum einen zumindest partiell eine (zusätzliche) Vermögensbetreuungspflicht gegenüber dem herrschenden Unternehmen, vor allem aber die Modifizierung seiner Pflichten innerhalb der abhängigen Gesellschaft. Erteilt die Konzernmutter der vertraglich gebundenen Aktiengesellschaft nämlich eine Weisung, so ist diese bzw. deren Vorstand und in analoger Anwendung auch die Geschäftsleitung einer abhängigen GmbH[298] gem. § 308 Abs. 2 S. 1 AktG verpflichtet, diese Weisung auszuführen. Unstreitig gilt das allerdings nur für Weisungen, die das herrschende Unternehmen nach Gesetz, Satzung und Beherrschungsvertrag erteilen darf.[299] Darüber hinaus besteht eine Ausnahme von der Befolgungspflicht nur für solche Weisungen, die für die Konzerntochter nachteilig sind und offensichtlich nicht dem Konzerninteresse dienen.[300] Das Leitungsorgan der abhängigen Gesellschaft wird also für den Regelfall verpflichtet, auch solche Maßnahmen umzusetzen, die das Vermögen der abhängigen Gesellschaft schädigen. Die Berührungspunkte der zivilrechtlichen Normen mit einer etwaigen Untreuestrafbarkeit liegen damit auf der Hand. Im Hinblick auf die strafrechtlichen Aspekte ist konkret fraglich, ob das Leitungsorgan der abhängigen Gesellschaft im Falle einer verbindlichen Weisung nicht bereits per se aus seiner Vermögensbetreuungspflicht gegenüber der abhängigen Gesellschaft entlassen wird, und weiterhin, ob nicht die Vermögensbetreuungspflicht grundsätzlich fortbesteht, die Befolgung der Weisung aber keinen Verstoß gegen diese Pflicht darstellt.

Ein Entfallen der zunächst für das Leitungsorgan bestehenden Vermögensbetreuungspflicht könnte sich aus dem Erfordernis der selbstständig ausgeübten Herrschaft als Voraussetzung jeder Vermögensbetreuungspflicht ergeben. An der Selbstständigkeit der Herrschaftsausübung fehlt es jedenfalls immer dann, wenn der abhängigen Gesellschaft keine Entscheidungsfreiheit und damit keine Wahlmöglichkeit hinsichtlich der Herrschaftsausübung zugestanden wird.[301] Mit ande-

298 Zur Anwendbarkeit der Normen auf die abhängige GmbH vgl. Kapitel 2 C I 3.

299 *Altmeppen* in: MünchKomm AktG VIII, § 308 Rn. 140; *Emmerich* in: *Emmerich/Habersack* Konzernrecht, § 308 Rn. 53; *Koopensteiner* in: KölnKomm AktG, § 308 Rn. 42; *Krieger* in: MünchHdb. GesR XIII, § 70 Rn. 140 sowie bereits Reg.Begr. bei *Kropff* Aktiengesetz, S. 403.

300 Zur Ungenauigkeit der Heranziehung eines „Konzerninteresses“ vgl. Kapitel 2 C II 2 b (2).

301 A.A. *Ewald* Untreue, S. 123 ff.

ren Worten ist immer dann keine Selbstständigkeit gegeben, wenn der vermeintlich Vermögensbetreuungspflichtige nicht so hätte handeln müssen, sondern auch anders hätte handeln dürfen.[302] Das ist regelmäßig der Fall, wenn ihm konkrete Verhaltensweisen in Form einer Weisung vorgeschrieben werden. Die Konzernmutter damit die Geschäftsleitung des abhängigen Unternehmens instrumentalisieren und damit gestalterisch auf die Vermögensposition des Tochterunternehmens Einfluss nehmen. In dem Moment, in dem die Konzernmutter von ihrem Weisungsrecht Gebrauch macht, erlangt sie die Herrschaft über das fremde Vermögen und muss dann die Verantwortung für das Vermögen der Tochtergesellschaft übernehmen. Der Eintritt einer Person in die Vermögensbetreuungspflicht führt allerdings nicht automatisch dazu, dass alle anderen Personen aus dieser Pflicht entlassen werden. Vielmehr können durchaus mehrere Vermögensbetreuungspflichtige nebeneinander bestehen. Dass das herrschende Unternehmen (auch) eine Herrschaftsposition übernimmt, ändert nichts daran, dass die Leitung des abhängigen weiterhin über dessen Vermögen herrscht. Die Pflichten stehen nebeneinander und die Beteiligten sind jeweils weiterhin dazu verpflichtet, die Vermögensinteressen der beteiligten Gesellschaft zu wahren.[303] Damit entfällt die Vermögensbetreuungspflicht seitens der Leitung der abhängigen Gesellschaft nicht gänzlich, sie ändert nur ihren Umfang. Die Art, wie die Unternehmensleitung das Vermögen der Gesellschaft zu betreuen hat, ändert sich nach Maßgabe der zwingenden und umfassenden konzernrechtlichen Vorgaben.

Wenngleich die Vermögensbetreuungspflicht im Falle einer erteilten Weisung weiterhin fortbesteht, wird das von der Leitung der abhängigen Gesellschaft zu fordernde Verhalten von den Pflichten, die in § 308 AktG aufgestellt werden, maßgeblich beeinflusst. Danach sind auch Weisungen, die zwar die abhängige Gesellschaft schädigen und zugleich keinen vorteilhaften Ausgleich auf Konzernebene bringen und deshalb rechtswidrig sind, auszuführen.[304] Nur in ganz engen Ausnahmefällen, nämlich dann, wenn die Weisung offensichtlich nicht dem Konzerninteresse dient, das Weisungsrecht also evident missbraucht wird, kann deren Umsetzung verweigert werden. Die in unabhängigen Unternehmen bestehende Pflicht, eine Abwägung unternehmerischer Maßnahmen unter Einhaltung der Sorg-

302 LK10-Hübner § 266 Rn. 32.

303 Auch für die abhängige Gesellschaft besteht die Pflicht, die Vermögensinteressen der herrschenden Gesellschaft zu wahren, vgl. C III 1 b, 2d.

304 *Altmeppen* in: MünchKomm AktG VIII, § 308 Rn. 141.

falt eines ordentlichen und gewissenhaften Geschäftsmannes vorzunehmen, wird damit aufgeweicht. Sie wird allerdings nach ganz h.M. nicht durch eine Pflicht zur unbedingten Befolgung jeglicher Weisungen ersetzt, sondern wandelt sich in eine beschränkte Prüfpflicht um. In Anbetracht der eng formulierten Ausnahmeregelung in § 308 Abs. 2 S. 1 AktG beschränkt sich die Prüfpflicht auf eine bloße Evidenzkontrolle. Die Leitung hat gerade nicht über die Rechtmäßigkeit der von der herrschenden Gesellschaft vorgenommenen Nachteilsabwägung zu entscheiden, sondern nur Fälle evidenten Rechtsmissbrauchs zu beanstanden.[305] In diesen ganz engen und seltenen Ausnahmefällen besteht dann nicht nur ein Recht, die Ausführung der Weisung zu verweigern. Im Hinblick auf § 310 AktG besteht darüber hinaus auch die Pflicht, dies zu tun.[306]

Unabhängig von der sehr eingeschränkten Rechtmäßigkeitsprüfung hat jedoch eine Prüfung stattzufinden, ob die Weisung Nachteile für die abhängige Gesellschaft zur Folge hat. Denn wenn die Leitung der abhängigen Gesellschaft zum Ergebnis kommt, dass die Weisung einen Nachteil bedeutet und Gründe für die Annahme bestehen, dass dies in der herrschenden Gesellschaft nicht oder nicht vollumfänglich bekannt ist, besteht nach ganz h.M. die Pflicht, dies durch entsprechende Hinweise aufzudecken.[307]

Insgesamt bleibt es aber unabhängig davon, ob die Weisung einen Nachteil für das Vermögen der abhängigen Gesellschaft, die es von der betreffenden Person zu leiten gilt oder für dasjenige der herrschenden Konzernmutter bedeutet, bei dem Grundsatz, dass Weisungen zu befolgen sind, so dass dadurch die Leitung der abhängigen Gesellschaft weitestgehend entlastet wird.[308] Die Weisung verhindert demnach ganz grundsätzlich eine untreuerelevante Pflichtwidrigkeit bei ihrer Befolgung im Vertragskonzern, es sei denn, sie ist deshalb rechtswidrig, weil sie ganz offensichtlich einen Nachteil bedeutet, der nicht durch anderweitige Vorteile kompensiert wird.

305 *Altmeppen* in: MünchKomm AktG VIII, § 308 Rn. 143 m.w.N.

306 *Altmeppen* in: MünchKomm AktG VIII, § 308 Rn. 141.

307 *Altmeppen* in: MünchKomm AktG VIII, § 308 Rn. 140; *Hüffer* Aktiengesetz, § 308 Rn. 21; *Koppensteiner* in: KölnKomm AktG, § 308 Rn. 42; *Krieger* in: MünchHdb. GesR XIII, § 70 Rn. 140.

308 Vgl. dazu auch die Ausführungen zu einer Beihilfehandlung bei Entfallen der täterschaftlichen Begehung unter E I.

IV. Grundsätze pflichtgemäßen Verhaltens im faktischen Konzern

Die bisherige Untersuchung hat bereits gezeigt, dass im faktischen Konzern oftmals eine im Vergleich zum Vertragskonzern differenzierte Betrachtung notwendig ist. Ebenso verhält es sich bei den zu fordernden Verhaltenspflichten im Rahmen einer faktischen Abhängigkeit. Sowohl in der herrschenden als auch in der abhängigen Gesellschaft bestehen Vermögensbetreuungspflichten, die auf konzernspezifischen Zusammenhängen beruhen. Darüber hinaus erhalten auch in diesem Fall allgemein bestehende Vermögensbetreuungspflichten gegenüber der eigenen Gesellschaft durch deren Einbeziehung in einen Konzern eine weitere Dimension.

Ebenso wie im Vertragskonzern gilt auch für den faktischen Konzern, dass der zivilrechtliche Bereich der zulässigen Beeinflussung dem Strafrecht entzogen bleiben muss. Beachtet ein herrschendes Unternehmen bei seiner Beeinflussungsmaßnahme gegenüber der abhängigen Gesellschaft den Rahmen des zivilrechtlich Zulässigen, kann ihm und ggf. den für das abhängige Unternehmen handelnden Personen kein strafrechtlich bewehrter Pflichtenverstoß angelastet werden. Es gilt also auch hier, die vom Zivilrecht gezogenen Grenzen zulässiger Einflussnahme auszuleuchten. Erst jenseits dieser Grenzen stellt sich die Frage, wann der strafbare Bereich beginnt bzw. unter welchen Voraussetzungen eine Strafbarkeit vorliegt oder ausscheidet.

1. Verhaltenspflichten in der herrschenden Gesellschaft des faktischen Konzerns

Ähnlich wie im Vertragskonzern gelten die konzernrechtlichen Regeln unmittelbar nur für den Aktienkonzern. Die strukturellen Unterschiede zwischen den Rechtsformen verhindern auch im Falle faktischer Abhängigkeit eine Gleichbehandlung des AG- und des GmbH-Konzerns.

a. Faktischer Aktienkonzern

Für die abhängige Aktiengesellschaft hält das Konzernrecht des AktG Normen bereit, die explizit auf das Verhalten der Konzernmutter bei Fehlen eines Beherrschungsvertrages Bezug nehmen. Danach sind in zivilrechtlicher Hinsicht Maßnahmen, die die abhängige Gesellschaft schädigen, grundsätzlich untersagt und nur dann zulässig, wenn die Nachteile von der herrschenden Gesellschaft ausgeglichen werden.[309] In strafrechtlicher Hinsicht ist die Behandlung der Verhaltenspflichten zumindest im Hinblick auf eine Untreuestrafbarkeit auf den ersten Blick jedoch nicht gewinnbringend. Da den Organen der Konzernmutter im Aktienkonzern in deren Eigenschaft als solche keine Vermögensbetreuungspflicht hinsichtlich der von dem Ausgleich profitierenden Konzerntochter zukommt, kommt die Unternehmensleitung in der herrschenden Gesellschaft nicht als Täter einer Untreue zum Nachteil der abhängigen Gesellschaft in Betracht. Dass die Ausgleichspflicht gem. §§ 311, 317 AktG dennoch Relevanz für eine konzernspezifische Untreuestrafbarkeit haben kann, ergibt sich aus den Überlegungen, dass gerade die Verpflichtung zum Ausgleich eines bei der Tochter entstehenden Nachteils das Vermögen der herrschenden Gesellschaft schädigen kann.[310] Und dieser, also der herrschenden Gesellschaft, gegenüber ist ihr Organ auch vermögensbetreuungspflichtig.

Gem. §§ 311, 317 AktG sind die Nachteile der abhängigen Gesellschaft von der herrschenden bis zum Ende des betreffenden Geschäftsjahres auszugleichen. Die damit einhergehende Schädigung des Vermögens der herrschenden Gesellschaft wird allerdings vom Zivilrecht selbst eingeschränkt. Dieses fordert nämlich, dass die Nachteilszufügung bei der abhängigen Gesellschaft im Konzerninteresse liegt, insgesamt gesehen also kein Vermögensnachteil für den Unternehmensverbund und damit für die den Konzern leitende Gesellschaft entsteht.[311] Dieser zivilrechtliche Pflichtenrahmen ist auch im faktischen Konzern für die Ausfüllung der strafrechtlichen Vermögensbetreuungspflicht maßgeblich. Deshalb gebietet es die Vermögensbetreuungspflicht gegenüber dem herrschenden Unternehmen, dass die entstehende Ausgleichspflicht durch entsprechende Vorteile kompensiert wird, dem Nachteil in Form des Ausgleichs also ein adäquater Vorteil gegenüber stehen muss. Nur dann kann sich die Unternehmensleitung auf ein auf Grundlage des Zivilrechts pflichtgemäßes Verhalten berufen. Da auch hinsichtlich der hier in Rede stehenden Maßnahmen der Leitung des Unternehmens eine grundsätzlich recht weite Einschätzungsprärogative zusteht, ist das Verhalten jedenfalls aus strafrechtlicher Sicht dann nicht als pflichtwidrig anzusehen, wenn unter Wahrung der Sorg-

309 Vgl. dazu Kapitel 2 C II, D II.

310 Näher zu den Zusammenhängen derartiger Vermögensschäden vgl. B IV.

311 Das wird über den expliziten Gesetzeswortlaut hinaus aus dem Gesamtregelungskomplex des im AktG verankerten Konzernrechts geschlossen. Vgl. dazu Kapitel 2 C II 1.

falt eines ordentlichen und gewissenhaften Geschäftsmannes davon ausgegangen werden konnte, dass jedenfalls im Zeitpunkt des tatsächlich stattfindenden Ausgleichs, also spätestens zum Ende des Geschäftsjahres, unter Einbeziehung sämtlicher Vorteile, die über den Konzernverbund auch ihr zugute kommen, von einer zumindest ausgeglichenen Vermögensbilanz für das herrschende Unternehmen ausgegangen werden kann.

Wird dieser Bereich verlassen, stellt sich die Frage, ab wann das Strafrecht greift, da schließlich nicht jedes zivilrechtswidrige Verhalten automatisch strafrechtlich sanktioniert ist. Die Lösung bietet auch hier das mit der Vermögensbetreuungspflicht im Sinne einer Mindestpflicht einhergehende allgemeine Verbot, das betreute Vermögen zu schädigen. Allerdings ist bei der strafrechtlichen Beurteilung zu berücksichtigen, ob die Pflichtverletzung im Einzelfall auch eine derartige Schwere erreicht, dass sie den gesteigerten Anforderungen an eine Pflichtverletzung genügt. Ob das der Fall ist, ist zu ermitteln, indem die allgemeinen, für die Unternehmensleitung entwickelten Grundsätze unter Berücksichtigung der konzernrechtlichen Besonderheiten herangezogen werden. Weiter steht im faktischen Konzern stets das hergestellte Einvernehmen in Form einer Zustimmung zur Schädigung durch die abhängige Gesellschaft, die bei faktischer Konzernierung schließlich überwiegend von der herrschenden Gesellschaft gehalten wird, im Raum, welche eine Pflichtwidrigkeit und damit eine Strafbarkeit ausschließen könnte.[312]

312 In dogmatischer Hinsicht wäre es verfehlt, das Handeln eines Betroffenen aufgrund eines scheinbar vorliegenden Verstoßes gegen eine grundsätzlich hergeleitete (Vermögensbetreuungs-) Pflicht zunächst als pflichtwidrig zu beurteilen, diese anschließend aber aufgrund konkreter Umstände wieder entfallen zu lassen. Eine Tat kann grundsätzlich nicht einmal als pflichtwidrige behandelt werden und sodann nach näherer Betrachtung der zu beurteilenden Tat als nunmehr doch pflichtgemäße (So aber *Busch* Konzernuntreue, S. 119). Der Vorwurf pflichtwidrigen Verhaltens kann einen Täter erst dann treffen, wenn dessen Pflichtenverstoß (positiv) festgestellt ist. Eine Indizwirkung grundsätzlicher Überlegungen stünde im Widerspruch zu dem Erfordernis der Beurteilung einer Handlung in einer konkreten Situation. In einzelnen Fällen liefert das Gesetz selbst über gesetzlich vertypte Rechtfertigungsgründe allgemein einen Ausschluss der Rechtswidrigkeit einer Tat. Damit steht fest, dass das Handeln des Täters nicht pflichtwidrig gewesen sein kann. Bereits vom Gesetz ausdrücklich als zulässig beurteiltes Verhalten kann dem Täter von vornherein nicht als Verstoß gegen eine Pflicht angelastet werden.

b. Faktischer GmbH-Konzern

Ausdrückliche gesetzliche Vorschriften über den Umfang zulässiger Einflussnahme im faktischen GmbH-Konzern existieren nicht. Im Gegensatz zum Vertragskonzern wird auch eine (analoge) Anwendung der gesetzlichen Normen über die Zulässigkeit der nachteiligen Einflussnahme auf eine faktisch abhängige Aktiengesellschaft auf abhängige GmbHs abgelehnt.

Im Zivilrecht wurden stattdessen im Zuge einer Reihe wegweisender Urteile Grundsätze zur Haftung im faktischen Konzern entwickelt. Damit kann im Gegensatz zum Vertragskonzern und dem faktischen Aktienkonzern kein gesetzlich explizit zugelassener Bereich nachteiliger Maßnahmen abgesteckt werden, der sich auch dem Zugriff des Strafrechts entzieht.

Die im Zivilrecht Geltung beanspruchenden Haftungsregeln sind bei der strafrechtlichen Beurteilung dennoch aufzugreifen. Wenngleich sie keinen derart stringenten Ausschluss einer Strafbarkeit zur Folge haben, wie die eine Zulässigkeit positiv festlegenden Vorschriften des Vertragskonzerns und des faktischen Aktienkonzerns, sind sie im Sinne der Einheit der Rechtsordnung bei der Beurteilung der bestehenden Ansichten im Strafrecht und einer ggf. weitergehenden Entwicklung zu berücksichtigen. Nach diesen Grundsätzen ist zwischen dem Vorhandensein von Minderheitsgesellschaftern und den Fällen, dass es nur einen Alleingesellschafter gibt oder jedenfalls bei mehreren Gesellschaftern alle der betreffenden Maßnahme zugestimmt haben, zu unterscheiden.[313]

Im Falle des Vorhandenseins von Minderheitsgesellschaftern, mit denen nicht im Rahmen eines Gesellschafterbeschlusses Einvernehmen hergestellt wurde, wird im Zivilrecht auch im Konzern von einem allgemeinen Verbot nachteiliger Einflussnahme ausgegangen.[314] Freilich gilt für das Handeln der Mehrheitsgesellschafter, dass ihnen nichts zum Vorwurf gemacht werden kann, was sie selbst nicht vorhersehen konnten. Auch wenn die Gesellschafter nicht an den Maßstab der §§ 41, 43 GmbHG gebunden sind[315], kann dennoch von einem beherrschenden Gesellschafter ebenso wie von einem Geschäftsführer auch nur das erwartet werden, was im Rahmen der gem. § 43 GmbHG von einem Geschäftsführer geforderten Sorgfalt

313 Näher dazu noch unter V.

314 Statt vieler *Habersack* in: *Emmerich/Habersack* Konzernrecht, Anh. § 318 Rn. 23.

315 Vgl. *Tiedemann* GmbH-Strafrecht, Vor §§ 82 ff. Rn. 15 und zusammenfassen *Wodicka* Untreue, S. 275 ff.

eines ordentlichen Geschäftsmannes erwartet werden kann. Der für den Geschäftsführer geltende Sorgfaltsmaßstab ist in dieser Richtung nämlich auf den Gesellschafter, der die schädigende Maßnahme veranlasst hat, durchaus übertragbar.[316] Teilweise wird ein im Ergebnis gleicher Sorgfaltsmaßstab nicht direkt dem § 43 GmbHG entnommen, sondern die Wertung des Gesetzgebers in § 317 Abs. 2 AktG auf den GmbH-Konzern übertragen.[317] Insgesamt kann also auch von den Leitungsorganen des Konzerns nur eine sorgfältige Prognose auf Grundlage angemessener Informationsbasis gefordert werden. Ergibt diese, dass der abhängigen Gesellschaft keine Nachteile entstehen werden, so schließt das eine Pflichtverletzung aus. Erst wenn auf die Einholung entsprechender Informationen verzichtet wird und bzw. oder eine gewissenhafte Abschätzung der Folgen unterblieben ist, beginnt der Bereich der Pflichtwidrigkeit.

Anders stellt sich die Situation im Falle eines Alleingesellschafters bzw. der Zustimmung aller Gesellschafter zu einer bestimmten Maßnahme dar. Für die Frage der Pflichtwidrigkeit wurden im Zivilrecht dafür eigene Kriterien geschaffen. Diese gelten nicht nur für die unabhängige GmbH, sie wurden sogar anhand von Konzernen entwickelt.[318] Die Zustimmung aller Gesellschafter, und ebenso bei Bestehen nur eines einzigen Gesellschafters, soll danach das Verbot der nachteiligen Einflussnahme unter bestimmten Voraussetzungen außer Kraft setzen können.[319] Damit wird aber kein Bereich grundsätzlich erlaubter Eingriffnahme geschaffen, sondern vielmehr umgekehrt anerkannt, dass das weiterhin bestehende Verbot aufgrund der Zustimmung ausnahmsweise nicht gelten soll.

Es besteht also auch hier kein explizit zugelassener Raum, der den Betroffenen im Sinne einer positiven Zulassung von einer drohenden Untreuestrafbarkeit entbinden würde. Wieder bleibt zunächst offen, ob die schädigende Handlung im Hinblick auf das allgemeine Schädigungsverbot zu einer Strafbarkeit führt. Ebenso wie im faktischen Aktienkonzern stellt sich auch hier die Frage, wie die Zustimmung der herrschenden Gesellschaft als Mehrheitsgesellschafterin der geschädigten

316 Wie hier *Bous* Konzernleitungsmacht, S. 102 f.; *Lutter/Hommelhoff* GmbHG, Anh. § 13 Rn. 12; *Koppensteiner* in: *Rowedder/Schmidt-Leithoff* GmbHG, Anh. § 52 Rn. 77.

317 Mit dieser Begründung *Emmerich* in: *Scholz* GmbHG, Anhang Konzernrecht Rn. 73 ff.; *E-schenbruch*, Konzernhaftung, Rn. 3366 ff.; *Wimmer-Leonhardt* Konzernhaftungsrecht, §§ 9, 2.

318 Näher dazu noch unter V.

319 Statt vieler *Habersack* in: *Emmerich/Habersack* Konzernrecht, Anh. § 318 Rn. 23, 33.

GmbH strafrechtlich zu werten ist. Dieser Aspekt wird aufgrund seiner besonderen Bedeutung und Komplexität im Strafrecht noch gesondert umfassend behandelt.[320]

c. Qualifiziert faktischer Konzern

Die Besonderheit des „qualifiziert faktischen" gegenüber dem einfach faktischen Konzern ist lediglich die dauernde und umfassende Einflussnahme auf die abhängige Gesellschaft. Deshalb hat die Einstufung als „qualifiziert faktisch" im Grunde keinerlei Einfluss auf bestehende Vermögensbetreuungspflichten.[321]

Das allgemeine Schädigungsverbot für die abhängige GmbH gilt auch bei ausgedehntem Umfang der schädigenden Maßnahmen fort. Das stellt auch die neuere Rechtsprechung, die das Haftungssystem des qualifiziert faktischen Systems durch eine im Umfang verminderte Haftung aufgrund existenzvernichtenden Eingriffs ersetzte, nicht in Frage.[322] Die dort behandelten Fallkonstellationen zeichneten sich nämlich durch die Besonderheit aus, dass die Gesellschafter im Einvernehmen mit den schädigenden Maßnahmen gehandelt hatten, was der eigentliche Grund für eine abweichende Behandlung ist.[323] Insgesamt gilt somit auch im qualifiziert faktischen GmbH-Konzern der Pflichtenmaßstab des einfach faktischen GmbH-Konzerns.

Demgegenüber werden für den einfach faktischen Aktienkonzern einzelne nachteilige Maßnahmen unter bestimmten Umständen von den aktienkonzernrechtlichen Vorschriften, namentlich der §§ 311, 317 AktG, ausdrücklich erlaubt und können deshalb auch strafrechtlich keine Pflichtverletzung darstellen. Erreicht die Einflussnahme aber nun derartige Ausmaße, dass die auf den Ausgleich einzelner Maßnahmen zugeschnittenen Normen nicht mehr angewandt werden können, greift auch die zivilrechtliche Erlaubnis schädigender Maßnahmen nicht ein. Es stellt sich erneut die Frage, ob eine nachteilige Einflussnahme in dauernder und umfassender Art nicht als pflichtwidrig anzusehen ist. Die zur zivilrechtlichen Haftung in derlei Fällen anerkannten Überlegungen büßen in strafrechtlicher Hinsicht nichts an ihrer Richtigkeit ein. Will ein Täter in den Genuss der Privilegierung durch die konzern-

320 Vgl. dazu eingehend unter V.

321 Vgl. dazu bereits C III 2 c.

322 So auch *Habersack* in: *Emmerich/Habersack* Konzernrecht, Anh. § 317 Rn. 5 m.w.N.

323 Dazu aber sogleich noch unter V.

rechtlichen Regeln kommen, so hat er den dafür gewiesenen Weg zu beschreiten und die Legitimierung nachteiliger Maßnahmen durch den Abschluss eines Beherrschungsvertrages einzuholen.[324] Wird der Abschluss eines Beherrschungsvertrages umgangen, werden die nachteiligen Maßnahmen gerade nicht durch das AktG legitimiert und es bleibt beim Grundsatz des Schädigungsverbots. Bei Überschreiten der Einzelausgleichsfähigkeit, also bei Eintritt in das Stadium des qualifiziert faktischen Konzerns, überschreitet das herrschende Unternehmen bzw. die für das Unternehmen handelnden Personen die ihm zugestandenen Freiräume und verhalten sich dann grundsätzlich pflichtwidrig. Allerdings gilt auch hier, dass das Schädigungsverbot unter Umständen durch eine wirksam erteilte Zustimmung außer Kraft gesetzt ist und das Verhalten deshalb als nicht pflichtwidrig eingestuft werden muss.

Die Einstufung einer Situation als qualifiziert faktischen Konzern führt nach alledem also nicht zu einer speziellen Pflichtenposition der beteiligten Personen. Vielmehr stellt er schlichtweg die Beschreibung grundsätzlich pflichtwidrigen Verhaltens im faktischen Aktienkonzern dar.

2. Verhaltenspflichten in der faktisch abhängigen Gesellschaft

Außer bei den Leitungsorganen in der herrschenden Gesellschaft, bestehen auch innerhalb der abhängigen Gesellschaft im faktischen Konzern Vermögensbetreuungspflichten. Zwar bestehen diese nicht gegenüber einem anderen Konzernunternehmen, sondern lediglich gegenüber dem eigenen, abhängigen Unternehmen. Gerade dessen Vermögen ist aber regelmäßig durch konzerntypische Situationen, nämlich der Einflussnahme durch das herrschende Unternehmen, betroffen. Diese Fälle nachteiliger Einflussnahme durch die herrschende Konzernmutter eröffnen neue Probleme hinsichtlich des von der Leitung des abhängigen Unternehmens zu fordernden Verhaltens. Erneut führen die strukturellen Unterschiede zwischen Aktiengesellschaft und GmbH zu grundsätzlich unterschiedlichen Rahmenbedingungen.

324 Statt vieler *Habersack* in: *Emmerich/Habersack* Konzernrecht, § 311 Rn. 9.

a. Faktischer Aktienkonzern

Im Falle der abhängigen Aktiengesellschaft führt der Weg zur Lösung des Problems auch für die Leitung der abhängigen Gesellschaft über die gesetzlich normierten Vorschriften der §§ 311, 317 AktG. Wie bereits ausgeführt, gestatten diese dem herrschenden Unternehmen nämlich ausdrücklich ein gewisses Maß an (Konzern-) Leitungsmaßnahmen, was unmittelbaren Einfluss auf den Pflichtenumfang in der abhängigen Gesellschaft hat. Die Problematik, welches Verhalten in der abhängigen Aktiengesellschaft zu fordern ist, trifft im Hinblick auf die bestehenden Vermögensbetreuungspflichten im Übrigen neben dem Vorstand auch den Aufsichtsrat der Aktiengesellschaft. Denn beide Organe sind ihrer Aktiengesellschaft gegenüber vermögensbetreuungspflichtig.

Ungeachtet des Abhängigkeitsverhältnisses bleibt es bei der Geltung der §§ 76, 93 AktG und damit der eigenverantwortlichen Leitung der Gesellschaft und der Verpflichtung zur Sorgfalt dieser gegenüber.[325] Deshalb ist der Vorstand der abhängigen Aktiengesellschaft auch nicht verpflichtet, einer Anweisung seitens der Konzernmutter Folge zu leisten.[326] Das gilt unabhängig davon, ob die Maßnahme nachteilig oder von Vorteil ist.[327] Für den untreuerelevanten Fall der durch eine Leitungsmaßnahme vermittelten Nachteilszufügung greift das aktienrechtliche Konzernrecht, insbesondere § 311 AktG. Danach sind nachteilige Leitungsmaßnahmen dann zulässig, wenn sie durch die herrschende Gesellschaft ausgeglichen werden. Im Rahmen seiner freien Entscheidung wird dem Vorstand der abhängigen Aktiengesellschaft damit die Möglichkeit eröffnet, trotz bestehender Sorgfaltsverpflichtung gegenüber seiner Gesellschaft, dieser einen Nachteil zuzufügen, ohne sich in zivilrechtlicher Hinsicht gem. § 93 AktG schadensersatzpflichtig zu machen. Insofern verdrängt der § 311 AktG den § 93 AktG.[328] Diesen Wertungen des

325 *Habersack* in: *Emmerich/Habersack* Konzernrecht, § 311 Rn. 77.

326 *Gessler* in: Westermann-FS, S. 156; *Habersack* in: *Emmerich/Habersack* Konzernrecht, § 311 Rn. 77; *Kropff* DB 1967, S. 2152.

327 Selbstverständlich ist der Vorstand der AG ggf. verpflichtet, eine vorteilhafte Maßnahme nicht abzulehnen, sondern im Gegenteil, auf deren Umsetzung hinzuwirken. Das allerdings entspricht einer Situation, wie sie in jeder unabhängigen AG auftreten kann und stellt damit kein Konzernspezifikum dar.

328 OLG Hamm AG 1995, 512, 516; *Habersack* in: *Emmerich/Habersack* Konzernrecht, § 311 Rn. 78; Hüffer Aktiengesetz, § 311 Rn. 48; *Koppensteiner* in: KölnKomm AktG, § 311 Rn. 106; *Kropff* in: MünchKomm AktG VIII, § 311 Rn. 334 f.

Zivilrechts darf das Strafrecht nicht widersprechen. Allerdings eröffnen diese die Möglichkeit einer nachteiligen Maßnahme nur insoweit, wie die Grenzen des § 311 AktG eingehalten werden. Der Vorstand der abhängigen Gesellschaft ist deshalb seiner Gesellschaft dazu verpflichtet, zu prüfen, ob die Maßnahme tatsächlich im Konzerninteresse liegt, der zu erwartende Nachteil überhaupt ausgleichsfähig ist und das herrschende Unternehmen zu einem derartigen Ausgleich bereit und in der Lage ist.[329] Nur wenn diese Voraussetzungen gegeben sind, darf der Vorstand der abhängigen Gesellschaft die gewünschte Leitungsmaßnahme umsetzen. Für die hier erforderliche Abschätzung, ob der Nachteilsausgleich durch das herrschende Unternehmen zu erwarten ist, gilt ebenfalls, dass dem Vorstand der abhängigen Gesellschaft ein weiter Ermessensspielraum zuzugestehen ist. Denn auch für diese Überlegung ist derselbe Sorgfaltsmaßstab wie in einer unabhängigen Gesellschaft anzulegen[330], so dass die allgemeinen Grundsätze auf die Beurteilung der Voraussetzungen des § 311 AktG anwendbar sind. Hinsichtlich des im Rahmen des § 311 AktG geforderten Konzerninteresses spricht vieles dafür, den Umfang der Prüfpflicht erheblich zu begrenzen. Die konzernweiten Zusammenhänge sind für den Vorstand der abhängigen Gesellschaft nämlich in der Regel kaum oder gar nicht einsehbar und schon gar nicht nachprüfbar. Liegt das Konzerninteresse offensichtlich nicht vor, besteht allerdings kein Grund, den Vorstand der faktisch abhängigen Akteingesellschaft besser zu stellen als denjenigen der vertraglich abhängigen. Die Pflichten, die den Vorstand der Konzerntochter im Vertragskonzern, welcher wesentlich weitergehende Eingriffe seitens der Konzernmutter erlaubt, treffen, bestehen auf jeden Fall auch im faktischen Konzern. Damit hat der Vorstand wenigstens eine Evidenzkontrolle hinsichtlich des Fehlens eines Konzerninteresses durchzuführen.

Unterlässt es ein Vorstand, die von ihm nach diesen Maßstäben vorzunehmende Prüfung durchzuführen und setzt er die entsprechende Maßnahme ohne weiteres um, verletzt er damit seine Pflichten gegenüber der abhängigen Gesellschaft. Im Fall des Schadenseintritts durch diese Maßnahme steht dann eine Untreuestrafbarkeit im Raum. Nimmt der Vorstand zwar eine ausgewogene Abwägung vor, kommt aber zu dem Ergebnis, dass ein Nachteilsausgleich nur unwahrscheinlich oder auch

329 *Ewald* Untreue, S. 223; *Gessler* in: Westermann-FS, S. 156 f.; *Habersack* in: *Emmerich/Habersack* Konzernrecht, § 311 Rn. 78; *Kaufmann* Organuntreue, S. 148; *Krieger* in: MünchHdb. GesR IV, § 69 Rn. 24.

330 *Kropff* in: MünchKomm AktG VIII, § 311 Rn. 139 ff.

nur zweifelhaft ist, die Maßnahme also mit dem übermäßigen Risiko eines Nachteils verbunden wäre, hat er die Ausführung zu verweigern, um seine Gesellschaft vor Schaden zu bewahren.[331] Eine Ausführung der Maßnahme wäre deshalb ebenfalls grundsätzlich pflichtwidrig.[332]

Ähnlich ist die Situation des Aufsichtsrats in der abhängigen Gesellschaft zu beurteilen. Deren Situation wird zunächst durch die §§ 311 ff. AktG nicht berührt.[333] Die in der unabhängigen Gesellschaft allgemein anerkannte Vermögensbetreuungspflicht erfährt in der Art, wie sie auszufüllen ist, nur einen weiteren Aspekt, bleibt im Grunde aber gleich. Der Aufsichtsrat hat sich weiterhin mit allen ihm zur Verfügung stehenden Mitteln für die abhängige Gesellschaft einzusetzen. Im Hinblick auf § 311 AktG hat der Aufsichtsrat darauf zu achten, dass eine nachteilige Maßnahme nur unter den Voraussetzungen dieser Norm vom Vorstand umgesetzt wird. Unmittelbar von § 311 AktG betroffen ist der Aufsichtsrat dann, wenn er sich hinsichtlich der betreffenden Entscheidung gem. § 111 Abs. 4 S. 2 AktG die Zustimmung vorbehalten hat. Dann nämlich wird § 116 AktG (Sorgfaltspflicht und Verantwortlichkeit der Aufsichtsratsmitglieder) von § 311 AktG verdrängt und die Zustimmung darf nur unter den Voraussetzungen des § 311 AktG erteilt werden.[334] Lässt der Aufsichtsrat die Vorschrift des § 311 AktG bei seiner Überwachungstätigkeit außer Acht, verstößt er gegen seine Pflichten. Allerdings ist zu beachten, dass der Nachweis des Zusammenhangs zwischen der Pflichtverletzung und dem letzten Endes eintretenden Schaden teilweise schwierig sein wird, da ausführendes Organ stets der Vorstand ist. Häufig wird deshalb nur eine Teilnehmerstrafbarkeit nachzuweisen sein.

---

331 *Altmeppen* Abschied, S. 22 f.; *Kropff* in: MünchKomm AktG VIII, § 311 Rn. 334 m.w.N.

332 Zu der denkbaren Möglichkeit eines Ausschlusses der Pflichtwidrigkeit über ein tatbestandsausschließendes Einverständnis im Strafrecht noch unter V. – I.Ü. im Ergebnis ebenso *Ewald* Untreue, S. 225; *Kaufmann* Organuntreue, S. 151.

333 *Habersack* in: *Emmerich/Habersack* Konzernrecht, § 311 Rn. 81.

334 *Habersack* in: *Emmerich/Habersack* Konzernrecht, § 311 Rn. 81. – *Kropff* in: MünchKomm AktG VIII, § 311 Rn. 139 ff. beschränkt die Rolle des Aufsichtsrats auch hier darauf, zu überprüfen, ob sich der Vorstand von den Voraussetzungen des § 311 AktG überzeugt hat.

b. Faktischer GmbH-Konzern

Fest steht, dass die §§ 311 ff AktG aufgrund der strukturellen Unterschiede zwischen Aktiengesellschaft und GmbH nicht auf die GmbH anwendbar sind. Sie liefern damit auch keine gesetzliche Legitimationsgrundlage für Eingriffe in die abhängige GmbH seitens des herrschenden Unternehmens und damit für das pflichtgemäße Verhalten der Leitung der abhängigen Gesellschaft. Wie sich diese im Falle der gewünschten Umsetzung von Leitungsmaßnahmen des herrschenden Unternehmens zu verhalten hat, wird deshalb durch die allgemeinen Grundsätze unter Berücksichtigung der Besonderheiten der Konzernsituation bestimmt. Auszugehen ist danach zunächst von den zivilrechtlichen Grundsätzen der Weisungsgebundenheit des GmbH-Geschäftsführers und des allgemeinen Schädigungsverbots als Minimalpflicht des Vermögensbetreuungspflichtigen.

Auch hier gilt, dass dem Geschäftsführer der faktisch abhängigen GmbH kein strafrechtlicher Vorwurf gemacht werden kann, wenn er sich innerhalb des Rahmens bewegt, der ihm vom Zivilrecht vorgegeben wird.[335] In seinen Handlungen ist er durch die Weisungsbefugnis der Gesellschafterversammlung beschränkt. Diesen Weisungen hat er in aller Regel Folge zu leisten. In einem durch Mehrheitsbeteiligung entstandenen Konzern bedeutet das, dass den Weisungen gegenüber dem Geschäftsführer entscheidende Bedeutung zukommt. Damit konkretisiert sich die Frage nach der Verhaltenspflicht des Geschäftsführers einer abhängigen GmbH dahingehend, dass zu untersuchen bleibt, welche Weisungen der Gesellschafter er zu befolgen und welche er zurückzuweisen hat. Die Pflicht zur Befolgung einer Weisung entlastet den Geschäftsführer einer faktisch abhängigen GmbH ebenso wie den Vorstand der abhängigen Gesellschaft im Vertragskonzern.

Zwar ist die Weisungsgebundenheit des Geschäftsführers nicht explizit geregelt, doch lässt sich diese aus § 37 GmbHG herleiten.[336] Einer Weisung darf der Geschäftsführer nur im Falle ihrer Rechtswidrigkeit widersprechen, wobei selbst in diesem Falle zwischen einer anfechtbaren und einer nichtigen Weisung zu unterscheiden sein soll.[337] Sitten-, treu- oder gesetzwidrige Weisungen werden jedenfalls als nichtig angesehen und dürfen vom Geschäftsführer nicht befolgt werden.[338] Für

335 So im Ergebnis auch *Flum* Schutz der GmbH, S. 77; *Schramm* Untreue und Konsens, S. 62.
336 Vgl. zu den Einzelheiten der Weisungsgebundenheit bereits Kapitel 2 B II 1, 2.
337 Vgl. dazu Michalski-*Lenz* GmbHG, § 37 Rn. 19.
338 Michalski-*Lenz* GmbHG, § 37 Rn. 19.

wirtschaftlich unsinnige Weisungen gilt zwar grundsätzlich, dass diese zu befolgen sind, doch finden auch sie ihre Grenze in Form des Gesetzes. Droht die GmbH bei Ausführung der Weisung in die Insolvenz zu geraten, ist die entsprechende Weisung zu verweigern.[339] Das ergibt sich auch bereits aus § 43 Abs. 3 GmbHG. Diese Vorschrift nimmt explizit Bezug auf § 30 GmbHG, so dass jedenfalls beim Eingriff in das Stammkapital die Grenze der Befolgungspflicht erreicht ist.

Mit der Anerkennung von Fällen, die denen Geschäftsführer der abhängigen GmbH nicht nur berechtigen, sondern verpflichten, die Befolgung bestimmter Weisungen zu verweigern, entsteht eine Prüfpflicht dahingehend, ob die Befolgung einer Weisung verweigert werden kann, wobei von dem Grundsatz der Weisungsgebundenheit auszugehen und dem Geschäftsführer auch hier ein weiter Ermessensspielraum zuzugestehen ist. Kommt der Geschäftsführer nach einer gewissenhaften Prüfung zu dem Ergebnis, dass die Weisung nach zivilrechtlichem Verständnis unwirksam und deshalb ggf. nicht zwingend ist, so hat er deren Ausführung grundsätzlich auch zu verweigern. Allerdings kann in strafrechtlicher Hinsicht dennoch eine Pflichtverletzung entfallen. Denn die Beeinflussung der Verhaltenspflicht des Geschäftsführers der abhängigen GmbH im faktischen Konzern durch Weisungen seitens des herrschenden Unternehmens läuft parallel zur Frage der Strafbarkeit der die Weisung erteilenden Personen in der Konzernmutter. Im Hinblick auf deren Situation als Mehrheits- oder Alleingesellschafterin wendet sich der Blick auch auf der Ebene der abhängigen Gesellschaft auf eine etwaige Zustimmung zur Schädigung der abhängigen Gesellschaft. Eine wirksam erklärte Zustimmung – in welcher Form auch immer – würde nämlich auch eine Strafbarkeit des Geschäftsführers der abhängigen GmbH, der die Weisung nur ausführt, ausschließen. Ergibt die strafrechtliche Betrachtung, dass eine Weisung als wirksame Zustimmung zur Schädigung bzw. Gefährdung des Vermögens der abhängigen Gesellschaft zu werten ist, stellt auch die Ausführung der Weisung keine strafrechtliche Pflichtverletzung dar. Im Ergebnis kommt es für das Verhalten der Geschäftsführung einer abhängigen GmbH ebenfalls darauf an, ob der Vermögensschädigung bzw. -gefährdung wirksam zugestimmt wurde.

339 Michalski-*Lenz* GmbHG, § 37 Rn. 20.

V. Der Einfluss der Zustimmung zu Vermögen schädigenden Maßnahmen auf die Pflichtwidrigkeit

Im Vertragskonzern hat das herrschende Unternehmen die Möglichkeit, mittels Weisungen sehr weit in den unternehmerischen Freiraum der abhängigen Gesellschaft einzugreifen. Das umfassende Weisungsrecht findet allerdings Grenzen, die dazu führen, dass Weisungen, die diese Grenzen überschreiten als rechtswidrig anzusehen sind. Welchen Einfluss das auf die Verhaltenspflichten in der abhängigen Gesellschaft hat, wurde bereits ausgeführt. Im faktischen Konzern ist das herrschende Unternehmen auf seine Einflussnahmemöglichkeiten aufgrund der Position als Mehrheitsgesellschafter angewiesen. Diese Konstellation entspricht letztlich in den Grundzügen derjenigen der Einflussnahme der Gesellschafter auf „ihre" GmbH mit der Besonderheit, dass der Mehrheits- oder Alleingesellschafter seinerseits – jedenfalls ganz überwiegend – eine juristische Person ist. So spricht auch der BGH in der für das Konzernrecht als so wegweisend erachteten „Bremer Vulkan"-Entscheidung von dem Schutz der Eigenbelange der GmbH vor Eingriffen ihres Alleingesellschafters.[340] Auch in strafrechtlicher Sicht geht es genau genommen nur um den Schutz der betroffenen Gesellschaft vor deren Gesellschafter, nicht aber um die konzernrechtliche Qualifizierung des Täters als herrschendes Unternehmen.[341] Der auch im Zivilrecht geforderte Schutz der Gesellschaft gegenüber den Eingriffen des Mehrheitsgesellschafters bekommt vor allem unter strafrechtlichen Gesichtspunkten eine weitere Dimension, wenn man sich vor Augen führt, dass die Weisungen eines Mehrheits- oder gar Alleingesellschafters zugleich zum Ausdruck bringen, dass er mit der Schädigung der von ihm beherrschten bzw. der ihm gehörenden Gesellschaft einverstanden ist, er der Schädigung also selbst zugestimmt hat. Diese Möglichkeit besteht indes nicht grenzenlos. Für die GmbH und noch mehr für die Aktiengesellschaft bestehen zwingende Kapitalbindungsvorschriften, die Teile des Gesellschaftsvermögens einem freien Zugriff entziehen. Diese werden insbesondere für den Aktienkonzern in Teilen durch das Gesetz

340 BGHZ 149, 10, 16.

341 So für die GmbH auch schon *Ransiek* in: Kohlmann-FS, S. 211. – I.Ü. vgl. die Ausführungen zur Reduktion der konzernrechtlichen Besonderheiten auf Kernfragen des Gesellschaftsrechts unter A III.

selbst aufgehoben bzw. eingeschränkt, für andere Bereiche ist fraglich, ob durch eine entsprechende Anwendung die Dispositionsfreiheit beeinflusst wird.[342]

1. Einwilligung und Einverständnis bei der Untreue

Im Zivilrecht wird undifferenziert von einem einzigen Fall der Zustimmung ausgegangen, im Strafrecht hingegen wird in Literatur[343] und Rechtsprechung[344] heute für gewöhnlich zwischen der sog. Einwilligung und dem sog. Einverständnis unterschieden.[345] Während das Einverständnis bereits den Tatbestand ausschließen soll, wird der Einwilligung lediglich rechtfertigende Wirkung zugesprochen. Ein Einverständnis soll danach nur bei solchen Tatbeständen in Betracht kommen, die zur Erfüllung ein Handeln entgegen oder doch zumindest ohne den Willen des Rechtsgutsinhabers fordern, eine Einwilligung in allen anderen Fällen, also wenn der Tatbestand gerade nicht dem Willensschutz des Opfers dient.

Unter Berücksichtigung des Charakters der Untreue als Sonderpflichtdelikt[346], lässt die Zustimmung des über das Vermögen zur Disposition Befugten – dazu sogleich – die Pflichtwidrigkeit des Verhaltens und damit den Tatbestand einer fraglichen Untreue entfallen, da sich dieser mit der konkreten Art der Vermögensbetreuung einverstanden zeigt.[347]

Damit soll es auch an dieser Stelle belassen werden, zumal die formale Einordnung der Zustimmung der Gesellschafter keine weitere Bedeutung hat. Die sogleich zu beantwortende Frage, wer befugt ist, der entsprechenden Maßnahme zuzustimmen und wo die Grenzen der Dispositionsbefugnis liegen, wird von einer solchen Einordnung nicht beeinflusst.

---

342 Vgl. zu Fragen der Kapitalbindung die Darstellungen bei *Busch* Konzernuntreue, S. 178 ff.; *Wellenkamp* NStZ 2001, S. 114 ff.

343 *D. Geerds* in: Geerds-FS, S. 705 m.w.N.; LK-*Hirsch* Vor § 32 Rn. 96 ff.; Sch/Sch-*Lenckner* Vorbem. § 32 ff. Rn. 29.

344 BGHSt 3, 23, 25; 23, 1, 3 f.; 26, 70, 72 f.

345 Diese Zweiteilung geht zurück auf *F. Geerds*, vgl. *F. Geerds* Einwilligung und Einverständnis, S. 1 ff.; *ders.* GA 1954, S. 262 ff.; *ders.* ZStW 72 (1960), S. 42 ff. – Zum Ganzen auch *Otto* JURA 2005 S. 470.

346 Vgl. dazu bereits Kapitel 1 D.

347 So auch die h.M. vgl. *Brammsen* DB 1989, S. 1609; *Flum* Schutz der GmbH, S. 72; *Kohlmann* in: Werner-FS, S. 402 f.; LK-*Schünemann* § 266 Rn. 200 m.w.N.; a.A. Gribbohm ZGR 1990, S. 19.

2. Einverständnis im GmbH-Konzern

Inwieweit die Zustimmung der Gesellschafter zu Maßnahmen, die das Gesellschaftsvermögen schädigen, möglich ist, wurde sowohl im Gesellschaftsrecht als auch im Strafrecht bereits viel diskutiert. Nun soll es hier nicht darum gehen, die bisher in der mittlerweile ausgiebigen, ja geradezu klassischen Diskussion um die Organuntreue in der GmbH bei vorliegender Zustimmung der Gesellschafter gefundenen Ergebnisse in allen Einzelheiten nachzuzeichnen.[348] Vielmehr sollen auf Grundlage der bisherigen Erkenntnisse auf Gesellschaftsebene die konzernrechtlichen Besonderheiten erarbeitet werden.[349] Die Darstellung auf der Gesellschaftsebene kann sich deshalb auf ein Mindestmaß beschränken und muss nur dann vertieft werden, wenn dem einzelnen Aspekt entscheidende Bedeutung zukommt bzw. die Konzernebene betroffen ist.

a. Inhaber der Dispositionsbefugnis

Ein wirksames Einverständnis setzt voraus, dass es von demjenigen erklärt wurde, der auch tatsächlich zur Disposition über das betroffene Rechtsgut befugt ist.[350] Zur Disposition über ein Rechtsgut grundsätzlich befugt ist der Rechtsgutinhaber selbst, in den hier beleuchteten Fällen also die abhängige GmbH. Von diesem Grundsatz ausgehend ist die Erklärung des Einverständnisses im Zuge einer erteilten Weisung des herrschenden Unternehmens bereits fraglich, da der Mehrheitsgesellschafter im förmlichen Sinne gerade nicht Inhaber des vom Vermögen der Gesellschafter getrennt zu behandelnden Gesellschaftsvermögens ist. Das ist auch im Falle der gemeinsamen Zustimmung aller Gesellschafter nicht anders, da auch ihnen zusammen das Gesellschaftsvermögen nicht direkt zugeordnet ist. Allerdings ist die GmbH als juristische Person trotz eigener Rechtspersönlichkeit per se nicht in der Lage, einen eigenen Willen zu bilden und ist stets auf das Handeln ihrer Organe angewiesen. Das für die Willensbildung in der GmbH maßgebliche oberste

348 Aus der nahezu unüberschaubaren Flut von Veröffentlichungen seien genannt *Birkholz* Untreuestrafbarkeit, S. 19 ff.; *Flum* Schutz der GmbH, S. 1 ff.; *Kaufmann* Organuntreue, S. 1 ff.; *Kohlmann* Strafrechtliche Verantwortlichkeit; Rn. 170 ff.; *Wodicka* Untreue, S. 19 ff.

349 Ausführlich zur Behandlung der Untreue gegenüber Gesellschaften und den Fragen einer möglichen Zustimmung *Schramm* Untreue und Konsens, S. 88 ff.

350 *F. Geerds* GA 1954, S. 263; *D. Geerds* in: Geerds-FS, S. 706.

Organ ist nach der Vorstellung des Gesetzes die Gesellschafterversammlung.[351] Deshalb wird ihr auch nach ganz h.M. die Dispositionsbefugnis in Fragen der Erklärung des Einverständnisses zuerkannt.[352] Das überzeugt wenn es um die unverbundene GmbH geht und es gibt keinen Anlass, das bei einer verbundenen GmbH anders zu sehen. Die Tatsache, dass im Konzern der Mehrheits- oder Alleingesellschafter seinerseits eine juristische Person ist, rechtfertigt keine abweichende Beurteilung.[353]

Seitens des herrschenden Unternehmens stellt die Veranlassung zu dem nachteiligen Verhalten letztlich eine Maßnahme der Geschäftsführung dar. Als solche kann sie vom Vertretungsorgan des herrschenden Unternehmens vorgenommen werden, da es hier nicht darum geht, dass der Wille zum – zumindest teilweisen – Verzicht auf den Schutz eines Rechtsguts gebildet werden müsste.[354] Erfolgt die Maßnahme allerdings ohne Gesellschafterbeschluss seitens des herrschenden Unternehmens, ist zu beachten, dass für den Fall, dass die Maßnahme zugleich das Vermögen des herrschenden Unternehmens schädigt und damit aufgrund der konzernrechtlichen Zusammenhänge (auch) eine Untreue gegenüber der Konzernmutter im Raum steht und ein für die abhängige GmbH erklärtes Einverständnis nicht hinsichtlich einer etwaigen Strafbarkeit gegenüber der Konzernmutter gilt.[355]

b. Formelle Voraussetzungen der Einverständniserklärung

Allein die Zuweisung der Disposition über das Gesellschaftsvermögen an die Gesellschafter bzw. die Gesellschafterversammlung führt an sich noch nicht zum Ausschluss der Pflichtwidrigkeit. Ein solcher setzt voraus, dass das Einverständnis auch tatsächlich erklärt wurde. Das muss keineswegs ausdrücklich erfolgen. Vielmehr reicht es aus, dieses konkludent zu erklären, dass also unmissverständlich

351 Michalski-*Michalski* GmbHG, Syst. Darst. 1 Rn. 30; *Wolff* in: MünchHdb. GesR III, § 36 Rn. 3.
352 Vgl. *Radtke* GmbHR 1998, S. 316; *Schäfer* GmbHR 1993, S. 791; *Wodicka* Untreue, S. 323, 333.
353 Zur Herleitung vgl. *Busch* Konzernuntreue, S. 146 ff. m.w.N.
354 Grundlegend dazu *Busch* Konzernuntreue, S. 148 ff.
355 Ist das herrschende Unternehmen eine AG, gilt es auch hier, die eingeschränkten Möglichkeiten eines Einverständnisses durch die Hauptversammlung zu beachten. Hier dürfte ohnehin nur die freiwillige Vorlage als Grundlage eines Hauptversammlungsbeschlusses in Frage kommen, da in der AG der Vorstand andernfalls zur eigenverantwortlichen Unternehmensleitung berufen ist und die Hauptversammlung in diesen Belangen kein Mitspracherecht hat.

deutlich gemacht wurde, mit der Schädigung des Vermögens einverstanden zu sein.[356] Diese Erklärung ist regelmäßig in der Veranlassung des für die abhängige Gesellschaft Handelnden durch das herrschende Unternehmen enthalten. Äußert der Mehrheitsgesellschafter seinen Willen, eine bestimmte Maßnahme durchzusetzen, wird das nicht stets im Rahmen eines förmlich gefassten Gesellschafterbeschlusses geschehen. Zwar ist der Geschäftführer der GmbH nach den gesellschaftsrechtlichen Vorgaben lediglich Weisungen der Gesellschafterversammlung, nicht aber der Weisung eines einzelnen Gesellschafters verpflichtet, so dass er an dessen Weisung zivilrechtlich nicht gebunden ist. Dennoch entlastet ihn die Weisung, die inzident das Einverständnis zumindest des Mehrheitsgesellschafters beinhaltet, in strafrechtlicher Sicht unter Umständen in ganzer Linie. Eines förmlich gefassten Gesellschafterbeschlusses bedarf es für die wirksame Erteilung des Einverständnisses nicht. Die Bewertung einer Situation im Strafrecht muss nämlich nicht notwendigerweise mit derjenigen im Gesellschaftsrecht parallel laufen. Es geht hier nicht darum, inwieweit eine Maßnahme den gesetzlichen Bestimmungen des Zivilrechts entspricht, sondern vielmehr darum, dass die Zustimmung zu einem Verhalten gegeben wird, das zudem ggf. gegen die zivilrechtlichen Pflichtenvorgaben verstößt. Auch wenn sich die konkrete Ausgestaltung der Vermögensbetreuungspflicht an den zivilrechtlichen Grundsätzen orientiert, verliert sie nicht ihre Eigenständigkeit. Insoweit kann es in strafrechtlicher Hinsicht nicht auf die Einhaltung der gesellschaftsrechtlichen Formvorschriften ankommen, wenn es um die Verletzung der Vermögensbetreuungspflicht geht. Es zählt der tatsächliche Bereich, mithin kommt es auf das tatsächlich vorliegende Einverständnis unabhängig von der Art seiner Verlautbarung nach außen in Gestalt eines den Formvorschriften entsprechend gefassten Beschlusses seitens des Willensbildungsorgans der abhängigen Gesellschaft, also der Gesellschafterversammlung, an. Diese wird beherrscht vom Mehrheitsgesellschafter. Zumindest dann, wenn er mit seiner Mehrheit unter Berücksichtigung gesetzlicher und satzungsmäßiger Vorgaben die entsprechenden Beschlüsse alleine bestimmen kann, kann es für eine Strafbarkeit nicht darauf ankommen, ob vorher der Form halber eine Gesellschafterversammlung einberufen wurde oder nicht.[357] § 266 StGB schützt schließlich nicht die Ein-

356 *Otto* Grundkurs Strafrecht, AT § 8 Rn. 108.

357 So auch *Schramm* Untreue und Konsens, S. 125; *Ransiek* in: Kohlmann-FS, S. 216 f.; a.A. *Tiedemann* GmbH-Strafrecht, Vor. §§ 82 ff. Rn. 15.

haltung gesellschaftsrechtlicher Formvorschriften, sondern das Vermögen der abhängigen Gesellschaft, mit dessen Schädigung sich der die Beschlüsse beherrschende Mehrheitsgesellschafter einverstanden gezeigt hat.[358]

Der Verzicht sowohl auf die unbedingte Zustimmung aller Gesellschafter unter Beschränkung auf die in der Satzung vorgesehene Mehrheit als auch auf einen förmlich gefassten Beschluss der Gesellschafterversammlung bringt in der Sache eine Verschiebung der Dispositionsbefugnis jedenfalls in strafrechtlicher Hinsicht. Nicht mehr nur die Gesellschafterversammlung kann das strafrechtlich relevante Einverständnis erklären, sondern der die Gesellschafterversammlung dominierende Mehrheitsgesellschafter. Das ist für den Alleingesellschafter bereits anerkannt, da die Forderung eines formellen Beschlusses reine Förmelei wäre.[359] Für den Fall des Bestehens von Minderheitsgesellschaftern wird eine derart weitgehende Befreiungsmöglichkeit soweit ersichtlich bislang nur von *Ransiek* im Ansatz vertreten[360], obwohl es letztlich um einen ähnlichen Verzicht auf Formalia geht. Befürchtungen, die Vorschriften des GmbHG könnten damit vollends ausgehebelt werden, kann entgegengesetzt werden, dass die praktische Relevanz eher gering sein und sich auf Einzelfälle beschränken dürfte. Da die zwingenden Formvorschriften des GmbHG in zivilrechtlicher Hinsicht weiterhin volle Gültigkeit beanspruchen, wird einer entsprechenden Entscheidung in der Regel schon deshalb ein Gesellschafterbeschluss vorangehen, um den zivilrechtlichen Folgen – drohender Schadensersatz, Unwirksamkeit der Maßnahme etc. – vorzubeugen.

c. Die Rolle der Interessen von Gesellschaft, Gesellschaftern und Gläubigern

Wenn nun die Disposition über das formell der GmbH als juristischer Person deren Gesellschaftern – in welcher zu fordernden Zusammensetzung auch immer – zusteht, steht zu Recht die Frage im Raum, warum der Eingriff in das ihnen zur Dis-

358 Vgl. auch *Schramm* Untreue und Konsens, S. 184.

359 Ausführlich zu dem Erfordernis der Einhaltung außerstrafrechtlicher Formvorschriften *Schramm* Untreue und Konsens, S. 181 ff. m.w.N.

360 *Ransiek* in: Kohlmann-FS, S. 216 f.; a.A. *Tiedemann* GmbH-Strafrecht, Vor §§ 82 ff. Rn. 15: dieser fordert sogar explizit, dass die „Einwilligung (Weisung) der *Gesellschaftermehrheit* in bezug auf Entnahmen … mangels einer abweichenden Regelung im Gesellschaftsvertrag im übrigen nur beachtlich sein [kann], soweit sie auf einem in der Gesellschafterversammlung gefassten Gesellschafterbeschluß beruht…; außerhalb der Gesellschafterversammlung ist Einstimmigkeit erforderlich."

position stehende Vermögen überhaupt beschränkt oder gar strafbewehrt sein soll. Das macht nur dann Sinn, wenn es einen Bereich gibt, der der Disposition entzogen ist.[361] Aus dieser Überlegung heraus sind breite Ausführungen zu der Frage entstanden, ob es ein eigenständiges Gesellschaftsinteresse gibt, das gerade nicht zur Disposition der Gesellschafter steht und vor ihnen durch § 266 StGB geschützt wird.[362]

Die Meinungen über den Bestand eines solchen Gesellschaftsinteresses gehen durchaus auseinander. Weitestgehend einig ist man sich aber dahingehend, dass es einen Bereich gibt, der der Disposition der Gesellschafter entzogen ist und das Eindringen in diesen Bereich vom Untreuetatbestand erfasst ist. Die h.M. geht davon aus, dass dieser Bereich dort beginnt, wo das Stammkapital gem. § 30 GmbHG angegriffen oder die Existenz der Gesellschaft gefährdet wird.[363] Wenn selbst von der Rechtsprechung, die den genannten Kriterien folgt, postuliert wird, dass „jedenfalls außerhalb der Gefährdung von Gläubigerinteressen … ein von der Gesamtheit der Gesellschafterinteressen unabhängiges Gesellschaftsinteresse … nicht anzuerkennen"[364] ist, wird nachvollziehbar, warum mancherorts in der Literatur hier ein „Etikettenschwindel"[365] ausgemacht werden will. Unter dem Begriff des durch § 266 StGB geschützten Gesellschaftsinteresses verberge sich nichts anderes als ein Gläubigerschutz, der aber vom Schutzbereich des § 266 StGB gerade nicht umfasst sei. Der Schutz der Gläubiger sei Gegenstand der §§ 283 ff. StGB und genau dort anzusiedeln. Der Eingriff in den Bereich des Stammkapitals sowie eine Existenzgefährdung der Gesellschaft seien deshalb nicht von § 266 StGB geschützt und ein Einverständnis, das diesen Bereich berühre, behalte seine volle Wirksamkeit.[366] Die Folge wäre, dass jedenfalls der Alleingesellschafter mit „seiner" GmbH zu

361 Vgl. dazu die Ausführungen bei LK-*Schünemann* § 266 Rn. 125, der die dazu hauptsächlich vertretenen Ansichten gegenüberstellt und in „strenge Körperschaftstheorie", „eingeschränkte Körperschaftstheorie" und „eingeschränkte Gesellschaftertheorie" einteilen will.

362 Einen Überblick liefert z.B. *Kaufmann* Organuntreue, S. 71 ff. – Vgl. weiterhin *Busch* Konzernuntreue, S. 160 ff.; *Nelles* Untreue, S. 483 ff.; *Schramm* Untreue und Konsens, S. 122 f.

363 BGHSt 35, 333, 337; BGH NJW 2000, 154, 155; *Tiedemann* GmbH-Strafrecht, Vor §§ 82 ff. Rn. 15 m.w.N.

364 BGHZ 119, 257, 262; vgl. dazu auch *Schmidt* NJW 2001, S. 3580.

365 So bezeichnet bei *Ransiek* in: Kohlmann-FS, S. 212, der aber selbst den Kriterien ebenfalls folgt.

366 Vgl. dazu Sch/Sch-*Lenckner/Perron* § 266 Rn. 21; *Nelles* Untreue, S. 483 ff., 512 ff., 549, 553; *Schramm* Untreue und Konsens, S. 122 f.

jeder Zeit in jeglichem Umfang nach freiem Belieben verfahren, sie also auch jederzeit vernichten könnte.

Ob nun ein eigenständiges, von der Interessengesamtheit der Gesellschafter losgelöstes Gesellschaftsinteresse besteht oder nicht, mag rechtstheoretisch eine interessante Frage sein, die aber dahingestellt sein kann. Der Gesetzgeber hat für die GmbH – für die Aktiengesellschaft gilt Entsprechendes – mit der Kodifizierung des GmbH-Rechts in umfassender Art einen ordnungsrechtlichen Rahmen geschaffen. Dieser Rahmen hat für das Strafrecht dahingehend konstituierende Bedeutung, dass er auch dort zwingend zu beachten ist. Der GmbH wurde vom Gesetzgeber eine eigenständige Rechtspersönlichkeit zuerkannt. Sie kann Trägerin von Rechten und Pflichten sein, § 13 GmbHG, und das Gesellschaftsvermögen ist ihr als juristischer Person zugeordnet und damit verschieden von demjenigen ihrer Gesellschafter. Über § 30 GmbHG wurde ein Haftungsfonds als Garantiefonds im Sinne einer Verschiebungssperre zwischen Gesellschafts- und Gesellschaftervermögen geschaffen.[367] Als solches ist es dem Zugriff der Gesellschafter entzogen.

Ähnlich verhält es sich mit dem Bestand der GmbH selbst. Mit der Aufnahme eines förmlichen Liquidationsverfahrens in das GmbHG hat der Gesetzgeber zum Ausdruck gebracht, dass eine Beendigung der Gesellschaft nicht ohne weiteres möglich ist. Die Gesellschafter haben ein geordnetes und gesetzlich geregeltes Verfahren zur Auflösung der Gesellschaft einzuhalten, das die Interessen aller mit der Gesellschaft in Kontakt stehenden Personen angemessen berücksichtigt. Eine „Liquidation auf kaltem Weg“ soll gerade nicht zulässig sein.[368] Deshalb entziehen sich auch die Beendigung der Existenz und alle außerhalb der ordnungsgemäßen Liquidation auf die Existenzbeendigung gerichteten Maßnahmen der Disposition der Gesellschafter.[369]

Die diesen Ansichten entgegengebrachte Argumentation, die Berufung auf die Kapitalerhaltungsvorschriften seien lediglich ein „kaum verschleierter Gläubigerschutz“[370], der aber von § 266 StGB gerade nicht gewollt sei, entbehrt damit jeder Überzeugungskraft. Der Grund für die Schaffung der gesetzlichen Vorschriften, die dahinter stehende Motivation und die dazu führenden rechtstheoretischen Überle-

367 Vgl. *Eichele* Reichweite des Kapitalerhaltungsgrundsatzes, S. 92 f.
368 *Winter* Mitgliedschaftliche Treubindungen, S. 203 ff.
369 Vgl. *Radtke* GmbHR 1998, S. 316 f.; *Busch* Konzernuntreue, S. 167 ff.
370 *Schramm* Untreue und Konsens, S. 122.

gungen treten hinter dem tatsächlich geschaffenen Recht zurück.[371] Lediglich in Zweifelsfällen mögen diese zur Auslegung herangezogen werden. Eindeutige Aussagen des geltenden Rechts vermögen sie aber nicht außer Kraft zu setzen. Insofern verdienen die Ausführungen *Achenbachs* und ihm folgend *Ransieks* volle Zustimmung, wenn sie konstatieren, dass für § 266 StGB nur entscheidend sei, *dass* das Vermögen rechtlich der GmbH zugeordnet ist, nicht aber, *warum* dem so ist.[372] Nichts anderes kann im Übrigen für die Aktiengesellschaft gelten. Anzumerken bleibt lediglich, dass bei einer gänzlichen Verneinung jeglichen Gesellschaftsinteresses nicht ohne weiteres erklärt werden könnte, dass die Erstattungsansprüche nach § 31 GmbHG bzw. § 62 AktG der jeweiligen Gesellschaft und nicht direkt deren Gläubigern zustehen.[373] Die Bedeutung der Vorschriften würde zur bloßen Regelung des Rückzahlungsverfahrens degradiert.

d. Die Grenzen der Disposition über das Gesellschaftsvermögen

Die Akzeptanz eines der Disposition der Gesellschafter entzogenen Bereichs führt zur Frage, wo die Grenze zulässiger Einflussnahme zu ziehen ist, bzw., von der anderen Seite beleuchtet, welchen das Vermögen der GmbH schädigenden Maßnahmen wirksam zugestimmt werden kann.

(1) Faktischer GmbH-Konzern

Bei nur faktischer Abhängigkeit einer GmbH kann wie bereits wiederholt geschehen, für die Betrachtung der rechtlichen Situation im Konzern auf die allgemeinen gesellschaftsrechtlichen Grundlagen zurückgegriffen werden. Auch in neuester Rechtsprechung bleibt hier der BGH seiner bisherigen Linie treu und gewährt der GmbH eigenständigen Vermögensschutz, wenn durch die entsprechende Maßnahme die Existenz der Gesellschaft gefährdet wäre. Das sei jedenfalls dann anzunehmen, wenn dadurch das Stammkapital der Gesellschaft angegriffen werde.[374]

---

371 Vgl. dazu bereits *Arnold* JURA 2005, S. 849 m.w.N.

372 *Achenbach* in: BGH-FS Bd. IV, S. 598; *Ransiek* in: Kohlmann-FS, S. 213.

373 So für die GmbH *Ransiek* in: Kohlmann-FS, S. 213.

374 vgl. BGH wistra 2004, 345; BGHSt 35, 333, 336 f.; BGH NJW 2003, 2996, 2998; NJW 2000, 154, 155; NJW 1997, 66, 68 f.

Darüber, dass Eingriffe, die das Stammkapital der Gesellschaft angreifen, nicht über ein Einverständnis durch die Gesellschafter legalisiert werden können, besteht in der Literatur in Übereinstimmung mit der genannten Rechtsprechung weitestgehend Einigkeit.[375] Dem ist wie oben ausgeführt auf Grundlage der auch für das Strafrecht geltenden gesellschaftsrechtlichen Rahmenbedingungen beizupflichten und zwar unabhängig davon, ob man ein eigenständiges Gesellschaftsinteresse anerkennt oder nicht.[376]

Über § 30 GmbHG hinausgehende Maßstäbe und Kriterien sind in der Literatur hingegen umstritten.[377] Mit der Rechtsprechung wird verbreitet angenommen, dass über das Antasten des Stammkapitals hinaus, ein Einverständnis auch dann ausgeschlossen sein soll, wenn durch die Maßnahme generell die Existenz, etwa durch den Abzug lebensnotwendiger Liquidität, gefährdet werden würde. Die entscheidenden Argumente liefern die zivilrechtliche Literatur und Rechtsprechung. Diese nehmen eine mögliche Zustimmung zur Schädigung der Gesellschaft an, solange die Maßnahme nicht Existenz vernichtend ist.[378] Die Achtung der Existenz und die Wahrung der dafür erforderlichen Grundlagen obliegt nämlich auch dem Alleingesellschafter, dem die GmbH „gehört" bzw. bei hergestelltem Einvernehmen aller Gesellschafter der Gesellschaftergesamtheit. Denn im Hinblick auf die eigenständige Rechtspersönlichkeit der GmbH ist es dem bzw. den Gesellschaftern zwar jederzeit möglich, die Gesellschaft nach den gesetzlichen Vorgaben – InsO, §§ 65 ff. GmbHG – zu liquidieren. Eine „Liquidation auf kaltem Weg" unter Umgehung der vom Gesetz vorgesehenen Vorschriften zu Beendigung der Gesellschaft wird aber für nicht zulässig erachtet.[379] Denn auf „keinen Fall kann es ihnen [scil. den Gesellschaftern] erlaubt sein, der Gesellschaft ihr Vermögen ohne Rücksichtnahme auf ihre gesetzliche Funktion, anstelle ihrer Gesellschafter als Haftungsträger zu dienen, zu entziehen und ihr dadurch die Möglichkeit zu nehmen, ihre Verbindlichkeiten – ganz oder teilweise – zu erfüllen."[380] Die willkürliche Beendigung der

375 Vgl. die Darstellung bei LK-*Schünemann* § 266 Rn. 125 m.w.N. – a.A. Sch/Sch-*Lenckner/Perron* § 266 Rn. 21; *Nelles* Untreue, S. 483 ff., 512 ff., 549, 553; *Schramm* Untreue und Konsens, S. 122 f.

376 Vgl. dazu bereits oben unter c.

377 *Tiedemann* GmbH-Strafrecht, Vor §§ 82 ff. Rn 15; *ders./Otto* ZStW 111 (1999), S. 693 m.w.N.

378 Zur Bedeutung des Bestandschutzes in der zivilrechtlichen Rechtsprechung sowie zu deren Entwicklung vgl. bereits Kapitel 3 C II, D II.

379 *Winter* Mitgliedschaftliche Treubindungen, S. 203 ff.

380 BGHZ 151, 181, 186 = JZ 2002, 1047 mit Anm. *Ulmer*.

Gesellschaft außerhalb des geordneten Liquidationsverfahrens ist deshalb der Disposition der Gesellschafter entzogen. Mit dieser Feststellung ist der Schritt zur Anerkennung eines Bestandsschutzes und der Aberkennung eines möglichen wirksamen Einverständnisses in Existenz gefährdende Maßnahmen auch außerhalb des Bereichs der §§ 30, 31 GmbHG getan.

Dem wird stellenweise entgegengesetzt, eine derartige Einschränkung sei aufgrund der nur verschwommenen Kriterien zur Feststellung einer Existenzgefährdung abzulehnen, da kein griffiges Kriterium erkennbar sei, das dem im Strafrecht herrschenden Bestimmtheitsgrundsatz genügen könnte.[381] Diese Einwände sind nicht von der Hand zu weisen. In der Tat muss der Punkt herausgearbeitet werden, ab wann von einer Existenzgefährdung, die letzten Endes zur Strafbarkeit führt, ausgegangen werden kann. Dieser Einwand müsste – konsequent verfolgt – aber eine Vielzahl strafrechtlicher Konstrukte treffen, die teilweise allgemein akzeptiert werden. Die Kritik bezieht sich nicht auf den Begriff der Existenz, die ja unschwer nachzuweisen ist, sondern auf die Gefährdung. Nun ist aber der Begriff der Gefahr im Strafrecht außerordentlich weit verbreitet und akzeptiert. Es käme auch niemand auf die Idee, die gefährliche Körperverletzung in der Variante der das Leben gefährdenden Behandlung wegen Verstoßes gegen das Bestimmtheitsgebot zu verurteilen. Das mag plakativ sein, trifft aber den Kern der Sache. Konstruktiver ist die Überlegung, eine *konkrete* Existenzgefährdung zu fordern, wie es auch schon der BGH in seinen Bemühungen um die Präzisierung seines Ausgangspunktes angedeutet hat.[382] Dann, wenn der mögliche Fortbestand der Gesellschaft nach den betreffenden Maßnahmen nur noch vom Zufall abhängt, ist das Einverständnis in die Maßnahme nicht wirksam.[383] Weiterhin bietet sich an, zur näheren Bestimmung der Existenzgefährdung den „kaum verschleierten Gläubigerschutz“[384], mit dem stellenweise argumentiert wird, heranzuziehen. Wird durch die Maßnahme die Pflicht zur Beantragung der Insolvenz herbeigeführt, kann in jedem Fall von einer Existenzgefährdung gesprochen werden.

381 *Busch* Konzernuntreue, S. 177; *Radtke* GmbHR 1998, S. 364 f.; im Ergebnis ebenso *Brammsen* DB 1989, S. 1612, 1615.

382 „Konkrete und unmittelbare Existenzgefährdung“ vgl. BGHR StGB § 266 Abs. 1 Nachteil 37 = NJW 1997, 66 = JR 1997, 336 mit Anm. *Geerds*. – krit. *Radtke* GmbHR 1998, S. 365.

383 Zu den Ansätzen der Inhaltsbestimmung der *konkreten* Gefahr vgl. *Roxin* Strafrecht A.T.I, § 12 Rn. 98; *Kindhäuser* Gefährdung als Straftat, S. 189 ff.

384 Vgl. dazu bereits oben unter c.

Die zunächst im Strafrecht erarbeiteten Grundsätze hat der BGH nunmehr auf die Haftung im qualifiziert faktischen Konzern übertragen. Das bringt in der Sache keine Änderung, lenkt den Blick aber auf ein konzerntypisches Problem in derlei Unternehmensbeziehungen. Wenn nämlich der Geld- und Güterstrom zwischen den beteiligten Unternehmen derart verwoben ist, dass eine Differenzierung nach einzelnen Geschäften nicht mehr möglich ist, wird die Bestimmung des Zeitpunktes, ab wann das Stammkapital der Gesellschaft beeinträchtigt ist, zum Problem.[385] Dieses dürfte sich in der zivilrechtlichen Praxis in Grenzen halten, was bereits der Blick auf die maßgeblichen Urteile der Vergangenheit zeigt. Stets war nämlich der Niedergang des betreffenden Unternehmens Anlass der Klage der Gläubiger, so dass eine Existenzvernichtung vorlag und die Frage keine Bedeutung hatte. Wie wird die Feststellung aber im Strafrecht getroffen, wenn für eine Untreuestrafbarkeit bereits die Existenzgefährdung ausreichen soll? Hier ist die Sachverhaltsanalyse in jedem konkreten Fall mit ganz besonderer Sorgfalt durchzuführen und bei der strafrechtlichen Beurteilung des Verhaltens der verantwortlichen Person zugleich von einem erheblichen Ermessensspielraum auszugehen.

Damit sind die Grenzen zulässiger Einflussnahme und zugleich die Anforderungen an ein pflichtgemäßes Verhalten festgelegt. Das faktisch herrschende Unternehmen als Mehrheits- oder Alleingesellschafter hat zwar einen weiten Spielraum innerhalb dessen es zulässiger Weise Einfluss auf die GmbH nehmen kann. Es hat dabei aber immer darauf zu achten, dass der Bestand der Gesellschaft nicht gefährdet wird. Bei seiner Abschätzung der Existenzgefährdung hat es jedenfalls denselben weiten Ermessensspielraum wie ein Geschäftsführer, d.h. es findet eine ex ante Betrachtung unter Anerkennung eines erheblichen Ermessensspielraums statt.

(2) GmbH-Vertragskonzern

Inwieweit die Kapitalbindung der GmbH bei der Einbindung in einen Vertragskonzern durch eine analoge Anwendung der aktienrechtlichen Vorschriften (§ 291 Abs. 3 AktG) beeinflusst wird, ist in der gesellschaftsrechtlichen Literatur höchst umstritten. Während gewichtige Stimmen in der Literatur davon ausgehen, dass die aktienrechtlichen Vorschriften und die für die GmbH bestehende Kapitalbindung der §§ 30 f. GmbHG auch im Vertragskonzern weiter gelten und sich gegen eine

385 Vgl. die Hinweise von *Emmerich* AG 2004, S. 427 und *Ransiek* wistra 2005, S. 122.

Anwendung des § 291 Abs. 3 AktG aussprechen[386], tritt die heute wohl h.M. für dessen Anwendung und die Außerkraftsetzung der Kapitalbindungsvorschriften der § 30 f. GmbHG im Vertragskonzern ein[387]. Die Unterschiede sind im Ergebnis aber meist weniger gravierend als es zunächst zu vermuten ist. Geht man von einer Anwendung des § 291 Abs. 3 AktG aus, so bedeutete das, dass § 30 GmbHG im Vertragskonzern keine Anwendung fände, soweit § 291 Abs. 3 AktG greift. Da dieser aber ohnehin nur im Falle rechtmäßiger Weisungen eingreift, würde zwar die Dispositionsbeschränkung hinsichtlich des von § 30 GmbHG geschützten Stammkapitals aufgehoben, die Existenz der Gesellschaft allerdings dennoch nicht zur Disposition gestellt, da schließlich auch Weisungen nicht über diese Grenze hinaus zulässigerweise erfolgen dürfen und mit der Anwendung des § 291 Abs. 3 AktG keine umfassende Außerkraftsetzung der Kapitalerhaltungsvorschriften verbunden ist.[388] Über den Bereich zulässiger Weisungen hinaus besteht damit auch im GmbH-Vertragskonzern keine erweiterte Dispositionsbefugnis über das Vermögen der herrschenden GmbH hinaus. Innerhalb dieses Bereiches ist die Befolgung von Weisungen hingegen wie bereits dargestellt ohnehin nicht pflichtwidrig.

e. Hergestellter Gleichlauf von Gesellschaftsrecht und Strafrecht

Für die dogmatische Entwicklung des Haftungssystems im qualifiziert faktischen Konzern hatte die „Bremer Vulkan"-Entscheidung nicht die außerordentliche Bedeutung wie es die ihr nachfolgende Flut von Veröffentlichungen vermuten ließe.[389] Nahezu bahnbrechende Bedeutung könnte ihr aber – vorausgesetzt die Zivilsenate des BGH bleiben der in diesem und den darauf folgenden Urteilen eingeschlagenen Linie treu – im Hinblick auf die Herstellung der Einheit des Rechts zukommen. Die nach obigen Ausführungen zustimmungswürdige Rechtsprechung

---

386 *Goerdeler/Müller* in: *Hachenburg/Ulmer* GmbHG I, § 30 Rn. 72; *Raiser* Recht der Kapitalgesellschaften, § 54 Rn. 50; *Emmerich* in: *Scholz* GmbHG, Anh. KonzernR Rn. 184; *Kühbacher* Darlehen an Konzernunternehmen, S. 50 ff.; *Zöllner* in: *Baumbach/Hueck* GmbHG, Schlussanh. I Rn. 77.

387 *Habersack/Schürnbrand* NZG 2004, S. 691; Schön ZHR 159, S. 373; *Sonnenhol/Groß* ZHR 159, S. 409 f.; *Pentz* in: *Rowedder/Schmidt-Leithoff* GmbHG, § 30 Rn. 75; *Westermann* in: *Scholz* GmbHG, § 30 Rn. 35; *Altmeppen* in: *Roth/Altmeppen* GmbHG, § 30 Rn. 55; Fuhrmann NZG 2004, S. 554; Michalski-*Zeidler* GmbHG, Syst. Darst. 4 Rn. 97.

388 Vgl. dazu noch näher die Ausführungen zum AG-Vertragskonzern unter 3.

389 Vgl. dazu bereits die Ausführungen in Kapitel 2 D II 2.

der Strafsenate des BGH zur Anerkennung der Existenzgefährdung als Grenze der Disponibilität über das Gesellschaftsvermögen stieß in der Literatur aber auch durchaus auf Ablehnung. Dies nicht zuletzt deshalb, weil dem Zivilrecht eine Anerkennung von Ansprüchen, gestützt auf die Gefährdung oder Vernichtung der Existenz einer GmbH fremd war und man sich auf die aus §§ 30, 31 GmbHG folgenden Ansprüche konzentrierte. Wenngleich dieser Unterschied teils „als eher gering zu veranschlagen“[390] angesehen wurde, drohte dennoch der Widerspruch, „dass strafrechtlich geahndet wird, was gesellschaftsrechtlich erlaubt“[391] war.

Durch das Abstellen des BHG auch in Zivilsachen auf das Kriterium der Existenzgefährdung bzw. Existenzvernichtung wurde der vormals drohende Wertungswiderspruch aufgelöst und Gesellschaftsrecht bzw. die gesellschaftsrechtliche Rechtsprechung und das Strafrecht in Einklang gebracht. Erst dadurch konnte der Forderung, dass gesellschaftsrechtlich zulässiges Verhalten nicht als strafbar beurteilt werden könne, auch bei Anerkennung der Grenze der Existenzgefährdung nachgekommen werden. Es soll jedoch nicht verhohlen werden, dass der Weg zu diesem Einklang etwas seltsam anmutet. Die Erkenntnis, dass das Kriterium der Existenzgefährdung auch ohne Angriff auf das Stammkapital maßgeblich ist, erlangte der Zivilsenat nämlich gerade unter Hinweis auf die strafrechtliche Rechtsprechung. Das mag von der Motivation getrieben gewesen sein, dass er einen Anspruch aus § 823 Abs. 2 BGB i.V.m. § 266 StGB herleitete. Der Befürchtung eines drohenden Zirkelschlusses[392], wenn das Zivilrecht auf das Strafrecht verweist, welches seinerseits wieder die zivilrechtlichen Grundsätze übernimmt, kann aber eine Absage erteilt werden. Es ist vielmehr davon auszugehen, dass das Zivilrecht im Zuge seiner richterrechtlichen Weiterentwicklung nunmehr der bereits früher im Strafrecht vertretenen Ansicht, eine den Bestand der Gesellschaft gefährdende Maßnahme sei nicht zulässig, beipflichtet und im Fall der als rechtswidrig einzustufenden Vernichtung der Gesellschaft den Gläubigern entsprechende Ansprüche zuerkennt.

390 *Gehrlein* NJW 2000, S. 1089. – *Ulmer* in: Pfeiffer-FS, S. 859 wollte gar ein „Wertungsgleichgewicht zwischen GmbH-Recht und Strafrecht“ ausgemacht haben.

391 *Tiedemann* GmbH-Strafrecht, Vor §§ 82 ff. Rn. 15, der zwar die Grenze der Existenzgefährdung durchaus anerkennt, selbst aber betont, dass es diesen Zustand zu vermeiden gilt.

392 Vgl. den Hinweis bei *Schramm* Unteue und Konsens, S. 121.

f. Zwischenergebnis

Der Grundsatz des allgemeinen Schädigungsverbots im faktischen GmbH-Konzern wird durch die weit reichende Möglichkeit der Zustimmung durch die Gesellschafter stark aufgeweicht. Letztlich führt das zu einer Umkehrung des Regel-Ausnahme-Prinzips: Die Gesellschafter der abhängigen GmbH sind über das Vermögen bis zur Grenze des Bestandsschutzes für die Gesellschaft dispositionsbefugt. Innerhalb dieser Grenzen wirkt die Zustimmung der Gesellschafter als tatbestandsausschließendes Einverständnis.

3. Einverständnis im Aktienkonzern

Die Auseinandersetzung mit einem die Pflichtwidrigkeit und damit die Tatbestandsmäßigkeit ausschließenden Einverständnis in der Aktiengesellschaft ist im Vergleich zu der hinsichtlich der Situation in der GmbH geführten Diskussion nahezu verschwindend gering.[393] So verzichtet *Flum* gar explizit auf eine eingehende diesbezügliche Darstellung, da derartige Fälle praktisch nicht aufträten und Rechtsprechung hierzu auch nicht vorläge.[394] Das mag seiner Zeit richtig gewesen sein, kann aber im Hinblick auf die Entwicklung der Zahlen existenter Aktiengesellschaften heute nicht mehr unterstützt werden. Auch *Taschke* ist im Hinblick auf den geringen Anteil börsennotierter Aktiengesellschaften an der Gesamtsumme entgegenzutreten, wenn dieser die Relevanz der Thematik mit dem Hinweis verneint, dass eine Zustimmung insbesondere bei Publikumsgesellschaften unrealistisch sei.[395] [396]

Entgegen der möglichen Vermögensbetreuungspflichtigkeit der herrschenden Gesellschaft im faktischen GmbH-Konzern kommt der Konzernmutter im faktischen Aktienkonzern regelmäßig keine Vermögensbetreuungspflicht zu. Das ändert allerdings nichts an der Fragestellung, ob etwaige Untreuehandlungen der Leitung

393 Eine Übersicht zum geringen Umfang der Fundstellen gewährt *Kaufmann* Organuntreue, S. 58 ff.; weiterhin auf die Thematik eingehend *Busch* Konzernuntreue, S. 151 ff.; *Schramm* Untreue und Konsens, S. 141 ff., 151 ff.

394 *Flum* Schutz der GmbH, S. 40 ff.

395 *Taschke* in: Lüderssen-FS, S. 666.

396 Vgl. zur Bedeutung der Aktiengesellschaften und dem Anteil der Börsennotierungen bereits Einleitung B.

der abhängigen Gesellschaft durch die Zustimmung des Mehrheitsaktionärs, also des herrschenden Unternehmens entfallen.

Genau genommen ist das vorliegende Problem der Behandlung des Einverständnisses in der abhängigen Aktiengesellschaft ebenso wie im faktischen GmbH-Konzern kein konzerntypisches. Grundsätzlich könnten die Erkenntnisse, die in Bezug auf eine unabhängige Aktiengesellschaft mit nur einem Alleinaktionär bzw. mit einem Mehrheitsaktionär auf die Konzernsituation übertragen werden. Wie eben bereits erwähnt, gibt es auf diesem Gebiet aber gerade keine gesicherten Erkenntnisse, sondern nur vereinzelte Stellungnahmen, so dass hier eine Untersuchung angezeigt scheint. Fest steht, dass auch hier der Gesetzgeber einen zwingenden und umfassenden Rahmen vorgegeben hat, der wie bei der GmbH dazu führt, dass dieser auch im Strafrecht uneingeschränkt und ungeachtet eines möglicherweise gegebenen gläubigerschützenden Hintergrundes zu berücksichtigen ist.[397] Insofern kann hinsichtlich der Frage, ob überhaupt etwaige Grenzen möglicher Disposition wegen des von § 266 StGB nicht erfassten Gläubigerschutzes anzuerkennen sind, auf die entsprechenden Ausführungen zur GmbH verwiesen werden.

a. Inhaber der Dispositionsbefugnis

Im Vergleich zur Lage in der GmbH ist die Frage nach dem Träger der Dispositionsbefugnis und damit zur grundsätzlichen Fähigkeit, ein Einverständnis zu erklären, für die Aktiengesellschaft wesentlich schwieriger zu beantworten. Die obigen Ausführungen zum Handeln der Organe für die juristische Person gelten zwar auch ganz grundlegend für die Aktiengesellschaft. Die Hauptversammlung hat aber weit weniger Rechte als die Gesellschafterversammlung der GmbH, weshalb es fraglich erscheint, ob tatsächlich die Versammlung der Anteilsinhaber zur Disposition über das Gesellschaftsvermögen befugt ist. Dennoch wäre es verfrüht, ihr jegliche Dispositionsbefugnis von vornherein abzusprechen. Ihrer Funktion als oberstes Willensorgan[398] und zugleich oberstes geschäftsführendes Organ[399] der Gesellschaft

397 Vgl. dazu bereits die Ausführungen zur GmbH unter 2., die auf die Situation der Aktiengesellschaft übertragen werden können.
398 So noch *v. Gierke* Handelsrecht, S. 308.
399 Staub/*Pinner* HGB, § 235 Anm. 1.

wurde die damalige „Generalversammlung“ bereits mit Einführung des AktG im Jahre 1937 beraubt. Weite Teile der Verantwortung in der Aktiengesellschaft wurden dem Vorstand übertragen, dem die Leitung der Aktiengesellschaft heute in eigener Verantwortung obliegt, ohne dass die Hauptversammlung auf die Leitung der Gesellschaft Einfluss nehmen könnte. Dieser Kompetenzverteilung muss auch im Strafrecht Rechnung getragen werden. Für die Entscheidungshoheit in der Gesellschaft muss deshalb zwischen Bereichen, die dem Vorstand zwingend zugewiesen und der Entscheidung der Hauptversammlung verwehrt werden und solchen, die nicht der alleinigen Entscheidung des Vorstands zugewiesen sind, unterschieden werden. Dass die Hauptversammlung nicht per se von jeglicher Geschäftsführungsmaßahme ausgeschlossen ist, hat auch der BGH erkannt, wenn er grundlegende Entscheidungen der Geschäftsführung dann in die Hände der Hauptversammlung legt, wenn der Vorstand vernünftigerweise nicht davon ausgehen kann, dass er diese Entscheidungen selbst treffen kann.[400] Die Vorlagemöglichkeit gem. § 119 Abs. 1 AktG wird damit durch eine Vorlagepflicht ergänzt. Daraus wird deutlich, dass das Aktienrecht der Hauptversammlung keineswegs die Kompetenz abspricht, in bestimmten Fällen die Letztentscheidung zu treffen. Unerheblich, ob ein Entschluss der Hauptversammlung aufgrund einer Vorlagepflicht oder aufgrund einer freiwilligen Vorlage durch den Vorstand gefasst wurde, ist der Beschluss verbindlich.[401] Wann eine Verpflichtung zur Vorlage besteht, mag hier dahinstehen. In Frage steht nämlich lediglich, ob eine erfolgte Zustimmung überhaupt eine befreiende Wirkung zeitigen kann.

Der Einwand, eine Zustimmung der Hauptversammlung gem. § 119 Abs. 2 AktG könne den Vorstand nicht aus seiner Verantwortung im Außenverhältnis befreien, da diese Zustimmung nur interne Befreiungswirkung habe, nicht aber gegenüber Dritten befreie, greift i.Ü. zu kurz. Denn gerade das interne Verhältnis ist von Bedeutung, wenn man eine Beurteilung der Untreuestrafbarkeit vornimmt. Schließlich ist das zu schützende Rechtsgut ausschließlich das Vermögen der Gesellschaft und nicht die Gläubigerinteressen. Dass der Vorstand Dritten gegenüber zivilrechtlich zum Schadensersatz verpflichtet ist, hindert nicht die Befreiung von einer strafrechtlichen Verantwortung. Zum einen betreffen die relevanten Fälle

400 BGHZ 83, 122 „Holzmüller“; BGH NJW 2004, 1860 „Gelatine“. – Ebenfalls den Grundgedanken der „Holzmüller“-Entscheidung ins Feld führend *Busch* Konzernuntreue, S. 154 ff.; *Kaufmann* Organuntreue, S. 147; *Schramm* Untreue und Konsens, S. 143.

401 *Hefermehl* in: Geßler/Hefermehl, § 76 Rn. 15.

ohnehin regelmäßig Maßnahmen, die die eigene Gesellschaft schädigen und Dritte begünstigen, so dass eine Gläubigerposition nicht in Betracht kommt. Zum anderen geht es beim Untreuevorwurf gegenüber dem Vorstand, dessen Maßnahme gebilligt wird, um ein internes Verhältnis, nämlich inwieweit sich der Vorstand gegenüber der eigenen Gesellschaft strafbar gemacht hat.[402]

b. Die Grenzen der Disposition über das Gesellschaftsvermögen

Der für die hier relevanten Fälle grundsätzlich der Hauptversammlung zustehenden Dispositionsbefugnis ist wie den Gesellschaftern der GmbH Grenzen gesteckt. Das „Abziehen" von Gesellschaftsmitteln zugunsten eines Gesellschafters bzw. Aktionärs oder zumindest zugunsten einer ihm nahe stehenden Person bzw. Gesellschaft auf seine Veranlassung hin, soll für die Aktiengesellschaft gerade vermieden werden. Dem stehen deshalb die strengen Kapitalerhaltungsvorschriften im Aktienrecht, konkret das Verbot der Einlagenrückgewähr in § 57 AktG, entgegen. Das Verbot der Einlagenrückgewähr ist eine der tragenden Säulen des Aktienrechts. Das Kapital der Aktiengesellschaft soll nur zu einem gewissen Teil, nämlich beschränkt auf den Bilanzgewinn, zur Disposition der Aktionäre stehen. Explizit jeglicher Disposition entzogen, ist die Auszahlung der geleisteten Einlagen. Ähnlich wie die §§ 30, 31 GmbHG die Grenze der Dispositionsfreiheit der GmbH-Gesellschafter festlegen, ergibt sich im Aktienrecht diese Grenze durch § 57 AktG und – dazu später näher – den Bestandsschutz der Gesellschaft. Im Ergebnis führt das dazu, dass jede Einlagenrückgewähr – egal, ob von der Hauptversammlung gebilligt oder nicht – zumindest für die unverbundene Aktiengesellschaft eine Pflichtverletzung darstellt, die auch untreuestrafrechtliche Bedeutung erlangt.[403] Für die Situation im Konzern gilt es aber die Besonderheiten zu beachten, die das AktG für den Fall der Beherrschung durch einen Mehrheitsgesellschafter bereithält.

Unter das Verbot der Einlagenrückgewähr fällt nicht nur eine offene Rückzahlung wie z.B. eine Dividendenvorauszahlung o.Ä., die ohnehin aufgrund des Verbots nur selten ist, sondern auch die verdeckte Einlagenrückgewähr etwa in Form

402 Insoweit greifen die Einwände bei *Ewald* Untreue, S. 239 f., der eine Befreiung von der strafrechtlich relevanten Pflichtwidrigkeit aufgrund der weiterhin bestehenden Haftung gegenüber den Gläubigern der Gesellschaft ablehnt, nicht.

403 Im Ergebnis ebenso *Kaufmann* Organuntreue, S. 151.

von Geschäften, die für das abhängige Unternehmen nachteilig, für das herrschende von Vorteil sind und einem Drittvergleich nicht standhalten.[404]

(1) Faktischer Aktienkonzern

Bei faktischer Abhängigkeit erklärt das Konzernrecht nachteilige Maßnahmen, insbesondere nachteilige Geschäfte (vgl. § 312 AktG) für zulässig, wenn die sich daraus ergebenden Nachteile spätestens bis zum Ende des Geschäftsjahres ausgeglichen werden. Zwar enthält das AktG für den Fall faktischer Abhängigkeit keine dem § 291 Abs. 3 AktG vergleichbare Regelung, doch verdrängt nach ganz h.M. § 311 AktG als lex specialis die Kapitalerhaltungsregeln der §§ 57 ff. AktG mit der sofortigen Rückzahlungsverpflichtung wegen einer verbotenen Einlagenrückgewähr aus § 62 AktG.[405] Allerdings ist damit keine umfassende Außerkraftsetzung des Verbots der Einlagenrückgewähr verbunden. Sie bleibt vielmehr auf den Anwendungsbereich des § 311 AktG und der sich daraus ergebenen Ausgleichspflicht beschränkt, so dass im Falle eines Fehlschlages des Ausgleichs die Kapitalerhaltungsregeln dann wieder zum Zuge kommen sollen.[406] Durch die Konzernierung einer Aktiengesellschaft entsteht über die Befreiung gem. § 311 AktG hinaus demnach keine erweiterte Dispositionsbefugnis für die Hauptversammlung im Vergleich zur unabhängigen Aktiengesellschaft. Eine über § 311 AktG hinausgehende Zustimmung der Hauptversammlung hat deshalb hier keine Bedeutung für ein mögliches Entfallen einer etwaigen Untreuestrafbarkeit. Innerhalb des Anwendungsbereichs des § 311 AktG sind Maßnahmen der herrschenden Gesellschaft bzw. deren Umsetzung aber bereits aus den dargelegten Gründen ohnehin nicht pflichtwidrig.

(2) AG-Vertragskonzern

Im Vertragskonzern wird das Verbot der Einlagenrückgewähr klar durch das AktG eingeschränkt. Gem. § 291 Abs. 3 AktG gelten „Leistungen der Gesellschaft auf-

404 *Hüffer* Aktiengesetz, § 57 Rn. 5, 8 f.

405 LG Düsseldorf Die AG 1979, 290, 291 f.; *Hüffer* Aktiengesetz, § 57 Rn. 80; *Koppensteiner* in: KölnKomm AktG, § 311 Rn. 107; *Kübler* Gesellschaftsrecht, § 30 II 6 b aa; *Lutter* in: KölnKomm AktG, § 57 Rn. 80; *Wellkamp* NStZ 2001, S. 117 f.

406 *Habersack/Schürnbrand* NZG 2004, S. 692.

grund eines Beherrschungs- oder eines Gewinnabführungsvertrages nicht als Verstoß gegen die §§ 57, 58 und 60“ AktG. Ein Verstoß gegen das Verbot der Einlagenrückgewähr durch eine Weisung im Vertragskonzern ist damit grundsätzlich ausgeschlossen, die Dispositionsfreiheit innerhalb des Vertragskonzerns im Vergleich zur unabhängigen Aktiengesellschaft mithin erweitert. Die Außerkraftsetzung der gesetzlichen Dispositionsbeschränkung ist aber auf den Fall einer zulässigen Weisung durch die Konzernmutter beschränkt. Eine generelle Nichtgeltung der Beschränkungen des § 57 AktG im Vertragskonzern ist damit nicht verbunden.[407] Der Ausschluss der strafrechtlich relevanten Pflichtwidrigkeit von Einlagen rückgewährenden Maßnahmen bleibt damit auf den Fall einer rechtmäßigen Weisung und deren Ausführung beschränkt. Über die zivilrechtlich erlaubten Fälle hinaus kommt damit im Vertragskonzern keine Legalisierung durch einen Hauptversammlungsbeschluss in Betracht.

Allerdings ist die Dispositionsbefugnis trotz Eingreifens des Befreiungstatbestands soweit beschränkt, wie die Existenz der abhängigen Gesellschaft betroffen ist. Ein eingeholtes Einverständnis der Hauptversammlung findet seine Grenzen nämlich auch bei der abhängigen Aktiengesellschaft jedenfalls in deren Bestandsschutz. Ebenso wie im GmbH-Recht sind auch die Aktionäre auf den gesetzlich vorgegebenen Weg zur Liquidation verwiesen, wenn sie das Dasein der Gesellschaft als selbstständige juristische Person beenden wollen. Ebenso wie bei der GmbH handelt es sich bei der Aktiengesellschaft um eine verselbstständigte Vermögensmasse in Form einer Kapitalgesellschaft. Deren Bestand hat der Gesetzgeber mit der Schaffung der gesellschaftsrechtlichen Regeln geschützt und den Anteilseignern damit zugleich ein Stück ihrer Dispositionsbefugnis über das eingelegte Kapital genommen. Für die Aktiengesellschaft gilt im gleichen Maße wie für die GmbH, dass der Hintergrund der Verselbstständigung durchaus der Gläubigerschutz gewesen sein mag, dass aber das geschaffene geltende Recht die Grundlage jeder Beurteilung zu sein hat. Das Ende der Dispositionsmöglichkeit über das Gesellschaftsvermögen und damit die Grenze eines zulässigen und wirksamen Einverständnisses ist deshalb auch bei der Aktiengesellschaft dort erreicht, wo die Gefährdung der Existenz der Gesellschaft beginnt.[408] Damit kann über die ohnehin

407 *Lutter* in: KölnKomm AktG, § 57 Rn. 77; *Wellkamp* NStZ 2001, S. 117; GroßkommAktG/*Würdinger* § 291 Rn. 18.

408 A.A. unter Hinweis auf das Bestimmtheitsgebot *Busch* Konzernuntreue, S. 180 f.

ein pflichtwidriges Verhalten i.S.d. § 266 StGB verhindernde zulässige Weisung hinaus im Vertragskonzern auch das Einholen der Zustimmung der Hauptversammlung die Dispositionsbefugnis über das Vermögen der abhängigen Gesellschaft nicht erweitern.

c. Zwischenergebnis

Die Zustimmung zu Vermögen schädigenden Maßnahmen erlangt im Aktienkonzern aufgrund der strengen Kapitalerhaltungsregeln und der Kodifizierung des Konzernrechts weit geringere Bedeutung als im GmbH-Konzern. Insbesondere das Verbot der Einlagenrückgewähr entzieht weite Teile des Vermögens jeglicher Disposition. Da die konzernrechtlichen Sonderregeln diesen Grundsatz lediglich in Ausnahmefällen aufweichen, befreit nur die Beachtung dieser Regeln ausnahmsweise von der Pflichtwidrigkeit des Eingriffs in das Gesellschaftsvermögen. Über die zivilrechtlichen Vorschriften hinausgehende Eingriffe können der strafrechtlichen Sanktion auch nicht durch eine Zustimmung der Hauptversammlung entzogen werden.

Jenseits einer Einlagenrückgewähr stellt im Aktienkonzern, ebenso wie im GmbH-Konzern die Gefährdung des Bestands der Gesellschaft die äußerste Grenze zulässiger und damit pflichtgemäßer Eingriffe in das Gesellschaftsvermögen dar.

VI. Zusammenfassung

Noch mehr als bei der Bestimmung bestehender Vermögensbetreuungspflichten beeinflussen die zivilrechtlichen Vorgaben im Sinne von Rahmenbedingungen die von den Vermögensbetreuungspflichtigen zu fordernden konkreten Verhaltensweisen. Teilweise erlauben die Vorschriften des Konzernrechts den herrschenden Unternehmen explizit nachteilige Maßnahmen gegenüber den Konzerntöchtern. Hält sich das Mutterunternehmen bzw. deren Leitung an die Voraussetzungen für rechtmäßige Weisungen im Vertragskonzern oder wird das gesetzlich vorgesehene Ausgleichssystem im faktischen Konzern respektiert, kann ein strafrechtlicher Vorwurf aufgrund der ausdrücklich erklärten zivilrechtlichen Zulässigkeit nicht angenommen werden.

Die Beurteilung einer bestimmten Maßnahme hat im Übrigen von einer ex ante Betrachtung aus zu erfolgen und es ist von einem weiten Ermessensspielraum für die unternehmerischen Entscheidungen der Unternehmensleitung auszugehen. Die allgemeinen Kriterien, wie sie für unabhängige Unternehmen anerkannt sind, gelten im Konzern unverändert fort. Auch hier bedarf es für eine Untreuestrafbarkeit einer schwerwiegenden Verletzung gesellschaftsrechtlicher Pflichten. Das ist allerdings stets eine Frage des konkreten Einzelfalls und verhindert eine schematische und allgemeine Lösung.

Große Bedeutung für die Frage, ob sich die Beteiligten pflichtwidrig verhalten haben, hat darüber hinaus eine erteilte Zustimmung der Gesellschafter faktisch konzernierter Gesellschaften, insbesondere im faktischen GmbH-Konzern. Die weit reichenden Eingriffsmöglichkeiten der GmbH-Gesellschafter schlagen auf das Konzernrecht durch, wobei das auch für die Grenzen der Dispositionsbefugnis über das Gesellschaftsvermögen gilt. Die Muttergesellschaft als beherrschende Mehrheits- oder Alleingesellschafterin darf deshalb nichts unternehmen, was die Existenz der Tochtergesellschaft gefährdet.

E. Täterschaft und Teilnahme bei der Untreue im Konzern

Der oben näher beschriebene Charakter der Untreue als Sonderpflichtdelikt hat weit reichende Konsequenzen für die Fragen der Täterschaft und Teilnahme. Der Thematik wurde in der jüngeren Vergangenheit vor allem von den Vertretern der Pflichtdeliktslehre verstärkt Aufmerksamkeit und eine ganze Monographie gewidmet.[409] Die geführte Diskussion soll hier nicht detailliert wiederholt oder gar fortgeführt werden. Einige Aspekte sind aber zwingend aufzugreifen, um die konzernrelevanten Konstellationen einer schlüssigen Lösung zuzuführen. Welche Konstellationen das sind, erschließt sich aus den Überlegungen zu den konzerntypischen Nachteilen und den bestehenden Vermögensbetreuungspflichten im Konzern. In einer Vielzahl von Fällen sind bei der konzerntypischen Schädigung eines Unternehmens die Leitungsorgane mehrerer Unternehmen beteiligt. Neben das stets bei Unternehmen bestehende Problem, welche Verantwortung die einzelnen Beteiligten bei Kollegialentscheidungen trifft, tritt hier dasjenige, wie die Verant-

---

409 *Beleza* Coimbra-Symposium, S. 267 ff.; *Roxin* Strafrecht A.T.II, § 25 Rn. 267 ff.; monographisch *Sánchez-Vera* Pflichtdelikt und Beteiligung, insbes. S. 147 ff., 167 ff. – Vgl. auch *Maurach/Schroeder/Maiwald* Strafrecht B.T.I, § 45 Rn. 21, 54; *Mitsch* Strafrecht B.T. II/1, § 8 Rn. 52 f.

wortung verteilt wird, wenn die Schädigung durch ein unternehmensübergreifend geplantes, gemeinsames Zusammenspiel im gegenseitigen Einvernehmen erfolgt oder andererseits wenn ein Organ nur bei der Umsetzung schädigender Maßnahmen beteiligt ist, die Maßnahme also regelmäßig von einer Seite entschieden wird und nur für die Umsetzung auf das Organ zurückgegriffen wird.

I. Täterschaft und Teilnahme bei konzerntypischen Untreuefällen

Auch hinsichtlich Täterschafts- und Teilnahmefragen ist der Ausgangspunkt bei den allgemeinen strafrechtlichen Überlegungen zu suchen. Diese Erkenntnisse gelten auch für die Untreuesachverhalte in Konzernkonstellationen.[410] Ein Durchexerzieren der einzelnen jeweils in Betracht kommenden Sachverhalte brächte deshalb keine neuen Erkenntnisse. Lediglich in einzelnen Situationen lohnt sich der Blick ins Detail, wenn nämlich die Besonderheiten des Konzernrechts spezifische Wertungen veranlassen. Die allgemeinen anhand der Tatherrschaftslehre entwickelten Grundlagen der Abgrenzung sind allerdings auf den Deliktstyp der Sonderpflichtdelikte nicht ohne weiteres übertragbar.[411] Das macht bereits die ausgeführte Verwandtschaft der Sonderpflichtdelikte mit den sog. unechten Unterlassungsdelikten in Verbindung mit der verbreitet getrennten Behandlung der Täterschaftsfragen bei Begehungsdelikten einerseits und Unterlassungsdelikten andererseits deutlich.[412] Die Frage nach der Täterschaft, insbesondere der Mittäterschaft bei der Untreue und deren Voraussetzungen kann man mit Fug und Recht als noch nicht beantwortet bezeichnen, zumal die Untreue als klassisches Pflichtdelikt angesehen wird[413] und die Diskussion um die Pflichtdeliktslehre andauert.[414] Einigkeit besteht, dass Täter einer Untreue nur derjenige sein kann, der die geforderte Sonderpflicht in Form der Vermögensbetreuungspflicht inne hat. Bei mehreren Beteiligten können deshalb auch nur diejenigen Täterpositionen einnehmen, die selbst vermögensbetreuungspflichtig sind.[415]

410 Vgl. dazu die Darstellung bei *Ransiek* Unternehmensstrafrecht, S. 84 ff.
411 Vgl. dazu *Maurach/Schroeder/Maiwald* Strafrecht B.T.I, § 45 Rn. 21.
412 Statt vieler *Otto* Grundkurs Strafrecht, AT § 21 Rn. 9 ff.
413 So bei *Roxin* Strafrecht A.T.II, § 25 Rn. 271.
414 *Maurach/Schroeder/Maiwald* Strafrecht B.T.I, § 45 Rn. 21.
415 Vgl. Sch/Sch-*Lenckner/Perron* § 266 Rn. 52; *Maurach/Schroeder/Maiwald* Strafrecht B.T.I, § 45 Rn. 24; *Mitsch* Strafrecht B.T. II/1, § 8 Rn. 52; *Otto* Grundkurs Strafrecht, BT § 54 Rn. 3; LK-

Damit steht negativ betrachtet fest, dass jemand, der nicht sonder- und konkret vermögensbetreuungspflichtig ist, nicht Täter, sondern allenfalls Teilnehmer an der Untreue eines anderen sein kann. In dieser Hinsicht sind eindeutige Aussagen möglich. Noch nicht beantwortet ist damit die Frage, wann jemand – nun positiv betrachtet – eine Täterposition einnimmt. Denn keineswegs ist gesagt, dass ein Sonderpflichtiger automatisch zum Täter wird. Selbst von der Feststellung der Verletzung der Sonderpflicht bei gleichzeitigem Eintritt der zu vermeidenden Rechtsgutsverletzung kann nicht zugleich auf die Erfüllung des Tatbestands als Täter geschlossen werden. Teilweise wird vertreten, dass bei der Untreue aufgrund ihrer Deliktsnatur die ansonsten verbreitet anerkannte „Tatherrschaft als maßgebendes Täterschaftskriterium suspendiert und durch das Kriterium der Verletzung einer vorstrafrechtlichen Sonderpflicht ersetzt“ wird.[416] Bei näherer Betrachtung kann dem Merkmal des Innehabens der Sonderpflicht bzw. deren Verletzung allerdings nicht allein konstituierende Bedeutung im Sinne einer hinreichenden Bedingung für Begründung der Täterschaftsposition zukommen. Es würde ansonsten ein Tatbestandsmerkmal, das den Täterkreis begrenzen soll, zum alleinigen konstituierenden Täterschaftsmerkmal.[417]

Über das Bestehen der Sonderpflicht in der fraglichen Person hinaus bedarf es deshalb weiterer Kriterien zur Begründung einer Täterstrafbarkeit. *Schroeder/Maiwald* fordern diesbezüglich im Anschluss an diese Feststellung, dass nicht jede Pflichtverletzung eine Täterschaftsposition auslöst, sondern die Täterschaft nach wie vor die Tatherrschaft voraussetzt.[418] Für den Unterlassungsbereich, dessen Wertungen hinsichtlich der Garantenstellungen auf Sonderpflichten übertragen werden können, soll nach *Otto* auf die originäre Zuweisung eines besonderen Verantwortungsbereichs, nämlich für den Täter der primären Verantwortung für eine Rechtsgutsverletzung abzustellen sein.[419] Es werden hier normative Kriterien angeboten, die ein allgemeingültiges Lösungsschema allerdings nicht zulassen. Unab-

Schünemann § 266 Rn. 160; *Tiedemann* GmbH-Strafrecht, Vor §§ 82 ff. Rn. 13. – Allgemein zu Fragen der Täterschaft und Teilnahme unter Berücksichtigung des Erfordernisses des Innehabens der entsprechenden Sonderpflicht in der Person des Täters *Sánchez-Vera* Pflichtdelikt und Beteiligung, S. 147 ff., 167 ff.

416 *Mitsch* Strafrecht B.T. II/1, § 8 Rn. 53.

417 So bzgl. der Unterlassungsdelikte *Otto* Grundkurs Strafrecht, AT § 21 Rn. 37.

418 *Maurach/Schroeder/Maiwald* Strafrecht B.T.I, § 45 Rn. 21.

419 *Otto* Grundkurs Strafrecht, AT § 21 Rn. 37.

hängig von der Suche nach einer allgemeingültigen Formel stellt sich für konzernspezifische Untreuekonstellationen die konkrete Frage, wer im Zusammenspiel der Unternehmensleitungen der herrschenden und der abhängigen Gesellschaft als Täter oder als Teilnehmer anzusehen ist. Bei unternehmerischen Entscheidungen größeren Ausmaßes werden nämlich in aller Regel sowohl die Leitungsorgane der herrschenden, als auch der abhängigen Gesellschaften beteiligt sein, deren Mitglieder evtl. jeweils sonderpflichtig sind. Hier wird man von einer Täterschaft in Form einer Mittäterschaft[420] jedenfalls dann ausgehen können, wenn die beteiligten Vermögensbetreuungspflichtigen aufgrund eines gemeinsam abgestimmten Verhaltens einvernehmlich die schädigende Folge herbeiführen. Als gemeinsam abgestimmt müssen auch solche Vorgehensweisen anzusehen sein, für die die Konzernleitung einen Vorschlag unterbreitet, mit dem sich dann die Leitung der Tochtergesellschaft einverstanden erklärt oder ihn sich sogar zu eigen macht. Bedient sich ein Vermögensbetreuungspflichtiger bei der Umsetzung seines, das betreute Vermögen schädigenden Plans eines anderen Vermögensbetreuungspflichtigen, so wird dieser nicht automatisch zum Täter, sondern es bedarf der individuellen Würdigung des Einzelfalls, ob er Täter oder Teilnehmer ist oder sogar eine Teilnehmerstrafbarkeit entfällt.

1. Täterschaft und Teilnahme auf Seiten der abhängigen Gesellschaft

Aufgrund der rechtlichen Selbstständigkeit der einzelnen Konzernunternehmen bedarf es bei Maßnahmen mit konzernweiter Dimension in der Regel eines Zusammenspiels zwischen den Leitungsorganen der Konzernmutter einerseits und der Konzerntochter andererseits. Die stets bestehende Vermögensbetreuungspflicht der Unternehmensleitung lenkt für die Leitungspersonen der Konzerntochter den Blick auf eine Täterposition. Und in der Tat führt nach dem oben Gesagten die Umsetzung eines gemeinsam abgestimmten Plans zu einer Täterschaft zumindest auch der Leitungspersonen der abhängigen Gesellschaft. Probleme tauchen aber dann auf, wenn die Pläne nicht abgestimmt sind, bzw. die Leitung der abhängigen Gesellschaft die Pläne nur auf Druck der Konzernleitung umsetzt. Auch in diesen Fäl-

420 Vgl. zur Frage, ob überhaupt eine Mittäterschaft bei Sonderpflichtdelikten bzw. sog. Pflichtdelikten möglich ist oder es sich nicht vielmehr um eine bloße Nebentäterschaft handelt die ausgiebige Diskussion bei *Sánchez-Vera* Pflichtdelikt und Beteiligung, insbes. S. 158 ff.

len wird sie aus ihrer Vermögensbetreuungspflicht nicht entlassen und hat sich an den daraus resultierenden Verhaltenspflichten zu orientieren. Werden diese Pflichten verletzt und das Vorhaben umgesetzt, ist von einer Täterstellung auszugehen. Denn die Umsetzung geschieht dann unmittelbar durch die Leitung der Konzerntochter, die auch weiterhin und trotz bestehenden Drucks seitens der Konzernmutter der Gesellschaft gegenüber verpflichtet ist.[421] Eine andere Beurteilung ist dann angezeigt, wenn die Leitung des abhängigen Unternehmens aufgrund gesellschafts- oder konzernrechtlicher Vorgaben rechtlich zur Ausführung einer nachteiligen Weisung verpflichtet ist. Zunächst ist hervorzuheben, dass die Leitung der abhängigen Gesellschaften in derlei Situationen die bereits beschriebenen Prüfpflichten treffen, ob die Weisung tatsächlich verbindlich ist. Bereits die Verletzung der Prüfpflicht kann eine täterschaftliche Begehung einer Untreue unabhängig von der Zusammenarbeit mit der herrschenden Gesellschaft und der von dieser beabsichtigten schädigenden Maßnahme begründen. Jenseits der Prüfpflicht stellt sich in derartigen Konstellationen die Frage, inwieweit die Leitungspersonen in der abhängigen Gesellschaft zum Wohle der von ihnen geleiteten (abhängigen) Gesellschaft handeln dürfen, ohne sich als Teilnehmer an einer Untreue der Leitung der Konzernmutter schuldig zu machen. Es entsteht ein Spannungsfeld zwischen den zivilrechtlichen Anforderungen, die an die Leitung der abhängigen Gesellschaft gestellt werden und der über die Zusammenhänge im Konzern vermittelten Gefahr, zum Teilnehmer an einer Untreue der im herrschenden Unternehmen handelnden Personen zu werden.

Besonders deutlich wird dieses Spannungsfeld in folgendem Fall: Im Vertragskonzern erteilt die Leitung der Muttergesellschaft der abhängigen Aktiengesellschaft – für die GmbH gilt das entsprechend – eine Weisung, die sich nachteilig auf das Vermögen der Tochtergesellschaft auswirkt. Der Vorstand der abhängigen Gesellschaft hat erhebliche Zweifel im Sinne bedingten Vorsatzes, ob die Ausführung der Weisung tatsächlich im Konzerninteresse liegt, offensichtlich ist das Fehlen des Konzerninteresses allerdings nicht. In der Tat liegt er mit seiner Vermutung richtig und dem herbeigeführten Nachteil steht kein adäquater Vorteil für die im Konzern verbundenen Unternehmen gegenüber, so dass die Ausführung der Weisung letztlich zu einer Untreue zum Nachteil der abhängigen Gesellschaft führen würde. Die

421 Vgl. auch *Ransiek* Unternehmensstrafrecht, S. 66, der entsprechendes für die Geschäftsführung der GmbH bei einer Weisung durch die Gesellschafter annimmt.

Weisung ist deshalb an sich unzulässig, weil sie nicht den Vorgaben des § 308 Abs. 1 AktG entspricht. Aufgrund der fehlenden Offensichtlichkeit ist die Leitung der abhängigen Gesellschaft aber dennoch dazu verpflichtet, die Weisung auszuführen. Diese auf die eigenartige Regelung[422] des § 308 Abs. 2 AktG zurückzuführende Rechtslage ist zwar kurios, für das Strafrecht aber dennoch bindend. Die Umsetzung der Weisung stellte also nach zivilrechtlichen Vorgaben keine Pflichtverletzung auf Seiten der abhängigen Gesellschaft dar. In strafrechtlicher Hinsicht führt das zum Entfallen einer Verletzung der Vermögensbetreuungspflicht, da sich deren Umfang maßgeblich an den zivilrechtlichen Vorgaben orientiert. Die Leitungspersonen der abhängigen Gesellschaft scheiden damit als Täter aus. Die in diesem Zusammenhang von den Leitungspersonen der herrschenden Gesellschaft begangenen Pflichtverletzungen können auch nicht den Personen in der abhängigen Gesellschaft zugerechnet werden. Sie muss als persönliche Pflicht[423] vielmehr in der Person des jeweiligen (Mit-) Täters eintreten. Die Pflichtverletzung eines an der Tat Beteiligten überträgt sich damit nicht auf alle anderen Beteiligten, auch wenn diese in den Tatplan einbezogen sind.

Nichtsdestotrotz stellt die Umsetzung der Weisung eine Unterstützungshandlung der von der Leitung der Konzernmutter verwirklichten Untreue dar. Nach den Grundsätzen von Täterschaft und Teilnahme, würden die Leitungspersonen der abhängigen Gesellschaft zum Gehilfen dieser Tat. Kann nun aber die aufgrund der zivilrechtlichen Rahmenbedingungen pflichtgemäße Ausführungshandlung, die nicht zur Täterschaft führt, als strafbare Gehilfenhandlung qualifiziert werden? Die Befolgung der zivilrechtlichen Pflicht würde damit zur strafbaren Handlung. Dies ist ein Kuriosum, das letztlich auf die bereits genannte Regelung des § 308 Abs 2 AktG zurückgeht und zu einem klaren Wertungswiderspruch führt. Fraglich ist, wie dieser Wertungswiderspruch aufgelöst werden kann. Das Spannungsfeld ist in ähnlicher Form durchaus in anderen Konstellationen bekannt. Im Rahmen des § 291 StGB ist der Bewucherte selbst nicht Täter einer Straftat, leitet aber selbstverständlich rein formal gesehen einen Gehilfenbeitrag zur Erfüllung des Tatbestands des Wuchers, da dieser nur durch das entgegengesetzte Zusammenwirken der Beteiligten verwirklicht werden kann. In der gleichen Art war nach überholter Rechts-

422 Als solche benannt bei *Emmerich* in: *Emmerich/Habersack* Konzernrecht, § 308 Rn. 52.

423 Die Vermögensbetreuungspflicht wird auch allgemein als besonderes persönliches Merkmal i.S.v. § 28 Abs. 1 StGB angesehen, vgl. statt vieler LK-*Schünemann* § 266 Rn. 160 ff. m.w.N.

lage dem sog. Sekundärinsider die Weitergabe von Insiderinformationen durchaus erlaubt, wenn er sie nicht für sich ausgenutzt hat. Gab er sie einem anderen weiter, von dem er weiß, dass dieser sie in strafbarer Weise ausnutzen wird, war das zivilrechtlich nicht zu beanstanden, es stellte sich aber die Frage, ob er nicht als Teilnehmer dieser Tat anzusehen ist. Das in diesen Fällen bestehende Spannungsfeld ist durchaus dem dargestellten ähnlich. Diese Fälle der sog. notwendigen Teilnahme[424] unterscheidet von dem konzernrechtlichen Problem ein ganz entscheidender Punkt. Die Teilnahmehandlung ist in den beschriebenen Fällen bereits im Tatbestand vorgesehen und von diesem notwendigerweise erfasst. Die Untreue hingegen berücksichtigt in ihrer Formulierung des gesetzlichen Tatbestands die Beteiligungshandlung einer anderen Person gerade nicht, weshalb sich aus der Ausgestaltung des Tatbestands heraus keine von den grundsätzlichen Regeln abweichende Beurteilung rechtfertigt.

Voraussetzung einer Strafbarkeit ist jedoch auch für die Gehilfentat, dass diese pflichtwidrig war. Für den Teilnehmer an einer Untreue bedarf es zwar keiner Verletzung einer Sonderpflicht, allerdings muss auch er rechtspflichtwidrig gehandelt haben. Die Vorgaben des Zivilrechts für das von der Leitung des abhängigen Unternehmens zu fordernde Verhalten beantworten allerdings nicht nur die Frage, ob eine bestehende Vermögensbetreuungspflicht verletzt wurde. Sie enthalten vielmehr auch allgemeine Anforderungen an das Verhalten der beteiligten Personen über den Maßstab für die Vermögensbetreuungspflicht als Sonderpflicht hinaus. Deshalb kann nicht von einem rechtspflichtwidrigen Verhalten seitens der Leitung des abhängigen Unternehmens ausgegangen werden, wenn diese in Übereinstimmung mit den gesellschaftsrechtlichen Vorgaben handelt. Eine strafbare Beihilfehandlung liegt in diesen Fällen keinesfalls vor. Soweit von einer Indizwirkung des erfüllten Tatbestands auf die Rechtswidrigkeit der Tat geschlossen wird, gelingt eine Auflösung des offen zu Tage tretenden Wertungswiderspruchs nur, indem man den entsprechenden Vorschriften des Konzernrechts, hier dem § 308 AktG, rechtfertigende Wirkung im Sinne eines gesetzlich vertypten Rechtfertigungsgrundes zuspricht.

---

424 Vgl. dazu im Überblick mit den diskutierten Fallgruppen *Otto* Grundkurs Strafrecht, AT § 22 Rn. 70 ff.; *Roxin* A.T.II, § 26 Rn. 41 ff.

2. Täterschaft und Teilnahme auf Seiten des herrschenden Unternehmens

Eine konzernspezifische Untreuetäterschaft im Konzern kommt in zweierlei grundsätzliche Richtungen in Betracht: Einmal gegenüber der abhängigen Gesellschaft, durch die (unmittelbare) Schädigung deren Vermögens und zum zweiten über die konzernrechtlichen Zusammenhänge durch die (mittelbare) Schädigung der eigenen, herrschenden Gesellschaft. Auch hier kommt der Vermögensbetreuungspflicht eine entscheidende Bedeutung zu. Gegenüber dem herrschenden Unternehmen ist dessen Leitung stets vermögensbetreuungspflichtig, weshalb die mittelbare Schädigung des eigenen Unternehmens unproblematisch eine täterschaftliche Tatbestandverwirklichung auslösen kann. Doch bei weitem nicht in jeder denkbaren Konstellation obliegt den Leitungspersonen der herrschenden Gesellschaft auch eine Vermögensbetreuungspflicht gegenüber der abhängigen Gesellschaft. Das Fehlen einer Vermögensbetreuungspflicht gegenüber der abhängigen Gesellschaft führt indes nicht zwangsläufig zu einer Entlastung der für das herrschende Unternehmen tätigen Personen auf ganzer Linie. Denn das Fehlen eines die Täterschaft konstituierenden Elements bedeutet zwar das Ausscheiden einer Täterposition, doch bleibt eine Beteiligung an einer Untreuehandlung der Leitung der abhängigen Gesellschaft denkbar. Nutzen die im herrschenden Unternehmen tätigen Personen nämlich ihren Einfluss, um die Leitung der abhängigen Gesellschaft zu einem Verhalten zu bewegen, das eine Verletzung der den dort tätigen Personen obliegenden Vermögensbetreuungspflicht darstellt und sie zum Untreuetäter werden lässt, ist in dieser Einflussnahme eine Anstiftung zu der auf Seiten der abhängigen Gesellschaft verwirklichten Untreue zu sehen.

Die eigentlich problematischen Fragen werfen aber die Sachverhaltskonstellationen auf, in denen die Leitung der Konzernmutter gegenüber dem Tochterunternehmen vermögensbetreuungspflichtig ist. Zwar wurde oben im Zusammenhang mit den Täterschaftsfragen im abhängigen Unternehmen bereits angedeutet, dass dann von einer Täterschaftsposition sowohl der Leitungspersonen im abhängigen als auch derjenigen im herrschenden Unternehmen auszugehen ist, wenn im gegenseitigen Einvernehmen eine Schädigung der Tochtergesellschaft über das vom Konzernrecht erlaubte Maß hinaus herbeigeführt wird, doch stellt sich bei näherer Betrachtung der Tatausführung durch die Leitung der Konzernmutter ein gravierendes Problem. In den betreffenden Fallkonstellationen ist die Konzernmutter nämlich stets auf eine Umsetzungshandlung seitens der Leitung der abhängigen Gesellschaft angewiesen. Sie selbst führt die Schädigung nicht unmittelbar herbei, sondern gibt lediglich Anweisungen, die für sich noch keine Schädigung bedeuten. Erst das Zutun der Leitung der Tochtergesellschaft führt zum Vermögensnachteil. Es stellt sich deshalb die Frage, ob die Konzernleitung überhaupt als Täter angesehen werden kann, obwohl sie selbst den Schaden gar nicht unmittelbar hervorgerufen hat, sondern dies durch einen Dritten, der ebenfalls als Täter qualifiziert werden soll, geschah. Die Verantwortlichkeiten als Täter seitens der Leitungspersonen der abhängigen und der herrschenden Gesellschaft müssten dann nebeneinander bestehen. Tatsächlich ist dieses Problem aber kein für Konzerne typisches. Die Fragen stellen sich parallel auch in unternehmensinternen Abläufen unabhängiger Gesellschaften. Auch hier ist die Unternehmensleitung regelmäßig auf die Ausführungshandlungen der in dem Unternehmen beschäftigten Personen angewiesen. Und auch hier hat die Leitung zwar ein innerhalb des gesetzlichen Rahmens verbindliches Weisungsrecht, gegen das sich die Ausführenden jedoch praktisch durchaus stellen können. Insofern kann weitestgehend auf die in diesem Zusammenhang geführte Diskussion verwiesen werden.[425] Für Konzernsachverhalte wird in den Stellungnahmen der Literatur die Möglichkeit einer Täterschaft der Konzerleitungspersonen weitgehend vorausgesetzt, das Zusammenspiel der Beteiligten unter Täterschafts- und Teilnehmergesichtspunkten aber nicht näher erörtert.[426] Auch der BGH beschränkt sich in seinem Strafrechtsurteil in der Sache „Bremer Vulkan“ auf die lapidare Feststellung, dass hinsichtlich einer Täterschaft „die Annahme einer mittelbaren Täterschaft kraft Organisationsherrschaft“ nahe liege.[427] Allerdings stößt diese Konstruktion in der Literatur zu Recht auf heftige Kritik, da die – ihrerseits umstrittene – Konstruktion der mittelbaren Täterschaft aufgrund organisatorischen Machtapparates, auf deren Ausweitung das Konstrukt beruht, durch die Übertragung auf Wirtschaftsunternehmen jegliche Konturen verliert.[428] Unabhängig von der zugrunde liegenden Konstruktion verdient die Lösung, dass auch die Leitungspersonen in der herrschenden Gesellschaft bei bestehender Vermögensbetreuungspflicht unabhängig davon, ob die für die abhängige Gesellschaft han-

425 Vgl. dazu *Bosch* Organisationsverschulden, S. 142 ff., 226 ff.; *Otto* Grundkurs Strafrecht, AT § 21 Rn. 92; *Ransiek* Unternehmensstrafrecht, S. 41 ff., 78 ff.; *Weißer* Kausalitäts- und Täterschaftsprobleme, S. 90 ff.

426 Vgl. z.B. *Kohlmann* Strafrechtliche Verantwortlichkeit, Rn. 360 ff.; *Tiedemann* GmbH-Strafrecht, Vor §§ 82 ff. Rn. 22 ff.

427 BGHSt 40, 218, 236 ff; 45, 270, 296 ff.; BGH NJW 2004, 375, 378.

428 Vgl. *Otto* Grundkurs Strafrecht, AT § 21 Rn. 92 mit zahlreichen Nachweisen.

delnden Personen selbst ebenfalls Täter sind, als Täter zu behandeln sind, Zustimmung. Denn es ändern sich weder das Erscheinungsbild und der Charakter noch der Unwertgehalt der Handlung. Dass evtl. die Leitungspersonen der abhängigen Gesellschaft daneben oder zusammen mit ihnen ebenfalls zum Täter werden, entlässt sie nicht aus ihrer Verantwortung.

II. Verantwortlichkeit bei Kollegialentscheidungen

Bislang war stets die Rede von der Verantwortlichkeit der Leitung oder der Leitungspersonen in den betreffenden Konzerngesellschaften. Gerade Entscheidungen mit konzernweiter Bedeutung gehen aber regelmäßig nicht auf einzelne Personen zurück, sondern werden aufgrund ihrer oftmals wegweisenden Bedeutung für das gesamte Unternehmensgefüge zum einen in Abstimmung mit den beteiligten Gesellschaften – was nach obigen Ausführungen die Grundlage einer Mittäterschaft darstellen kann – und zum anderen in den jeweiligen Entscheidungsgremien der Gesellschaften beraten und entschieden. Wie bei jeder Kollektiventscheidung, stellt sich auch hier die Frage nach der individuellen strafrechtlichen Verantwortlichkeit der einzelnen Personen in den Gremien. Dabei handelt es sich aber nicht um ein Problem, das auf den Besonderheiten der Einbindung einer Gesellschaft in einen Konzern beruht. Vielmehr sind die Grundsätze, die für unabhängige Unternehmen insbesondere im Anschluss an das Lederspray-Urteil des BGH[429] entwickelt wurden, in vollem Umfang auch für Konzernunternehmen gültig.[430] Im Ergebnis wird diesen Grundsätzen zufolge angenommen, dass die Einbettung in ein mehrköpfiges Organ als Gremium die einzelnen Mitglieder trotz bestehender Probleme, die Kausalität des jeweiligen Tatbeitrags nachzuweisen, nicht von einer Täterschaft befreit. Die Gremiumsmitglieder werden stattdessen als Mittäter der gemeinschaftlich begangenen Straftat angesehen.[431]

Das im Anschuss an diese Grundsätze bei mehrköpfigen Organen zu fordernde Verhalten der einzelnen Personen konkretisiert im Übrigen die jeweilige Verhaltenspflicht im Rahmen der Untreue. Verstößt ein Vorstands- oder Aufsichtsrats-

---

429 BGHSt 37, 106.

430 Vgl. zur gesamten Thematik monographisch *Weißer* Kausalitäts- und Täterschaftsprobleme, sowie auf Unternehmen bezogen *Alexander* Wahrung der Verkehrssicherungspflichten, S. 146 ff.

431 Grundlegend dazu *Bosch* Organisationsverschulden, S. 81 ff. – vgl. auch *Alexander* Wahrung der Verkehrssicherungspflichten, S. 168 ff.

mitglied gegen diese Verhaltenspflichten im Zusammenhang mit Fragen der Vermögensbetreuung, stellt dies eine Verletzung der Vermögensbetreuungspflicht dar, die zu einer (mit-)täterschaftlichen Verwirklichung des Tatbestands führt.

Kapitel 4
Konsequenzen für gängige Problemfelder im Konzern

Welche Konsequenzen sich aus den allgemeinen Ausführungen zu Untreuefällen in Konzernen konkret ergeben, zeigt deren Anwendung auf die jeweiligen Sachverhalte. Anschaulich wird das an den bereits oben angesprochenen gängigen Problemfeldern in Konzernen. Jedes der verbreiteten Instrumente Cash Pooling, Upstream-Besicherung, Auffanggesellschaften mit Vermögenstransfers und Buy-Out-Verfahren bei Unternehmenstransaktionen bringt eigene Problempunkte mit sich, die nur durch die jeweilige Untersuchung der konkreten Fälle aufgelöst werden können. Ausgangspunkt ist oftmals das im Konzern bestehende Weisungsrecht sowie die faktische Möglichkeit auf unternehmerische Entscheidungen in abhängigen Gesellschaften einzuwirken. Die in allen Konzernformen geltende Beschränkung, dass für ein abhängiges Unternehmen nachteilige Maßnahmen ohnehin nur dann zulässig sind, wenn sie zum Wohle des gesamten Konzerns durchgeführt werden, gilt zwar auch hier, stellt in der Regel aber keine besondere Hürde dar. Letztlich dienen die Instrumente nämlich durchweg der Optimierung der Konzernfinanzierung bzw. der Konzernstruktur. Fraglich bleibt lediglich, in welchen Punkten die Instrumente problematisch sind und bis zu welchem Grad sie eingesetzt werden dürfen, ohne in Konflikt mit § 266 StGB zu geraten.

A. Cash Pooling und Darlehen an Gesellschafter

In der Form der bereits geschilderten Variante des physischen Cash-Management-Systems rücken im Falle eines betriebenen Cash Pooling vor allem die Fragen in den Mittelpunkt, inwieweit die Einlage gesellschaftseigener Liquiditätsreserven in das System einen Nachteil im Sinne des § 266 StGB darstellen können und wann bzw. in welcher Form eine Einlage getätigt werden darf, ohne gegen die Vermögensbetreuungspflichten, die die Leitung der abhängigen Gesellschaft dieser gegenüber inne hat, zu verstoßen. Angeschnitten wird in der geführten Diskussion überdies die Begründung einer Vermögensbetreuungspflicht alleine durch die Einbeziehung in ein zentrales Cash-Management-System.

Vereinzelt wird aus den Äußerungen des 5. Strafsenats des BGH in der „Bremer Vulkan“-Entscheidung geschlossen, bereits aus der im Cash Management liegenden Geschäftsbesorgung bzw. dem zugrunde liegenden Darlehensverhältnis ergebe sich eine Vermögensbetreuungspflicht des Trägers des Cash-Management-Systems gegenüber derjenigen Gesellschaft, die Gelder in das System einlegt.[1] Nach den gefundenen Ergebnissen zu den bestehenden Vermögensbetreuungspflichten im Konzern kommt der Frage indes keine entscheidende Bedeutung zu. Es ist regelmäßig bereits durch die Einflussnahme auf das abhängige Unternehmen ohnehin von einer Vermögensbetreuungspflicht auszugehen, ohne dass auf das Verwalten der Gelder des teilnehmenden Unternehmens abgestellt werden müsste.

Führt man sich vor Augen, dass ein zentrales Cash Management auf dem gegenseitigen Einräumen von Darlehen beruht, wird deutlich, dass weite Teile der für die Kreditvergabe entwickelten Grundsätze auch hier Anwendung finden können. Allen voran wirft die Weggabe liquider Mittel als Darlehen die Frage auf, ob bereits dadurch, also noch vor oder ohne Forderungsausfall, eine Schädigung der Darlehen gebenden Gesellschaft eingetreten sein könnte, denn es werden flüssige Mittel durch eine Geldforderung gegen den Träger des Cash-Management-Systems – regelmäßig die Muttergesellschaft – ersetzt. Ist die erworbene Forderung weniger wert, weil sie z.B. mit einem gesteigerten Ausfallrisiko behaftet ist, muss ein Schaden angenommen werden.[2] Bei der Ermittlung des Wertes bzw. einer etwaigen Wertdifferenz ist nämlich zu berücksichtigen, dass die einstmals im abhängigen Unternehmen vorhandenen Liquiditätsreserven regelmäßig ebenfalls nur Forderungen, und zwar gegen die kontoführende Bank der Konzerntochter, darstellten. Die Absicherung der Kredite sowie die jederzeitige Zugriffsmöglichkeit bilden die Vorgaben für den Vermögensvergleich vor und nach der Einlage der Mittel in das Cash-Management-System. Von einem gleichwertigen Vermögensgut und damit dem Fehlen eines Schadens kann nur ausgegangen werden, wenn das hingegebene Darlehen zum einen ebenso einfach zurückgefordert werden kann wie die Auszahlung des Bankguthabens, die Zugriffsmöglichkeit auf die Gelder also nicht er-

1 *Schünemann* LM H. 5/2002 § 309 AktG 1965 Nr. 1 (Bl. 903); *Wattenberg* StV 2005, S. 524 f.

2 Das gilt unabhängig davon, ob man die Figur der „schadensgleichen Vermögensgefährdung“ anerkennt oder nicht. Vgl. dazu Kapitel 3 B I 2.

schwert wird. Zum anderen muss die Forderung gegen die Muttergesellschaft ebenso werthaltig, also sicher, sein wie gegen die Bank, was freilich schwer zu beurteilen ist. Anhaltspunkte dafür können das jeweilige „Rating" der Bank einerseits und des Mutterunternehmens andererseits liefern. Im Hinblick auf die Praxis der Rating-Agenturen ist dann allerdings in vielen Fällen von einer gegenüber der Auszahlungsforderung gegen die Bank minderwertigen Forderungen auszugehen.[3] Damit bleibt letztlich nur die Möglichkeit übrig, für die in den Cash Pool eingelegten Mittel entsprechende Sicherheiten zu verlangen. Ob eine Forderung tatsächlich ausreichend gesichert ist, ist jeweils eine Frage des konkreten Einzelfalls. Fest steht allerdings, dass bloß schuldrechtliche Zusagen seitens der Konzernmutter, z.B. Patronatserklärungen, nicht als ausreichendes Sicherungsmittel in Frage kommen, da diese keine über den der Darlehensforderung hinausgehenden Wert haben. Vielmehr kommen nur persönliche Sicherheiten Dritter mit ausgewiesener Bonität oder dingliche Sicherungsmechanismen in Betracht.[4] Das heißt im Ergebnis, dass der in der Bilanz neutrale Aktivatausch durchaus auch als Nachteil i.S.d. § 266 StGB angesehen werden kann, da er bilanziell das Kreditrisiko und die erschwerte Zugriffsmöglichkeit nicht berücksichtigt.

Eine beachtliche Annäherung an die Ansicht, ein nicht ausreichend gesichertes Darlehen könne bereits an sich einen Schaden und nicht nur eine schadensgleiche Vermögensgefährdung darstellen, hat im Übrigen der BGH in Zivilsachen unternommen. Mit Urteil vom 24.11.2003 entschied er, dass „Kreditgewährungen an Gesellschafter, die nicht aus Rücklagen oder Gewinnvorträgen, sondern zu Lasten des gebundenen Vermögens der Gesellschaft bestritten werden, ... auch dann grundsätzlich als verbotene Auszahlung von Gesellschaftsvermögen i.S. von § 30 GmbHG zu bewerten [sind], wenn der Rückzahlungsanspruch gegen den Gesellschafter vollwertig sein sollte".[5] Denn der „Austausch liquider Haftungsmasse gegen eine zeitlich hinausgeschobene schuldrechtliche Forderung verschlechtert ... die Vermögenslage der Gesellschaft".[6] Offen gelassen wurde in diesem. Zusammenhang explizit, ob eine Ausnahme dann zu machen ist, „wenn die Darlehensvergabe im Interesse der Gesellschaft liegt, die Darlehensbedingungen dem

3 Vgl. auch *Schilmar* DB 2004, S. 1414.
4 *Seibt* NJW-Spezial, 5/2004, S. 220 m.w.N.
5 BGH NJW 2004, 1111, 1111 . – Vgl. dazu *Habersack/Schürnbrand* NZG 2004, S. 690 ff.; *Seibt* NJW-Spezial, 5/2004, S. 219 f.
6 BGH NJW 2004, 1111, 1111.

Drittvergleich standhalten und die Kreditwürdigkeit des Gesellschafters selbst bei Anlegung strengster Maßstäbe außerhalb jedes vernünftigen Zweifels steht oder die Rückzahlung des Darlehens durch werthaltige Sicherheiten voll gewährleistet ist".[7] In der Sache wurde damit bestätigt, dass eine Darlehensforderung grundsätzlich nicht denselben Stellenwert hat wie eine frei verfügbare Liquiditätsreserve im Unternehmen, ohne allerdings genauer zu berücksichtigen, dass es sich bei den liquiden Reserven in der Regel wie dargelegt ebenfalls um schuldrechtliche Forderungen handelt.

In die Bestimmung eines möglichen Nachteils durch die Einlage von Liquiditätsreserven in einen gemeinsamen Cash Pool sind allerdings auch die Vorteile, ggf. im Sinne einer Gesamtbetrachtung[8] der Unternehmens- und Konzernfinanzierung, die einem Unternehmen durch ein zentrales Cash-Management-System entstehen, einzubeziehen. Diese werden zwar nicht in der Verzinsung der eingelegten Gelder bestehen, da die Zinsen in einem derartigen System sich in der Praxis häufig am Basiszins orientieren und damit regelmäßig außerordentlich niedrig sind, sondern vielmehr in der Möglichkeit, gerade aufgrund des im System vorherrschenden niedrigen Zinsniveaus bei Bedarf selbst günstig Kredite zu erhalten. Ob diese Beschaffungsmöglichkeit geeignet ist, die schlecht verzinste und evtl. nicht ausreichend gesicherte Einlage zu kompensieren, wird aber stets eine Frage der Beurteilung im Einzelfall bleiben.

Die vom BGH in Betracht gezogene Ausnahmeregelung deutet in eine Richtung, die auch für eine Untreuestrafbarkeit von Bedeutung ist. Nicht jede Nachteilszufügung führt automatisch zu einer wegen § 266 StGB zu bestrafenden Handlung. Vielmehr muss der Nachteil gerade auf einer Pflichtverletzung des Täters beruhen. Es ist also ein Verstoß der handelnden Leitungsorgane bei der Beteiligung an einem Cash Pool bzw. bei der Veranlassung zur Beteiligung gegen ihre aus bestehenden Vermögensbetreuungspflichten resultierenden Verhaltenspflichten erforderlich. Hier gelten die allgemein entwickelten Verhaltensregeln, die lediglich auf die Situation eines zentralen Cash Managements anzuwenden sind. Deshalb ist der Leitung des abhängigen Unternehmens auch bei der Entscheidung, wann und unter welchen Konditionen liquide Mittel in den Cash Pool eingebracht werden, ein

7 BGH NJW 2004, 1111, 1112.

8 Vgl. zur Berücksichtigungsfähigkeit von Ansprüchen auf rechtsgeschäftlicher Basis Kapitel 3 B III 1.

weiter Ermessensspielraum einzuräumen. Seine Entscheidungsfreiheit wird allerdings je nach Art des betreffenden Konzerns ggf. von Weisungen der Konzernmutter beeinträchtigt. Vor allem im faktischen Aktienkonzern bleiben jedoch weitreichende Prüfpflichten und die Forderung nach einer gewissenhaften Ermessensentscheidung bestehen. Bezogen auf die Beteiligung an einem zentralen Cash-Management-System heißt das, dass die Vor- und Nachteile der Einbringung der flüssigen Mittel in den Cash Pool gegeneinander abgewogen werden müssen und je nach Bonität der Muttergesellschaft evtl. Sicherheiten für die jeweilige Einlage zu verlangen sind. Je kreditwürdiger die Konzernmutter erscheint, desto weniger Wert muss auf die Besicherung gelegt werden. Einem Mutterunternehmen mit einem AAA-Rating nach Basel II, das zweifellos sehr selten zum Zuge kommt, können deshalb ohne weiteres Gelder als Darlehen auch ohne externe oder dingliche Besicherung zur Verfügung gestellte werden, da der Ausfall der Forderung genauso unwahrscheinlich erscheint, wie bei der Einlage des Geldes auf einem Bankkonto. Ebenso verhält es sich mit der zumeist niedrigen Verzinsung. Zwar hat die Leitung der das Darlehen gewährenden Gesellschaft einen weiten Ermessensspielraum, doch ist trotzdem zu fordern, dass zumindest geprüft wird, ob statt der Einlage in den Cash Pool nicht eine andere Anlage der Gelder mit höherer Rendite möglich gewesen wäre. Ist dies der Fall, muss das bei der unternehmerischen Entscheidung zumindest berücksichtigt werden. Etwas anderes gilt nur, wenn die Leitung ohnehin aufgrund bestehender Weisungsgebundenheit zur Einlage in den Cash Pool zu vorgegebenen Konditionen verpflichtet war.

Insbesondere für den GmbH-Konzern ist darüber hinaus zu berücksichtigen, dass die entsprechende Beeinflussung eines Tochterunternehmens durch die Muttergesellschaft zugleich die wirksam erteilte Zustimmung in die schädigende Beteiligung an einem zentralen Cash Management darstellen kann. Es greifen dann die oben dargelegten Grundsätze zum Einverständnis in eine schädigende Maßnahme, die der als Mehrheitsgesellschafterin der Tochter-GmbH auftretenden herrschenden Gesellschaft weit reichende Freiheiten einräumen und eine Untreuestrafbarkeit entfallen lassen. Allerdings kann die Zustimmung auch hier nur insoweit erteilt werden, wie die Dispositionsbefugnis reicht. Diese besteht nach den dargestellten Grundsätzen dann nicht mehr, wenn die Existenz der abhängigen Gesellschaft bedroht ist, was anerkanntermaßen jedenfalls dann der Fall sein soll, wenn das Stammkapital der abhängigen GmbH angegriffen wird. Hier erlangt wieder die geänderte Rechtsprechung zum möglichen Eingriff in das von § 30 GmbHG geschützte Stammkapital der Gesellschaft durch einen Aktivatausch aufgrund einer Kreditvergabe Relevanz. Erst die Feststellung, dass auch ein solches bilanziell neutrales Geschäft einen Verstoß gegen § 30 GmbHG darstellen kann, verhindert, dass dadurch über die Annahme einer wirksam erteilten Zustimmung die im Strafrecht entwickelten Grundsätze ausgehebelt werden können. Auch hier ist also zu beobachten, dass sich nunmehr zivilrechtliche und strafrechtliche Rechtsprechung weitestgehend ergänzen.

B. Upstream-Besicherung

Unternehmensübergreifende Sicherheitenbestellungen im Konzern treten in vielen unterschiedlichen Varianten auf. Der Grundfall der Kreditbesicherung im Konzern ist die Bestellung einer schuldrechtlichen oder dinglichen Sicherheit durch das abhängige Unternehmen für einen der Muttergesellschaft gewährten Kredit.[9] Bezogen auf eine mögliche Untreue stellt sich ähnlich wie beim Cash-Pooling auch hier die Frage, ob die Besicherung einen Nachteil im Sinne von § 266 StGB mit sich bringt und unter welchen Voraussetzungen die Eingehung eines Schadensrisikos oder die Hinnahme eines Schadens zulässig ist.

Dass die von einem Tochterunternehmen übernommene Besicherung eines Kredits, den die Muttergesellschaft aufgenommen hat, mit Risiken, insbesondere dem Ausfallrisiko der Konzernmutter, behaftet ist, ist offensichtlich. Bei einer Bilanzierung nach HGB stellt sich die Übernahme der Sicherheiten regelmäßig neutral dar.[10] Der akribische Vergleich des Vermögens vor und nach der erfolgten Besicherung zeigt aber darüber hinaus, dass dieses zusätzliche Risiko dennoch nicht nur eine Gefahr für das Vermögen der Tochtergesellschaft darstellt, sondern bereits tatsächlich als Schaden zu qualifizieren sein kann. Vermögensgegenstände, die zur Sicherheit übereignet wurden, stehen nämlich nicht in dem Maße zur freien Verfügung, wie nicht zur Sicherung herangezogene. Schuldrechtliche Sicherungszusagen bringen ebenfalls eine Belastung für das Gesamtvermögen der Tochtergesellschaft mit sich. Ausnahmen können sich nur ergeben, wenn die Nichtinanspruchnahme

9 *Schön* ZHR 159, S. 354.

10 Gem. § 251 HGB ist die Übernahme von Sicherheiten nur unter der Bilanz anzugeben, bzw. können Rückstellungen durch die Begründung von Rückgriffsansprüchen gegen die Muttergesellschaft vermieden werden. – Vgl. *Schilmar* DB 2004, S. 1415.

der Sicherheit bzw. eine Ersatzleistung für die ggf. fällige Leistung im Falle der Inanspruchnahme der Sicherheit ebenso gewährleistet ist, wie es der Rückzahlungsanspruch im Rahmen eines zentralen Cash-Management-Systems ist. Jedenfalls ein zugesagter Regressanspruch im Fall der Inanspruchnahme der Sicherheit wird allerdings in der Regel ohnehin wertlos sein, da der Darlehensgeber ansonsten nicht auf die Sicherheit bei der Tochter Zugriff nehmen würde.

Führt die Besicherung tatsächlich zu einem Nachteil für die Tochtergesellschaft, heißt das jedoch nicht zugleich, dass die Nachteilszufügung pflichtwidrig war. Auch hier gelten die besonderen Kompetenzen, die das Konzernrecht den Beteiligten allen voran im Vertragskonzern einräumt. Überdies besteht hier im Rahmen einer etwaigen Prüfpflicht ein weiter Ermessenspielraum, den es bei der strafrechtlichen Beurteilung zu berücksichtigen gilt.

Ebenso wie bei der Gewährung eines Kredits stellt sich bei der Bestellung von Sicherheiten für den Kredit eines faktisch herrschenden Gesellschafters, also der Muttergesellschaft im faktischen, insbesondere im faktischen GmbH-Konzern die Frage, inwieweit diese Handlung von einer wirksamen Zustimmung legalisiert werden kann. Von den allgemeinen Grundsätzen ausgehend kommt eine Legalisierung durchaus in Betracht, stößt aber auch in diesem Fall an ihre Grenze. Diese besteht hier ebenfalls in der Gefährdung der Existenz der die Sicherheit gewährenden Gesellschaft und ebenso wie bei Auszahlungen muss auch hier gelten, dass diese Grenze jedenfalls dann erreicht ist, wenn das Stammkapital der Tochtergesellschaft angegriffen wird, wie es in Rechtsprechung und Literatur allgemein anerkannt ist.[11] Die Diskussion, ob die Besicherung eines Kredites überhaupt im Rahmen des § 30 GmbHG beachtlich ist[12], wurde in der gesellschaftsrechtlichen Literatur im Zusammenhang mit der sich der Relevanz der Kreditgewährung an Gesellschafter für § 30 GmbHG widmenden BGH-Rechtsprechung erneut aufgegriffen.[13] Während in der Vergangenheit in der Literatur eine differenzierte Ansicht vertreten wurde, ist nunmehr anzunehmen, dass aus der Rechtsprechung des BGH

11 vgl. BGH wistra 2004, 345; BGHSt 35, 333, 336 f.; BGH NJW 2003, 2996, 2998; NJW 2000, 154, 155; NJW 1997, 66, 68 f; Vgl. für die h.L. die Darstellung bei LK-*Schünemann* § 266 Rn. 125 m.w.N. – a.A. Sch/Sch-*Lenckner/Perron* § 266 Rn. 21; *Nelles* Untreue, S. 483 ff., 512 ff., 549, 553; *Schramm* Untreue und Konsens, S. 122 f.

12 *Messer* ZHR 159 (1995), S. 383 ff.; *Schön* ZHR 159, S. 356 ff.; *Sonnenhol/Groß* ZHR 159, S. 396 ff.

13 *Schilmar* DB 2004, S. 1415.

die Konsequenzen gezogen werden und auch die Bestellung von Sicherheiten als Angriff auf das Stammkapital angesehen wird.[14] Zwar hat die Einbeziehung der Bestellung von Sicherheiten in den Anwendungsbereich des § 30 GmbHG keine zwingenden Folgen für das Strafrecht, da das Eindringen in das von § 30 GmbHG geschützte Stammkapital lediglich als (eindeutiges) Indiz für eine Existenzgefährdung verstanden wird. Gleichwohl wäre die Anerkennung der Bestellung von Sicherheiten im Rahmen des § 30 GmbHG aus strafrechtlicher Sicht zu begrüßen. Denn das zur Bestimmtheit der Kriterien beitragende Indiz des Angriffs auf § 30 GmbHG wäre dann ohne weiteres ebenso wie bei Auszahlungen an Gesellschafter bzw. das Mutterunternehmen auch für die Bestellung von Sicherheiten zu deren Gunsten heranzuziehen.

C. Unternehmenserwerb durch Buy-Out-Verfahren

Praktische Anwendung findet das Instrument der Upstream-Besicherung u.a. beim Unternehmenskauf, wenn dieser mit Hilfe des Einsatzes des Vermögens der Zielgesellschaft abgewickelt werden soll. Buy Outs treten in höchst unterschiedlichen Formen auf, so dass allgemeine Aussagen über deren Berührungspunkte mit § 266 StGB nicht möglich sind. In den typischen Verfahren des Anteilserwerbs mit anschließender Verschmelzung (Merger Buy Out)[15] und desjenigen mit anschließender Vermögensübertragung[16] können jedoch exemplarisch einige Problempunkte aufgezeigt werden. In Bezug auf eine etwaige Untreuestrafbarkeit bleibt festzuhalten, dass auch hier zunächst die allgemeinen gesellschaftsrechtlichen Rahmenbedingungen eine strafrechtliche Beurteilung beeinflussen und diese ggf. durch die konzernrechtlichen Spezialbestimmungen abgeändert oder konkretisiert werden.

Kennzeichnend ist beim Kauf durch ein Unternehmen, dass die Zielgesellschaft zu Beginn des Erwerbsvorgangs noch nicht in einen Konzern eingebunden ist. Erst die Übernahme der Mehrheit der Anteile und die Schaffung einer einheitlichen Leitung lässt einen (faktischen) Konzern entstehen. Da allerdings die Erwerbsvorgänge unter Einbeziehung des Vermögens der gekauften Gesellschaft zumeist in

14 *Habersack/Schürnbrand* NZG 2004, S. 696; *Schilmar* DB 2004, S. 1415.
15 *Fleischer* AG 1996, S. 498 m.w.N.
16 *Fleischer* AG 1996, S. 498 m.w.N.

mehreren Stufen geschehen, ist der Anwendungsbereich der konzernrechtlichen Sondervorschriften regelmäßig eröffnet.[17] Die Besonderheiten des Konzernrechts treten insbesondere beim Erwerb von Aktiengesellschaften zu Tage, da hier die Kapitalerhaltungsvorschriften des Konzernrechts aufgeweicht werden. Ob ein von der Tochtergesellschaft unterstützter Anteilskauf überhaupt wirksam ist, ist im Hinblick auf die aktienrechtlichen Schranken in §§ 71, 71 a AktG streitig, da unklar ist, ob diese Vorschriften in Konzernen überhaupt gelten.[18] Nach vollzogenem Erwerb greifen jedoch die §§ 311 ff. AktG, die die Möglichkeit eröffnen, nachteilig auf die Tochtergesellschaft einzuwirken, ohne sich dem Vorwurf der pflichtwidrigen Schädigung auszusetzen. Eine Pflichtwidrigkeit scheidet allerdings nur dann aus, wenn sich die Beteiligten im Rahmen dieser gesetzlichen Vorgaben bewegen, insbesondere also ein Nachteilsausgleich sichergestellt wird. Das muss in jedem Einzelfall überprüft werden, vor allem auch unter dem Aspekt einer geplanten späteren Verschmelzung der Zielgesellschaft auf die Erwerbergesellschaft.

D. Gründung von Auffanggesellschaften und Vermögensverschiebung innerhalb des Konzerns

Ist eine Verschmelzung nicht geplant, sondern sollen vielmehr die einzelnen werthaltigen Vermögensbestandteile im Anschluss an den Erwerb der Gesellschaft auf eine andere Konzerngesellschaft übertragen werden, greifen ebenfalls die Konzernprivilegien ein. Hinter der Buy-Out-Variante des Anteilserwerbs an der Zielgesellschaft mit anschließender Vermögensübertragung von der Zielgesellschaft auf die Erwerbergesellschaft kann sich mit anderen Worten aber ohne weiteres das Herstellen einer Abhängigkeit durch den Mehrheitserwerb und die sich daran anschließende Ausplünderung der erworbenen (Tochter-) Gesellschaft verbergen. Hinter dem wohlklingenden Begriff des Asset Stripping steckt im Grunde nicht mehr, als die unentgeltliche oder jedenfalls weit unter Marktpreisen angesiedelte Übertragung der lukrativen Geschäftsbereiche oder wertvollen Vermögensgegenstände auf die Erwerbergesellschaft. Dass dadurch ein Schaden für die Zielgesellschaft entsteht, bedarf keiner weiteren Erläuterung. Dieser entsteht aber genau

17 Vgl. die beispielhafte Darstellung eines Merger Buy Out bei *Kerber* DB 2004, S. 1027 ff.
18 Vgl. die Darstellung bei *Fleischer* AG 1996, S. 505 ff.

genommen erst nach dem Erwerb der Gesellschaft. Ein vergleichbares Vorgehen ist dort verbreitet, wo es um die Sicherung lukrativer Gesellschaftsteile bzw. deren Vermögensteile im Falle des drohenden Niedergangs einer Gesellschaft geht. In diesem Fall werden die Vermögensgegenstände aus dem bedrohten Unternehmen zu nicht marktgerechten Preisen abgezogen und auf andere Konzernunternehmen übertragen, die ggf. erst als Auffanggesellschaften gegründet werden. Insgesamt wird dieses Vorgehen seit Lampe als „Aushöhlung" der betroffenen Gesellschaften bezeichnet[19], da am Ende letztlich nur eine leere Hülle übrig bleibt und die Gesellschaft in die Insolvenz getrieben wird. Das macht bereits die Hauptschwierigkeit der Konstellation deutlich: Zwar greifen im Konzern Privilegien zur Schädigung der Tochtergesellschaften, dennoch eröffnen diese nicht durchweg die Möglichkeit zur Vermögensverlagerung. Diese besteht in erweitertem Maße nach den oben dargelegten Grundsätzen vor allem im Vertragskonzern, da dort nur eine Pflicht zum Verlustausgleich, nicht aber zum Ausgleich jeder schädigender Maßnahme besteht. Hier verhalten sich die Beteiligten nicht pflichtwidrig, wenn sie sich im Rahmen der Zulässigkeit (nachteiliger) Maßnahmen bewegen. Unabhängig von der Art der Konzernierung stellt jedoch stets die Existenzgefährdung der Gesellschaft die äußerste Grenze des Zulässigen dar. Gehen die Verantwortlichen in der herrschenden Gesellschaft über diese Grenze hinaus und verursachen vor allem im faktischen Konzern den Niedergang der abhängigen Gesellschaft außerhalb eines geordneten Liquidationsverfahrens, verhalten sie sich pflichtwidrig. In diesen Fällen kann dann regelmäßig vom Vorliegen einer Untreue ausgegangen werden.

19 *Lampe* GA 1987, S. 241.

Resümee

Nach wie vor sind die Probleme, die der Tatbestand der Untreue mit sich bringt nicht vollends gelöst und beschäftigen Literatur und Rechtsprechung in besonderem Maße. Ähnlich verhält es sich mit den rechtlichen Rahmenbedingungen für Konzerne, was nicht zuletzt auf die fehlende Kodifizierung eines GmbH-Konzernrechts zurückzuführen ist. Die Kombination der beiden Materien potenziert in deren Schnittbereich die Probleme und führt zu einer Reihe offener Fragen. Davon ausgehend, dass das Gesellschaftsrecht einen allgemein verbindlichen Rahmen vorgibt, der auch im Strafrecht zwingend zu beachten ist, halten die zivilrechtlichen Normen zwangsläufig Einzug in die strafrechtliche Beurteilung unter Untreuegesichtspunkten. Die Unterschiede im Zivilrecht schlagen auf das Strafrecht durch, wenn man faktische Konzerne einerseits und Vertragskonzerne andererseits betrachtet und beeinflussen die strafrechtliche Behandlung je nach Typ der abhängigen Gesellschaft, da die Rollen der einzelnen Organe in den verschiedenen Gesellschaftstypen höchst unterschiedlich sind.

Für die Beurteilung der Untreuefälle im Konzern kann je nach Konstellation mehr oder weniger auf die allgemein zu Fragen der Organuntreue in Kapitalgesellschaften gewonnen Erkenntnisse zurückgegriffen werden. Insbesondere ähnelt die Situation im faktischen GmbH-Konzern derjenigen, einer unverbundenen GmbH mit einem Mehrheitsgesellschafter. In allen anderen Fällen müssen die allgemeinen Erkenntnisse zur Organuntreue unter Berücksichtigung der konzernrechtlichen Besonderheiten teilweise erheblich modifiziert werden.

Für das Tatbestandsmerkmal der Nachteilszufügung stellt sich die Frage, inwieweit die zivilrechtlichen Vorschriften, Haftungstatbestände und Ausgleichsmechanismen auch für die Untreue Berücksichtigung finden müssen. Die genaue Untersuchung der einzelnen Ansprüche und deren Charakter und Voraussetzungen zeigen, dass ein Nachteil i.S.d. § 266 StGB nicht vorschnell abgelehnt werden darf. Entgegen der teilweise vertretenen Meinung sind Ausgleichs- und Ersatzansprüche in der Regel nicht geeignet, einen Schaden entfallen zu lassen. Namentlich sind weder der Ausgleich eines Jahresfehlbetrages noch die Kompensation eines Nachteiles zum Ablauf des Geschäftsjahres oder sogar danach zum Ausschluss der Untreue aufgrund mangelnden Schadens anzuerkennen. Allerdings kann sich ein

Entfallen einer Untreue unter Berücksichtigung dieser Normen durchaus auf anderem Wege, etwa dem Entfallen der erforderlichen Pflichtwidrigkeit, ergeben.

Die in unverbundenen Gesellschaften bestehenden Vermögensbetreuungspflichten der Gesellschaftsorgane bestehen ebenso, wenn Gesellschaften in einen Konzern eingebunden sind. Allerdings haben die besonderen Kompetenzen und Einflussnahmemöglichkeiten der beteiligten Unternehmen und der für sie tätigen Personen erheblichen Einfluss auf die Begründung darüber hinaus gehender Vermögensbetreuungspflichten. Hier führt indes nicht jede unternehmensübergreifende Verflechtung oder Verpflichtung zu unternehmensübergreifenden Vermögensbetreuungspflichten.

Für den Vertragskonzern ergibt sich unabhängig ob Aktien- oder GmbH-Konzern für die Organe der beteiligten Gesellschaften konkret folgendes Bild:

- Die Unternehmensleitung der herrschenden Gesellschaft, also Vorstand der Aktiengesellschaft bzw. Geschäftsführung der GmbH, muss bei der aktiven Einflussnahme auf das Vermögen der abhängigen Gesellschaft deren Vermögensinteressen wahren. Sie ist aber nicht dazu verpflichtet, zum Zwecke der Vermögensbetreuung aktiv tätig zu werden. Allerdings verpflichtet die umfassende Vermögensbetreuungspflicht gegenüber der herrschenden Gesellschaft dazu, darauf zu achten, dass deren Vermögen nicht aufgrund der konzernspezifischen Zusammenhänge bei einer Einflussnahme auf die Konzerntochter geschädigt wird.
- Für den Aufsichtsrat der herrschenden Gesellschaft bringt die Einbeziehung in den Konzern regelmäßig keine Erweiterung des Personenkreises mit sich, demgegenüber er vermögensbetreuungspflichtig ist. Gegenüber der abhängigen Konzerngesellschaft besteht keine Vermögensbetreuungspflicht. Die besonderen Einflüsse, die die Einbeziehung in einen Vertragskonzern mit sich bringt, hat er aber ggf. bei der Erfüllung der Vermögensbetreuungspflicht gegenüber der eigenen, herrschenden Gesellschaft zur berücksichtigen.
- Durch den Abschluss des Beherrschungsvertrags wird das abhängige Unternehmen in den Dienst der herrschenden Gesellschaft gestellt. Das begründet für die Leitung der Konzerntochter eine umfassende Vermögensbetreuungspflicht gegenüber der Konzernmutter.

- Der evtl. bestehende Aufsichtsrat in einer vertraglich konzernierten Gesellschaft bleibt unverändert der abhängigen Gesellschaft verpflichtet und wird durch die Einbeziehung in den Konzern gegenüber der Konzernmutter nicht vermögensbetreuungspflichtig.

Anders stellt sich die Situation im faktischen Konzern dar:

- Die beschränkt mögliche Einflussnahme auf das abhängige Unternehmen durch den Mehrheitsaktionär führt im faktischen Aktienkonzern dazu, dass die Leitung der Konzernmutter nicht vermögensbetreuungspflichtig gegenüber der Tochtergesellschaft ist.
- Ebenso wie die Leitungsorgane der herrschenden Gesellschaft im faktisch abhängigen Aktienkonzern, bleibt die Vermögensbetreuungspflicht eines Aufsichtsrats in der herrschenden Gesellschaft auf diese beschränkt und erstreckt sich nicht auf die abhängige Gesellschaft.
- Aufgrund der Einflussnahmemöglichkeiten des herrschenden Gesellschafters im faktischen GmbH-Konzern besteht für die Leitung der herrschenden Gesellschaft eine Vermögensbetreuungspflicht. Diese ist allerdings darauf beschränkt, dass sie nur dann greift, wenn auf das Vermögen der abhängigen Gesellschaft aktiv eingewirkt wird. Eine umfassende Vermögensbetreuungspflicht derart, dass die Organe auch zur aktiven Mehrung des Vermögens verpflichtet sind, besteht allerdings nicht.
- Der Aufsichtsrat im herrschenden Unternehmen bleibt indes stets nur dieser verpflichtet, muss aber bei seiner Aufsichtspflicht die konzernspezifischen Zusammenhänge und die sich daraus ergebenden Auswirkungen auf die Gesellschaft berücksichtigen.
- In der faktisch abhängigen Gesellschaft sind sämtliche Organe weiterhin nur zur Vermögensbetreuung gegenüber der eigenen, also der abhängigen Gesellschaft verpflichtet.

Im Zusammenhang mit der Bedeutung der Möglichkeiten einer Einflussnahme auf abhängige Gesellschaften ist ein wesentlicher Unterschied zwischen dem zivilrechtlichen Konzernrecht und der Untreue in Konzernen hervorzuheben. Während im Zivilrecht der Anwendungsbereich der konzernrechtlichen Vorschriften unstreitig bereits bei der bloßen Möglichkeit der Einflussnahme eröffnet ist, ohne dass tatsächlich Einfluss ausgeübt werden muss, liegt die Situation im Untreuebereich anders. Unternehmensübergreifende und damit konzernspezifische Vermögensbetreuungspflichten, die unbedingte Voraussetzung für eine Untreuestrafbarkeit sind, entstehen nach den obigen Ausführungen erst im Falle tatsächlich ausgeübten Einflusses. Überhaupt beschränken sich konzerntypische Vermögensbetreuungspflichten auf Fälle aktiver Einflussnahme. Nur ausnahmsweise – etwa in Ingerenzfällen – besteht eine auf Konzernzusammenhängen beruhende Pflicht zum aktiven Handeln.

Die wohl größte Bedeutung haben die konzernrechtlichen Spezialvorschriften des Zivilrechts für die Frage der Beurteilung der Pflichtwidrigkeit des Verhaltens der beteiligten Personen. Gesteht das Zivilrecht einer Person explizit einen bestimmten Handlungsrahmen zu, so kann das in strafrechtlicher Sicht nicht als pflichtwidrige Handlung betrachtet werden, wenn das Zivilrecht gerade den allgemeingültigen Rechtsrahmen schafft. Die erweiterten Möglichkeiten, auf andere Konzernunternehmen Einfluss zu nehmen, verhindern in deren Rahmen eine Pflichtwidrigkeitsbeurteilung. Wie auch bei unabhängigen Unternehmen haben erforderliche Einschätzungen aus einer ex ante Perspektive heraus zu erfolgen und es sind den verantwortlichen Personen weite Ermessenspielräume einzuräumen. Insoweit gelten im Konzern die allgemeinen Grundsätze unverändert fort. Die für die unabhängige GmbH aktuell diskutierte Frage, inwieweit eine Zustimmung der Gesellschafter von einer Pflichtwidrigkeit befreien kann, wiederholt sich im Konzern. In weiten Teilen gelten hier dieselben Vorgaben wie schon in der unabhängigen GmbH, weshalb die Grenze der Existenzgefährdung auch im Konzern ein wichtiger Maßstab ist.

Für die Täterschaft und Beihilfe bei Fällen der Konzernuntreue ergeben sich in dogmatischer Hinsicht keine Besonderheiten. Lediglich die Anwendung der Grundsätze bereitet aufgrund teilweise ungewöhnlicher Regelungsmechanismen im Konzern Probleme, die aber letzten Endes schlüssig aufgelöst werden können. Ebenfalls eine reine Frage der Anwendung allgemein gültiger Grundsätze ist diejenige der Verantwortlichkeit in Kollegialentscheidungen.

Insgesamt lässt sich festhalten, dass im Konzern die Untreuebeurteilung im Vergleich zur Situation einer unabhängigen Gesellschaft in mancher Hinsicht modifiziert werden muss und sich teilweise neue Problemfelder ergeben. Es entsteht hier ein Spannungsfeld zwischen Zivilrecht und Strafrecht. Die Entwicklungen in der Rechtsprechung der letzten Jahre haben aber eine Annäherung der beiden Rechtsgebiete gebracht, die in manchen Punkten noch nicht abgeschlossen ist. Die weiteren Entwicklungen bleiben hier abzuwarten.